THE YELLOW OCEAN STRATEGY

黄海战略

创造不平等竞争力的策略

王贵国　张　雷◎著

人民东方出版传媒
東方出版社

序

非大见无以大有，非大有无可大无，

非大无不可知止，非知止无以宁静，

非宁静无以致远，非致远无以定向，

非定向无以抉择，非抉择无以战略。

非战略无以谋终，非谋终无以大见。

周而复始，循环往复，是以为道。

这是我写《黄海战略》前后贯穿的思想，所以，战略者，最重要的有三点：一是见识，二是境界，三是逻辑。

没有见识，你看不见远方；没有境界，你超越不了前人，站不到思想巨人的肩上；没有逻辑，你穿透不了现象世界看到现象世界背后的规律。逻辑的背后是客观规律和思维规律，这是管理学的基石。

我们做咨询的，做理论研究的，工作的核心就是要找到现象世界背后的客观规律和思维规律。

和君咨询集团董事长王明夫博士从“硅谷+斯坦福”模式，从“红杉资本+思科”模式，创造了“FLA”商业模型，创造了“产融互动”战略模型，自成一个战略体系、战略学派。这就是从现象，推演出其背后的商业规律。以规律的不变，应对现象世界的瞬息万变。

西方哲学家柏拉图说：这个世界是由两个世界构成的，一个是理念世界，一个是现象世界。理念世界是真实存在的，永恒不变。现象世界是理念世界的影子，因为每种现象都是因时空等因素的聚合而出现的暂时表现。

我们做咨询的使命，就是要从现象观察到现象背后的理念世界、规律世界、逻辑世界。

“道可道，非常道；名可名，非常名。无，名天地之始；有，名万物之母。”就是这意思。

牛顿，从一个苹果砸在头上，触摸到地心引力，推演出万有引力定律，万有引力这个公式、这个模型就是方法论。

迈克尔·波特创造了产业价值链，构建了五力分析模型，麦肯锡发展了组织的7S模型，波士顿创造了产业选择矩阵，这些都是化繁为简，为产业中迷惑、困顿的人们拨开迷雾，给了人们一个工具。

中国目前在各个方面都越来越强大，唯独管理学领域跟不上，一个国家如果没有几个像德鲁克、明茨伯格、汉迪、加里·哈默尔、迈克尔·波特这种量级的理论家，何以匹配中国经济的强大？

本着这样的情怀和精神，我从和君咨询“产融互动”战略所创造的那么多成功的企业案例中，推理研究，发现历史上很多战略模型都曾有过这样的成果，很多战略流派其实都成就过很多企业的辉煌。按此逻辑归纳推理，我发现了战略的本质，进而发现了黄海战略。

黄海战略就是创造不平等竞争力的策略。

战略的本质就是创造不平等竞争力的策略，如果这个策略能整合企业的目标、政策、使命并能够使企业上下一致地付诸行动，那么这个策略就是一个好的战略。

那黄海战略的要素、战略的因子来自哪里呢？它从商业模式和古今中外那些思想家的思想中产生。当然，也可以从战略管理的十多个流派的思想中去找战略的因子。研究金融的人会说，做好产融互动，你的企业就成功了；研究市值管理的人会说，管理好公司的市值，就是管理企业的一切；研究人力资源的人会说，管理好人才，就能管理好企业的一切；研究组织的人会说，组织管理搞好了，企业就好了。你创造了一个好的机制，你就创造了一切。

其实，这些说法都是有道理和存在内在规律的，他们都可以演变成一个企业的战略。

不然，你看看战略管理发展的历史：战略规划思想占主流时，战略就是规划未来；战略适应学派占统治地位时，战略的核心转变为企业如何适应环境；产业组织理论占主导地位时，战略的核心就是定位赢得竞争优势；当资源基础论流行时，战略转变为培养企业核心资源与能力；当这一切战略都出现不足时，动态能力理论就产生了，描述性战略产生了，企业家学派产生了，学习学派产生了，战略联盟理论、企业集群理论、战略转折点理论、企业生态系统合作演化理论、破坏性技术理论、蓝海战略理论等就产生了。所以，战略成了最说不清楚的管理科学。

在这样的情况下，一个创新的战略思想产生了——黄海战略——创造不平等竞争力的策略。

千百年来所有的战略思想、理论、概念都成了创造黄海战略的战略因子，都变成了创造不平等竞争力策略的战略入口（也包含和君咨询的产融互动思想）。战略管理的十多个流派的思想都成了黄海战略的战略因子；三十多年来，中外商业模式的研究成果也成了创造黄海战略不平等竞争策略的工具。

这就是黄海战略。一个创造不平等竞争力的策略。它是一个整合战略。它由四道战略构成：安身立命之道、谋胜之道、知胜之道、长胜之道。

构建这样的战略需要具有东西方哲学的知识和底蕴，凡做战略者，都应该具有哲学的底蕴。

观天下能以为战略者，无不如此，姜子牙、商鞅、管仲、孙膑、诸葛亮、王阳明、曾国藩，他们都具有深厚的哲学底蕴。因为只有哲学才可以涵盖我的三个前提：见识、境界、逻辑。

所以，战略者，见识是第一要务。然后，明道、取势、优术而已。自己感觉一句话已将战略说完。

中国《易经》卦象的“位、时、中、应”，乾坤两卦，阴和阳就将战略说完了，后面的六十二卦讲的都是取势、优术；一部《孙子兵法》，为首《计篇》五事：道、天、地、将、法，几十个字，也将战略讲完了，后面的十二篇讲的都是取势、优术而已；洋洋洒洒百万巨著《三国演义》，一个隆中对，也将战略讲完了，剩下的也全是取势、优术而已。

一部《心经》，二百五六十字，已将浩瀚佛海战略纲领说尽。《心经》中有两句话：“色不异空，空不异色，色即是空，空即是色。”用“色即是空，空即是色”的哲学逻辑，来解说“苦、集、灭、道”的宇宙因果实相。共十六个字，已说完佛教。其他洋洋洒洒的佛经，都只是取势、优术的随缘说法而已。

《道德经》第一章：“道可道，非常道；名可名，非常名。无，名天地之始；有，名万物之母。故常无，欲以观其妙；常有，欲以观其徼。”已将道教文化纲领说尽，其余八十章及道教汗牛充栋的著述，都只是对这第一章的注解。

“格物致知，正心诚意，养深蓄厚，成人达己，内圣外王，修身、齐家、治国、平天下”，就是《大学》的三纲八目，是战略，人、家庭、组织、国家、天下的战略，其他都是取势、优术而已。

这些，都是哲学。

其实，这就是东方战略管理与西方战略管理的差别。东方的战略表现形式是思想、是智慧，西方的战略表现形式是技术、是方法。

中国战略学的历史轨迹：一诞生就登峰造极的战略经典有《易经》、《孙子兵法》和《三国演义》！阴阳、天地人、不易—变易—简易、辩证法、简繁互驭、动静交制、法无定法、大道圆通、大道至简、九九归一、执一而牧天下……

西方战略学的历史是设计学派、计划学派、定位学派、企业家学派、认识学派、学习学派、权力学派、文化学派、环境学派、结构学派等。

本书力求熔“西方管理科学”与“东方管理智慧”于一炉，产生一个具有中国商学特色的战略管理著作。具体可见图 3-2。

整部书就跟大家聊明白这张战略四道轮回分析图（简称 EBIRM 模型）。功底深厚之人，只看这图就够了，黄海战略已经说完了。黄海战略就是通过产业研究，创造企业资源、能力和商业模式，优化管理来创造不平等竞争力的策略。简单的表达：黄海战略是通过 EBIRM 模型而创造不平等竞争力的策略。如果你还没有看清楚，我们还是翻开书，共勉吧。

目　录

第二篇　制定黄海战略——谋胜之道

前　言

书稿终于写完了，昨天刚写完“最后的感言”，今天，还要写篇“前言”，好像才完满，这源于中国人的习惯，孔子都这样告诫我们——事有始终。这让我想起了人生，所谓生与死，也是两个节点。一个眸子纯澈映满希望，一个回首望世事已沧桑。当这起点和终点连接在一起，人生的真谛刹那洞明，人生的滋味铺天盖地。

写书何尝不是如此，但现在写完了，要我用简单的几句话告诉大家，这本书说的是什么？当我们谈到战略的时候，究竟在说些什么？

我只告诉你一句话：黄海战略是综观全局创造企业不平等竞争力的策略。

所以，当你们在分析制定战略时，选择战略思想、理论和分析工具的时候，你是执着于波特的竞争战略，还是钱金的蓝海战略，还是选择我的黄海战略呢？

战略的本质就应该是创造出不平等竞争的策略。战略管理的本质不是寻求没有竞争的蓝海，也不是争得你死我活血淋淋的红海，而是寻找你具有相对竞争优势的黄海，就像张良选择了“留”这个地方作为自己的封地一样，对于有能力与张良争夺的人来说，这个地方不值得去争夺；对于对这个地方有兴趣的人来说，又远远不是张良的对手。战略管理的本质永远是寻找相对的竞争优势，在这个相对的竞争优势中，你能创造出不平等的竞争策略。在这个相对的空间中，你活得比对手要好。这就是黄海战略。

形成这种战略思想已经有十多年了，我也一直用这种思想指导我服务过的企业，我也一直想把它写成一部战略管理教材。然而，管理学是一个实践的科学。没有大量原生态的商业案例的支持是很难形成一种理论的，就像生物学家需要积累足够多的标本，考古学家需要经历大量的发掘，古玩家需要过手大量物件才能形成自己的眼光和直觉一样。

还好，这个问题在我加盟和君咨询后终于解决了，和君咨询每年经手六百多个覆盖各类商业原生态的项目，创造了无数的不平等竞争力的策略。只是没有一个人这么来提炼。

当我翻阅大量的案例，印证我的想法、观点和战略思想的时候，我才真正明白，什么叫“熟读唐诗三百首，不会作诗也会吟”。可以这样说，在和君咨询这样的团队中，只要善于学习和思考，即使是一个平平凡凡的人，几年后也会成为行业高手。

为什么？那就是“见识”。见识是咨询师的第一追求，特别是战略咨询，只有当你亲历足够多的案例磨炼，训练出洞察各种商业生态和管理问题的逻辑机理，你终将获得洞察商业本质的智慧。养成造就大企业或拯救大公司的那种底蕴、能量和远见卓识。你才足以为人做战略。

所以，今天，在《黄海战略》即将付梓之际，特写前言，我首先得感谢和君咨询集团及同仁，特别是和君咨询集团董事长王明夫博士，他打通了我对战略的全面理解，将我提升到了一个东方哲学的高度来看战略；感谢和君商学首席专家丛龙峰博士，和君集团副总裁王丰博士，和君汇冠股份董事长解浩然博士，和君资本总经理何劲松老师、张哲博士、和君正德资本总裁易春阳老师及新生资本董事长宋思勤老师，你们博大精深的商业思想和实操案例深刻地影响并汇聚成了今天的《黄海战略》。也感谢上海诚宇集团董事长、模世能集团董事局主席张雷老师，将他在商业模式领域近20年的研究全盘奉献出来，整理在《黄海战略》之中。也感谢在写作过程中帮助过我的同事朋友和领导：和君恒成董事长蔡萌老师、贾统领老师、寿治国老师以及达沃斯投资控股董事长柴少青博士，广东尚高科技总裁王华老师。在书写过程中，北大纵横的蒋娅菲老师承担了大量的资料查找、审核、收集、图片制作及文字输入工作，在出书过程中，东方出版社资深编辑许剑秋老师、副总裁蒋建平老师、陈丽娜老师、许正阳老师都给予了大力支持并付出了辛勤劳动，在此一并致谢。

为了写作本书，笔者及时通读和参考过近200本相关的著作，看过几十个相关视频课程，研读过一百多个案例，也就相关问题请教过很多专家学者。在此，我对那些书的作者和老师朋友们致以衷心的谢忱。将有关著作者和友人的名字全部列出，简直可以另写一本书了。我只是想说明，在某种意义上，像本书这样跨度几十个学科的思想性著作，不可能无所借鉴，我只是用一种思想主线将很多学科的知识经验串联起来形成一个整体。《黄海战略》是集体的智慧，特别是和君咨询集团这个大家庭的智慧，它是和君商学派中的一个流派。

站在学术的立场，本书写作风格不够严谨。如果有哪位专家学者教授垂顾拙著，可能你得放下自己了，因为本书的写作初衷是直面企业的。当然，你也不要因为这样就轻视它，管理学毕竟是一门必须要面对真实情景的科学，从某种角度讲，管理学不过是对常识的一些整理和加工。我们所处的世界是个人为构建的世界，很多现象可能就是一次偶然，并不需要我们那么深刻，但需要我们足够入世。

为什么管理学、经济学那么难教、难学，因为它们都是应用科学、实践科学，倘若心中没有真切的世界，任何管理学的研究与学习都是徒劳的。巴菲特就从来不去高大上的华尔街，也不看那些所谓的金融大师的巨著，但他每天都要看企业的招股说明书和年报季报，因为那是真实的世界。和君咨询目前有一千五百多位咨询师每天奔走在全球各地，面对着一个个实实在在真实的企业问题，我对我的每一个同事都充满了敬畏之心，因为他们在面向真实的世界理解管理学。《黄海战略》只是对他们工作和结果的一些整理和加工，我只是将之分出条理，如果我们能对他们充满敬畏之心，没有差别心地去理解他们的判断和想法，我们才能吸收到他们的能量和智慧，为自己所用。

另外，想强调一下，《黄海战略》不仅仅是一部战略管理著作，它应是开启了中国管理哲学的先河，其背后是想表达很深邃的形而上思想：西方人重形，东方人重意；西方人求技，东方人论道；西方文化以科学自居，东方文化以智慧闻名。本书是力求融合“西方管理科学”与“东方管理智慧”于一炉，结出一个具有中国商学特色的战略管理著作。

书中的案例大部分选自和君咨询、和君资本原生态案例库和出版物，和君之外的案例我都在书中做了标注，很多言语引用表述在写作过程中因没按学术著作写作，现在已无法一一标注，这部分我会将引用过的书名作者列于书的后尾页，以便于部分读者追根溯源和表达我对这些书的作者深深的感谢。

最后还得回过头再次感谢和君咨询集团董事长王明夫先生，是他的坚强理想与远景：“在世界商学流派中，造就一个中国学派。”正是这样的激励，《黄海战略》才得以破茧而出。

不记得是谁说过：如果你爱她，就让她去写书，因为那是天堂；如果你恨她，也让她去写书，因为那也是地狱。但，不管是天堂还是地狱，现在都过去了，就像书的开篇所言“非大见无以大有，非大有无以大无。”唯愿《黄海战略》能对大家有所帮助。

王贵国

2017年9月29日写于上海

第一篇

走进黄海战略
——安身立命之道

登山界有个经典问题：山从来不会回报你什么，为什么这么多人，花钱受苦，劳筋累骨，甚至冒着生命危险，从事毫无受益的登山活动？因为山在那里，给了我们前进的方向和动力，给了我们生活的意义，给了我们目的，人生在世，应该有一座自己真正的山峰。

——和君咨询集团董事长　　王明夫

人无远虑，必有近忧。

——孔子

定义一个企业不是用它的名称、规章制度或公司章程，而要用它的使命来定义，只有那些清晰界定了使命和组织目的的企业，才能制定出明确、现实的经营目标。

——彼得·德鲁克（Peter Drucker）

公司愿景具有集中资源、指挥行动、激励员工，进而推动企业取得突出成绩的作用，战略管理家的工作就是识别和提出公司明确的愿景。

——约翰·凯恩（John Keane）

战略管理家的工作不是看清企业当前的样子，而是预见到企业未来的样子。

——约翰·提兹，格瑞哈德公司总裁

（John W. Teets，Chairman of Greyhound , Inc）

伟大的精神永远不会从平庸的思想中产生。

——阿尔伯特·爱因斯坦（Albert Einstein）

真正的问题不是你现在比自己的过去做得多好，而在于你比竞争对手做得怎么样。

——唐纳德·克雷斯（Donald Kress）

第一章　黄海战略的基本理念与原则

先讲一个“刻舟求剑”的小故事：

这是一个在中国人人皆知的寓言故事：有一个楚国人乘船渡江，一不小心，佩带的剑掉进了江里。他急忙在船沿上刻了一个记号，说：“这儿是我的剑掉下去的地方。”船靠岸后，这个人让别人顺着船沿上刻的记号下去找剑，但找了半天也没有找到。船已经走了很远，而剑还在原来的地方，用这样的办法来找剑，不是很糊涂吗？

故事心得：古语有云：“世异则事异，事异则备变。”战略应该根据外部环境的变化不断地做出评估和调整。如果企业外部环境或者内部条件发生了变化，而企业的战略没有对此做出应变或者应变不当，那么企业就无法实现既定的战略目标。这就产生了战略危机。这是一个在中国人人皆知的寓言故事，也是很简单的常识，但很多绝顶聪明的人具体到做事时，仍犯这样的错误，“三岁小儿都知道，八旬老翁做不到”，很多世界500强都是这么死的。比如，20世纪迈克·波特的竞争战略开创了战略领域的新视角，其理论到现在还占据着主流地位。但很明显，波特的竞争战略理论的研究是在现存产业中进行的，他对产业的选择是基于在位企业。但是，随着信息革命的到来，近 20 多年信息技术不断地创新引发了产业的变革，产业边界日益模糊，企业家要着眼于未来产业及其战略的构建和设计才更有时代的意义。比如说，阿里巴巴，它是什么产业，互联网？可是它的阿里影业、优酷土豆、虾米音乐、百胜中国、蚂蚁金服、阿里物流、高德地图、去啊快滴等等是什么产业呢？现在最有效的竞争战略是改变游戏规则，成为游戏规则的制定者。可是，波特在面对产业变革而建立长期竞争优势方面的论述很少，对信息产业下的生态战略就没有研究，可是，我们现在的大学教授给学生所讲的，企业制定战略时所谈的，哪一个不是言必称迈克·波特呢，这和“刻舟求剑”有什么两样呢？

第一节　黄海战略是创造不平等竞争力的策略

也许大家还记得在 20 年前，有两本书，影响了全球的企业。一本叫《基业长青》，一本叫《从优秀到卓越》。这两本书说了些什么呢？《基业长青》有两个重点：一是造钟，不是报时；二是论述了文化对企业的重要性。因此，一句话总结全书：文化决定组织的寿命，企业的基业长青是由组织基因决定的。

《从优秀到卓越》是《基业长青》的延续，讲述了谁能从优秀到卓越。一个优秀的公司离不开“人、思想、行为”三个要素的优秀，而卓越的公司是那种选定了目标后就要坚定地走下去的公司。就相当于我们所讲的战略执行。

这两本书非常好，影响了一代企业家，特别是中国的企业家。

但是，没过十年，也就十年前，《基业长青》所介绍的那些企业有近半都不优秀了，更谈不上卓越了，到现在很多企业都衰退或不存在了。像柯达、诺基亚、索尼，不是我们读书时教科书的经典案例吗？都是卓越的企业，才几年时间就衰败或不存在了，是他们产品不好吗？是他们管理不行了吗？

是什么原因使得这么多百年卓越、优秀的企业大面积地集体衰退？是环境改变太大了吗，社会变迁了吗？是员工没有以前努力了吗？是资源发生了改变吗？是书中所描述的那些基业长青的管理原则不灵了吗？

我耗费了十多年的心血，深入跟踪研究了这些企业，为什么这么多卓越了一百多年的企业会同时衰退呢？我又重读这两本书，书中的基本原则是强调组织的制度建设、机制建设、文化建设，这些观点就是放在今天以致将来都不会有任何问题。然而，当我将组织与战略放在一起思考的时候，才发现这些企业犯了一个共同的错误：它们的战略与组织的区隔。

《基业长青》和《从优秀到卓越》主要讲的战略实际上是组织战略、文化战略。这使我想到是不是今后的战略管理及教科书应明白地区隔为经营战略和管理战略。不管是《基业长青》还是《从优秀到卓越》，它们所描述的、所建立的那些原则，都是管理战略的内容，不是战略的本质。(企业没有一劳永逸的战略，也没有永恒的法则，战略只是适当的时候用适当的方法去做了适当的选择。我们更不能将管理战略作为战略管理的全部。寻找战略的本质，我们应更关注经营战略。

通观战略管理的历程，不管是明茨伯格的战略十大流派，还是近些年的战略管理教科书，都没有这种区分，这使得很多企业家与经理人很困惑，在企业的决策中只能像盲人摸象似的盲目行动，他们看了很多书后不知道什么是指导他们决策的战略思想，也不知道什么是战略，什么是战术。

近20年来，互联网是对整个世界基础环境颠覆性的破坏，不管是管理战略抑或经营战略都当重新思考。

《基业长青》和《从优秀到卓越》所讲述的观点很明显是组织文化学派的主张，我们只要认真读读明茨伯格的《战略历程：纵览战略管理学派》和中国管理学教授邹统钎与周三多的《战略管理思想史》，便会知道柯林斯所写的这两本书在战略思想史上的地位。

所以，为了更好地梳理战略管理思想，我更感觉到战略管理需要中国管理哲学思想，和君咨询提炼的企业修炼三个层次：明道、取势、优术就很好地描述了战略管理的层次。

十多年前我和柴少青出版了一本管理哲学《境界：企业经营的至高之道》，书中将管理分为了七个层次，经营分为了五个阶段。战略的始点是形而上的战略观念，表现形式是在不同环境下取势，然后找到适合的战略技术去做适合的事。

很明显，十多年来，没有很好的战略思想引导人们在互联网环境下去做适当的事。

这十多年，战略思想给企业最大的影响是十多年前出版的《蓝海战略》，这些年，全人类几乎所有的企业都在研究《蓝海战略》，实施《蓝海战略》，《蓝海战略》的核心是找到一片没有竞争的市场。

然而，到现在，我们可以看到，《蓝海战略》的理论并没有解决互联网环境下企业竞争的战略问题，就像以前产生过的各种战略流派一样，他们都只是盲人摸象——只有对他们所研究的领域的认知。

因为人们很快就找出一大堆那些追随《蓝海战略》而失败的企业，摩托罗拉铱星计划失败，LG 的智慧家居……著名经济学家郎咸平还专门写了一本书叫《蓝海大溃败》，这本书详细分析了 LG、三洋机电、索尼如何在家电领域的蓝海战略执行中失败了，诺基亚、摩托罗拉、惠普如何在电信领域的蓝海战略中失败了，等等。就是中国的第一批互联网企业也找到了蓝海，其结局也都死掉了。大家知道易趣吗，当它在 2002 年占领中国网上商城 C2C 市场 50%的市场份额时，阿里巴巴还没醒过来。在中国，它可真是发现了蓝海市场。当 2003 年，阿里巴巴旗下的淘宝上线时，易趣已占领中国 C2C 市场 90%的市场份额，成为当然的老大，别人好似不可能再有机会。然而就是在这样的局面下，淘宝还是冲了进去，而且还成功了，为什么呢？说到京东，那就更晚了，可是它也成功了。其实，相同的案例还有很多，美国的苹果、Facebook，中国的滴滴、如家快捷酒店、百度、腾讯、小米它们都用了一种策略，慢慢开始占领市场，快速上升，最后取得了成功。这个策略并不是蓝海战略，这个策略，我用了 10 年的时间、10 年的心血进行了归纳、总结、提炼、验证，现在完全成熟，我终于可以告诉大家了，叫黄海战略！

说到战略，大家也许会觉得是那么的空洞，那么的抽象，那么的虚无缥缈……

但是，我要说，那是你没有听到真正的战略！真正的战略是什么？

真正的战略是专门创造不平等竞争力的策略，这个策略就叫黄海战略。其实很简单，一句话就说清楚了。

六年前，也就是 2012 年，不到 30 岁的程维，投资几十万元创业，仅凭一个搭车软件，用 3 年多的时间，颠覆了中国整个出租车行业，靠什么？靠的是他把握了新时代整个资本市场的逻辑，靠的是他对现代城市生活变迁所带来的效率问题的思考，靠的是他对产业变迁的预判。这是对经营战略的洞察与预判，对商业模式的深邃考量，不是管理战略，它需要的是见识、眼光、逻辑和境界。

2003年的时候，诺基亚的市值是2500亿美元，摩托罗拉的市值是700多亿美元，苹果仅有区区60亿美元，苹果凭什么打败了前两者，凭的就是创造了不平等竞争力的战略。凭的是对传统商业模式的颠覆。

在2000年的时候，微软的市值是6000多亿美元，苹果凭什么左手打败了手机巨头诺基亚、摩托罗拉，右手还打败了软件巨头微软？凭的就是它创造了不平等竞争力的战略。

小米2011年4月份才注册成为新公司，2012年11月才生产出第一款手机，凭什么可以在中国血淋淋的手机红海市场，只用三年时间做到700多亿元，打得那些世界手机巨头都没有还手之力？凭的也是它创造了不平等竞争力的战略。

时代变了，不平等竞争力的战略到处可见，互联网来了，跨界更是创造不平等竞争力的温床。

电信、联通和网通这种国字头的大公司，估计做梦也没想到一个微信的APP会搅翻天地，要是没有国家保护，这几家公司处境不会比诺基亚好。

TCL、创维、长虹这些电视大佬又何曾想过会与小米、乐视这些原本毫不相关的小弟弟们同台竞争，而且还是不平等的竞争。

原本线性的产业竞争格局，已经被互联网所带来的跨界不平等竞争力战略打破，不同产业的基因序列需要被迫重组。

而这一切都是因为环境的变化、互联网基础设施的变化导致了无穷无尽的创新商业模式，这些新的商业模式创造了一个又一个不平等的竞争策略。

阿里巴巴创始人马云曾在一次演讲中说过:“传统零售行业与互联网的竞争，说难听点，就像在机枪面前，太极拳、少林拳是没有区别的，一枪就把你崩了。今天不是来跟大家危言耸听，大家都是朋友，互联网对你的摧毁是非常快的。”

这就是不平等竞争力。由于互联网改变了世界的基础环境，一些先知先觉者就在这样的新环境中创造了不平等竞争力的环境因素。所以，使得这几年的竞争环境这般动荡。

而在现象的背后我们要看到，这些不平等的竞争力、这些跨界分金的故事才刚刚开始。

免费模式是最血腥的市场。微信免费，让垄断短信收费多年的中国电信、中国移动瞬间休克。移动说，搞了这么多年，今年才发现，原来腾讯才是我们的竞争对手。

360 杀毒软件免费，整个杀毒市场天翻地覆。

淘宝免费，易趣就死了。苹果数字音乐下载免费，索尼就活不好。

最不平等的竞争力是跨界免费产生的竞争，你认为收费的主营业务，一个跨界的进来，免费，因为人家根本不靠这个赚钱，你美滋滋地活了好多年，结果到最后都不知道自己是怎么死的。

和君商学院免费，其他大学靠收费的商学院就不好过，因为人家和君是靠咨询和投资挣钱，大学和培训机构怎么都斗不过它。专业的投行机构也没优势，因为投行又要找项目，又要调研，这都是成本，在和君，那是客户找上门来，花钱请和君做调研，它不需一点成本就能找到好的投资项目，所以，这种竞争根本就是不平等的。

如果阿里巴巴的支付宝上市，银行就紧张，也是一个道理。

未来10年，是中国商业领域大规模产生不平等竞争力战略的时代，所有大企业都有可能遭遇不平等竞争力的半路打劫，一旦人们的生活方式发生根本性的变化，来不及变革的企业，必定面临前所未有的劫数。沃尔玛正在关闭多家超市，这个曾经的世界第一富豪，正面临醒过来之后如何转身的问题。至于其他各类恐龙级的商业巨头，说真的，要是再不来研究一下黄海战略，到那一天，企业是怎么死的都不知道。

至少在10年内，我们每个企业都需要认认真真地梳理一下企业的商业模式与当下的商业环境是否匹配。然后，再思考基础战略。

在未来的10年中，无论什么公司，如果不好好地理解“黄海战略”，那么，无论过去有多成功，未来，都只能面临极大的麻烦，直到被尘土掩埋。

未来，那些研究黄海战略的创新者将以前所未有的迅猛之势，从一个领域进入另一个领域。门缝正在裂开，边界正在打开，传统的广告业、运输业、零售业、酒店业、服务业、医疗卫生等，都可能被逐一击破。这几年，我们看到的更多的是零售业、广告业、运输业、酒店业，正在开始的有服务业、出租车、金融，再后面将是制造业，所有的行业都会遭到新商业模式的攻击。

出租车行业，不是被滴滴出行给颠覆了吗？

机场，不能够是一个娱乐场吗？不可以成为最重要的社交中心吗？酒吧还是酒吧吗？咖啡厅还是用来喝咖啡的吗？酒店就是用来睡觉的吗？餐厅就是用来吃饭的吗？美容业就靠折腾那张脸吗？肯德基可不可以变成青少年学习交流中心？银行等待的区域可不可以变成新华书店？飞机机舱可不可能变成国际化的社交平台？

当你听到小米的整个营销费用加渠道费用才8%时，你还敢留恋你的路边广告牌？你还敢把大把的钱投向电视广告？还能认为分众的电梯广告占据了终端？过时啦！

未来，你不研究如何消灭别人，别人就会过来消灭你，未来十年，是一个创新商业模式层出不穷的年代，各种横空出世的马云、马化腾、雷军会遍布各个领域，他们两三个人只是开了个头而已，接下来一切都在经历一个推倒重来的过程。

其实，上面我所讲的这些情况，都还只是表面现象，现象的背后是商业战略的变迁与更替。

我们曾耳熟能详的一流企业柯达、诺基亚、索尼，在几十年里，都是卓越的企业，之所以在几年时间就看不见了，不是产品不好和管理不行了。我认为，是这些企业的战略出了问题。国内的长虹、TCL、海尔、联想，那些中国最优秀的企业，其产品还是那么好，可是才几年时间，就被小米、乐视、华为所取代，我认为问题也是战略的问题。

当前，黄海战略的不平等竞争力商业模式正在以突飞猛进的形式取代传统的竞争战略模式。传统的竞争战略已经过时了，中国企业将面临着大洗牌，我们应该研究适应这个时代的战略管理。

第二节　黄海战略是一种生态位战略

生态位战略是生态战略的演变与重塑，它改变了生态战略对企业的普遍适应性。

1923年，在美国芝加哥的海滨大饭店，举行了一次世界性的金融会议，在出席会议的人当中，有九位是当时世界最富有的人：世界最大钢铁公司的董事长查理·雪伯，世界最大通用事业公司的董事长撒母耳·印述，世界最大煤气公司的董事长豪尔·贺布逊，世界最大粮食公司的董事长阿萨·卡顿……在许多人眼中，他们是世界上十分成功的企业家。然而26年后，这些“成功的企业家”却成了最不成功的企业家：一个疯了，两个破产而死，三个自杀，还有三个犯法而死。他们的企业也因他们的失败而灰飞烟灭。

他们曾经那么有钱，那么成功，但他们都没有获得企业最终的成功。

为什么？因为他们没有找到企业不同阶段的生态位，他们也没有找到自己人生不同阶段的生态位，他们不知道自己从哪里来，也不知道自己要到哪里去。

他们不知道人生的本质，企业的本质，企业不同阶段的生态位。

那什么是生态位呢？

打个比喻，留侯张良选择“留”这个地方作为自己的封地，就是一个“合适的生态位”，因为“留”这个地方，对于有能力与张良争夺的人来说，不值得去争夺；对于对这个地方有兴趣的人来说，又远远不是张良的对手。这就是张良的“生态位”。

战略是指导全局的策略，黄海战略是综观全局而又专门制造不平等竞争力的策略，怎么做到不平等，怎么建立自己与别人不平等的基础，企业的资源和能力都是受限的。那你就只有找竞争对手薄弱的环节建立自己的竞争优势，这就是自己的生态位。

在生态上，它是介于红海与蓝海之间的生态位战略。

从时间上说，红海是今天的市场，蓝海是后天的市场，黄海是明天的市场，是我们隐隐约约可以看得见的市场，而不像蓝海市场那么遥遥无期。

从形态上看，红海是刺刀见血，你死我活，竞争非常激烈的市场，蓝海是还没有开发而完全没有竞争力的市场。那么黄海则是处于萌芽状态的市场。

从竞争状态看，红海、黄海、蓝海竞争力度逐渐变弱，红海的竞争最为激烈，进入黄海，竞争逐渐减弱，到了蓝海，几乎没有竞争力。海面呈现一片蓝色海洋。如果从太空中俯视这一景象，就像三条宽阔的彩带，蓝海和红海相互渗透，形成了一个特殊的市场，一个特殊的海面，那就是黄海市场。

在自然景观上，黄海非常形象地处于蓝海和红海之间。我今天要讲的主题就是蓝海和红海之间的这一市场战略，叫黄海战略。

一个企业的发展，一定要紧跟时代的步伐，如果企业战略不适应新的时代，我们就要寻找新的战略。

李嘉诚先生曾经说过：过去赚钱的模式可能就是你今天失败的原因。如果你赚钱的模式战略还停留在五年前、十年前，那就是你对成功的模式产生了路径依赖，那么对不起，你可能就是下一个被时代所淘汰的企业。

今天，多少企业迷茫在选择的十字路口，无所适从。尤其是看到那些曾经的标杆企业——诺基亚、摩托罗拉、索尼、日产等，曾经那么辉煌的企业也会消亡。

所以张瑞敏才会撂下狠话，“自杀终生，他杀死亡”，实施阿米巴策略，将海尔打碎，裁员 2.6 万人，实施重组，期待凤凰涅槃。

因为张瑞敏说：“企业家要造和时代同步走的钟，这样你这个企业可能就会延续得比较长。”今天你的企业不盈利，不是你自己不努力，而是时代变了，变得超出了你的认知范畴。

为了将黄海战略说清楚，我先把战略说明白：战略是什么，战略要解决什么问题，解决这些问题的框架是什么，战略的目标是什么。物有本末，事有始终，之所先后，则近道也。

所以，我们先简单介绍一下战略。

什么是战略？真正的战略是指导全局的策略，既有战略的，也有战术的。比如说，统一战线叫战略，运动战、持久战、西部大开发、货币宽松这些，都叫战略。只要对全局有牵引的，就叫战略。比如说第二次国内革命战争的初期，毛泽东主张打运动战，主张利用脱皮策略，在运动中作战，拖垮国民党，然后找薄弱环节攻击对手，步步为营。那么运动战就是战略。后来，王明取得了领导地位，就改变了毛泽东的战略，主张打阵地战。结果失败了，导致红军被迫长征。所以决定事业成败的关键就是战略。

企业也一样。比如做火锅，海底捞、小天鹅、朝天门、老码头都是出自重庆。讲口味，海底捞怎么都比不过其他几家，但是，该企业的战略不一样，它以服务来建立自己的差异化竞争优势，所以，做产品的思路也就不一样了。当时，谁都看不懂，觉得海底捞必死无疑。然而没过几年，海底捞遍布祖国大江南北，门店座无虚席，昼夜人流不息，这时候人们才发现，小天鹅、朝天门、老码头这些根本不是海底捞的对手。

小天鹅还是那个小天鹅，朝天门还是那个朝天门，老码头还是那个老码头，而海底捞短短几年，壮大了上百倍。所以，做企业，当战略不一样，结果就完全不一样。好的企业与不好的企业之间的区别，就在于有没有一个好的战略。

表面上看，好的企业做了一千件事，但是这一千件事能围绕一个中心，一个策略。

不好的企业也做了一千件事，但它杂乱无章。昨天和今天无关，今天和明天无关，明天和未来无关。所以一个好的战略，必须要有好的时间维度。它必须准确地把握过去、现在、未来。但以前的一切战略，要么在过去，要么在未来，如蓝海战略。

除此之外，还要有一个好的空间维度，未来是个多维度的空间。但以前的一切战略，全是基于线性的产品企业价值在发展，连平面都未达到。

在蓝海战略出现以前，所有的战略流派，在做企业战略分析时，都是基于价值链进行分析，新近一百多年的战略流派，无论花样多么千奇百怪，它们都没跳出这种套路，都是在线性的价值链上进行战略分析。而现在的环境是什么呢？二十年前的世界经济已进入了网状经济、球状经济。价值链在 1998 年之后根本就再也不能分析未来的战略了。但可惜的是，到了 2005 年，蓝海战略面世，其分析架构仍然没有跳出线型的企业价值链分析模型，蓝海战略相当于只提出了一个概念，一个美好的远景，实施的路径根本就没有找到。

而更可悲的是很多企业因没有吃透蓝海战略的精髓，而误入歧途。10 年前，那一波在世界范围内掀起的《蓝海战略》热潮中，世界 500 强企业中很多的企业实施了蓝海战略。

那为什么，那么多曾经卓越、也实施了《蓝海战略》的企业会倒下呢？

问题在于，环境变了。特别是产业市场的变化、资本市场的变化、商业模式的变化层出不穷。

环境变化太快了，今天发生的事情，昨天无法想象，明天要发生什么事情，今天无法想象。

传统的战略管理还在十年前就已经面临了理论的危机：基于波特行业

线性价值链的产业战略分析理论，不能解释近十多年网络经济出现后的竞争战略现象。为什么那么多的企业可以利用低于产品平均成本的价格，免费甚至负价格来参与市场竞争，他们还能盈利，为什么那么多垄断企业的产品定价比完全竞争情况下企业的产品定价还要低甚至免费?

以前的一切战略，包括蓝海战略，以及去年重新修订增加新内容的《蓝海战略》修订本，都无法从理论上解释这一现象。以前的一切战略模型、战略分析工具，都没有办法分析这一现象。

因此，一个好的战略必须首先是在企业所处环境下分析企业应采取的战略，必须关注当下，企业需要对环境进行评估，从而搭配、运用合适的方案。而不要像以前，不分青红皂白，听到《蓝海战略》，所有企业都去研究实施《蓝海战略》。

这是黄海战略的基础。黄海战略的基本理念是：战略是一定环境下顾客价值的选择。而且这种选择是动态的。战略本身没有好坏之分，只有合适不合适。黄海战略将这种动态的适合叫“生态位”，企业应该在一个具有优势的“生态位”上成为最强者。这是黄海战略的逻辑基础。

“生态位”原本是生态学中的一个概念，生物学家给出的定义是：“生态位是指生物在环境中适合生存的不同环境因子变化的区间范围。”（杨东方等，2004）这个定义很“学术”，我换一个通俗的非标准说法：“生态位”是指物种与环境的和谐、统一和“契合”。每个生物物种在长期的生存竞争中都拥有一个最适合自身生存的特定时间位置、空间位置和功能地位。物种对资源和环境的适应度越高，其生存的压力越小。

所以，达尔文的进化论所谓“优胜劣汰”实在是一个模糊概念。

企业作为一个比生物体处于更高层次的生命存在，也应该师法自然，从中领悟一些生存发展之道。不要把“优胜劣汰”奉为真理，其实进化论中的“适者生存”才是经得住考验的“真理”。正像古人所说：骏马能历险，耕田不如牛；坚车能载重，渡河不如舟；弃长以就短，智者难为谋；生材贵适用，慎勿多苛求。

经营企业，首先要“认识你自己”，找到自己的优势基因，规避自己的弱势基因，就像柯林斯在《从优秀到卓越》中讲的那样，找到自己的“刺猬理念”。

其次，要尽可能地避免与其他企业发生“生态位重叠”，不要以为自己是某个领域的“优胜”者，就不管不顾地进入被自己视为“劣势”者的生态领域，当心“龙游浅水遭虾戏，虎落平阳被犬欺”；ebay 易趣被淘宝打败不就是虾戏龙，犬欺虎吗？更不可盲目闯入“强势”者的领地，无畏地成为大鱼吃小鱼的牺牲品。虽然不会完全避开竞争，但只要有可能，就得避开竞争对手的制约，避免双方无谓的争夺，利用尚未有对手竞争的资源，建立自己不与其他企业发生重叠的“生态位”，或尽量在较少重叠的“生态位”中生存发展。

第三，在利用自身的优势基因形成自己的特点之后，要在自身特点与环境因素相匹配、相契合的“生态位”中成为“最适”者，不断发展自己的特殊能力，成为其他企业不能与之竞争的优势，就像老子所说，“夫唯不争，则天下莫与之争”。找到最适合的环境，干最适合的事情，才是经营的最高智慧。

基于这样的逻辑，黄海战略的分析次序，首先是国势产业问题，然后再研究企业的生态环境，最后才研究自己。根据你自己的情况，是在产品层次竞争，在产业链上竞争，还是在产业生态中竞争。在具体的竞争法则中，借用了美国波士顿咨询公司的战略环境分析法，将全球企业目前所处的商业环境及其应采取的基本策略分为五类：经典型、适应型、愿景型、塑造型、重塑型。各个不同的企业你先要研究出自己企业适应的基本策略类型，然后再利用黄海战略的逻辑思路和工具，来创造自己的“生态位”。这样就避开了《蓝海战略》的最大短板——不确定性和风险性。

第三节　黄海战略是二元价值战略

黄海战略的第三个基础是建立了第二个价值分析模型。它是管理学历史上第一次挑战基于波特线性的价值链分析模型，建立了一个网状的立体的价值分析模型，引入了股东让渡价值分析模型。当传统的顾客价值创新受到挑战时，企业利用股东让渡价值参与竞争，引入第三方价值和未来市场价值买单，彻底颠覆传统顾客价值分析模型。

以前一切传统的竞争战略，包括蓝海战略理论，都是一种价值，即顾客价值参与竞争，而黄海战略，是用双向二维价值：顾客价值与股东可让渡价值在参与竞争。

纵观近十多年胜出的企业，都使用了股东让渡价值与未来价值。苹果不是技术领先，而是率先使用了免费音乐领先黏住了顾客才战胜了诺基亚。易趣在已经占领了90%的市场份额的情况下，仍被淘宝赶下了圣坛，也是一个免费策略。免费策略源自于第三方买单和企业未来价值。

什么是第三方买单？就是传统企业价值链之外的第三者为企业顾客买单，使得企业可以对顾客实施免费，如支付宝为淘宝买单，淘宝实施入驻顾客免费。

什么是未来价值？就是企业不挣钱，但值钱。企业的发展战略应该关注两个市场：产业市场和资本市场，做到产业市场与资本市场同时良性互动。同样是零售企业，2013 年，国美卖了 952 亿元，14 亿元利润，苏宁卖了 1052 亿元，1.4 亿元利润，京东卖了 1000 亿元，利润是负值。但市场估值，国美是 186 亿元，苏宁是 567 亿元，京东是 2500 多亿元。企业用未来的利润换取现在的现金流来创造企业竞争优势，这也是黄海战略的创造不平等竞争的关键点。

未来价值的核心是产融一体化战略，这是和君咨询区别于其他咨询公司的核心秘籍，特别适用于中国的中小企业，因为任何企业的资源和能力都是有限的，未来价值相当于该企业透支了未来几十年、上百年的价值来参与竞争，这是黄海战略创造不平等竞争力战略的核心秘籍。只是一般情况下这一战略的设定与操作是需要外力的帮助才能实施的。滴滴出行是最经典的案例，29 岁的年轻人程维，用几十万元创业资本，怎么就颠覆了整个出租车行业呢？靠的就是产融一体化战略，2016 年，滴滴出行在不挣一分钱的情况下，在资本市场融资了 102 亿美元，这就是因为他创造了未来价值，同时他也让资本市场上的人相信了滴滴出行的未来价值，就像京东一样，拥有那么多的资本愿意为其未来价值买单。这就是黄海战略的魅力。

当前，中国一流的最成功的企业，都是利用了产融一体化的黄海战略建立起自己的江湖地位的，万科、联想、海尔、美的、三一重工都不例外，在 2005 年，万科还是个只有 90 多亿元市值的公司，然而，经过两年，一场资本市场牛市之后，它抓住了产融一体化的黄海战略，摇身一变，就成为了两千亿元市值的巨型公司。

和君商学院，2014 年还是个年营业额只有 3000 千万元的，净资产只有 1800 万元的小公司，利用产融一体化的黄海战略模式，只用两年时间，净资产增长到近 20 亿元，营业额达到 15 亿元。

和君咨询在总结这一战略时用了四句话十六个字：产业为本，战略为势，创新为魂，金融为器。产业是竞争的基础、是根本，创新是创造不平等竞争力的源泉，是灵魂，金融是创造不平等竞争力的器具。黄海战略是整合战略，整合的就是这十六个字。以创新的商业模式将产业和资本连接在一体，产融互动，去实现那个战略目标，那个目标就是黄海战略的创意。

所以黄海战略将是永不过时的未来战略。它创造了顾客价值的另一个分析维度。

第四节　黄海战略是基于互联网和商业模式的变革战略

战略是环境的产物。20 世纪 90 年代以来，战略环境最大的变化是互联网，战略工具最大的变化是商业模式。

20 世纪 90 年代以来，全球经济环境带给企业的深刻感受是“复杂”动态与不确定性。在中国，企业不仅受到经济体制转轨与经济结构转型的双重约束，还受到以信息技术为核心的知识经济浪潮的冲击，这些都使得企业所面临的环境的不确定性更为突显，同时也导致了价值转移与范式改变，由此带来了产业升级、战略变革与创新等问题。战略，作为协调企业与环境的适应性关系以有效管理不确定性环境的有机系统，在企业环境发生变化时就会对其提出转换或变革原有战略的要求，因而战略变革正是基于环境挑战所做出的一种反应，是企业与变化的环境相结合的产物。在激烈的市场竞争中，只有那些善于改变自己的企业才有可能获取更多的发展机会和生存空间。

近年来，战略变革越来越成为中国企业在动态、复杂与多变的环境条件下，追求做强、做大、成功（二次创业）、提升竞争力、追求持续竞争优势的过程中不可回避的现实问题之一：动态环境下，为了保证企业可持续发展，分析企业战略变革的主要影响因素，当企业环境或企业能力发生变化时，有必要对原有战略进行重大调整，实施战略变革。

黄海战略正是基于互联网与商业模式变化无穷的商业环境而产生的变革战略。

所谓企业变革战略，是指企业为了获得可持续竞争优势，根据所处的外部环境或内部情况已经发生或预测会发生和想要使其发生的变化，并结合环境、战略、组织三者之间的动态协调性原则，涉及企业组织各要素同步支持性变化，改变企业战略内容的发起、实施、可持续化的系统性过程。变革战略就是企业经营发展过程中对过去选择的、目前正在实施的战略方向或线路的改变。原有选择的战略在实施过程中遇到企业发展的环境发生了重要变化，企业对环境特点的认识产生了变化或企业自身的经营条件与能力发生了变化等情况时，会提出调整问题。不论何种原因，企业能否及时进行有效的战略调整与变革，决定着企业在未来市场上的生存和发展水平。战略调整与变革作为企业实施动态战略管理的追踪决策，这种动态战略管理受到企业核心能力、企业家的行为以及企业文化等因素的影响。

但是，针对企业变革，黄海战略提出最彻底的变革措施，即实施黄海战略，将企业战略置于互联网和商业模式的基础上来进行思考。

近20年，商业环境发生了这么大的变化，但还没有一个基于互联网与商业模式的系统战略理论。

我觉得近20年商业环境最大的变化莫过于互联网与商业模式的变化，它们是构成实现企业战略企图的最有效工具。

互联网是未来的基础环境，商业模式是未来企业的创新之源。

所以，黄海战略着力于研究互联网与商业模式，它是基于互联网和商业模式之上的企业战略。

为什么黄海战略要将重点放在这两点上呢?

首先，我们看商业模式，在这个波澜壮阔的资本时代到来的时候，我们在资本市场看到的现实是：资本选择项目的标准永远是团队+商业模式。近20年来的资本市场，就是商业模式的市场，商业模式是资本运营的核心与基础，是实现战略企图的核心工具。今天中国大量的企业还处于碎片化的状态，在这种情况下，极有可能通过商业模式的创新来实施战略转型，实现行业或者领域区域的重新整合，打造行业龙头企业。

不仅在高科技企业，在传统企业，商业模式创新的机会也同样非常之多，因为中国正在经历着有史以来最为深刻的商业模式变化。不同的商业模式，企业的价值是完全不一样的。比如，同是酒店业，传统的酒店都只有十几倍的市盈率估值，而如家酒店估值会到四十多倍。同是经营出租车服务，传统的出租车公司只有十倍的市盈率，而滴滴出行在资本市场可以达到100倍的市盈率。其原因就是商业模式不同。同是卖鸡鸭的餐饮公司，北京全聚德和肯德基的估值差异很大，为什么，商业模式的问题。全聚德，作为中国的老字号，已经有一百五十年的历史了。但这一百五十年以来，一共卖了多少只鸭子呢，一共只卖了一亿多只。那么肯德基呢，进入中国二十多年，肯德基能卖多少只鸡呢，一年一亿多只。一个是一百五十年一共卖了一亿多只鸭子，一个是一年卖一亿多只鸡，可见两者在商业模式上还是有很大的区别。肯德基在美国有五千家店，在中国有三千家店，但是肯德基说未来几年，将在中国布局一万四千家店，这就是中国巨大的市场空间。放在资本市场，人们对这个企业就会产生无限的想象，在资本市场上，肯德基就比全聚德值钱多了。

同样是零售企业，2013 年，国美卖了 952 亿元，14 亿元利润，苏宁卖了 1052 亿元，1.4 亿元利润，京东卖了 1000 亿元，没有利润，还在亏损。但市场估值，国美是 186 亿元，苏宁是 567 亿元，京东是 2500 多亿元。

黄海战略是二元价值战略，它不但要创造顾客价值，还要创造让渡价值。黄海战略不仅仅要创造让企业赚钱的战略，还要创造让企业值钱的战略，它是二元价值。因此，它必须是基于互联网和商业模式的战略。

因为，在未来的很长一段时间，资本市场的价值都将由互联网和创新的商业模式来决定。传统行业如果不抓住这种趋势，没落只是迟早的问题。

比如，这几年房地产都很赚钱，但这些年中国那些很赚钱的房地产公司，在资本市场为什么都不值钱呢，如万科、万达、保利、金地、碧桂园、恒大，市盈率都在 10 倍以下。而同类房地产公司却很值钱，为什么呢？下面我们来详细看看它们的商业模式到底有什么样的差别。

假设一家上市公司是一家单体的房地产公司，比如现在最火的公司，中国首富王建林的万达公司。

万达现在是一家很赚钱的公司，但在香港资本市场，它的市盈率一直在十倍以下。现在要回归 A 股市场，其估值也在十倍以下。

为什么它的估值会这么低呢，就是因为作为一家单体的房地产公司，非常容易遇到扩张的瓶颈。

我们经常讲，一个好的商业模式的特点就是一听能够听得懂，一想想不到尽头。但是作为一家单体的房地产公司，很容易就想到尽头了。

比方说万达的酒店，假设我们可以计算得出来，所有的会议室都用满，所有的客房都用满，所有的娱乐设施都用满，最后能赚多少钱，那么很快就封顶了，尽管天花板很高，但是也有天花板。尽管今天很赚钱，但赚多少钱一下子就能算得出来，所以就缺乏一个想象空间。这就是为什么单体的房地产公司也许利润很好，但在资本市场的价值并不算太高。

那么比它更进一步的是什么呢，就是连锁化的房地产公司。如果也是房地产，或者是类房地产的领域，但是能够通过连锁的方式，那这个股票的平均市值大概能达到四十倍。举例来说，我们讲到的如家连锁，其实它也是一个类房地产公司；比如分众传媒，它也是一个类房地产公司，为什么呢，因为分众传媒最终的控制力来自于它所占据的电梯。电梯是有限的，全国就那么多房子，就那么多电梯，我占住了，你就占不住，这具有独特性、垄断性、排他性、稀缺性，所以它也具有非常重要的类房地产特征。包括做服装的 Kappa 连锁，也是一种类房地产的特征。当你能实现连锁化的房地产运营的时候，你的股票市值就能得到进一步的飙升。原因就是你有了复制的空间，你有了扩张的空间。

比如说如家，如家在成立了四年之后成功登陆资本市场，成功登陆了纳斯达克。它在上市的时候，只有七十家店，但是却不妨碍它上市时候的股票市盈率达到一百，也就是它增长一百倍不是问题。如家连锁为什么得到美国资本市场的青睐，就是因为这样一家经济型的酒店的商业模式复制了国外非常纯熟的 B and B 的模式，就是 breakfast and bed，早餐加床，就提供最简单的酒店服务，通过这样的服务，实现了连锁化的、规模化的扩张。

在全球，目前最大的经济型连锁店多达五千家，所以美国人预期，依托巨大的中国母市场，如家应该有机会扩张到五千乃至一万家店，因为中国市场更大。谈到这一点，给大家一组数据，大家就能够理解美国投资人的心理了。

如果说目前国外 B and B 的酒店最大规模是五千家，那对于如家这样一种商业形态的公司，未来应该能有七千家，因为七十家涨一百倍嘛，七千到一万家的连锁经济酒店是指日可待的。事实上如家的发展速度也非常之快，在它上市之后四五年的时间，它除了自身的扩张外，还并购了 168。今天的如家在中国市场上已经有一千家店，所以速度非常之快，从七十家到一千家，只不过用了四五年的时间而已。这就是为什么连锁化的房地产、类房地产的商业模式，更容易得到资本市场的青睐。

今天的如家，已经不仅仅在考虑如何在中国市场布局的问题了，而是已经在考虑如何从中国市场走向全球市场的问题。因为伴随着我们中国人对全球的学习、旅游、交流等各种商务活动的展开，它在全球的扩张计划也是指日可待。这就是为什么如家有这么高的市盈率，因为它的未来存在巨大的想象空间。

当然，作为类房地产的企业，能够得到更高估值的方法，就是与我们当下互联网时代和电子商务时代紧密结合。如果你能成为一个互联网化的类房地产公司，你的平均 P/E 将会高达六十倍。比如我们看到的携程，就是一个互联网时代下的类房地产企业。为什么携程能有这么高的股票市值，就是因为当我们还在憧憬着如家未来的国际化的时候，实际上携程已经通过互联网时代实现了它的国际布局，已经能够覆盖到一百五十个国家，几万间酒店的预订。你通过携程订一间房，携程能赚多少钱？就能赚六十到七十块钱，怎么来理解？

为什么那么多酒店扩张的速度要更慢？因为酒店本身也是一个重资产的模式，比如说像万达的五星级酒店，你要建一个酒店，你该有巨大的投资，你还要搞好政府关系，建完之后，还得招一大批的员工来管理。还有很多的日常消耗支出，一个酒店平均每年光电费支出大概就有三四百万元，消耗的成本非常高，占用的资金非常多，还只能是单体。即便登陆资本市场，赚的也只是单体房地产的钱。

但是携程不用管，你只要盖好了，那么通过我预订一下，只要订出一个，就能赚到六七十块钱，这就是携程。某种意义上可以理解为它可以通过轻资产的方式实现类房地产领域的扩张。也就意味着，你们这些做房地产的过去都很牛，但某种意义上说你是在给我打地基，你花了很多的资源，很多的能力，很多的钱，把酒店盖好了，那么我坐地收银子。所以携程是通过互联网的方式实现了轻资产的类房地产。正是因为如此，携程今天的利润已经高达十个亿。在金融危机时代，携程网的股票市值逆势而上。而同期我们可以拿东方航空做比较，金融危机时代，光为了救它，国家就注入过百亿元巨资来弥补东方航空的亏损。更别说它的股票价格，根本是跌得一文不值。在金融危机时代，东方航空新上任的总裁突然跟媒体说了这么一番话："我们这样一个国有的大型企业，我突然发现，是在给携程这样一个民营企业打工。"很是不平衡，同样订机票业务，携程赚的钱比东方航空多多了。所以东方航空说不行，要改变格局，不能跟携程合作或者说要减少跟携程合作，那跟谁合作呢，跟淘宝合作。不给 A 民营企业打工，换成给 B 民营企业打工。对于商业模式的创新而言，我们说是一个重新洗牌的时代。

今天，大企业将不再大，小企业将不再小，因为商业模式的创新，可以让大企业瞬间衰落，但是如果你能创新，小企业能够以小博大。小企业迎来拐点、大企业瞬间衰落的核心原因都是商业模式的创新。所以，商业模式创新是实现黄海战略的基本路径。

黄海战略是基于互联网和商业模式的战略，是把握住当前企业的两大主流环境，总结、归纳、提炼出的战略工具和思维方法。

第五节　黄海战略是塑造型战略

战略是创造出来的，就是无中生有。战略不是计划出来的，伟大的企业家都是创造家。

黄海战略是塑造型战略，塑造型战略的特质就是无中生有的过程。是一个发现社会发展规律和运行智慧的过程。

在互联网已渗透入各行各业的今天，在互联网已成为这个世界的基础设施的今天，各行业企业的改造已经从传播、流通环节，渗透到了生产、研发、设计等全价值链，产业互联网之后，企业之间的分工与协作方式在发生巨大变化。传统意义上的线性价值链瓦解，各价值要素重组成平台化的价值网络。制造业最为典型，在工业 4.0 驱动的新型协同制造模式之下，制造业企业将不再自上而下地集中控制生产，而是从顾客需求开始，到接受产品订单、寻求合作生产、采购原材料或零部件、共同进行产品设计、生产组装，整个环节都通过互联网联接起来并进行实时通信，从而确保最终产品满足大规模客户的个性化定制需求。在这种模式之下，企业之间的协作关系必然要重塑，甚至企业本身的概念也要重新定义。

新产业结构之下，行业边界的划分让位于场景区隔。组织模式也不再是传统的企业和雇员，而是平台与创客。产业结构将发生变化：横向按照场景，切分成一个一个的社群；纵向按照功能，聚合为一层一层的平台。终极状态下，大多数行业都将变成“平台+创客”的协作模式。“要么生态，要么融入生态”成为行业竞争的显规则。

每个企业所需要思考的事情，绝对不应仅仅是自身“研产销”的问题。但是在现实过程中，很多企业对这场商业变革缺乏深刻认知和系统思考。所以我给传统制造企业的第一个建议是：站在产业视角，去审视所处产业未来的发展格局，重新思考自身的战略定位，然后才是选择路径。

而这个战略定位，就是重塑型的黄海战略，当趋势来临之时，星星之火，可以燎原；当趋势来临之时，就是创造之时；当趋势来临之时，就是无中生有之时。

孙中山呼吁革命，为革命奔跑之时，只有几个人，但他看到了社会发展的趋势，最后成功了。毛泽东上井冈山时，只有区区八百多人，他也是看到了大的趋势，星星之火，可以燎原，最后打败了国民党四百多万的军队，取得新民主主义革命的胜利。

当前是一个什么样的大趋势？当前互联网对传统产业的影响已经开始往深水区前行。

互联网 1.0，重构信息流为主的行业，媒体、广告、零售等业态已基本完成。互联网 2.0，重构供应链较短的服务业，出行、租房、生活服务等领域正在纷纷上演 O2O 革命。互联网 3.0，重构供应链较长的制造业，物联网、互联工厂等技术正在开始重塑传统制造业。

当下，所谓的产业互联网，就是互联网从营销端渗透到生产端，企业价值链的研发、设计、采购、生产、营销等各环节都要放到网络化平台上去匹配供需，最大化地打破信息不对称，提高效率，满足用户体验。

这意味着原来的线性产业价值链会逐渐演化成网状产业生态圈，进化为一个以用户为中心实时互联高效协同的产业生态网络。

产业互联网时代，传统意义上的线性价值链瓦解，各价值要素重组成平台化的价值网络。制造业最为典型，在工业 4.0 驱动的新型协同制造模式之下，制造业企业将不再自上而下地集中控制生产，不再从事单独的设计与研发环节，或者单独的生产与制造环节，或者单独的营销与服务环节。而是从顾客需求开始，到接受产品订单、寻求合作生产、采购原材料或零部件、共同进行产品设计、生产组装，整个环节都通过互联网联接起来并进行实时通信，从而确保最终产品满足大规模客户的个性化定制需求。这种制造模式将使企业面对客户的需求变化时，能迅速、轻松地做出响应，并保证其生产具有竞争力，企业本身将实现从单纯制造向“服务型制造”升级。企业之间的协作关系必然要重塑，甚至企业本身的概念也要重新定义。

打造平台生态型企业，是成为产业王者的必由之路与必然之选。

从市值角度讲，也只有生态型的企业才有望成为千亿市值的产业王者。打造平台型生态，将成为有产业抱负的企业家追求的经营境界。

因此，以塑造型为特质的黄海战略将是下一步战略理论家和企业家们重点研究的企业战略。

黄海战略的塑造型战略一直都存在，只是我们没有去总结，去提炼。

工业革命之后，美国进入大工业时代，钢铁是当时的第一大产业，是当时最风光的产业。大家争上钢铁厂，一下上了几千家，摩根将 785 家中小钢铁企业并到卡内基钢铁厂，产生了当时全球最具竞争力的美国钢铁，这就是人类历史上第一版塑造型黄海战略，是金融资本家站在产业与资本的角度对企业战略的重新塑造。与此同时，洛克菲勒重组了美国石油产业，杜兰特把两百多家汽车厂合并为通用汽车，等等，形成了一批工业时代最具竞争力的企业。

在工业经济时代，塑造型黄海战略改造的是基于工业经济时代的基本概念：规模经济和范围经济。

规模经济，是把一种产品卖给更多用户，共享供应链能力，企业据此展开横向并购；范围经济，是把不同产品卖给同一用户，共享用户资源，企业据此展开跨界并购；那时的塑造型战略多是横向纵向整合一体化，就是纵向整合上下游，上游收购材料厂商，或者下游收购分销商，横向整合相关的产品，以降低交易成本，企业据此展开一体化或多元化并购。

这些还是工业时代的理论体系与黄海战略版本。互联网时代，发生了什么变化呢？我们看看互联网经济的两个特性。

一个叫作网络效应，即“使用这个网络的人越多，这个网络越有价值”，这强化了马太效应，使得横向形成平台化垄断，平台企业将追求垄断红利，其垄断力度更大，比如微信、淘宝、滴滴在各自领域都享受了“赢家通吃”的“礼遇”。

一个叫作数字资产，一方面边际成本趋于零，使得规模经济可以相对无限扩展，横向边界被打破，免费和第三方买单等商业模式得以成立，比如，百度搜索平台，平台一旦搭建好，供给 1 万个人使用和 10 亿个人使用的成本是一样的，即增加使用不增加成本；另一方面，数字资产通用性，使得范围经济的扩展成本大大降低，比如以前出版一本书，出版社希望这本书销量一定要足够大，才能够享受规模经济的好处，因为一本书卖 1 千册和 1 万册，成本差别很大；但是如果去打印店，不管你打的内容有多少种，只按页数收钱，因为打印店是数据驱动的，U 盘插进去，打什么内容成本都一样。如果未来企业各价值链条都形成“数据驱动”，范围经济将得到大大强化。

通过上述分析，我们发现，产业互联网时代的主要扩展逻辑，可以理解为“规模化的范围经济”。

于是，第三方买单，跨界竞争成为新的战略因子，使得传统战略理论失效成为普遍现象。

比如韩都衣舍，已经从单品牌运营进化到时尚品牌孵化平台，目前已拥有近 300 个创意小组，每年设计服装品牌达到 3 万款。通过自孵化、合资、合作及代运营等方式，将品牌数量扩充至 28 个，产品涵盖女装、男装、童装、户外、健走鞋、箱包等品类。韩都衣舍目前算是一个比较典型的内容平台生态。这在传统经典战略里是什么战略呢？

比如上海钢联，从信息平台，延展到交易平台，再延展到供应链服务平台，已经成为一个以钢铁产业链为主的“大宗商品”产业平台生态圈。这又是什么战略呢？

比如阿里巴巴集团，就是一个孵化淘宝、蚂蚁金服、菜鸟网络、阿里体育、阿里云等自成生态的母生态。这又是什么战略呢？

互联网时代也形成了百度、腾讯、阿里巴巴、滴滴、乐视、小米、苹果等一拨又一拨的新兴的生态圈企业，这些企业所实施的战略，他们有一个共同的特征：都利用了互联网的基础，利用了创新的生态商业模式，我们把这一创新的战略叫黄海战略。

黄海战略就是基于互联网和创新商业模式的塑造型战略。

第一，它以互联网为工具，围绕一个产品或服务，让利益相关者链接方便。网络连接无限可能，价值分析无限扩大，基于传统价值链构思战略价值分析的思维方式无法构思黄海塑造型战略。

第二，它基于一种或多种商业模式，能让利益相关者关联在一起，形成一个生态系统，谁也离不开谁。

比如拿这几年移动电话生态系统来说，安卓和苹果操作系统（IOS）之所以对客户来说更具吸引力，是因为谷歌和苹果在智能手机发展初期，以一种开放的双赢的方式邀请外在开发商开发他们的平台。当时的竞争对手诺基亚却被其陈旧的软件架构所束缚，在安卓和苹果系统出现之前，绝大多数手机都使用诺基亚的塞班平台，但诺基亚没有抓住这个机会，将塞班系统改造成开放式平台，也就是没有创造多种应用的基础设施——应用商店。而苹果看到了这个趋势，将自己的平台建成了开放平台，让许多应用开发商都参与了苹果应用的开放，利用了全社会的广大的资源和能力。

所以，诺基亚前首席执行官斯蒂芬·埃洛普在评论竞争情况时说：“我们的竞争对手并非利用设备赢得了市场份额，而是利用整个生态系统赢得了市场份额。”

苹果就是以互联网为基础，用一种多赢的商业模式建立了一个开放式的平台，这个平台慢慢成长为一个生态系统，苹果利用这个生态系统打败了诺基亚。

互联网时代，由于技术变化的不断加快，全球联系增强、贸易自由化、人口迁移创造出新的客户需求等原因，市场的可塑性情况不断增加。这时，当某个行业、某个产业开始产生新的演变趋势或需要重新定义产业规则时，那些有创造性的企业，那些有企图心的企业就应该站出来策划自己的塑造型黄海战略。

这种战略适用于高度分化、年轻、动态性强的产业、刚陷入混乱的产业及新兴市场。如发展中国家的消费品市场、百货零售市场、软件、互联网等等。中国的滴滴出行、淘宝商城、小米、乐视都是这类黄海战略。如果企业能看准时机，果断介入这类动态性强的行业，就可能很快颠覆一个行业，建立自己绝对不平等的竞争优势。

这就是黄海战略。

第六节　黄海战略是前向营销的战略

黄海战略的第五个基本逻辑是前向战略营销。

什么是前向营销呢?

前向营销指首先开发清晰的细分市场分布图，然后认真分析各个细分市场，最后精确定位企业将要进入的细分市场。它需要分析最终用户如何使用产品和服务，需要何种竞争优势，以何种价位去赢得用户。

真正赢利的公司是重视“前向营销”的公司。如果把产品和服务的推广、促销、广告、服务等称为“后向营销”，那么创造或挖掘细分客户的需求、创造顾客价值，追求最大限度地满足客户的需求就是“前向营销”。

用德鲁克的话说：企业只有两大使命——创造价值和告知价值。前面的叫创新，后面的叫营销。黄海战略关注价值创新。

在黄海战略理论里面，将营销战略分为两类：一类叫价值攫取型，一类叫价值创造型。价值攫取型就是想办法争取更多存量资源，如买更好的广告位，找顶级代言人。价值创造型是改变资源的利用方式、创造新价值的营销。比如给营销活动想一个容易引起共鸣的主题，探索用户真正的需求，归类细分市场，解密类群部落情感暗号和情感密码，洞察消费者心智等等。这就是前向营销。

前向营销是黄海战略的基本战略逻辑。最经典的案例是微软、苹果和小米。

不知大家注意没有，微软公司从来不从事产品和服务的推广、促销、广告、服务等“后向营销”的事，从我从事营销工作开始，二十多年了，我从没看见微软公司进行产品推广，他只是不断地推出新产品，Windows93，Windows95，Windows96，Windows97，他不需要后向营销。小米也是这样的企业，小米2006年的营销成本与渠道成本加在一起不到营业额的9%，而中国同类企业大约在45%，这事情我研究了近10年，我将这个类型的营销战略与策略称为黄海战略。

真正赢利的公司是重视“前向营销”的公司。对中国企业来说太重视广告、促销、推广的力量，而忽视了“前向营销”对企业赢利的决定性影响，前向营销才是发现“黄海”、创造赢利的关键。

这使我想到了自然界的现象：在四川境内有一种奇特的植物——毛竹。它的生长过程可谓自然界一大奇观。该竹子在种植期前5年丝毫不长，到了第6年雨季到来的时候，它竟以每天近2米的速度向上急窜15天左右，最后大约可以长到90英尺高，并成为竹林中的身高冠军。而且更为奇特的是在它生长的那段日子里，处在它周围方圆十多米内的其他植物便停止了生长，等到它的生长期结束后，这些植物才又获得了生长的权利。在好事者“寻根问缘”的过程中这一奇观的谜底被揭开。原来它前5年不是没有长，只不过是以一种不易被人们发觉的方式在生长——向地下生根。

经过5年的“地下工作”，一株还未向上发芽的雏竹的根系竟然向周围发展了十多米，向地下深扎了近5米，真可谓“博大精深”。

这样的生长方式不仅为它5年后长高打下了坚实的基础，同时还悄悄地“侵占”了周围其他植物的根系发展空间，使它们无法获得生长所必需的水分及养料，所以在第6年雨季到来的时候它能够几乎以资源垄断的方式独自急长，而此时周围的其他的植物只能望天兴叹，眼巴巴地看着它生长。这一自然奇观给我们的启示是多方面的，令人感触最深的莫过于“一切为赢利做准备”。毛竹“五年埋头蓄势”的过程相当于“前向营销”的过程。只有真正发现顾客的价值，并能舍弃一些东西才能成为赢利的公司。

如何利用“前向营销”创造超额利润呢？关键是我们必须发现“黄海”。今天很多企业的发展是在竞争白热化的“红海”中拼杀，没有竞争的后天的“蓝海”市场意味着很高的不确定性，虽然每家企业都梦想能发现引领未来的有超额利润的“蓝海”市场，但对中国企业来说暂时还不具备条件，因为我们不像三菱公司有100年以后的战略定位，更何况“后天”战略的执行需要巨大的投资而且充满了变数。根据“实力与机会匹配”的原则，中国企业应该考虑“明天”的战略，基于明天市场的黄海战略是中国企业制胜和快速赢利的战略，这也是我的研究的成果。

小米公司在2010年成立并确定进入手机市场时，市场是多么的红海，几百亿市值的行业霸主都在纷纷亏损，小米的合伙人为什么敢进入呢？因为他们有钱吗？它的合伙人只是几个打工的职业经理人，钱能多过世界500强的诺基亚、摩托罗拉？但他们还是进去了，他们也没有去寻找什么蓝海，而只是前向营销，先建一个米聊社区号，找到市场，找到粉丝，找到订单，再去生产，用四年时间，做到世界第三，中国第一。

这种现象只有黄海战略才能解释，因为黄海战略就来自于无数个这样的案例的总结和推演。这个成果是来自十多年来对全球营销市场急剧变化的洞察。

第七节　黄海战略是一个生命体战略——企业修炼

黄海战略是一个生命体战略，它是长生久视的战略，它是关注终极目标的战略。黄海战略区别于以前一切战略的根本点，是它确立了分析战略的管理哲学系统。

这个管理哲学系统就是企业是一个生命体。黄海战略本身也是一个生命体，这个战略的最大特色是，它自己是一个完善的体系。它不仅仅只是一个价值体系，它是一个大的生命体系。它将企业看成一个生命。它是东方文化体系下的战略，它的思维也是东方文化的，它的体系包含明道、取势、优术。所以，它的结构分为有机的四个组成部分：安身立命之道、谋胜之道、知胜之道、长胜之道。

黄海战略的魅力之一，在于这个生命体系的无限性与闭环性。

以前的一切战略管理，包含最经典的战略流派，无论环境适应学派，产业组织学派，资源基础论与核心竞争力理论学派，动态能力论学派，描述性战略管理思想学派，成长与竞争理论的变革学派，企业成长理论学派，竞争战略学派，生产战略学派，持久竞争优势学派，产业战略学派等等，他们都没有解决战略管理的哲学问题，所以，近百年来，人们一直在争论企业是什么？就像我们人一样，一直在问询——我是谁？我从哪里来，要到哪里去？这个问题至今没有解决。

如果这个问题没有解决，我们的一切战略，一定是盲目的，就像人一样，没解决“你是谁”这个问题，那么你活得一定是盲目的。这就是黄海战略的安身立命。

以前的一切战略的学问，严格意义上来讲，都是形而下的学问。在企业战略中提出需要建立行而上学的第一个人是稻盛和夫，2005 年他出版了一本经营哲学书《活法》，里面提出了两个问题：“人为什么活着？经营为何需要哲学？”只是他没系统地整理论述。黄海战略提出战略应关注形而上学的学问，应关注战略思维的始点，战略因子的研究，并做了系统的思考。

那企业究竟是什么呢？企业要怎样安身立命呢？企业为什么需要哲学呢？

《黄海战略》为战略者建立一个战略哲学思考系统，这个系统便是中国管理哲学思想系统。我们知道：西方人重形，东方人重意；西方人求技，东方人论道；西方文化以科学自居，东方文化以智慧闻名。所以，西方这几十年建立起来的战略管理系统理论一直缺乏哲学思想的支持。《黄海战略》是力求融“西方管理科学”与“东方管理智慧”于一炉，在形而上为战略找到依据。《黄海战略》是创造不平等竞争力的策略，但，这策略什么时间能用？什么地点能用？什么人能用？什么情况下能用？就像《吴子兵法》中说：“昔之图国家者，必先教百姓而亲万民。有四不和：不和于国，不可以出军；不和于军，不可以出陈；不和于陈，不可以进战；不和于战，不可以决胜。是以有道之主，将用其民，先和而造大事。”这是一个国家、组织、企业在参与竞争前找到自己的安身立命的参与竞争的依据。

《黄海战略》背后的哲学思想是中国文化和中国智慧，我为《黄海战略》设置了四道战略：安身立命之道、谋胜之道、知胜之道、长胜之道。这四道战略如何策划、如何设计、如何守正出奇，背后需要在中国思想的何处去寻找智慧的源泉，我都做了初步的配位研究。

从对中国管理思想文化的研究中，我发现一个组织、一个企业同我们人是一样的，是一个生命体，也有大宇宙，小宇宙，微宇宙循环。

首先企业是一个有机的生命体，然后才是慧命体，最后是本体。由本体指导慧命体，由慧命体指导生命体，由生命体指导企业体，利益体。引导企业从效益走向效能，从利己走向利他，从短期走向长期，从眼前走向长生久视。

本体是实相，是道体，是生命生活的信仰。慧命是自然，是真理，是战略的本质，是安身立命之道。第二篇讲谋胜之道，经营之道，是战略策划的主体。第三篇讲知胜之道，是组织管理之道，企业运营之道，是企业管理的主体，要认识自己，知道自己是怎么成功的、如何成功的，明道、取势、优术的决策全在这一篇解决。第四篇讲战略执行，讲企业的长胜之道在企业系统的执行力，即组织系统执行力，它包含凝聚力、组织力、执行力。

何为对的战略？只有建立在一个系统管理哲学思想之下的战略，才是对的战略。

就像有一个故事所说——只要人对了，你的世界就是对的。

有个牧师，正在准备一篇演讲稿，他有个儿子来捣乱，他就随便在杂志上撕了一张纸，那是一张地图，他撕碎了，说：“儿子，去，你把那地图给拼起来，老爸给你 5 毛钱。”他想让小孩儿干个活，结果小孩儿很快就把那地图给拼好了。牧师很好奇，自己儿子真神呐，这世界地图，不要说孩子能拼好，连自己都不一定能拼好。他就问儿子：“儿子，你是怎么拼的？”儿子说：“爸，这个地图后面有一个美女，只要把这个人拼对了，我想地图应该不会错。”于是牧师立刻写出了一个演讲主题——只要人对了，世界就错不了。

我们前文讲到的美国九个大富豪，最后为什么没有一个有好结果，我想那就是他们人错了，所以他们的世界就对不了。

中国改革开放所产生的富豪，倒下的那些，也是人错了，所以他们的世界也对不了。

所以，效能与效率的差别，也就是做人与做事的差别，效率是只管把事做好，不管做事背后的行为。效能是把人做好，再把事做好，只要你人是对的，你的世界就是对的。

那么我们怎么才能做到人是对的呢？去读《黄海战略》吧。

《黄海战略》不仅仅是一部战略管理著作，在全球战略管理的历史上，是第一个将管理哲学与战略融合在一起的，开启了中国管理哲学的先河。其背后是我想表达很深邃的形而上思想：西方人重形，东方人重意；西方人求技，东方人论道；西方文化以科学自居，东方文化以智慧闻名。本书力求将“西方管理科学”与“东方管理智慧”融于一炉，结出一颗中国商学的“金丹”，这就是中国智慧，东方智慧了。

黄海战略是生命体战略，是效能战略。它能从形而下学走到形而上学，它告诉你怎么做，然后还要告诉你为什么要这么做。它不但告诉企业要怎么做，还告诉你怎么做一个高效能的人。它不仅告诉你企业修炼，还告诉你企业中人的修炼。那就是建立安身立命之道、谋胜之道、知胜之道、长胜之道所需要的知识图谱和修身图谱：正心诚意、养深蓄厚、成人达己、内圣外王。任何产业、任何企业、任何组织，生存较量的最后实质都是：组织与人，规则与文化，利益与思想。战略与思想智慧的融合见图1-1。

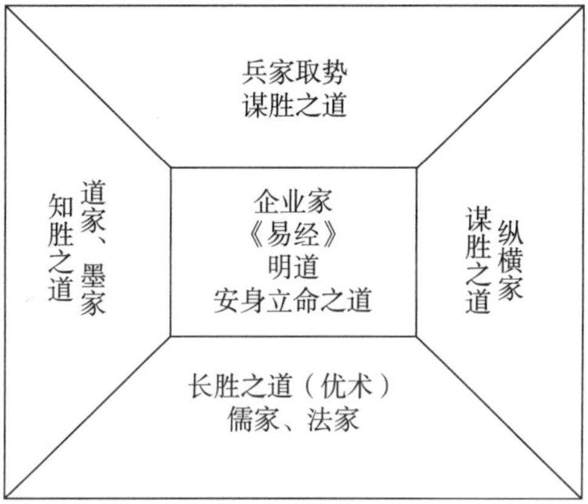

图 1-1　战略与思想智慧的融合图

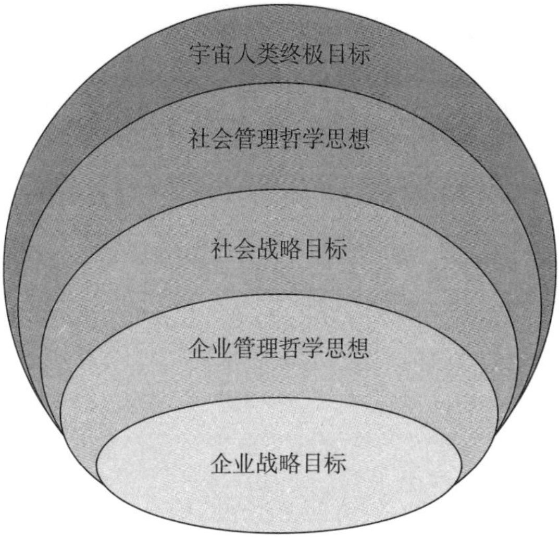

图 1-2　管理哲学与战略的融合关系图

如此融合而成的战略，才是有魂的战略，一个有魂的企业一定会拥有一个有魂的战略，这个魂就是企业的核心文化。

一个企业的真正存在，不在于他已经有了多大的规模，已经拥有了多少的民众，而在于是否拥有掌控和引领民众心灵的思想观念，是否具有一种精神存在于民众的头脑和心灵中，是否拥有一颗利他、爱他、成就他人、带领民众走向真正幸福的心灵。拥有美好心灵的企业才能健康地成长。

这个心灵就是企业之魂，拥有了一个魂，我们的起心动念，我们的发心，我们的核心指导思想就不会偏离人类“大道”。

一个人没有了魂，就是行尸走肉。

一个国家没有了魂，没有了精神脊梁，就要亡国。

一个公司、一个企业、一个老板、一个企业家、一个高管、一个员工，哪一个都不能没有魂。

大老板，有大爱之魂，小老板，有小爱之魂，员工有员工之爱。从某种程度上讲，一个人爱的心量有多大，他才能成就多大的事业。你能将一百个人挂在心上，你就能成就一百个人的事业；你能将一千个人挂在心上，你就能成就一千个人的事业；你能将一万个人挂在心上，你就能成就一万个人的事业。

马克思、释迦牟尼、耶稣，他们能将天下人的幸福挂在心上，所以，他们能做天下人的导师和领导。他们所成就的事业也就是千古的事业。

蒋介石从孙中山手中接过权力，有了私，他就亡了党、亡了国。

袁世凯窃取了大总统之位，就想当皇帝，也没有善终。

所以，管理的根本问题是我们想到的是利他还是利己。利己就偏离了大道，利他才是管理之道，领导之道。利他就是爱他人！

管理的一切问题，说到底，是我们的爱不够，是我们的心量不够广。

这就是黄海战略的明道之理。这就是黄海战略的安身立命的最大之道。

明道之后，企业家有企业家的修炼，经理人有经理人的修炼，员工有员工的修炼，企业就是一个修炼的“道场”，大家都在红尘中修炼。目标都是为了人类的幸福，为了国家的富强，为了人民的幸福，为了企业员工的幸福，为了企业的健康成长。

第八节　黄海战略——重新定义战略

按照前面七个方面对黄海战略进行的定义，虽然已经界定了黄海战略与传统战略管理区别的独有特质，但对战略本质的阐述和了解仍像盲人摸象一样，没有将战略的本质描述清楚。

战略大师明茨伯格在《战略历程：纵览战略管理学派》一书中，将战略分为十大学派：设计学派、计划学派、定位学派、企业家学派、认识学派、学习学派、权力学派、文化学派、环境学派和结构学派。中国管理学教授邹统钎与周三多在《战略管理思想史》一书中将战略管理思想归为四个学派：战略规划学派、适应学习学派、产业组织学派与资源基础学派。

综观各个学派，各战略管理大师，以及目前的战略管理教材，不管他们怎么表达战略，到目前，还没有一个学者能用简单的语言表达出战略的本质。所有的学者、流派，他们都还只是将大象身体的某一部分当成大象。

这就使得战略管理这个学科成了最说不清楚的学科，这种情况使得多数企业家、经理人在企业的决策中多是盲人摸象似的盲目行动，除此之外，他们还能做什么呢？就算他们将几十个战略流派的书全部读完，大多数人还是不会知道战略究竟是什么。因为我们理论界自己都还没有搞清楚战略的本质是什么。

正是在这种情况下，我提出战略的本质就是创造不平等竞争力的策略。

这句话可以对十多个战略流派的观点进行圆满的解释，又拥有自己的立论观点。它能总结过去，面对未来，解释战略的本质。

所以，我认为黄海战略总结并重新定义了战略。

下面我就解释一下它的思维逻辑。

首先，我们看战略的基本问题。战略的基本问题是企业的成长方向和生存演化，同人的成长方向与生存演化有很多本质的内在统一。项保华在《战略管理——艺术与实务》中类比哲学与宗教，提出战略的基本问题是：

（1）业务是什么？

（2）应该是什么？

（3）为什么？

进而他又提出战略理论的本质就是由三个基本假设构成的：

（1）企业战略会受到人们对外部环境认识的影响；

（2）企业战略会受到人们对远景使命目标认识的影响；

（3）企业战略会受到人们对内部实力认识的影响。

鲁梅尔特、申德尔与蒂斯在其主编的《战略的基本问题》中指出，要回答战略的本质是什么这个问题，就必须回答以下几个问题：

（1）企业如何行事？

（2）为什么企业存在差异？

（3）企业的价值是什么？

（4）决定企业成败的因素？

而黄海战略的“创造不平等竞争力的策略”这句话，可以回答上面的问题，也可以解释各战略流派要解决的问题。

战略规划学派认为战略就是企业要规划未来的资源与机会的匹配，以获得预期的企业竞争力。

环境适应学派强调环境变化的不可预测性，企业战略是适应环境的改良过程，企业应在适应环境的过程中通过学习和改良形成自己的竞争力。

产业组织学派认识到市场结构对企业赢利能力影响的巨大，因此，企业战略的核心是通过选择与市场定位来形成企业的核心竞争力。

资源基础理论学派认为企业竞争到最后能否胜出，关键还是在企业的资源，因此，这一学派认为战略的核心就是挖掘与培养公司有价值的、无法仿制的、难以替代的资源。

动态能力学派认为，能力是企业决策和创新的源泉，所以，这一学派认为企业战略的核心就是建立企业的核心能力，其代表人物就是加里·哈默尔。

学习学派认为，环境是复杂并不可预测的，企业只有通过建立学习型组织，才能应对环境的不确定性，并在组织学习适应环境的过程中，形成企业的竞争力。

企业家学派认为战略不是集体或文化的结晶，而是企业关键领导人物形成的，企业战略的核心是要找到或培养出有远见、有智慧、有洞察力的领导或企业家，这是竞争力的关键。

近几年的生态战略、战略联盟理论、蓝海战略都没有资源理论学派与竞争战略学派。

综观上面这些各大战略学派，他们都有一些共同的关键词：

（1）竞争，企业在一个相对固定的范围争夺生存空间就免不了竞争。不管哪个学派，都不得不承认，企业就是一场生存竞争。

（2）能力，企业要生存必须要形成自己独特的能力，就像人一样，要生活在这个娑婆世界，你必须要有自己的一技之长，你要修炼出自己的独特的能力。

（3）企业都要受到内外环境的影响。

所以，我认为战略的本质就是：创造企业不平等竞争力的策略，这个策略能整合企业的愿景、使命、目标、政策和企业上下一致的行动。这样的战略就是一个好的战略。这样的战略就触摸到了战略的本质，它创造了竞争能力，而且是不平等的竞争力。它能影响、能统一企业使其上下一致地行动，从而对外在环境有适应力。这个好的战略就是黄海战略，它是对过去战略的归纳，对未来战略的延伸及重新定义。

它回答了战略的基本问题：

（1）企业如何行事？

（2）为什么企业存在差异？

（3）企业的价值是什么？

（4）决定企业成败的因素？

企业如何行事所要表达的核心是我们如何安身立命于这个充满了竞争的世界。我们只有不断创造出不平等竞争力的策略，才能安身立命于这个世界。

企业为什么存在差异？因为企业战略的过程和行为的过程是复杂的，战略是整合企业集体的愿景、使命、目标、政策、价值行为，并经过战略谋划、战略选择、战略形成、战略评估、战略执行、战略控制，由一个各具特色的社会群体来完成的社会价值活动，所以，不同的企业一定存在差异，永远找不到两个同样的企业。

企业的特殊价值就是创造价值和分配价值。

决定企业成败的因素很多，有些是战略上的，有些是战术上的；有些是外部环境的，有些是内部资源与能力的问题，有些是经营战略的问题，有些是管理战略、组织战略的问题。

以前的每一种战略思想，战略流派的研究成果，他们都看到了企业成败的某一方面的因素，这些因素因时代的变迁、企业内外环境的演变形成了对企业影响权重的差异。但是，我们要是不注重这些因素，任何一个因素都可能导致企业基石的塌陷。

历史学证明，阳光底下都没有新鲜事，世界总是在不断地重复过去。以前那些导致企业成功或失败的因素，未来某个时点，又会成为导致企业成功或失败的致命因素。

历史上的各学派强调的因素可能不是企业必胜的充分条件，但，很多因素确实是企业要胜出的必要条件。

因此，黄海战略的思想是：各战略流派的思想和工具都能形成未来企业创造不平等竞争力战略的战略因子。

这些战略的因子和商业模式创新的因子，共同汇集成《黄海战略》。

因此，黄海战略重新定义了战略。

黄海战略形成的层次、结构和路径图，见图 1-3。

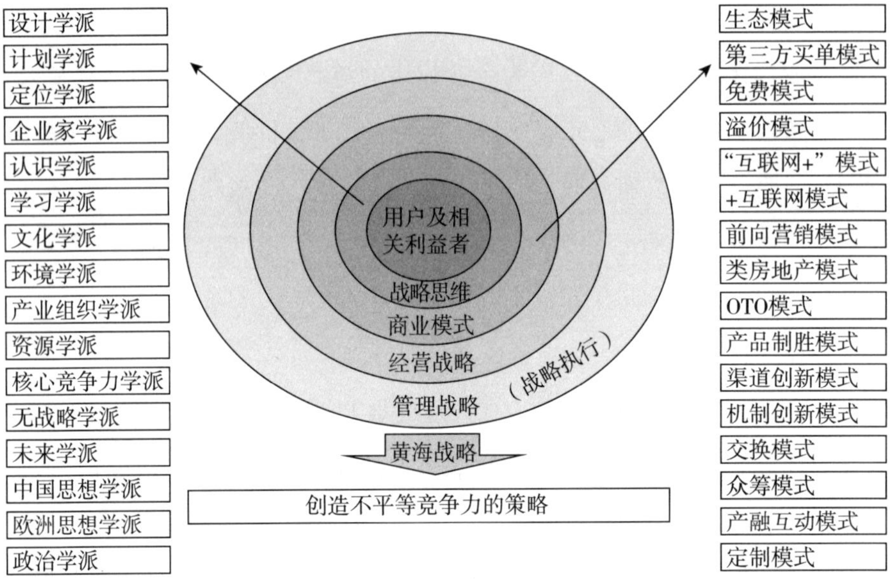

图 1-3　黄海战略形成的层次、结构和路径图

通过这张图，你就可以基本了解作者《黄海战略》的基本思维框架，也就是创造不平等竞争力策略的路径很多，每一个路径都可以演绎延伸出很多方法。这本书不可能将所有的方法都罗列出来，只能寻找方法背后的逻辑规律。

比如，产融互动战略，红杉资本+思科商业模式，和君咨询用这一模式在中国市场创造了无数个“不平等竞争力的策略”。

比如，第三方买单模式，滴滴出行、京东、淘宝等很多企业都用这种模式创造了不平等竞争力的策略。

比如，组织机制学派，创造不平等竞争力策略的案例也很多，和君咨询从一个小小的咨询公司迅速成长为亚洲最大的咨询集团，成功的第一步就是利用了一个“×××机制”（暂时保密）创造了不平等竞争力的策略。

罗马帝国也是靠改变奴隶出路的机制创造了不平等竞争力的策略，成就了罗马帝国。

商鞅也是利用公平奖罚机制创造了不平等竞争力的策略，成就了秦朝帝国。

以此类推，我们可以以各个战略学派的战略思想为入口，也可以以各创新商业模式为入口，找到创造不平等竞争力策略的路径。

而寻找的方法有很多，例如，刚才讲到的机制制胜的结论，历史演绎法、类比法、案例法就都用上了。首先，将商业、企业类比了国家治理，这就要从历史上找案例；其次，用了归纳法。这么多企业、国家利用机制创造了不平等竞争力策略，你也一定可以。

例如：和君的产融互动战略模式，帮助了那么多企业创造了不平等竞争力的策略，你也一定可以。

波特的产业组织理论，实际上也可以列举出一大堆的成功案例，只要你研究透了这一学派，是很容易找到入口和路径的。

限于时间、能力与篇幅，本书暂时只从部分第三方买单的商业模式和产融互动策略来阐述黄海战略。

我相信，黄海战略的思想和方法是需要一两代人去研究的，也是值得研究的。

第二章　黄海战略的理论逻辑

先讲一个“鱼竿与鱼”的小故事：

从前，有两个饥饿的人得到了一位长者的恩赐：一根鱼竿和一篓鲜活的鱼。其中一人要了一篓鱼，另一人则要了一根鱼竿，于是他们分道扬镳了。得到鱼的人就原地用干柴搭起篝火煮起了鱼，他狼吞虎咽，还没有品出鲜鱼的肉香，转瞬间，连鱼带汤就被他吃了个精光。不久，他便饿死在空空的鱼篓旁了。另一个人则提着鱼竿继续忍饥挨饿，一步步艰难地向海边走去，可当他看到不远处那片蔚蓝色的海洋时，他身上的最后一点力气也使完了，只能眼巴巴地带着无限的遗憾撒手人间。

又有两个饥饿的人，他们同样得到了长者恩赐的一根鱼竿和一篓鱼。只是他们并没有各奔东西，而是商定共同去找寻大海。他俩每次只煮一条鱼，然后经过艰难的跋涉，终于来到了海边。从此，两人开始了以捕鱼为生的日子。几年后，他们盖起了房子，有了各自的家庭和子女，有了自己建造的渔船，过上了幸福安康的生活。

故事心得：资源匮乏、竞争激烈是目前中国企业面临的残酷现实，也是全球企业面临的现实，所以未来的战略都会基于开放、对等、共享和全球化运作，因此只有合作的战略才能实现资源效用的最大化，只有建立合作的思维，你才能看见无处不在的资源。[1]

第一节　黄海战略的产生

传统的战略管理正面临一场理论危机：基于波特行业线性价值链的产业战略分析理论，不能解释最近十多年网络经济出现后的竞争战略现象。为什么那么多的企业可以利用低于产品平均成本的价格，免费甚至负价格来参与市场竞争，还能盈利？为什么那么多垄断企业的产品定价比完全竞争情况下的企业的产品定价还要低，甚至免费？为什么一个后起的小企业能颠覆百年大企业呢？

以前的一切战略，包括《蓝海战略》，以及前不久重新修订增加新内容的《蓝海战略》修订本，都无法解释这一现象。以前的一切战略模型、战略工具，都没有办法分析这一现象。然而，这一现象已经产生有十多年了，我们的理论整整落后实践十多年。

基于这样的现实，本章我用生态网络的思维来梳理企业顾客价值分析系统。这个系统便是黄海战略的顾客价值分析系统，它是一种网络思维，一种空间思维，一种双向价值思维。

---

① 该故事选自《68个经典管理小故事》，博维咨询编著。

在《黄海战略》这本书中，我只重点分析了两类价值创造：一是基于商业模式的价值创造赚取第三方买单的逻辑，二是基于创造未来价值赚取资本市场买单的逻辑。

当然，还会有其他的价值逻辑，不过，本书暂时只讨论这两个方面。

我们先看一些现象和案例。

第二节　基于商业模式的价值创造赚取第三方买单的逻辑

一、淘宝战胜 ebay 的黄海战略思维

（1）ebay 简介

ebay 是全球最大的电子商务公司，创立于 1995 年 9 月 4 日，创始人皮埃尔·奥米迪亚，初创地是美国加利福尼亚的圣何塞。到 2003 年时，它的网上交易量是 238 亿美元，净利润为 22 亿美元，占有中国网上交易 96%的市场份额。到 2012 年，它的全球网上交易为 1750 亿美元，但在中国市场，它的市场份额下降到了 0.6%。2016 年，ebay 宣布退出中国市场。

2002 年，ebay 看到自己平台上交易的 70%是使用 PayPal（即美国支付宝）交易系统，不得不以 15 亿美元的高价收购了 PayPal。

2008 年 7 月 15 日，杭州支付宝公司宣布与全球最大的 B2C 网上商城美国亚马逊（中国）公司合作。电子商务无国界，支付宝公司是个开放的

系统。事实上，ebay 采用的 PayPal 模式在中国市场相对于支付宝已显出明显的劣势。

ebay 在中国的失败被其归因为“收费”，于是在不久前，TOM 易趣全面推行免费模式，力图翻身，但分析人士认为，在市场时机丧失殆尽的情况下，此时转型已嫌晚。因为随着网站聚集效应和用户习惯的养成，目前中国 C2C 市场的竞争重点已演化为系统服务、平台完善等综合能力的比拼，免费并不能轻易使 ebay 翻身。

不过，支付宝要在中国境外去战胜 ebay 的 PayPal 也并非易事。毕竟在全球 190 个国家和地区，有 6 亿的 ebay 买家和卖家，在线零售商、在线商家以及传统的线下商家，都在使用 PayPal 进行交易。

PayPal 可以接受世界超过 20 种主流货币的支付结算，但 ebay 的 PayPal 支付系统不是免费系统，是要收取服务费的，而淘宝采用的杭州支付宝和财富通都是免费的。

2015 年 4 月 10 日，PayPal（即支付宝）从 ebay 分拆，协议规定，ebay 在 5 年内不得推出支付服务，而 PayPal 则不能有实体产品，不能开发自主的在线交易。

（2）淘宝简介

淘宝网（taobao. com）于 2003 年 5 月上线，由成立于 1999 年的中国最大的电子商务公司阿里巴巴创建，淘宝上线时，ebay 已占领了中国 C2C 近 90%的市场份额。

2002 年，ebay 以 3000 万美元的价格收购了易趣，当时易趣占有中国 C2C 近 70%的市场份额。2003 年，ebay 以 1. 8 亿美元的价格完全控股了易趣，在 ebay 的支持下，易趣在这一年几乎占领了中国 C2C 90%的市场份额，可谓风光无限。

而马云在筹备淘宝时，发现了易趣没有引入第三方支付平台的缺陷，因此在淘宝2003年5月成立后的短短5个月后，淘宝就推出了自己的第三方支付平台——支付宝。

依据2012年淘宝数据，每年通过支付宝平台交易的金额高达1万亿元人民币。通过整合这些看似无用的现金流，支付宝每年获得了近10亿元的资金利息收入，因此淘宝借助引入第三方支付宝，极大地降低了平台的运营成本，可以在无需额外资金的支持下，实施平台免费策略，实现商户在平台上免费卖货，与竞争对手拉开了差距，并且建立了成本壁垒。而易趣由于没有引入第三方降低成本，即使在有ebay的大量资金支持下，也很难实施免费策略（会面临巨额亏损）。淘宝通过引入第三方支付宝分摊商家的网店成本，获得了巨大的竞争优势和商业壁垒，在易趣迷失方向的5年里，淘宝从2003年成立时8%的市场份额，到2005年短短两年时间便占领了约59%的C2C市场，取代易趣成为中国C2C老大，并且在2011年几乎占领了中国C2C市场90%的份额，而昔日老大易趣仅占有市场的0.6%的份额。

无论从资金实力、团队还是电商经验来看，淘宝相对于ebay、易趣都处于劣势，而正是由于淘宝积极地引入了第三方支付宝，获得了巨大的成本优势，才在其他方面处于绝对劣势的情况下获得了空前的成功，实现了逆转，成就了淘宝神话。

表2-1 淘宝历年交易额（2003—2015年）

年度（年）	2003	2004	2005	2006	2007	2008	2009	2010	2011	2012	2013	2014	2015
交易额（亿元）	0.2271	10	80	169	433	999.6	2083	4000	6321	10007	15420	24440	30000

二、基于黄海战略的解析

（1）成功的企业并不一定要自己去发现蓝海的企业，在战略上慢半步有时风险更少，这就是黄海战略的时间维度，它介于蓝海与红海之间，比蓝海战略者们慢一点，比红海战略者们又快一点，但注意一定不要慢了一步，一定只能慢半步就要跟上，义无反顾。

阿里巴巴创业于1999年，比ebay晚4年，开发淘宝网时是2003年，整整比ebay晚了8年，一直紧盯老大，老大犯的错看在眼里，记在心头，然后找捷径弯道超车，免费模式，第三方买单。

再举个例子：瓜子二手车。中国的二手车交易经过多年的发展，已经是一个很成熟，同时竞争很激烈的红海市场，但营销模式一直很传统，很陈旧，由业务员四处收车，然后再集中场地销售。人人车借助互联网线上线下直销，提出个人卖家，卖给个人买家，没有中间商赚差价，这个模式找到了顾客的痛点，开创了一片黄海，生意非常火爆。但人人车没有及时进行大面积推广，这种情况被瓜子二手车看在眼里，瓜子二手车在2015年就集中投放了一批广告，广告语正是："个人卖家，卖给个人买家，没有中间商赚差价。"并对这一市场进行饱和攻击。现在瓜子二手车远超人人车，在消费者心目中，只要一提"没有中间商赚差价"，就想起瓜子二手车。所以在竞争战略中，谁发现了市场新模式并不绝对重要，重要的是谁采取了饱和攻击，让消费者记住了你是第一。时间晚了一点并不是生死的决定因素，这是黄海战略与蓝海战略时间维度的核心区别。

（2）互联网已经打破了以前企业的生态环境，企业不能再只局限在传统价值链上构建自己的竞争战略，而是要从更广阔的环境构建自己的生态战略。

在 ebay 和阿里巴巴竞争的这个案例中，明眼人都能看到 ebay 败在了封闭自己的系统，PayPal 支付系统原本是它 2002 年收购的一家企业的系统，但收购后，它就将其封闭运营，成为 ebay 的一个部门，想建立竞争壁垒。2004 年阿里巴巴才开始成立杭州支付宝公司研究支付宝系统，但支付宝一开始成立就定位为独立开发系统，独立运营，阿里巴巴不干涉它的经营，所以它快速超越 PayPal，因为支付系统的超越，助力了淘宝超越 ebay 的易趣。

这说明，对于一个产业发展初级阶段的市场，任何企业的资源和能力都是有限的，就像 ebay 这种公司，2003 年已拥有 238 亿美元的流水，拥有 22 亿美元净利润，它仍不能单靠自己来完成所有的工作，更别说阿里巴巴。在 2003 年，它只有几千万美金的风投资金，根本不可能什么都自己来干。而且当时的环境根本无法预测，在这样的情况下，企业要想成功，就得让其他利益相关方参与其中，在合适的时机达成一致的目标，共同来创造一个大的平台。

借用一个形象的比喻，黄海战略就像企业要请多位艺术家协助创造一幅大型壁画，你必须要让他们参与其中，统一意见。

为了避免混乱，你一定要运用你的影响力协调各位画家通力合作。你需要不断地协调各位画家的创造力，按照你的意愿完成画作。

2003 年，淘宝平台是免费的，是亏着钱在赚吆喝，还得鼓励支付宝跟着免费。连 ebay 这种财大气粗的企业都做不到，但马云做到了。就这样，一个行业的生态被他整合后创造了一个更高级的生态，被他鼓励，跟着他一起的这个生态系统全都发了财。

（3）黄海战略的生态系统理论。

我们认为，在互联网时代，企业与企业，行业与行业，市场与市场的边界早已打破，企业的竞争早已不是基于价值链来获得竞争优势。

企业能够通过与外界各方，一些看似毫不相关的各方合作竞争来获得相互直接的竞争优势，组成一个共同的生态竞争优势，这即是我们黄海战略提出的生态圈竞争理论。

企业是一个生命体。所以，它有能力去寻找共生及组织间的互利关系来创造更好的生态环境。

那些不谙此道的企业就会消亡。

早在20世纪60年代，布鲁斯·亨德森已把自然领域和商业领域的竞争进行了对比。近年来，复杂适应系统理论已探索出这种动态合作系统的运行和演变方式。

20世纪80年代，涉众管理理论初步提及了在制定商业战略时，将外在利益相关者纳入战略范畴。

20世纪90年代，一帮学者提出来商业生态系统的概念。即一组企业可以从互利的共同体演变中获利。它倡导在商业创新过程中，汇聚各方的参与者，共享资源和风险。比如近几年的众筹理论及王健林万达商业地产的商业模式，就是承袭了这一思想。

（4）基于生态环境的第三方买单。

黄海战略区别于以往一切战略的核心价值在于创造股东让渡价值。

什么是股东让渡价值？即企业经营者在传统的企业价值链之外寻找到的价值。比如，按传统价值链我们做出来的产品成本是100元，企业经营者在传统的价值链之外找到了营业外收入，而这种营业外收入是持续不断的，不需增加一点成本的，股东们可以将这部分价值让渡给顾客。比如，淘宝，按传统商业，搭建淘宝网商城平台是有成本的，企业要生存，至少要按成本收入驻费吧，淘宝引入支付宝完成支付工作，也是要收费的吧，比如 ebay 引入的 PayPal 就是收费的。但淘宝说服了支付宝公司，那么淘宝所获得的这种免费服务就是让渡价值，淘宝可以将这种价值让渡给顾客。

在淘宝网战胜 ebay、易趣后，淘宝又打造了淘宝商城，打造了天猫，这些不仅是收费的，而且还有大量的企业在上面打广告的巨大广告收入，这些广告费都是淘宝的让渡价值，都是第三方买单人。

还有就是未来价值。淘宝成功了，拿到资本市场，估值超过了一万多亿元，这就让千千万万的股民也成了第三方买单人。没上市时，第三方买单人就是那些风投公司，阿里巴巴上市前有十多家风投公司向它注过资，这些也都是第三方买单人。

三、创造黄海让渡价值的理论逻辑

一个好的战略一定有它的理论逻辑性，而且这种逻辑与现实环境能找到匹配的一致性。不然你将很难统一顾客、股东、员工、供应商、第三方以及与战略相关的利益者，为这个战略付出行动。

黄海战略的让渡价值是在传统顾客价值链之外寻找那无中生有出来的一个新的第三方价值，让这个第三方价值转变成企业的让渡价值。

这个让渡价值的来源是生物学中的共生寄生逻辑。也就是说一个企业拥有很多看不见摸不着的隐形资源，这种资源对自己没用，但对别人是有用的。在以前是没有用的，但在网络经济时代，就有了价值。但这些价值需要我们去发掘去发现，下面我列举一些案例：

(1) 发掘产品的潜在功能。

比如以前有一家生产打火机的工厂，要生产打火机去卖，我们想到的一般只是它的点火功能，企业间的竞争就是如何将这个打火机的成本做到最低。比如最低成本 1 元，我们就按 2 元去卖，这是一般的做法。但另外一个企业想到了这打火机一旦卖出去之后，就具有了作为信息载体传媒的功能，于是该企业找到那些需要传播品牌的企业，比如酒厂，把对方酒的 LOGO 印上去。这样，打火机厂家就为酒厂的品牌起到了传播和促销的作用，生产酒的企业就会付给打火机企业一笔费用，这种费用的多少将根据不同行业不同效用有所差别，对成本的影响大小也有差别。

前几天我在外面溜达，看到别人分发的广告单，是看电影送饮料。看电影，有饮料喝，这便是电影公司与饮料企业跨界营销产生的让渡价值。

这就是在产品的功能上思考。我的产品还会有哪些潜在功能，任何企业、任何产品都可以去挖掘除产品本身功能之外的潜在功能。

（2）发掘自己的顾客及相关人员对第三方的价值。

阿里巴巴为什么拖到 2003 年才做 C2C 的淘宝呢？因为马云他们当时还没很清楚地看到 C2C 客户第三方变现的价值。因为当时美国 ebay 和中国易趣都是收费服务的。当他们发现了海量客户针对于支付宝存在的巨大价值后，便义无反顾，以闪电般的速度开发淘宝，因为马云看到了几年后 C2C 市场所聚集的客户对于第三方的支付宝将产生 10 亿以上净利润价值。这就是淘宝发掘出的第三方价值，所以他可以推出免费策略，免费引来海量顾客，顾客养活支付宝金融，支付宝金融为淘宝平台费用买单。淘宝继续免费引流，做大平台，有了大平台，就有更多的第三方买单人。

（3）发掘未来价值。

这十多年来，奋力崛起的企业都是在利用发现未来价值做起来的。即有一个好的价值逻辑，好的战略，富于想象的商业模式。如滴滴出行，一直没赚钱，但资本市场不断有人给它买单，乐视网那么多项目都不挣钱，但乐视网这五六年一直在资本市场以 100 多倍的市盈率融资。

在过去，未来价值战略一般都落实到品牌上，使品牌不断溢价。在未来，随着互联经济的发展，未来价值发掘的空间将越来越大。

（4）空间价值。

比如中石化，两万多个加油站。以前那么多空间全是闲置浪费的，现在它办成小超市，产生了价值，也是价值发现。

（5）边际非稀缺资源。

比如百度、京东、Google，都属于这类企业，即这些企业的平台资源一旦用一个固定成本生产出来后，它的产出无论增加多少，其增加产出的产品的可变成本都接近于零成本。对于这类属性的企业，我们的战略就要向黄海战略思考，无限地去发现未来第三方买单的让渡价值。

（6）范围经济和规模经济类企业。

当联合生产同一产出量所花费的成本小于分开生产所花费的成本时，存在范围经济；当更大规模产出的平均成本更低的情况下，存在规模经济，如淘宝与支付宝。

（7）资源整合与嫁接。

企业之间，企业与顾客之间，顾客之间，企业与政府之间，企业与消费者之间，企业与社会组织之间，企业与国际市场之间，都会不同程度地存在各种资源，尤其是关键资源之间优势劣势的互补关系，同类优势资源之间不同效率的替代关系。通过整合、嫁接这些第三方网络价值关联资源，就可以找到第三方关联顾客、第三方买单人，从而节省交易成本，产生可让渡价值，提高整体收益。最常见的整合有：并联平台整合，如阿里巴巴；串联平台整合，如麦当劳；并串联交织整合，如微信；闲置资源整合，如时间、空间、资本和产品的整合，滴滴出行就是整合有车一族的闲置人时、闲置车时和闲置兴趣的最典型代表。

（8）从交易中寻找让渡价值。

在互联网时代，传统企业可以寻找到大量的节省交易成本的机会。利用互联网、交通、信息、物流、金融等科技的出现和创新，找到催生创新商业模式的机会，从而改变企业的战略，这样的机会会越来越多。

（9）从跨界中寻找让渡价值。

互联网环境下，出现大量企业，做什么却不靠什么赚钱，卖什么不靠什么赚钱。比如腾讯开发了 QQ，但它不靠 QQ 赚钱，而 QQ 是有价值的，人人还离不开它。后来又开发了微信，但腾讯公司也不靠微信挣钱，所以微信也对大众免费使用，而且一旦用了就很难离开它。当聚有海量人群的时候，这里边就聚集了无限的价值，只是需要每个人，每个企业从不同角度、不同维度、不同空间、不同时间去发掘。互联网时代只要有人聚集的地方，就有让渡价值。比如，媒体人罗振宇开发了一个公众号，讲罗辑思维，是免费的，很多人去看、去听。当聚到粉丝近百万后，他就开始邀请很多各方面的专家来讲课，对那些粉丝每人每年只收 199 元，相当于每天付出不到 0.55 元，却可以得到自己需要的知识。以前要上商学院，一年要几万元甚至几十万元。这里面也有商学院，每年只需 199 元，所以人就越聚越多。对于那些知识生产者，这是个大舞台，随便几万人收听就有几百万元到一千多万元。于是很多人、很多企业在这里都找到了他们需要的价值。

这类挖掘的关键是要找一个和客户有价值的链接，然后建立一个线上线下闭环的大数据平台，通过跨界来实现价值变现。

（10）以沉没资源换取活资源。

比如一个发电厂需要购买 5000 万元的设备，但它没钱，于是它找到有钱但又不会用钱的人，买了设备租给自己，这给双方都创造了价值。

（11）用无形的资源去换取我们需要的资源，具体的操作需要去想：我的目标客户在没有来消费我的产品之前，他会出现在哪里？客户在我这里消费我的产品时，他又是谁的客户？万物互联时代，要有共享的思维，要敢于将自己的客户等无形资源拿出去共享，变现一部分成为自己需要的资源。

（12）混合交换。

①用未来交换当下。②用虚的换实的。③用利润大的换利润小的。④用保质期短的换保质期长的。⑤用保质期长的换没有保质期的。⑥用保值低的换保值高的。⑦周转慢的换周转快的。⑧运输半径短的换运输半径长的。⑨小品牌换大品牌。如此等等，难以尽述。其核心表述的就是互联网的世界，增加了我们与世界的关系，这其中就会产生价值。价值都是无中生有的创造，所有的成功都是无中生有的过程，所有的企业做大都是老板吹牛皮吹大的。只要你去发现和产生连接。

四、发现、创新和选择黄海战略的步骤

通过第一章的说明和第二章前面的梳理，知道了黄海战略的哲学基础、逻辑思路起点、战略边界。这一节我们设计发现黄海战略的路径和步骤。

第一步：假设顾客价值。分别假设出今天、明天、后天的价值，它们分别代表红海、黄海和蓝海的市场。今天我们的价值定位是什么，其竞争位置和态势，这是红海。设计一个远景的方向，那是蓝海，代表方向，很难做到。然后在蓝海和红海之间寻找黄海市场。有些市场已经开始了，如2003年阿里巴巴进入C2C市场，创建淘宝，当时市场已经有了，在美国已经存在8年了，在中国别人也做了4年了，但市场还很小，才萌芽，

市场还看不清方向，这就是黄海市场，就在这样的市场假设出一个对顾客有价值的产品，定位顾客价值，或者把已经在销售的产品进行重新定位。

第二步：求证顾客价值。利用传统竞争战略理论分析企业价值存在的理由和机会。

第三步：创新黄海价值。利用黄海战略的基本分析工具，将产品和服务创造出来。

第四步：进行黄海战略的第二次创造，寻找和创造让渡价值。这时的关键是画出定位第三方买单的价值逻辑导图，作为创造黄海战略让渡价值的战略路径和分析框架。

第三节　如何利用资本市场的逻辑创造不平等的竞争力

一、钨铀新材如何创造了不平等的竞争力

钨铀新材是坐落在西部某省的一个家族企业，创业人是两兄弟，两兄弟都是高级工程师，科研出身，凭专利技术创业。

行业：新材料行业，一个细分产品领域（A 产品），细分行业总规模 150 亿元左右（年销售额），前五名厂商累计市场份额约 15%，本公司居第三，2010 年收入 4 亿元左右，第一名年收入 6 亿元左右。新材料行业里

与本公司相邻的和关联的领域，行业规模为几千亿元。竞争情况为：前五名相当，略有强弱，但落差不大。

企业质地：有自主知识产权技术，毛利率65%，净利率30%，最近三年高速成长（年复合增长率80%），负债率60%，储备的新技术型产品可确保未来5年年复合增长率在35%—55%。

2010年：钨铀新材如果上市将会怎样？

IPO：钨铀新材以奇高市盈率发行，超募资金25亿元，市值一举破百亿元，一鸣惊人，一跃而成为万众瞩目的省里黑马、行业明星。

资产规模：IPO之前8亿元总资产，上市后2010年年底40亿元总资产，净资产近35亿元。

资金实力：上市后，在稳健财务政策下，可直接拥有50亿—60亿元现金的投资能力。

上市效应之一：一举超越所有竞争对手，在行业里一马当先，遥遥领先所有竞争对手，已经跟钨铀新材不再是同一个量级。

上市效应之二：海量资源和计划蜂拥而至，钨铀新材面临全新形势和局面：银行追着给贷款，最优惠利率，最佳账期；政府列为重点扶持的龙头企业，给土地、资源、政策、园区；行业人才、国内外高端科研人才迅速靠拢；行业内中小公司寻求被并购；供货商、经销商一片亢奋，商务合作胃口更大、条件更优惠；竞争对手的人才和经销商，心态微妙。

思考与启示：

在经济学概念中，所有的资金成本都是差不多的，但为什么在中国A股市场，企业一上市就能创造出最好的企业成长战略？因为企业能创造出不平等竞争力的策略。

中国目前已经上市的公司里有多少充分使用了其上市的地位和资源？答案是不到15%。为什么？因为认识问题、能力问题、人才问题。

行业新形势：2011年下半年至2012年，创业板和中小板的形势急转直下，上市申请纷纷被否。新材料行业有几家报会的公司，被毙了，退出上市进程。行业内一大批做着上市梦的中小企业，瞬间破灭了。

这对钨铀新材意味着什么？意味着：天降大运！

对策与行动：并购与整合，直奔行业王者去。组织设计上，该做出什么反应？

如果行动没跟上，之后会如何？

当IPO重启后，新三板热起来了。这又意味着什么？

意味着：并购整合，最好的时机，已经错过；改写行业竞争结构，难度增大。

有魄力的企业家，如果能够一脚踹开这扇门，他就将带领企业破门而出，走向一个全新的世界、广阔的天地。

如果这扇门不能被踹开，所有的改善努力，在战略意义上，都只不过是“谋子不谋局”的小打小闹而已。用雷军的话说是：战术上的勤奋掩盖了战略上的懒惰。

只有战略才能创造不平等的竞争格局。

二、不挣钱怎么值钱——滴滴出行与和君咨询

表2-2　2017年3月份创业公司估值榜

名次	产品	创始人/CEO	城市	估值（亿元人民币）
1	蚂蚁金服	彭蕾	杭州	4110

续表

名次	产品	创始人/CEO	城市	估值（亿元人民币）
2	小米科技	雷军	北京	3080
3	滴滴出行	程维	北京	2280
4	陆金所	计葵生	上海	1270
5	美图大众点评	王兴	北京	1230
6	众安保险	陈劲	上海	820
7	大疆科技	汪滔	深圳	690
8	今日头条	张一鸣	北京	548
9	菜鸟网络	童文红	杭州	515
10	宜信	唐宁	北京	510

表2-2中所列公司除少数有盈利外，大部分公司一直在亏损，但在资本市场却很值钱，从不缺钱花，为什么？因为这些公司符合资本市场的逻辑。

2017年4月28日，滴滴出行以500亿美元的估值，再次获得55亿美元的融资。至此，滴滴已获得共计157亿美元的融资。2012年，滴滴出行公司成立，2012年7月接触天使资金，前六次，共融资102亿美元，与所有的同类公司血拼，用了4年时间，消灭了除优步之外的所有同类公司，并与优步合并。

这就是利用资本市场的逻辑创造了不平等的竞争力。

下面我再讲和君咨询。

和君咨询集团下面的一个培训部，2014年营业收入3000万元，利润600万元，2014年和君咨询将培训部改制到新三板挂牌，代码831930。挂牌后首次定增，以100元一股，引进俞敏洪、王亚伟、储慧斌等十几个知名股东，融资2亿多元。2015年下半年，又以240元一股的价格，融资十多亿元。收购创业板汇冠股份，代码300282。

仅仅两年的时间，结果是什么呢？我给大家比较一下。2014 年年底，和君商学的总资产是 2900 万人民币，净资产是 1800 万元，货币资金是 450 万元，到 2016 年年底，和君商学的总资产是 19 亿元，净资产是 18 亿元，货币资金是 5 亿元，分别增长 6452%，9900%，11011%。营业收入超 14 亿元，增长超 30 倍。

如果没有资本市场，如果和君咨询不利用新三板市场，这一切都不可能发生。

没上市之前，和君商学只是和君咨询公司的一个培训部门，利用了资本市场，和君商学迅速崛起，两年时间成为中国最大的民营商学机构。相对于中国那些老牌的商学院，和君商学就创造了不平等的竞争格局。

三、你的梦想有人追随吗？——和君商学与汇冠股份

资本市场的理论逻辑很简单，一个公司值多少钱，是可以用公式计算出来的，那就是公司市值 = 预测市盈率 × 公司利润 ×（1 + 年度复合增长率）^{n}。在这个公式中，利润有当期和远期，市盈率是资本市场对不同行业一个大致的判断，变量大的是成长率，10 年前怎么判断腾讯、阿里巴巴的成长率？要在资本市场融到钱，像滴滴出行那样，尽管 5 年了一直不挣钱，但一定要让资本市场相信你未来一定能挣钱。这就一定要有战略规划能力，战略规划和商业模式一定要符合资本市场的逻辑。

和君咨询集团的战略规划和商业模式从组织结构图就能看出来了，叫一体两翼。主体是咨询业务，左翼是和君商学，右翼是和君资本。三块业务能力的相互抚育、成长和发展，其本身就是这个行业最强竞争力的标配。咨询业的客户是企业、政府及组织，业务入口怎么解决？教育显然是最好的入口，和君商学是现成的解决方案。

一个企业一个政府以及任何一个组织不可能没有问题，就像一个人，不可能不存在健康问题，问题是主观上愿不愿意去解决、有没有能力去解决。

有些企业不知道自己有什么问题，就像一个人连最基本的保健知识都没有，这样的人很多，这样的企业也很多，那你就去上和君商学院，花钱不多，上了和君商学院，你就懂了企业的基本概念。和君集团是企业健康最大的服务商，最综合的企业医院，企业有没有问题，诊断一下就知道了，诊断加方案，是和君咨询的传统业务。

有些企业需要长期服务，构建自己组织的长期竞争力，它就需要和君的商学教育，有的企业做完咨询后，在战略落地过程中需要资本，和君资本可以帮它解决问题，所以，和君咨询、和君商学与和君资本三个板块的业务相辅相成，构成了这个行业的最佳业务模式与商业模式，这种商业的生态模式一旦搭建成功，竞争对手很难模仿，这就是和君咨询的整体竞争力。

和君商学在资本市场为什么受追捧？为什么它的梦想总会有那么多人去追随？那是因为它的商业模式符合资本市场的逻辑。下面我再给大家说说和君商学的商业逻辑。

和君商学 2014 年在新三板挂牌后的第一个动作是收购创业板的汇冠股份，汇冠股份收购成功后，它的商业模式就浮出了水面，即和君商学+汇冠股份，就如美国的斯坦福+硅谷模式。和君商学+汇冠股份你可以不懂，但斯坦福+硅谷模式你应该懂。美国的整个高科技行业都是斯坦福+硅谷模式孵化出来的，像思科、微软、苹果、Facebook、亚马逊等等。你说和君商学将这样的商业逻辑向资本市场一讲，能没有人追随吗？

和君商学收购汇冠后又配套成立了教育产业并购基金——和睿资本，利用和君管理团队在产业认知、运营管理、互联网教育等方面的优势，通过参股、并购、孵化、培育等方式，围绕商学教育及培训、职业教育、高职及高等教育、互联网教育、智能教育装备、教育服务及内容等教育领域进行产业布局，就可以实现和君商学+汇冠股份的第一步外延式发展。

所以，大家看到汇冠股份 2016 年 3 月份和 5 月份两次定增共 10.8 亿元，收购了恒峰信息，增持广州华欣股份，和君商学也并购了华职教育。和君接管汇冠股份后，汇冠股份也发生了根本的改变，业绩也慢慢走上良性发展轨道，2013 年到 2015 年并购前业绩分别是亏损 2646 元、盈利 1150 元、亏损 11146 元。到 2016 年，盈利 12570 元，2017 年预测利润 25000 元。

仅两年多时间，和君商学就构建了斯坦福+硅谷模式，想想你的企业，你的战略是怎么规划的，你的商业模式的逻辑是怎么规划的，你的梦想有人追随吗？

看完这个商业案例，大家知道了怎么利用资本市场创造自己不平等竞争力的策略了吗？

四、不只是梦想——威创股份的实践

广东威创股份是 2004 年在广州注册成立的，专注于生产销售大屏幕拼接显示产品的硬件公司，产品非常单一，它属于 IT 领域的一个细分行业，中国的市场就几十亿元的规模，大公司看不上，小公司做不来，行业平均增长约 15%，再过两三年估计就应该没有增长了，2009 年在深圳中小板上市，威创股份 2012 年营业收入 12 亿元，2013 年只有 11 亿元，是这个行业当然的老大，行业毛利仍不错，但它的客户是政府、大企业、大单位高大上的配置，业务要一单一单地做，业务增长很难。企业上市后，现金一直很充足，有 10 亿元现金没地方用。老板是高级知识分子，靠谱、理性、冷静、稳重、实干、担当、善良、有事业心。管理粗放，考核宽松，企业文化缺狼性。公司上市几年，也没有利用过资本市场，上市究竟对公司有什么好处?

面对这样一个企业，我们应怎样设计它的成长战略，它的战略破局应该在什么地方，它能利用资本市场创造不平等竞争力的策略吗?

前面我们讲了，资本市场的理论逻辑很简单，一个公司值多少钱，是可以用公式计算出来的，那就是公司市值=预测市盈率×公司利润×(1+年度复合增长率)^{n}。

如果你想要你的公司值钱，让资本追着你走，一要做出利润；二要做出成长率，成长率居于分母，所以，成长率会成倍放大公司的市值，这就是资本市场最基本的逻辑。

这个逻辑可以用产融市值管理曲线来表达，如图 2-1。

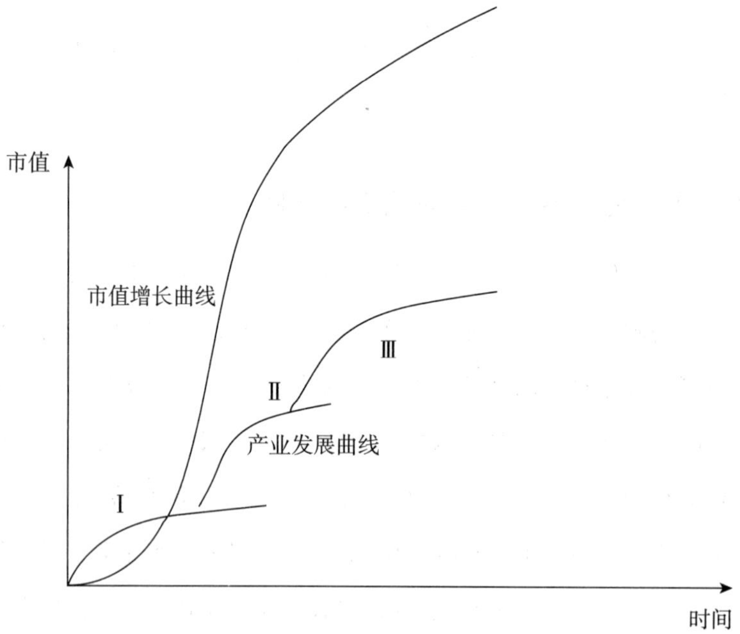

图 2-1　企业发展曲线图

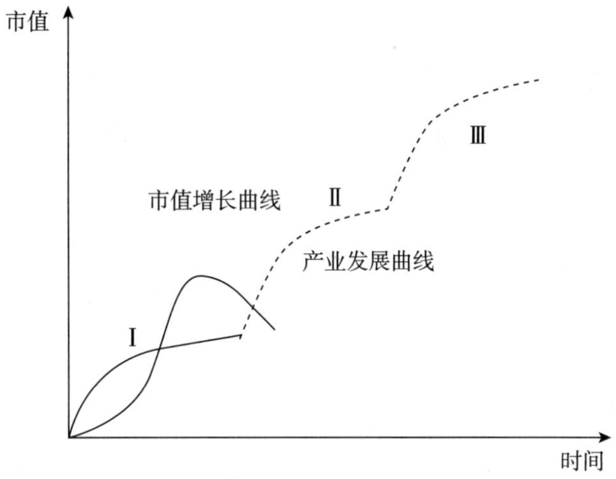

图 2-2　公司发展曲线演绎图

一个公司要维持在资本市场值钱的状态，就要让营业收入和营业利润不断增长，当产业增长曲线越来越平缓时，市值曲线也会越来越平缓，当公司业绩不增长时，资本市场甚至可能放弃这家公司。这时，公司的股价就会掉头向下，公司虽然是上市公司，也会因为股价太低而完全丧失融资功能。

要想维持公司的市值增长，必须思考企业成长。

因此，持续成功的企业，是在前一轮产业增长走向衰退之前，就要布局下一轮的增长基础（产品、产业及其对应的资源与能力），等到前一轮增长乏力或衰退的时候，新一轮增长已经接力（蓄势待发或步步为营）。后一轮增长站在前一轮增长积累的资源和能力基础上，走得更高更远更强，如此形成增长周期的接力。使得企业的战略业绩不断得到验证，这必然推动市值曲线越来越陡，直到估值过度，这时就是增发融资的最好时候，如此循环，产融互动，就创造出不平等竞争力了。

所以当一个企业的产品或行业市场再没有大的增长空间的时候，就要思考第二产业。并且做出第二波、第三波的产业增长。

再来看威创股份，产品单一，行业很小，2009 年刚上市时，曾经走出一波很好的市值曲线，在市值最好的时候，市盈率达到 70 倍，说明资本市场曾非常看好它。一年后，由于看不到企业未来的产业增长预期，资金撤离，股价急跌，失去了融资功能。这就是企业在上市前没有做好产融互动战略规划，没有利用好高股价时的优势准备好新一轮的增长，贻误了战略机遇。

面对这样的情况，你要是威创的董事长，怎么办，该做什么？这就是战略的第一个课题，做什么？下一章将会讲到。黄海战略系统共六个课题：做什么？为什么？什么时候做？在哪里做？如何做？谁来做？简称“5W1H”。

这时候威创认识了和君咨询，走到了一起，完成了确定进入幼教产业作为第二波产业增长的战略。制定好公司成长战略后，和君资本也于 2014 年进入，成为威创第二大股东。战略规划抛出后，资本市场立即做出反应，股价迅速上涨 5 倍，走出了一波漂亮的市值增长曲线，这就是最好的增发收购时机。于是 2015 年年初威创收购红缨教育，9 月收购金色摇篮，随后还收购了幼教相关的互联网项目，短短一年多时间，威创股份摇身一变，成为幼教行业的龙头老大。

幼教行业是个非常庞大的朝阳行业，目前显性的市场规模已达两千多亿，市场每年以 21.6% 的速度增长，特别是在中国，这个行业散、乱、差，行业才刚刚启动，急需有抱负的企业家来整合。威创进入幼教行业后，启动高速增长模式，2016 年，完成幼教收入 3.95 亿元，同比增长超过 50%，完成归属上市公司的净利润 1.62 亿元（其中红缨 1.02 亿元，金色摇篮 0.6 亿元）。

参股的贝聊公司，目前服务超过5万家幼儿园，威学教育、启迪教育探索发展实战型幼教人才培训；可儿教育发展中高端幼儿园的教学体系、课程研发。红缨教育提出了民办幼儿园在品牌运营、教学内容、管理运营等方面需不断提升品质和质量以适应新的市场环境的价值理念和操作体系。

由于幼教产业的迅速成长，公司未来发展规划完全偏向幼教产业。超高分辨率数字拼接墙系统业务只做维持战略，而幼教产业，2017年重点在幼儿园运营管理服务业务。

2017年，公司将继续通过投资并购以及品牌运营等多种手段继续拓展更多园所，巩固公司在幼教领域的领先优势和规模优势，同时通过加强园所督导力度和提供更多品类的产品和服务来不断切入园所管理，不断提升幼教运营管理服务的客单价。同时，随着公司非公开发行募集资金的到位，公司的业务范围也将从“幼儿园运营管理服务业务”延伸至“儿童成长运营服务”，公司的战略也将不断升级，将以已有幼教的线下幼儿园为基础，充分挖掘教育入口价值，构建完整儿童产业生态体系，实现“教育+”。

公司2017年度具体经营目标和计划如下：

（1）通过投资并购和产业发展不断提高服务园所数量。公司目前拥有近4000所加盟连锁幼儿园，同时通过投资家园共育平台贝聊在线上服务超过5万家幼儿园，在市场份额和产业影响力两个维度都属行业领先。公司未来将继续投资并购具有协同价值的幼教集团，并利用资金、资源以及人才的优势去帮助体系内的幼教集团成长和发展壮大，从而实现在集团层面和单园层面的园所覆盖程度均不断提高。

（2）逐步增加切入园所管理的深度，不断提高服务园所的质量。公司目前对幼儿园的服务包括品牌授权、招生服务、培训指导以及定期督导和物质销售等等，未来服务程度以及服务品类都有较大的提升空间，2016 年度公司推出的旗舰园服务以及区角材料就是在上述两方面分别所做的探索。未来公司将在幼教服务包括金融服务、装修改造、师资培训、信息化改造以及人力资源等方面不断加深力度和质量，从而为客户创造更多价值。

（3）以幼教为基础发展儿童产业，打通园所和家庭教育的通道。家庭对儿童综合素质能力的重视，教育理念的不断更新和传导，带动儿童课后素质教育培训市场（包括艺术、体育、STEM 等细分市场）的快速发展，公司将充分利用幼儿园用户基础，向课后素质教育培训机构方向发展，设立艺体培训中心，打通园所家庭端的入口，构建完整儿童产业生态体系。

（4）以智慧幼教为基础，深度切入园所服务和拓展服务内容，提升服务客单价和客户黏性。智慧幼教是公司 2017 年的重点战略。智慧幼教主要指幼儿园加盟管理系统的智能化、幼儿园园务管理系统的智能化和幼教成长管理系统的智能化。公司目前已初步完成幼儿园加盟管理系统的研发，包括连锁加盟体系的线上教师人才培训体系系统、加盟服务流程管理系统以及移动营销和客户关系管理系统，下一步将联合其他科技企业共同推出幼儿园园务管理智能系统和幼儿成长管理指导智能系统。通过智慧幼教系统，公司将加强同子公司之间的业务联系、加深对加盟园所的切入深度、加强对幼儿成长数据的积累。智慧幼教系统将深度切入客户的日常运营，为客户提供除品牌授权、招生服务、培训指导以及物资销售等服务之外，基于数据分析的更为全面的金融方案、装修改造、人力资源等深度服务。智慧幼教系统将积累更为丰富的幼儿成长数据，通过智能化系统，为更多的幼儿提供更为优质和科学的成长指导。

（5）成立儿童产业投资基金，公司拟设立儿童成长产业基金，对儿童产业进行孵化投资，并对接幼教渠道资源，扶持和帮助企业成长。

（6）充分发挥“教育+”的优势，通过不断链接产业链和跨界融合的顶部资源，通过资本、技术、金融等纽带和桥梁，实现强强联合，创新发展。

从以上规划可以看到，威创通过战略规划，借助资本市场，彻底地实现了战略换挡，从一个只有几十亿市场份额的小行业，换挡到一个几千亿市场容量的朝阳行业。

这不是梦想，是切实可行的战略规划。关键是要利用资本市场，才能实施战略换挡。

五、基于创造未来价值赚取资本市场买单的逻辑

什么是未来价值，就是企业不挣钱，但值钱。如果企业挣钱，企业就更值钱。怎么才能更值钱呢，那你必须符合资本市场的逻辑。

同样是零售企业，2013 年，国美卖了 952 亿元，14 亿元利润；苏宁卖了 1052 亿元，1.4 亿元利润；京东卖了 1000 亿元，利润是负值。但市场估值，国美是 186 亿元，苏宁是 567 亿元，京东是 2500 多亿元。

为什么会有这种差异呢？因为每个企业战略不同，所表达的不一样。

当年复兴集团到美国上市，路演时，8 倍的市盈率都卖不出去，原因是复兴集团是个多产业的综合性公司，主业不清晰，在成熟的美国资本市场就不值钱。最后，没办法，换一家券商，换一种战略的表达方式，说复兴集团是中国市场的价值发现者，结果，以 40 倍的市盈率卖了出去。

所以，资本市场看似高大上，有时也莫名其妙。

因为资本市场可以透支未来几十年的利润来支持企业的发展，所以，很多有远见的企业家就用这种资本市场的逻辑，来创造企业的不平等竞争力。

企业用未来的利润换取现在的现金这种逻辑来创造企业竞争优势，这

也是黄海战略的创造不平等竞争力的关键点。

未来价值的核心是产融一体化战略，这是和君咨询区别于其他咨询公司的核心秘籍，特别适用于中国的中小企业，因为任何企业的资源和能力都是有限的，未来价值相当于该企业透支了未来几十年、上百年的价值来参与竞争，这是黄海战略创造不平等竞争力战略的核心秘籍。只是一般情况下这一战略的设定与操作是需要外力的帮助才能实施的。滴滴出行是最经典的案例，29 岁的年轻人程维，用几十万元创业资本，怎么就颠覆了整个出租车行业呢？靠的就是产融一体化战略。2016 年，滴滴出行在不挣一分钱的情况下，在资本市场融资了 102 亿美元，打垮了整个出租车行业。这就是创造了未来价值，同时也让资本市场上的人相信了它的未来价值，就像京东一样，有那么多的资本愿意为它的未来价值买单，这就是黄海战略的魅力。

当前，中国最成功的企业，都是利用了产融一体化的黄海战略建立起自己的江湖地位，万科、联想、海尔、美的、三一重工都不例外。在 2005 年，万科还是个只有九十多亿元市值的公司，然而，经过两年一场资本市场牛市之后，它抓住了产融一体化的黄海战略，摇身一变，就成为了两千亿元市值的巨型公司。

和君商学院，2014 年还是个年营业额只有 3000 万元的，净资产只有 1800 万元的小公司，利用产融一体化的黄海战略模式，只用两年时间，净资产增长到近 20 亿元，营业额达到 15 亿元。

和君咨询在总结这一战略时用了四句话十六个字：产业为本，战略为势，创新为魂，金融为器。产业是竞争的基础、是根本，创新是创造不平等竞争的源泉，是灵魂，金融是创造不平等竞争的器具。黄海战略是整合战略，整合的就是这十六个字。以创新的商业模式将产业和资本连接在一体，产融互动，去实现战略目标，那个目标就是黄海战略的创意。

所以黄海战略将是永不过时的未来战略。它创造了顾客价值的另一个分析维度。

单就产融互动战略来讲，用和君咨询公司的企业发展曲线图（参见图2-3）就表达完了。

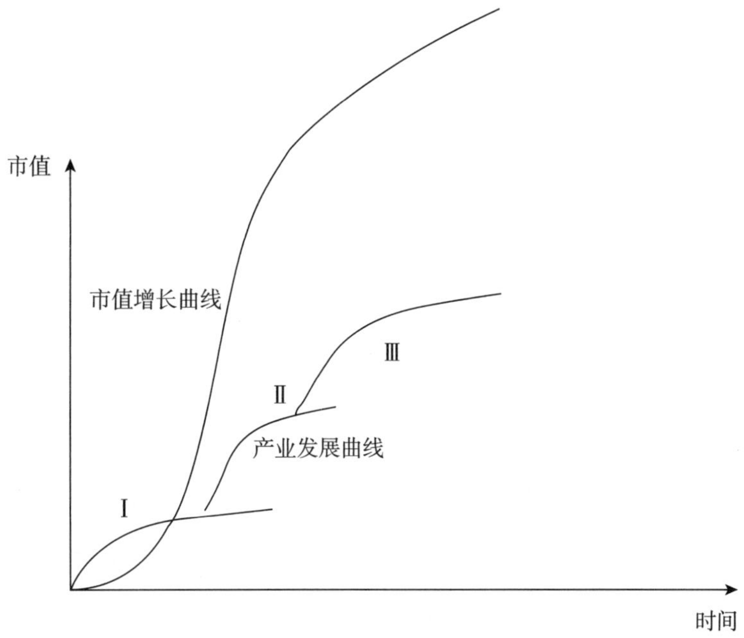

图 2-3　企业发展曲线图

这张图清晰地呈现了企业如何创造未来价值，如何利用资本市场买单，为企业创造不平等竞争力的战略过程。

在中国 A 股市场，有人专门做过市场研究，如以三年为周期统计，中国 A 股市场市值的增长 70%是靠借壳增长，20%是靠并购增长，只有 10%是靠企业内生增长。因此，在发展中的中国资本市场，依靠产融互动策略创造企业不平等竞争大有可为。

第三章　黄海战略的结构地图

先讲一个“葫芦”的小故事：

从前，有个人种了一棵葫芦，细长的葫芦藤上长满了细长的绿叶，开出了几朵雪白的小花。花谢了以后，藤上结了几个小葫芦。有一天，他看见叶子上爬着几只蚜虫，他想：“有几只虫子怕什么呀?”他盯着小葫芦自言自语地说：“我的小葫芦快长啊！快长啊！长得赛过大南瓜才好呢！”一个邻居看见了对他说：“别光盯着葫芦了，叶子上生了蚜虫，快治一治吧!”他奇怪地望着邻居说：“什么？叶子上的虫还用治？我要的是葫芦。”可是，过了几天，叶子上的虫子越来越多，小葫芦慢慢变黄了，一个一个掉光了，这个人看见后悔极了，决定下一年再种。

第二年，那个人又种了一棵葫芦。他细心地照料，适时适量，施肥，没过几天，细长的葫芦藤上长满了绿叶，开出了几朵雪白的小花。花谢，藤上挂了几个小葫芦。多么可爱的小葫芦哇！那个人每天都要去看几次。有一天，他发现叶子上又和去年一样爬着一些蚜虫，于是，他想起邻居说的话，马上拿来药水把蚜虫消灭得精光。就这样，葫芦一天天长大，那个人高兴极了！

故事心得：企业家底蕴的厚度、深度和宽度是企业发展的“根”和“叶”，而销售额就是企业家眼中的“大葫芦”，眼里只有销售额而不注重企业核心专长的培养，不注重企业家自身底蕴厚度、深度和宽度的培养，这样的企业还不少呢。所以，我提醒一下：不要操心企业的业绩，要操心企业的核心专长。不要操心企业的结果，要操心战略的能力。不要被战术上的勤奋掩盖了战略上的懒惰。①

第一节　黄海战略的思维模式

黄海战略的思维模式是东方思维模式、中国思维模式。战略思维基础源自于《易经》《孙子兵法》《三国演义》三本中国战略经典。读了二十多年的西方战略管理书籍，总是融不进去，一思考战略问题时，总是离不开阴阳、天地人、道将法、不易—变易—简易、辩证法、简繁互驭、动静交制、法无定法、大道圆通、大道之简、九九归一、执一而牧天下……

前几天看了几幅图画，给我留下深刻的印象：

第一幅画：一片鲜艳的红，上沿呈现锯齿状，不知何物。

第二幅画：画上立着一只双目圆睁的大公鸡，金黄色的嘴，绿色的翅膀扑闪着，那片红原来是它的冠。

第三幅画：这只公鸡站在一堆木头上，两个小男孩趴在窗台上紧紧盯

① 该故事选自《68 个经典管理小故事》，博维咨询编著。

着它，做跃跃欲试状。

第四幅画：画面显示这是一个农家的院子，院子里有五只羊、三只鸭，一只小白狗在追着鸭子满院子跑，院子的小主人即那两个小男孩，一心一意要逮住那只鸡。

第五幅画：镜头拉远，原来上述这些都是玩具做的，一个扎着马尾巴的小女孩在认真地摆弄着它们。

第六幅画：一个老人，花白的头发，在看电视。仔细看，上面所有的画面竟然是电视里的一个镜头。

第七幅画：画面显示这里是一座繁华的城市，一辆电车缓缓驶过，老人与电视居然是电车上贴的广告画。原来如此。

别急，事情不会就这么结束。

第八幅画：沙漠边上的小镇，邮递员正在把一封信交给一位女士。那座繁华的都市，原来是信封右上角邮票上的图案。

看完，忽然心里有股说不出的滋味：你原以为自己所看到的是整个世界，没想到它只是冰山一角、沧海一粟。当你一旦超越了某种境界再来看某些事情，心里可能会觉得豁然开朗：原来世界是这样，颇为自得。而实际上，也许与事物的全貌和真相依然有很大的差距。

对企业经营的启迪：

站在哲学层面，对我们个人来说，一切意见都是偏见，任何人都很难看清这个世界完整的画面，纵然再有见识和智慧，也只是更接近真相而已。

对于企业来说，任何现实中的战略认识、战略分析和战略形态，就类似于上述图画中的某一幅。企业做战略，背后是见识和眼界问题，不同见识和眼界的人，做出来的战略是不一样的。

所以，很多时候战略没有对错之分，但有高下之别，真想做自己的事业战略和人生战略吗？最重要的是修炼自己的见识、眼界和智慧。

所以，我用如下一首闭环的诗来表达。

非大见无以大有，非大有无可大无，

非大无不可知止，非知止无以宁静，

非宁静无以致远，非致远无以定向，

非定向无以抉择，非抉择无以战略。

非战略无以谋终，非谋终无以大见。

周而复始，循环往复，是以为道。

上面叙述的就是黄海战略在哲学层面的基本思维模式。

通过第一、第二章，我们已经打开了去黄海路径的种种思维，下一个问题，就是如何制定和形成黄海战略。黄海战略是创造综观全局的不平等竞争力的策略，所以，协调战略规划过程必须要有一个综观全局的路径，这时绘制一个战略地图就非常必要。

如果没有一个清晰的战略路径地图，我们的战略制定经常会抓不住核心。

回想一下我们传统的战略管理教科书框架和典型的战略规划，人们就很容易发现，我们常常被冗长的产业现状和竞争形势分析而搞得晕头转向，然后便开始讨论如何增加市场份额，如何夺取新的细分市场或缩减成本。其后便提出一大堆目标和提案的纲要，几乎肯定要附上全部预算，再加上铺天盖地的图示和数据分析表。

这样的规划过程通常要准备一大堆文件，而数据资料则是来源于企业不同部门的大杂烩，这些部门的议程互相冲突，相互之间也缺乏沟通。

在这个过程中，管理者把思索战略规划的大部分时间都花在填空和摆弄数据上，而不是在思索中打破成规，去创造一个不平等竞争力的优势策略，对如何冲破现有竞争没有一个清楚的全局性的认识。

在这种情况下，大多数企业的规划压根儿不包含战略，而是一堆战术的大杂烩。这些战术分开来看都有道理，但合在一起，却不能指明清晰的统一方向，不能使企业与众不同，更别说摆脱竞争了。

企业制定战略是为了让企业里所有的人、事围绕一个纲领、一个策略来行动。两家企业都做了一千件事，好的企业是围绕一个中心，一个策略；不好的企业也做了一千件事，但是杂乱无章，毫无头绪。

为什么有的企业迅速发展，有的企业却迅速衰落；为什么有的企业迅速壮大，有的企业却越做越小；为什么有的企业越来越好，有的企业却越来越坏。这些都归因于战略。

当前，中国企业普遍出现了战略危机，中小企业的平均寿命为 2. 5 年，集团企业的平均寿命为 7—8 年，与欧美企业的平均寿命 40 年、日本企业的平均寿命 58 年相比，相距甚远。中国企业为何短寿？不是中国人不行，不是中国市场不好，而是我们中国人不理解企业战略，不知道我们的企业是谁，它从哪里来，要到哪里去。不懂国势、产业、资本市场与企业，我们不知道我们凭什么能生存在这世界，我们的竞争基础，竞争优势，我们的安身立命之道在哪里，我们的知胜之道、谋胜之道、长胜之道去何处寻找。

这一切，都呼唤我们要梳理清楚一个战略轮廓，而这个轮廓就是四道循环的黄海战略：安身立命之道、知胜之道、谋胜之道、长胜之道，它分别理清了战略的三个层次：明道、取势、优术。明道是智慧层面，哲学层面，行而上学层面，是对宇宙万象规律的总结。世界万象，生灭不息，五行学说用金、木、水、火、土相生相克一言以蔽之，《易经》以阴阳二字来概括，老子只用一个字：道。我们只有先明道，才能合理取势。也只有明道，我们才能知道如何运用机会，达到“卓有识度，圆融会通”。孟子曰：“虽有智慧，不如乘势。”唐朝诗人罗隐说：“时来天地皆同力，运去英雄不自由。”这都是形象的战略管理中明道与取势的关系表达，战略管理是实践的科学，只有具有善断和行动力的企业家才能抓住有利的时机乘势而起。等企业飞起来之后，优术层面的战略实施就特别重要了。

这三个层面考量的是企业家及团队三方面的能力：洞察力、决策力、执行力。洞察力来源于我们企业家长期对产业及国势的理解，对商业市场的敏感，是自身战略的灵感，初显之时可能只是一瞬间的想法，一个理念、一个战略的因子，甚至有时只是一个梦境，但扩散开来都可能形成战略想法。当然，这个想法只是战略假设，即假设企业价值，但战略经常就是从假设开始的，接下来就是让团队去设计和求证想法中的企业价值，这个设计和求证企业价值的过程，就是企业战略的形成过程。在这过程中，商业模式的构建是关键。企业战略形成后，做或者不做，这就考验企业家的决策力。有些人生性优柔寡断，患得患失。有些人生性刚强果断，雷厉风行，破釜沉舟，置之死地而后生。这两者的决策力肯定不一样。最后考量企业家和团队的执行力。这就是整个黄海战略的逻辑地图。为了便于大家阅读，下面我用中国人的思维方式和语言为大家勾画一个黄海战略地图。

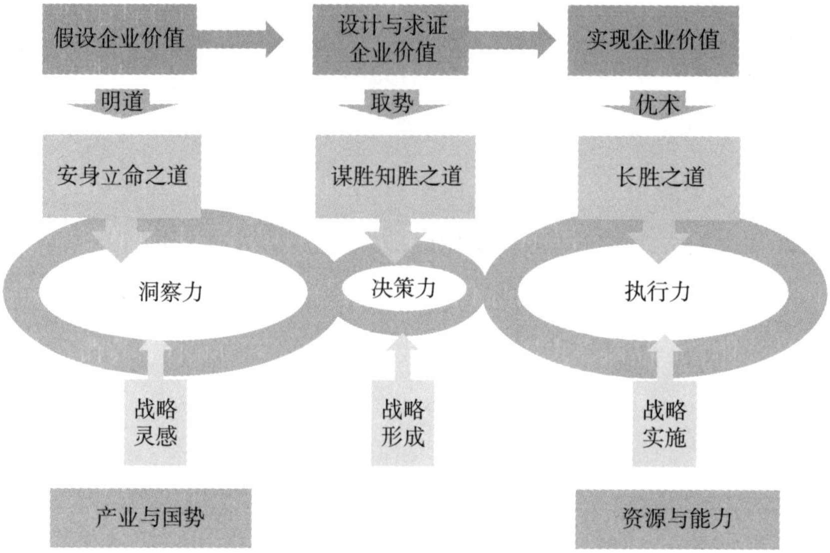

图 3-1　黄海四道战略系统模型图

表 3-1　黄海四道战略系统模型

安身立命之道	谋胜之道	知胜之道	长胜之道
你是谁？你从哪里来？要到哪里去？	我们在什么环境下生存？靠什么存在？	知天（宏观经济）	谁来做？ 如何做？
使命	竞争优势定位	知地（产业）	团队、机制
远景	商业模式 生态位谋划	知己（能力与资源）	治理结构、顶层设计、执行力
价值	价值创造	知彼（竞争对手）	组织
目标			流程
顶层设计			绩效
基本制度、机制			企业文化
原点（基本）	价值点	支撑点	落脚点

再研判产业、国势与企业的取势逻辑顺序，训练洞察力，如图 3-2。

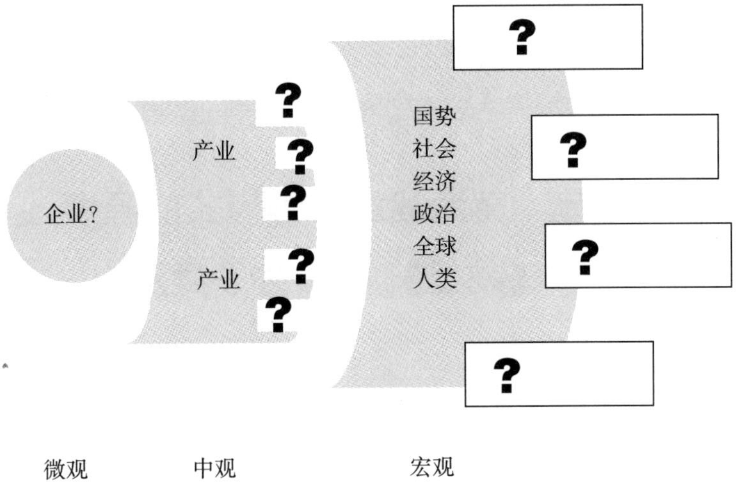

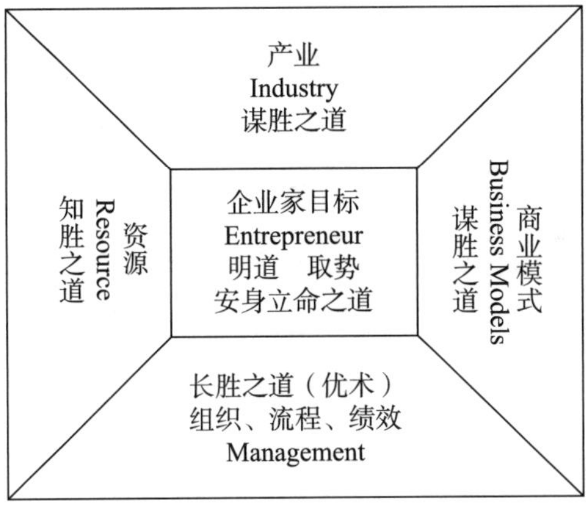

图 3-2　黄海战略分析逻辑体系模型（简称 EBIRM 模型）

有了这几张图，就能清晰地梳理思路，有序地制定出企业的黄海战略。

第二节　黄海战略思维模式的源泉——《易经》与《孙子兵法》

《易经》的战略思维简单地讲可以用四个字来归纳，即“位、时、中、应”。首先，我们在占卜的时候，占到哪一个卦，哪一个爻，处在哪一个位，这在《易经》中非常讲究。

第二，占卜之时，生辰八字不能不考究，这就代表“时”。

第三，占卜的目的是什么，心中要得到什么，“中”就是心中的目标。《易经》的六十四卦中，每一卦中都有两条中爻，如果你占到了这两个爻，就叫作得“中”，这时你就可以大胆地做一些事情。

第四，《易经》讲究呼应，在《易经》六个爻中，通常第一爻呼应第四爻，第二爻呼应第五爻，第三爻呼应第六爻，这就叫作“应”。

“位、时、中、应”是《易经》的整体思想，也是《易经》的核心思想，如加上《易经》的“乾”“坤”二卦，就构成了《易经》的整个战略思想。

我们先说“位、时、中、应”四个字，见图3-3。

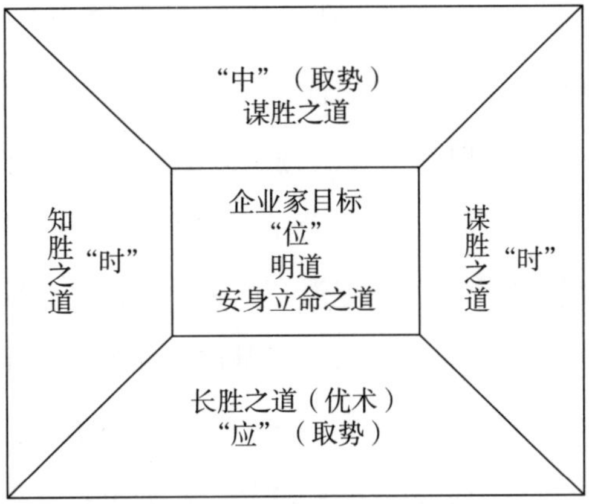

图 3-3 《易经》“位、时、中、应”图

企业战略，首先是假设企业价值，假设一个定“位”，这个定“位”的智慧就是明道，就是企业家的安身立命之道，这是形而上的修炼，是围绕企业家展开的。“时”，指“天时”，机会来时要抓得住。战略要学会取势，“时来天地皆同力，运去英雄不自由”，英雄当乘势而飞。这个势，就是战略。当然，有机会，同时就会有风险，有利益同时也会有陷阱，这时就要谋划“中”和“应”，以减少风险，方法就是《黄海战略》的创造不平等竞争力的策略。

《易经》还有一个很核心的战略思想，那就是乾、坤二卦。这两卦主要讲的是企业家如何修炼“安身立命之道”，如何修炼企业家“精、气、神”三宝的。天有三宝“日、月、星”，人有三宝“精、气、神”。怎么修炼？简单点就两句话：天行健，君子以自强不息；地势坤，君子以厚德载物。当然要讲透，就不是这么简单，十年前我开这课程就要讲三天。可见战略的核心是企业家修炼。

《孙子兵法》的战略思维比《易经》低好几个层次，它的思想源泉来自《易经》，但它在“道”的层次研究得少，在“取势”“优术”方面又比《易经》研究得详细。所以在实用性上《孙子兵法》远胜《易经》，因为《易经》不太容易读懂，但确实比《孙子兵法》高深。想想孙膑的老师王诩（别称鬼谷子）的师尊为老子，老子思想的源流为《易经》。当年王诩以《本经阴符七术》教出孙膑、庞涓、苏秦、张仪、商鞅几个学生，就可以闹得天下大乱，可见，《孙子兵法》的战略适用性真的了不得，所以，我在写《黄海战略》的时候，引入了《孙子兵法》的思想，特别是“守正出奇”的战略思想。在《黄海战略》就是产业为本，管理为正，创新商业模式为奇。下面我们简单叙述一下《孙子兵法》的战略思想。还是用图3-4来简单表达。

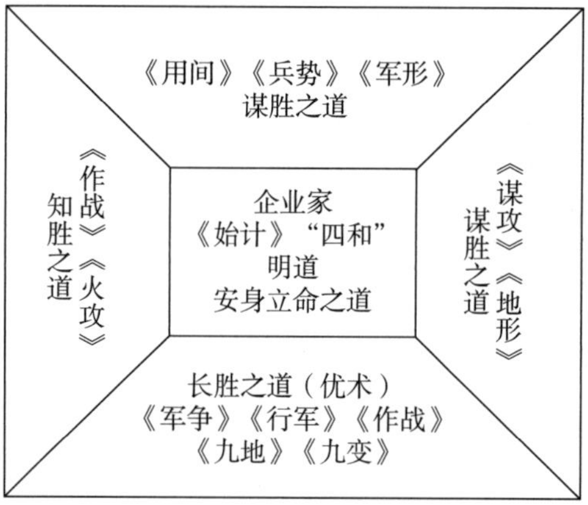

图3-4　《孙子兵法》与《黄海战略》

《孙子兵法》就是薄薄的一本书，共13篇文章，这13篇分别对应企业战略管理的各个阶段，具体地讲分为总体战略、战略决策、战略过程控制、战略管理艺术、统帅艺术五个层次，缺少管理哲学层次的内容，仅《始计》篇的“五事”——道、天、地、将、法，属于战略哲学，即安身立命的表达。大家见图 3-5：

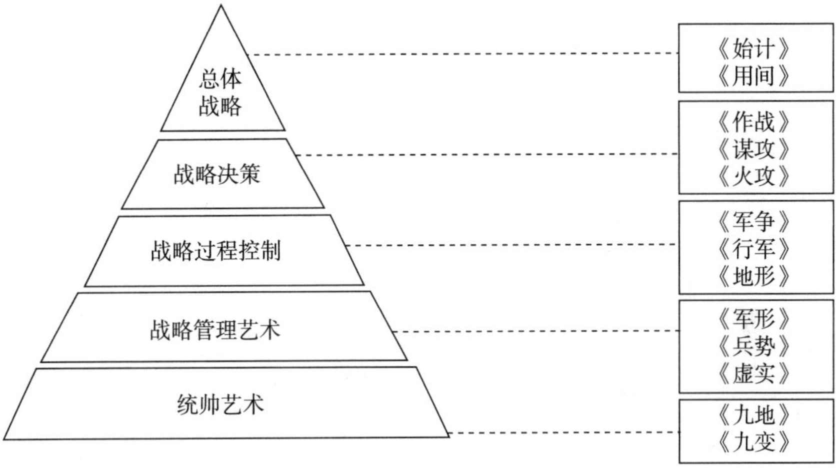

图 3-5 《孙子兵法》的战略思想层次

将《孙子兵法》读透后就可以用西方战略管理过程来梳理,《孙子兵法》的战略管理思想体系参见图 3-6。

为补齐《黄海战略》思想体系依据,《吴子兵法》的“四和”思想是《黄海战略》安身立命的依据。《吴子兵法》为战国初期著名军事家吴起所著，在战国时期，吴起与孙子齐名，他有一段名言:“昔之图国家者，必先教百姓而亲万民。有四不和：不和于国，不可以出军；不和于军，不可以出陈；不和于陈，不可以进战；不和于战，不可以决胜。是以有道之主，将用其民，先和而造大事。”

这便是《吴子兵法》的“四和”军事战略哲学思想。

在这里，我便以《孙子兵法》的《如计》篇与《吴子兵法》的“四和”思想，构成了《黄海战略》的安身立命之道。

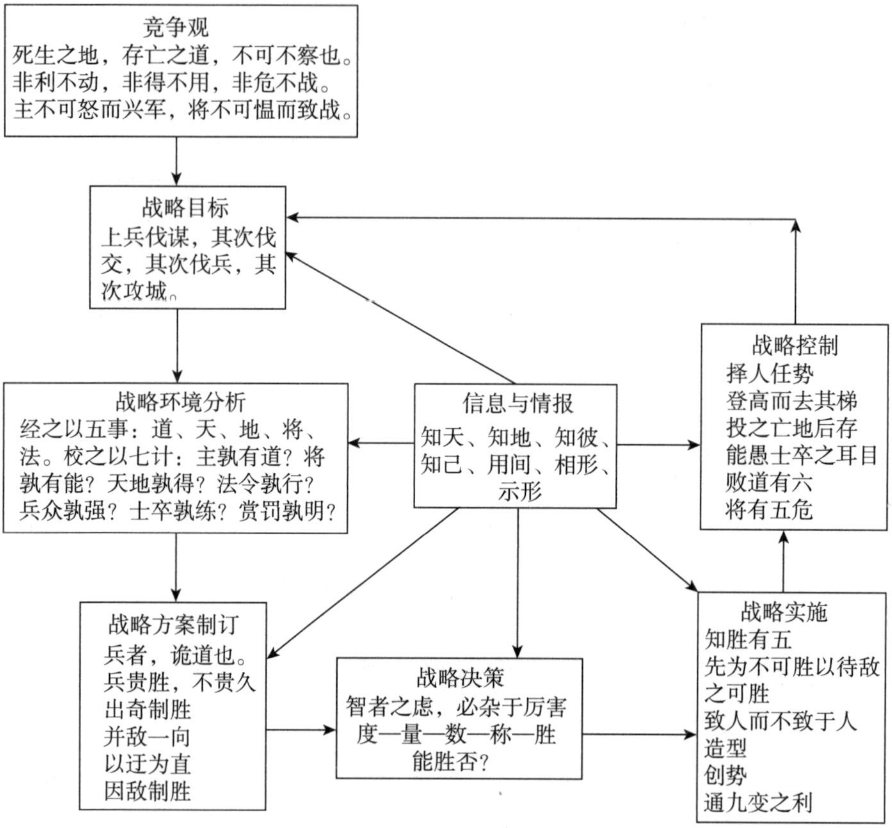

图 3-6　《孙子兵法》的战略管理思想体系图

第三节　安身立命之道

先讲立命之道，立命之道是战略的原点，也是终点。做战略，我们首先要知道自己是谁。企业就像一个人一样，首先得清楚自己是谁，我从哪里来，要到哪里去，我的目标是什么，我要做什么事才能令我最高效地抵达目标。

针对中国企业缺乏应对未来变化的危机意识、战略缺失、转型失败等困境，我国著名战略专家高健华认为应从顶层设计开始，系统性思考企业的发展问题。它能帮助企业家和高级经理人打开心门，从现象到本质，彻底明白在企业里一些事情之所以会发生，其背后的逻辑是什么，从而找到“根本解”，标本兼治，实现转型升级，最终进入智慧型企业的行列。

2006年，我和柴少青出了一本管理哲学书叫《境界：企业经营的至高之道》，我有三门经典课程《高效能人士的七个习惯》《3A领导力》《领袖智慧修炼》，在那里面我都充分论述了解决企业经营管理问题的起点是管理哲学，中间是管理科学，最后的终点再回到管理哲学。

企业战略和企业转型升级，首先挑战的是企业家自己，只有从企业家自身入手，侧重于概念和意识的转变，才可能开创出全新的战略局面，这属于管理哲学层面。然后是战略转型和经营管理体系转型，属于管理科学的层面，最后沉淀为企业文化升级，再次回到管理哲学的层面。

管理哲学是理念、文化、信仰和自律，而管理科学是制度、流程、方法和工具。有了科学的方法论，理念和文化才可以复制，才可以生长，才可以延续。管理哲学落实到管理科学才有执行力，管理科学上升到管理哲学才有生命力。因为管理科学探讨的是“是什么”（what），而管理哲学探讨的是“为什么”（why）。

战略的顶层设计，可以说是从管理哲学到管理科学，再到管理哲学的过程。企业无论是制定发展目标，战略规划，还是设计执行管理制度，都要描述背后是基于哪些特定的管理哲学，即我们到底是基于什么假定，基于什么观念，基于什么信念，想达到什么目的等等。

企业家在没有弄明白管理哲学、没有想清楚到底希望得到什么样的结果之前，就匆匆忙忙地制定战略及管理制度的做法一定是徒劳的。

因为没有管理哲学做基础，任何战略、制度都是没有生命力的，甚至有可能违背人性。

所以，战略的背后是顶层设计，顶层设计的背后是人性。

那么，顶层设计到底是什么？人性的本质到底是什么？

简单说来，顶层设计就是为了企业的长远发展，寻找一套可操作的系统性解决方案的过程，即按照“以终为始”的原则，基于人性的假设，对目标市场的理解，对用户需求的把握，对环境趋势的认知，对竞争格局的认知，通过系统的分析把经营观念、终极目标设定好，把用户心目中理想的完整产品描述清楚，把实现目标的关键要素和主要矛盾罗列出来，把潜在的问题和风险预见到，从而根据目标去配置资源，缺什么补什么，倒排时间表，形成一个通俗易懂的“剧本”，然后让各个职能管理者按照“剧本”的分工扮演好自己的角色。

那么人性的本质，人生的目标呢？

有些人认为人生的目标就是获得成功，获得金钱、地位、名誉、爱情。其实，人生的终极目标是健康、幸福、快乐！

金钱、地位、名誉、爱情、事业成功这些只是我们追求人生终极目标的工具。拥有这些并不一定能给我们带来幸福快乐，因为它们并不是人生的本质。

1923 年，在美国芝加哥的海滨大饭店，举行了一次世界性的金融会议，在出席会议的人当中，有九位是当时世界最富有的人：世界最大钢铁公司的董事长查理·雪伯，世界最大通用事业公司的董事长撒母耳·印述，世界最大煤气公司的董事长豪尔·贺布逊，世界最大粮食公司的董事长阿萨·卡顿……在许多人眼中，他们是世界上最幸福最快乐的人。然而，26年后，这些“最幸福的人”却成了最可悲的人：一个疯了，两个破产而死，三个自杀，还有三个犯法而死。

他们曾经那么有钱，那么成功，但都没有获得人生的幸福和快乐。

为什么？因为他们没有找到人生的立命之道，因为他们不知道自己从哪里来，也不知道自己要到哪里去。

他们不清楚自己是谁，他们不知道人生的本质。

他们不知道人有三条命：生命、慧命、本体。只有当我们让生命无限地接近，以至回到我们的慧命，又让我们的慧命无限地接近以至回到我们的本体中，我们的人生才可能获得健康、幸福、快乐。因为这才是终极目标，人生也要以终为始。

在这个世界上，为什么获得幸福快乐的人那么少，因为在这个世界上，产生痛苦的事情，原本比制造幸福快乐的事情更多。

企业也完全一样。

在这个世界上，为什么健康的企业那么少，因为在这个世界上，企业出现麻烦原本比井然有序的治理容易得多。

因此，企业要想好好地活着，要想幸福、快乐地活着，长生久视地活着，首先必须搞清楚自己的安身立命之道。你要知道你是谁，你从哪里来，要到哪里去，你的使命是什么？你存活在这个世界的理由、基础、根据是什么？企业生命的本质是什么？它是不是也像人一样，有三条命？如果是，我们又该如何来修炼我们企业的生命、慧命，让他们回到我们的本体中去？这才是根本。

“物有本末，事有始终，知所先后则近道矣。”

所以，战略的第一步是确定安身立命之本，确定我们企业的终极目标，我们的宗旨、愿景、使命，我们存在的理由，我们存在的价值，我们做事的基本原则。

在这样的基础上，我们再来思考和研究我们要做什么才能实现我们的目标。战略管理就是不断地从目标一走到目标二的一个过程，我们不断地设定目标一和目标二，但我们的终极目标不变，使命不变，愿景不变，信仰不变，我们一生所做的所有事情都是围绕终极目标的纲领，终极目标的精神，终极目标的使命而产生的行动。

这就是为企业立命。但是在中国，为企业立命的第一步是企业家为自己立命，这是企业立命的前提条件。因为企业家是企业的领头羊，只有领头羊想清楚了，想透彻了，企业才不会迷失方向，才不会走弯路。

为企业立命分三个核心要件。第一，是愿景，是指你希望做成什么样子？未来是一幅什么样的图景？能给予追随者一个什么样的未来？第二，是梳理清楚核心价值观念，在通往未来的过程中，我们坚持什么样的判断标准，什么是对？什么是错？什么在先？什么在后？谁是我们的同行者？第三，清楚自己的使命，我们是谁？我们为什么存在？做什么样的事业可以让我们足慰平生？

立命的三个要件是一体的，树立了正确的愿景，你才会产生正确的价值观和人生使命。可是，何为正确？这是个长期的修炼。稻盛和夫讲，深入到潜意识的愿景是正确的，而潜意识是心的流现，“境随心转，相由心生”，最后的落脚点还是在人心修为。

第二再讲安身之道。

企业立命之后，就是安身问题。所谓安身，就是让自己安定下来。我们在什么环境下生存，靠什么存在，我们的竞争优势是什么，我们如何定位自己，我们立命之目标正确吗？为什么？这就是安身之道要解决的问题。

“知止而后有定，定而后能静，静而后能安，安而后能虑，虑而后能得。”

知止，就是知目标，“止心一处，无事不成”。但怎么才能止心一处呢？就是我们一定要坚信我们的战略目标没有出错。

在国学里是“格物、致知、正心、诚意、修身、齐家、治国、平天下”。

在战略地图中，就是对提出的战略目标进行战略分析。在波特价值链分析图上是宏观环境分析、行业环境分析、竞争对手分析、供应链分析、内部价值链分析、客户分析。在国学中，叫知天、知地、知己、知彼。在黄海战略分析中，主要按国势、产业进行分析。第三方买单人是谁，未来价值是谁来变现等等。针对这些问题，本书在第二篇和第三篇详细叙述。

这些分析，是为了完成对战略目标的疑问：“万一出了错怎么办呢？”

所以，战略管理第一是明确目标：做什么？第二是问为什么？因为只有将为什么搞清楚了，我们才会始终如一。

“君子立恒志，小人恒立志”，战略管理是“立恒志”，一旦确定，就要义无反顾，这是战略管理的基本点，因此，我将战略分析归为安身之道。

确立目标和论证目标是我们的安身立命之本。立命是企业的原点也是终点，安身是我们的基本，是给我们树立坚定的信心。

这个信心来自我们对产业本质、企业本质以及人生本质的认识：对资本效率、效果、效益、效能的认识，对人生效率、效果、效益、效能的认识。

首先是效能，什么是效能？效能不是效率，不是效果，也不是效益。效率是指以尽可能少的投入，获得尽可能多的产出。但在这个世界上，仅仅有效率是不够的。如果一个好的效率不能成就一个好的成效与结果，那么这个效率应该是在方向上或行为上出了问题。如果一个好的效率只能获得短时的成功而不能获得长期的成功，那么这效率也是有问题的。如果一个好的效率获得了长期成功，但不能获得最后的成功，那么这效率也是有问题的。因为效率研究的是人们投入与产出的比率关系。它不研究这一效率背后人们的行为目的和手段是否正确。

就像前文讲的，1923 年，在美国芝加哥的海滨大饭店开会的九个巨富，虽然他们曾经是世界上经营企业最有效率、最有成果的企业家，然而，26 年后，这些“最有效率最成功的人”却成了最可悲的人：一个疯了，两个破产而死，三个自杀，还有三个犯法而死。他们成了最没效率的人。

他们曾经那么有钱，那么成功，但他们的人生是最没效率的，最不成功的。因此他们的企业最后也是最没有效率的。

为什么？因为他们没有效能，最终没有一个好结果。

如果我们只研究表面的效率、效果，而不研究它背后的行为。我们永远只能看到现象，接触不到本质。

为什么？因为他们只有效率，没有效能。

我们是要成为有效能的人，而不是一个有效率的人。我们做企业也一样，要成为有效能的企业，而不是一个有效率的企业。

所以，我们今天讲的黄海战略的结构地图，为什么把安身立命放在战略地图的最前面呢，是因为黄海战略是一个有哲学基础的战略。是一个负责任的战略管理体系，这是它区别于以前一切战略管理的最大特色。

这就是安身立命。定而后能静，静而后能安，安而后能虑，虑而后能得。这时候的得才是真的得到，否则都是过眼烟云。

社会上那些很多所谓的成功企业，成功的企业家，成功的人，在我看来是相当有问题的，这是我们研究安身立命的头等大事。

以上两部分都是企业家的自身修炼与自我管理。

研究完安身立命的头等大事后，就要给自己企业一个合适的定位。定位来自于内外环境与能力的研究，本书主要强调通过对产业的研究来定位自己，发展自己。

为什么呢？因为，学会了产业分析，你才会有见识，有眼界，你才知道大与小，你才会做战略。做好了产业分析，你才能给自己一个很恰当的事业定位。女怕嫁错郎，男怕入错行。产业分析就是调整你的事业取向和事业格局。这事做好了，你才能真正地安身。也只有真正地安身后，你才能为你的“立命”鞠躬尽瘁死而后已。

第三，讲安身立命的修炼方法和思想源泉，这就是东方智慧的内容了，即中国的儒、释、道。如果扩展开，还有法家、兵家、墨家。黄海战略的精彩之处就是：《黄海战略》不仅仅是一部战略管理著作，它开启了中国管理哲学的先河，其背后我是想表达很深邃的形而上思想。西方人重形，东方人重意；西方人求技，东方人论道；西方文化以科学自居，东方文化以智慧闻名。

黄海战略 EBIRM 模型的中心是企业家，企业家的修炼靠两方面：一方面是战略能力，另一方面是企业家修为，即领袖品格、领袖气质、领袖凝聚力、领袖气场的修炼，这方面就要靠中国管理智慧了。中国各种智慧对应企业家《黄海战略》EBIRM 模型见下页图：

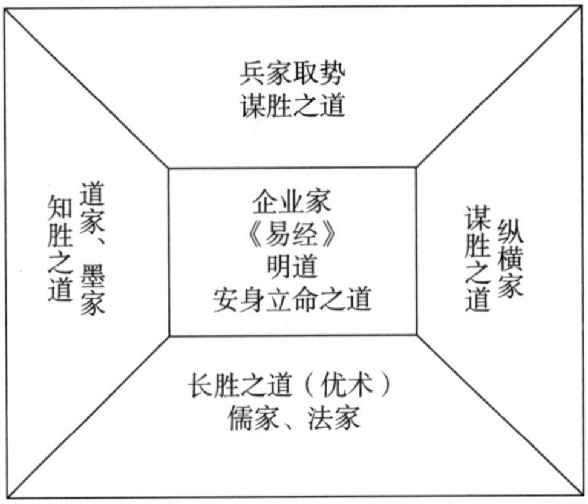

图 3-7　中国智慧对应《黄海战略》EBIRM 模型

后面三部分，谋胜之道、知胜之道、长胜之道都是策略战术的层面了，是为第一部分服务的。

第四节　谋胜之道

我们怎么去实现我们的战略目标呢？我们是通过黄海战略。黄海战略是创造不平等竞争力的策略，我们要在什么时间、什么地点、通过什么路径去创造这个不平等竞争力的条件呢？这是我们谋胜的根本。

当然，黄海战略只是很多战略流派中的一种战略，我们也可以通过其他战略思路和方法去实现我们企业的战略目标。但本书主要提供黄海战略的思路和路径。

在谋胜之道中，我们已经研究出五十多种路径可以创造出黄海战略的不平等竞争力的策略，出于篇幅和著书体量的考量，我们选出了几条路径，编排于本书的第四章。这一章所介绍的几条路径，都是基于新时期互联网环境下和黄海战略基本思维格局下的思维方式。

传统的基于波特价值链的战略分析架构，是很难创造出第三方买单、前向营销、跨界思维、平台思维、生态思维这些路径的，所以我们将这一部分称为价值点，表示它与传统战略不同，也是制定黄海战略的起点、路径和桥梁。

黄海战略谋胜之道所归纳的路径思维，只是进入黄海战略的起点，即它已突破了传统的顾客价值创造，但要将它变现，还得需要一个整体的顾客价值策略，这个策略需要构思一个整体的商业战略和商业模式后才能去变现。

所以，谋胜之道是制定黄海战略的核心，这个商业模式里面要构建两个价值创造，一是创造顾客价值，二是创造让渡价值。

创造顾客价值的分析工具抛弃了传统的价值链分析法，采用黄海战略的一体四法分析工具，也吸收了和君咨询的整套产业分析工具。

创造顾客让渡价值思维基点是从各种商业模式、产融互动模式，生态模式、跨界模式、平台模式、前向营销模式中去寻找第三方买单人和未来价值转移变现，从而达到实现创造不平等竞争力的策略。

在中国智慧中，将谋胜之道演绎得登峰造极的莫过于兵家和纵横家，我在写《黄海战略》的时候，引入了纵横家王诩的思想，特别是他的“守正出奇”的战略思想，在《黄海战略》就是产业为本，管理为正，创新商业模式为奇，下面我们简单叙述一下《孙子兵法》的战略思想。

中国兵家智慧最能代表谋胜之道，因为“所谓兵者，诡道也”，“所谓兵者，阴事也”，兵家讲究“奇兵突出”。中国兵家的著作很多，如《六韬》《太公兵法》《吴子兵法》《孙子兵法》《孙膑兵法》等等，在兵家众多的著作中，以《孙子兵法》最具代表性。

对带兵打仗的战略谋划，《孙子兵法》强调五个字，即“道、天、地、将、法”，如果将这五个字谋划好了，胜算的概率就大。这里的“道”与道家的“道”不一样，道家的“道”是指规律，兵家的“道”讲的是“孰有道，孰无道”，得道多助，失道寡助，师出有名者胜，师出无名者败。“天”“地”指天时地利，在企业，就是外部环境内部环境，内部环境要善于取势外部环境。“将”就是指领导，企业家是战略的核心。“法”是指知道，也是行军打仗的方法，在企业，就是管理，就是战略执行。

第五节　知胜之道

“知可以战与不可以战者”，这是《孙子兵法》对战略的最核心论述，即战略就是一种选择，包括对战略方案的选择。

本来到了谋胜之道，黄海战略已经形成，接下来就该进入战略执行的长胜之道。为什么这中间我插入一篇知胜之道的战略选择呢？

这是因为我吸取了《蓝海战略》作者的教训，《蓝海战略》面世后，遭到一大批学者的批评，特别以郎咸平的两本《蓝海大溃败》为代表，书中列举了几十家世界知名500强公司实施蓝海战略失败的案例，当然书中的观点我不一定完全认同，但这个事件说明一个问题，任何理论都有它的适用范围，何况企业管理是一个动态的过程，它有生长、发育、成长、成熟、衰老的过程，而这些过程又会因时、因地、因环境的不同发生复杂的变化。

《蓝海战略》一书没有对它的理论适用性做出界定，同时，它也没有对战略选择这一重要的战略管理环节加以论述，我觉得是个缺陷。因此，我在构思黄海战略的结构图时，将这一部分加上，分别在第七章、第八章、第九章加以叙述。

第七章的主题是简述企业成长的七个阶段及各阶段管理方式、经营重点的选择。它提出了战略选择要考虑企业的成长阶段。企业是一步一步长大的，不同阶段有不同的打法，不同阶段有不同水平的竞争对手，不要想得那么完美、那么完整。即使想得完美做得到吗？所以，重要的是你错得没你的对手更离谱就行了。边学边干，死扛硬挺都无所谓，重要的是要往前冲，不管你是否是野蛮生长还是那头风口上的猪，只有当你走过一段，回头一望，才发现自己成长了，成熟了，这就是硬道理。

张爱玲说："活在中国就有这样可爱：脏与乱与忧伤之中，到处会发现珍贵的东西。"

王明夫说："中国经济就有这样可爱，在一派乌烟瘴气和乱乱糟糟之中，随时都为那些有准备的企业家准备了从天而降的机会。"

只要你在前行，在追求，你就一直有机会，不过机会是为有准备的企业家提供的，所以，我专门安排一章，来总结过去的经验与未来的战略应该有什么样的关系。

阐述企业黄海战略的组织与文化选择一章列举了钨铀新材和韩都衣舍两个企业的组织变革来说明战略的组织与文化选择。通过这样的案例来表达互联网环境下的组织与文化选择。

当然中国是发展中国家，各种企业情况千差万别，特别是中小民营企业，战略往往与业务、组织、文化、团队的问题混在一起，相互拉扯、相互牵制。但没关系，只要你把握住几个主线就可以了。掌握以下 7 条，不管世界怎么风吹浪打，你将岿然不动。

（1）企业家一定要适时完成自身角色的转变：从抓业务到抓管理，从抓团队建设到抓组织建设，从做生意到做机制，从琢磨产品到琢磨人，从经营客户到经营员工。很多中小企业的继续发展就卡在这个问题上了。通常所谓的“管理跟不上”，到企业要思考战略这个阶段，其本质是企业家自己跟不上，最基本的组织管理都没有，何谈根据不同的战略选择合适的组织，建立合适的组织制度、机制和文化？

（2）中小企业做组织建设，一定要因陋就简，切忌求大求全求完整。谨防被科班的 MBA 知识体系误导了。在民营企业成长的相当长一段时间内，回归常识就能实现有效管理。有知识，没常识，往往让管理复杂化。

（3）两本手册打天下：把千头万绪的管理工作简化为两件事，一是编制和执行《企业管理手册》，二是编制和宣传《企业文化手册》。两条腿走路，规则与文化两手抓：一手抓组织制度建设，一手抓企业文化建设。刚开始可能就两页纸，慢慢地变成两本手册，又慢慢地变成了两本书，这时，你的企业就做大了。编制的过程中，不断地推拉你和同事向前进步。

（4）以明确的组织机制与文化要求去物色成员，型塑成员，过滤不适合人员，沉淀合适人员。这是一个漫长的“建模子，入模子，优化模子，淘洗队伍”的过程。在此过程中，“耐心就是智慧”，慢就是快，罗马不是一天建成的。

（5）按“七化”方向逐步提升组织管理水平：追求使命化——使命战略化——战略组织化——组织制度化——制度流程化——流程 IT 化——IT

生态化。企业壮大以后，你自然就会发现，靠两本手册打天下已经不行了。你的组织与文化选择就不能因陋就简了，这时就要靠系统思维了，就要往“七化”方向发展。这样，你的组织才会一步一步成长，最后走向成熟。

（6）还有一种简单的办法，就是以上市公司和新三板为标准，对标经营和管理，缺什么补什么，这是中小企业选方向、搞经营、抓管理、做培训的上好选择和“傻瓜”办法。

（7）企业发展，尤其是组织转型和变革，一定要依靠员工，设立公平规则，尊重既得利益，定了的规则就一定要说到做到。领导要以身作则，以诚立信，诚待员工，重建公司信誉与员工信心，通过赢得员工的心，一步步辐射开，赢得客户和外围人才的人心，得人心，得天下。

战略的选择，主要叙述了企业应因时、因地、因境、因自己实际情况选择适合自己的战略分析思路和方法，世间没有包治百病的灵药，经营管理模式也不可能有包治百病的策略，我们只能根据企业具体情况在具体环境下去选择战略策略。

它吸收了各战略管理流派的思想，特别是波士顿管理咨询公司及他们刚出版的《战略的本质》一书的思想。

我们做企业战略管理的人并非缺少制定战略的有效理论、工具和方法，我们不足的是在于不能合理地针对外部环境选择正确的战略。

波特“五力”模型可能在某一领域行之有效，蓝海战略可能适合创新领域，黄海战略则更适应互联网时代。

但我们的管理者呢？我们的理论作者呢？

他们在认识每种战略时，往往倾向于将某理论当作包治百病的灵药。

互联网的发展，使得环境越来越复杂多变，难以把握，商业环境正在发生着巨大的变化，成功的风险也越来越大。战略的重要性从来没有像现在这么突出。企业领袖更替的频率与速度前所未有的快，胜者和败者之间的差距变得空前巨大，许多老板时刻提防着可能削弱自己公司地位的新生竞争者，而许多新兴企业一心想要做的正是此事。

因此，因情因境针对所处的商业环境选择制定与之相适应的战略显出了前所未有的重要性。

在战略选择篇，我再三声明了黄海战略的适宜性和局限性。黄海战略的特色是选择和塑造自己的生态位。

知胜之道这部分对应的中国智慧可以研究道家和墨家，因为墨家讲创造，道家讲规律。如果这两家的智慧你不了解，即使你的企业胜了，你也不知道是怎么胜的，败了也不知道是如何败的。

在中国，最智慧的思想是道家，因为它研究宇宙、自然、人生、社会的规律，掌握大道。道家非常注重追寻事物发展的规律，我们做决策也要掌握事物发展的规律，如果没有掌握规律，决策就可能会出错误。这时候就要去道家寻找营养。老子说：人法地，地法天，天法道，道法自然。如果我们能道法自然，很多事业都可以达到无为而治。在中国，处乱世之时，统治阶级都用道家治世，等安定之后又都会用儒家思想。为什么？道家是不争之争，是专门创造不平等竞争力的策略的阴谋家。大家好好去读道家经典就知道了。道家代表智慧的学问。所以，知胜之道要研究道家。

墨家是创造的智慧。墨家讲“兼爱非攻”，就是要广泛地去爱我们的百姓，让他们能够好好地修养，好好地生息；所谓“非攻”，就是反对侵略战争，创造一个安定的环境；墨家讲“交相利”，就是彼此之间一定要有交往，有交易，这样，双方都能得到好处。如果能在创造的过程中掌握这些基本原则，就能创造一个良好的环境，我们才能不断地发展，并就如何发展提出很多思路和方法。

第六节　长胜之道

本书的第四篇讲战略执行，主要讲怎么执行黄海战略，落脚点在组织系统执行力。

为什么把这部分叫长胜之道呢？因为一个企业的持续竞争力最后还要落脚到组织竞争力，不管我们将战略管理讲得怎么天花乱坠，企业的持续经营、永续经营一定要靠组织管理发力，前面的安身之道、谋胜之道，面对组织管理，都会有投机取巧的成分。一个企业的长胜之道在组织管理。

因此，长胜之道除了讲解传统战略执行力之外，我将重点讲解战略执行力的背后是组织执行力，组织执行力的背后是制度、机制、文化，是企业家使命。制度解决组织的边界，机制解决企业的活力，文化解决组织的寿命 。我们只要将这几个问题弄清楚了，我想，战略执行这部分就不存在什么问题了。

麦当劳、肯德基、可口可乐为什么这么有竞争力，你去了解它们的制度系统就知道了；思科、苹果、微软、谷歌、亚马逊为什么这么有竞争力，你去了解它们的机制系统就知道了；佛教、基督教、伊斯兰教为什么生命力这么久远，你去了解其组织背后的文化系统就知道了。物有本末，事有始终，知所先后，知其然知其所以然，就够了。

在这部分，我连接的是儒家与法家，因为这两家都讲管理，讲长治久安。

儒家是中国最主流的管理思想和管理智慧，道家讲求事物变化的道理，寻求整个事物变化的规律；儒家则不然，儒家是要理顺整个社会中的各种各样的关系。古代君王打下天下之后，通常都比较喜欢运用儒家的理论，为什么？因为儒家理清了社会上各种各样的关系，社会不会动乱，也就不会产生各种混乱状态。儒家思想是一种关系学，而不是规律学。儒家思想有三条最基本的关系学：一是君臣关系学，二是家庭关系学，三是师徒朋友关系学。儒家崇尚“君君臣臣”，做君主的要像君主，做大臣的要像大臣，如果君不君，臣不臣，那就会出管理问题。用现代语言来讲，就是做上司的要有上司的样子，做下属的要有下属的样子，如果上司不爱护下属，下属不尊敬上司，这种工作关系就会出现问题。家庭关系也一样，“父父子子”“兄兄弟弟”“夫夫妻妻”，都要各归其位。师徒亦然，朋友亦然。这些关系的标准呢？儒家用“忠、孝、仁、爱、礼、义、廉、耻”的道德标准来理顺和管理各种各样的关系，然后修身、齐家、治国、平天下。

法家的开山鼻祖是荀子（又有一说以为李悝是法家始祖）。荀子是儒家弟子，所以，法家算是从儒家分化出来的（又有一说认为法家是道家分支），它也讲究社会关系的治理，只是儒家主张“人之初，性本善”，荀子认为“人性本恶”，既然“人性本恶”，就需要用法律来约束。法家的集大成者是韩非子，另外还有三个重要人物：商鞅、申不害、李斯。

中国古代最典型的法家管理案例就是秦国的“商鞅变法”了，商鞅相信人性趋利避害，所以，他就帮助一心想励精图治的秦孝公采用严酷的法律来治理秦国，因为法家强调依法行事，强调光明正大，名正言顺，堂堂正正，加上商鞅性格较硬不懂调和，虽然将秦国建设强大了，为国家做了很大贡献，但却得罪了很多原来的利益集团，所以，他最后死于五马分尸，那是商鞅自己制定的法律里面最残酷的一条刑罚。

商鞅只讲法律，不讲手段，结果酿成了悲剧。所以，法家的后起之秀申不害就强调，在法治的过程中要有“术”，要有手段，在推广法的过程中要讲究阶段性，要讲究手法，要根据不同情况做出修正。后来则强调在执行、领导的时候，不只要有法有术，还要注意造势，当造势成功时，一切就比较好处理了。韩非子把法家思想总结起来，将“法、术、势”形成了法家的理论。

第七节 绘制产业蓝图

不绘制产业蓝图，我们的竞争战略就如同盲人摸象。长虹彩电与 TCL 彩电，海尔冰箱与美的冰箱之间的竞争，就是这样，争得你死我活，后来国美苏宁崛起，完全占领了采购定价权和行业话语权，只给家电厂商极低的毛利率，这时候，长虹和美的才发现，决定自己盈利率的竞争对手不是产品竞争层面上的 TCL 和海尔，而是产业链上的下游环节国美和苏宁。

当国美与苏宁竞争白热化，你死我活时，淘宝与京东又来了，全新的业态，全新的网上商业生态，替代性地把国美和苏宁的实体店和商圈模式变成了过去式，这时候，国美和苏宁才发现自己强劲的竞争对手不是对方，而是后来的淘宝、京东、凡客之类。

耐克与李宁，卖的是同类产品，相同的目标市场，它们之间的竞争，你认为是产品竞争吗？十多年前，由于中国体育用品市场高速发展，李宁一路高歌猛进，拼命扩张专卖店，聘请顶级广告公司，用广告加渠道的模式野蛮成长，2010年曾接近100亿元销售额，然而，好景不长，接下来销售放缓，利润缩水，产品积压随之而来，股价被腰斩。时至今日，企业每况愈下。相反，耐克近20年来，稳步增长，2016年更是以近30%的增长率使中国成为它的第二大市场。

李宁是产品不如耐克吗？耐克的产品也都是由中国的鞋厂代工的，是供应链管理不如耐克吗？据有关资料显示，耐克的生产成本、供应链生产周期都不如李宁。那是什么原因呢？

耐克的总裁帕克说：什么是赢的关键，关键是输出价值观，价值观被彻底地贯彻在产品的研发、生产、销售、消费者沟通等公司所有活动中，最后形成一个良性的产业生态，刚开始很慢，但一旦形成就有力量。

所以，耐克与李宁、安踏的竞争，表面上看是产品竞争，实质上较量的是产品背后的一条产业链和供应链，等到竞争对手也跟上产业链和供应链思维的时候，耐克已经走向营造产业生态了。耐克的成功，就在于它不是设计和造鞋，而是设计和制造一条全球范围内布局和贯通的造鞋产业链，后来又演变成设计和制造一个良性的产业生态。

近些年来，企业竞争有三种形态：产业竞争、产业链竞争和产业生态竞争。

由此，我们看到三种不同类型的公司：(1) 产品型公司，如李宁、安踏、格力、长虹等；(2) 产业链型公司，如中粮打造全产业链，复星沿着产业链进行投资布局；(3) 产业生态型公司，如腾讯、阿里巴巴、特斯拉汽车、苹果等。

这三种类型的公司，或因它们的竞争思维、企业禀赋和梦想不一样，所以三种竞争定位因企业而制宜，但三类企业的竞争量级绝对是不一样的。

同样是生产汽车，特斯拉只生产销售了一万多辆汽车，它的市值却超过了百年品牌企业通用汽车。

为什么呢？

其实，形成这种价值差异的背后是产业的趋势，产业竞争形态的趋势演变，这之中包含资本市场的认同与推动。

表 3-2 是近几年生态型企业的典型代表、估值和投资回报：左右对比，你发现了哪些商机？

表 3-2　生态型企业的典型代表、估值和投资回报

单位：亿美元

国外企业	目前估值	A 轮投资回报	国内企业	目前估值	A 轮投资回报
谷歌	6307	万倍级	百度	629	千倍级
Twitter	126	千倍级	阿里	3626	万倍级
Facebook	4432	万倍级	腾讯	3263	万倍级
苹果	7569	万倍级	小米	453	千倍级
亚马逊	4618	万倍级	顺丰	65	千倍级
Linkedin	237	万倍级	京东	550	千倍级
Uber	600	万倍级	滴滴	338	千倍级
四大粮商之 ADM	600	千倍级	温氏	183	千倍级
宝洁	2243	千倍级	海尔	127	千倍级
ABB	529	千倍级	摩拜	20	百倍级/成长中
Airbnb	310	千倍级	OFO	30	百倍级/成长中
医院集团之凯撒	估计至少 100	千倍级	就医 160	2.4	千倍级/成长中
特斯拉	514	千倍级	链家	61	百倍级/成长中

看了这张估值表，相信大家都会想到，未来企业间的竞争，一定是产业生态间的竞争：要么自己生态，要么将自己变成别人生态中的一员，否则，你的企业将会沦落到连参与竞争的资格都没有。大企业升级做生态，中小企业寻找并加入生态圈。

所以，面对未来产业的这种竞争形态，分析产业，绘制产业蓝图，找到自己在未来产业蓝图中的位置，也就是黄海战略的生态位，这是每一个企业老板都必须做的工作。这也是黄海战略产业分析的使命。

生态战略是相对单点布局和封闭战略，指联合相关产业上下左右形成利益一体、共生共赢、关系稳固的生态圈。什么样的企业可以构建生态战略呢？一般说，大企业应该布局而不是布点，而中小企业则应该布点而不是布局，向就近的制高点前进，并把一点做透，同时谋求加入某个大生态圈。构建生态战略的目的是为了获得更高的产业战略地位、产业话语权和定价权。

下面我列举百度、阿里、腾讯三个企业的产业布局（见表 3-3）。

从这里我们可以看到，当你正在为打败竞争对手而欣喜时，原来也许并非对手的百度、阿里、腾讯、小米、乐视等庞然大物正在悄悄进入你的行业，深入人们生活的方方面面，在不经意间颠覆了你原有的产业格局，看似经营得好好的企业，瞬间即被颠覆。你被颠覆，不是因为你的产品不好，也不是你的管理不行，而是你没有看到原有产业格局的变化，你没有分析新的产业生态，你没有迅速调整自己的战略，是以自己的生态加以对抗或是尽早加入新的生态，在新的生态中去寻找自己的黄海生态位。

表 3-3　百度、阿里、腾讯的产业布局

分类＼企业	百度	阿里	腾讯
电商数据		淘宝/天猫/阿里巴巴	拍拍京东
支付数据	百度钱包/百发	余额宝/支付宝/投资宝	定投宝/财付通/微信钱包/微信余额宝/京东金融
交友数据		旺旺/来往	QQ 微信
社区数据	贴吧		QQ 空间
新闻资讯	百度新闻		腾讯网
视频数据	爱奇艺	阿里影业/天猫魔盒/优酷/土豆/华数	腾讯视频
浏览器数据	百度浏览器	淘宝浏览器	搜狗浏览器/QQ 浏览器
搜索数据	百度搜索	一淘	搜狗搜索/SOSO
游戏数据	百度游戏	阿里游戏	腾讯游戏
音乐数据	百度音乐	虾米音乐	QQ 音乐
旅游数据	百度旅游/去哪儿	穷游网	携程网
地图数据	百度地图	高德地图	腾讯地图
餐饮数据		百胜中国（肯德基）	大众点评
ID 数据	百度账号	淘宝账号	QQ 账号
出行平台	去哪儿/易到	去啊快滴	滴滴/人民优步/易车
团购平台	糯米网	聚划算	QQ 团购/拍拍
外卖快餐	百度外卖		
云盘/邮箱/办公	百度云盘/邮箱	钉钉办公	QQ 云盘/QQ 邮箱

第八节　黄海战略的知识结构地图

就概念来说，战略管理是指对一个企业或组织在一定时期的全局、长远的发展方向、目标、任务和政策以及资源调配做出决策和管理的艺术。但因决策学和管理学这两门学问是跨学科的实践科学，所以多年来一直没听到谁把战略管理说清楚过。

当然，只看《黄海战略》，也很难全面理解战略管理，因为《黄海战略》不是为说清楚战略管理而生的，它只是战略管理的某一种思考方式。为便于大家阅读理解，我为大家勾画一个黄海战略管理的知识结构图谱，以便大家更容易理清我写《黄海战略》的逻辑路径。

黄海战略是塑造型战略，它是综合产业、国势、资本、管理与企业家修炼来创造不平等竞争力的策略的一个战略管理流派。因此，要深刻理解黄海战略，在知识结构地图上应该构建一个复合式的知识结构。

关注国际国内形势能训练企业家的战略洞察力，属于社会学、政治学、历史学、宏观经济学范畴；研判国际国内形势，以及中国的改革与企业的应对之策，是激发战略创意的源泉。作为战略制定者，我们要时时关注国内国外社会经济大势、世界格局、目前经济处于什么样的增长阶段、产业结构转型、科技创新、资本浪潮、社会重建等重大课题。

产业属于中观经济学，主要学术理论有产业组织理论、产业结构理论、产业布局理论、产业政策理论、产业集群理论、产业关联理论、移动互联网和大数据时代的产业形态、商业形态等。从产业的研究来建立和获得我们对产业的思维和对产业的认识。

管理是企业微观方面经营管理学，战略管理者必须研究的学问有：战略、组织、人力资源与企业文化、品牌与营销、财务管理、避税、创新与转型，商业模式等。当然，这之中，战略管理学是重点。

在战略管理教科书的知识体系中：亚瑟·A. 汤姆森和 A. J. 斯迪克兰迪《战略管理：概念与案例》；科利斯《公司战略：企业的资源与范围》应用较广泛。

在中国战略学的历史轨迹中：一诞生就登峰造极的战略经典是《易经》、《孙子兵法》和《三国演义》！他们从哲学的高度，分别以阴阳、天地人、不易—变易—简易、辩证法、简繁互驭、动静交制、法无定法、大道圆通、大道至简、九九归一、执一而牧天下等来阐述战略管理。当然，仅仅读这三本书是远远不够的，你得将整个中国管理思想史读一遍，主体的思想有儒家、道家、法家、纵横家、兵家、墨家、阴阳五行学说等。

在西方，战略管理的发展分四个阶段：

萌芽阶段（20 世纪 60 年代以前）：法约尔管理五项职能说；20 世纪 50 年代，美国大学的管理学院开出“企业政策”课程。

成型阶段（20 世纪 60 年代至 70 年代）：钱德勒的《战略与结构》，Learned、Christensen、Andrews 等人合著的《经营策略：内容和案例》，1965 年 H. Igor Ansoff 的《公司战略》初步形成了企业战略管理的理论框架。1977 年，霍弗与钱德勒在美国匹兹堡大学指出，战略管理作为一门学科，应包括六个方面：目标形成及制定、环境分析、战略制定、战略评价、战略实施和战略控制。标志着战略管理开始成为一门正式学科。1979

年，美国500强已有将近一半采用以组合分析为基础的正式战略管理。

发展阶段（20世纪80年代）：美国战略管理咨询发展迅速，波特《竞争战略》、《竞争优势》和《国家竞争优势》出版，以波特为代表的竞争战略学派一枝独秀。

战略理论丛林阶段（20世纪90年代至今）：越来越多的管理学家和经济学家加入。近些年的新理论有：核心竞争力理论、战略资源管理理论、产业制胜理论、适应性企业理论、战略联盟理论、企业集群理论、战略转折点理论、企业生态系统合作演化理论、破坏性技术理论、蓝海战略理论。管理学者亨利·明茨伯格曾将主要的战略归纳为十大战略流派，他们分别是：设计学派、计划学派、定位学派、企业家学派、认知学派、学习学派、权力学派、文化学派、环境学派、结构学派。还有第11派无战略学派。

黄海战略关注的又一门学问是：资本市场，即金融学。

在西方战略管理的知识结构中，资本市场的学问不是战略管理的重点，如哈佛大学科利斯的战略分析模型中，只有三个象限：产业、资源与结构。他将资本项目放在资源项目中了。但在中国分析战略管理，资本资源很重要。因为在西方，资本市场非常成熟，资本项目可以通过市场很方便地购买。但是在中国就不一样了，中国企业不仅过去三十多年很难获得资本，在未来较长时间，资本仍将是阻碍企业成长发展的一个巨大因素，所以，单列出来重点学习。主要学习资本战略，资本作为企业发展战略，我们应该这样来设计企业的产融互动战略、资本市场的企业并购重组、市值管理、股票投资以及上市前的融资策略等。

参见图3-8。

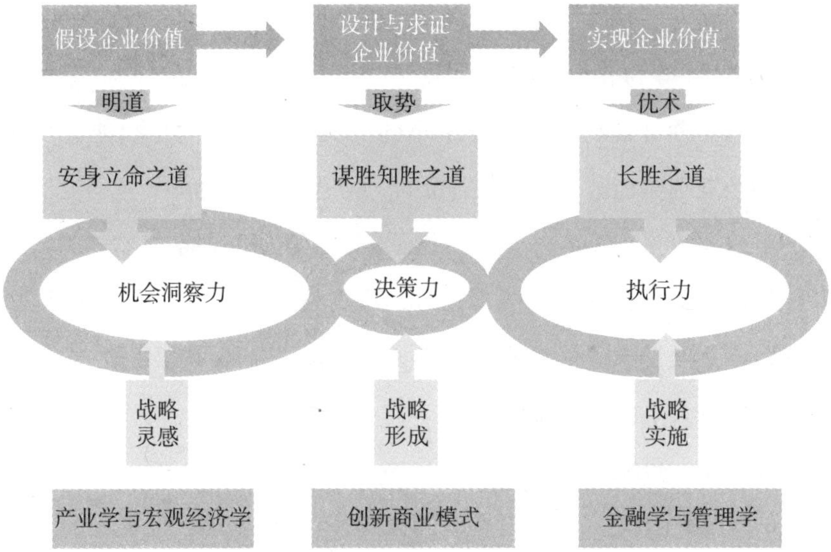

图 3-8 知识结构图

如果黄海战略能以这样的知识结构来阅读和修炼，那么，黄海战略就能成为中国企业家复合型知识结构的修习纲领。为了深刻理解黄海战略，实际上储备了经营一个企业的整个商科知识和人生修炼知识体系。

第九节 黄海战略的本质

黄海战略的本质就是创造不平等竞争力的策略。

这种本质的表达已经有两千多年历史了。在中国、在欧洲、在全球都是如此。

在18世纪末，法国在欧洲各国中并没有明显的优势，是拿破仑创造了一个又一个的不平等竞争力的策略，才建立了当时欧洲最强大的法兰西帝国。

两千多年前，亚历山大领导小小的马其顿王国，为什么能够征服欧洲、横扫小亚细亚地区、荡平波斯帝国，缔造出当时全球最大的亚历山大帝国呢？也是因为创造了一个又一个不平等竞争力的策略。

三国时的刘备，在遇上诸葛亮时，已戎马半生，还没找到立身之地，拥有军队不足两千人。是诸葛亮创造了一个又一个不平等竞争力的策略，才缔造了三分天下的蜀汉政权。

企业竞争，也完全如此。

2003年，苹果是一个临近倒闭的公司，仅有区区60亿美元的市值的苹果，凭什么打败了市值2500亿美元的诺基亚、市值700亿美元的摩托罗拉呢？

小米2012年11月才生产出第一款手机，凭什么只用三年时间就做到700多亿元人民币，打得那些世界手机巨头都没有还手之力？

2003年，易趣已经占领了中国电商市场90%以上的市场份额，淘宝凭什么最后打败了它呢？

和君商学院靠什么只用了三年时间，就成为全球招生最多的商学院？

这些胜出的企业凭的是它们创造了不平竞争力的策略。

黄海战略是创造不平等竞争力的策略，这个策略能整合企业的目标、政策并且能够使企业上下一致地付诸行动。也就是说，战略的本质是创造不平等竞争力的策略，这个策略要能够整合企业的目标、政策和行动。凡是能够把这三个要素整合起来的，都可以叫作战略。

但灵魂和核心是创造不平等竞争力的策略。

大家想一想，什么才是战略的本质？

战略的本质就是创造不平等竞争力的策略。

战略管理的本质是什么？

战略管理的本质就是对战略策略进行有效管理的过程。

黄海战略管理的本质是对如下九个要素进行管理以保证能建立一个创造不平等竞争力的策略，并能实施这个策略。

黄海战略的本质模型图：

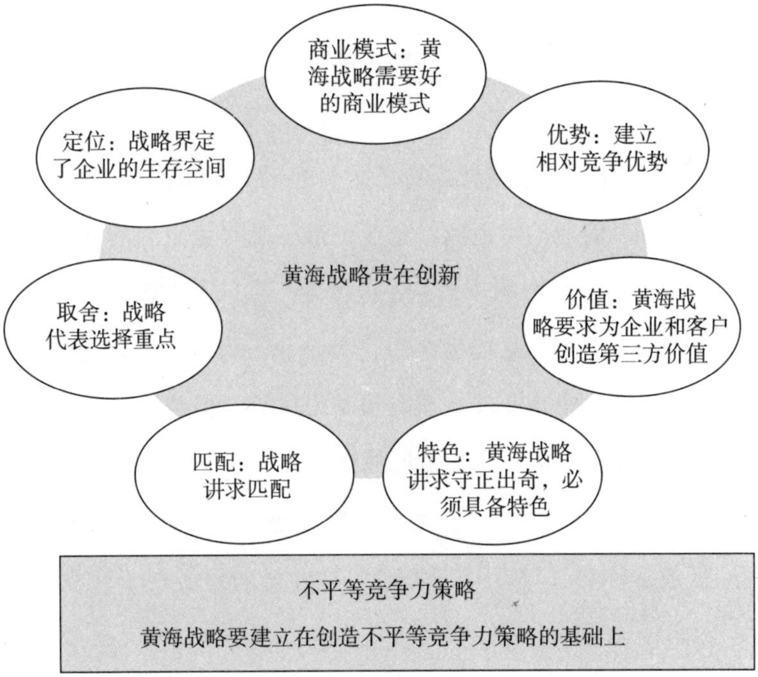

图 3-9　黄海战略的本质模型图

管理黄海战略的过程主要就是围绕这九个要素进行创造和管理的过程。这个模型图原本是新加坡莫少昆教授讲授战略管理的一个模型图，我对他的模型及内容都进行了改造，并注入了新的战略灵魂。①

第一是定位：战略有个定位学派，其创始人是哈佛大学商学院的迈克·波特教授，也是红海竞争战略的代表人物。《黄海战略》基本内容和思想还是属于竞争定位学派，所以，定位理论也是黄海战略的本质研究之首，企业战略首先必须界定企业在环境内的生存空间。

第二是取舍：战略的本质就是选择取舍，“两利相权取其重，两害相权取其轻”，战略管理最重要的就是要懂得做出取舍。

第三是匹配：战略是综观全局的策略，它的第一观就要观看是否匹配。战略要与企业的愿景和目标匹配；战略要与资源匹配；战略要与文化匹配。

第四是特色：战略必须具备特色。特色就是别具一格的，与众不同的，人无我有的，企业的特色也是企业创造不平等竞争力的优势所在。黄海战略受《孙子兵法》影响较大，守正出奇一直贯穿战略的始终。

第五是价值：战略如果能为客户、为企业、为员工、为股东、为社会创造价值，那么，这个企业就基本能够站得住脚。但黄海战略的要求是能创造出第三方买单的价值，这是黄海战略区别于传统战略的难点。

第六是优势：战略应建立在相对竞争优势之上，就像美国西南航空，拥有短途低成本优势，它就只飞短途。这样做的目的在于建立长期竞争优势。

第七是商业模式：黄海战略一定要有一个好的商业模式，只有这样才能建立起创造不平等竞争力策略的基础，所以，黄海战略一定要创造创新商业模式。

---

① 莫少昆：《企业战略决策》第一章。

第八是创新：战略的定位、取舍、匹配、特色、创造价值、优势、商业模式等特点绝对不是静态的，而是要不断优化、不断创新。如图 3-9 所示，战略创新包含了七点内容，寓意企业要不断调整定位、界定边界、调整取舍、不断改善企业特色，不断完善资源、文化等的匹配，不断地为客户创造价值，不断地创造竞争优势。

第九是要建立创造不平等竞争力的策略。这是黄海战略的总策略，也是黄海战略的本质。从黄海战略本质模型图可以看出，不平等竞争力策略是综合了其他八个基本要素管理的结果。关于详细的不平等竞争力策略将在后文讨论，这里不再赘述。

第十节　黄海战略与商业模式的关系结构图谱

一个好的战略首先要有一个好的商业模式。

比如前文讲到的和君商学，它的战略之所以成功，之所以是一个好战略，首先它有一套好的商业模式——产融互动模式。这个模式的版本就是“斯坦福+硅谷”模式，“红杉资本+思科”模式，这个模式创造了思科的辉煌，也创造了硅谷的辉煌，是经过实践证明的好的商业模式。这个模式如图 3-10。

思科是 1986 年由斯坦福大学的一对教师夫妇创立的，就是上面这个商业模式思维，在十多年前将思科推向了 5500 亿美元市值的高科技公司。

和君咨询王明夫先生把思科与红杉的故事进行抽象复盘，于是就有了

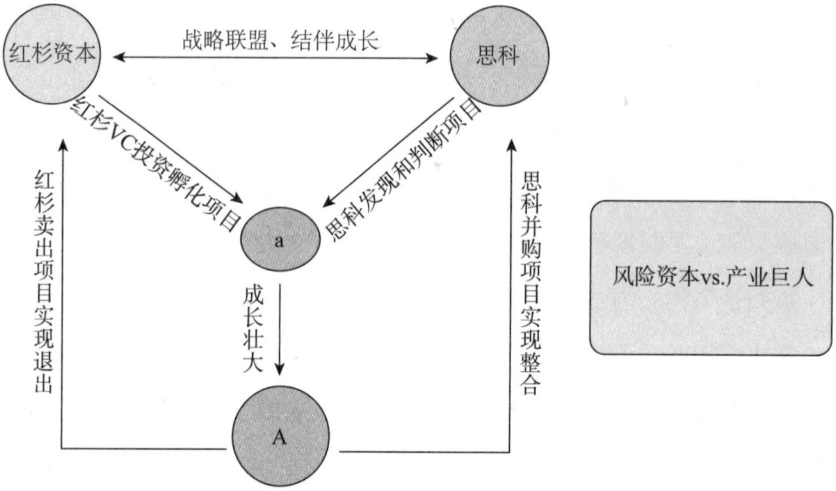

图 3-10　思科与红杉演绎产业与资本的完美互动

图 3-11，这张图表示在资本视角下，创业者、上市公司、产业基金的成长之道。

和君咨询集团公司用这个模型指导了上千家企业创造了不平等竞争力的策略，让这些企业成功转型和奋力崛起，但和君在创造、讲解这一模型时，一直是当作战略模型来讲解和使用的，这就使得战略管理的理论逻辑和商业模式的理论逻辑会产生歧义，不搞清这一点，在你将来的学习和工作中，战略与商业模式的很多概念会纠缠你的心智、搅乱你的大脑。

在书写《黄海战略》时，我特意将这两个概念梳理清楚。

黄海战略是一个创新商业模式的战略，核心在于构造一个好的商业模式。黄海战略区别以前一切战略的根本点，在于它将商业模式与战略结合在一起来思考战略。

在人类历史上，在战略管理历史上，没有人这样来思考战略。其实这个道理很简单，我们只要想一想战略的形成过程，和商业模式的形成过

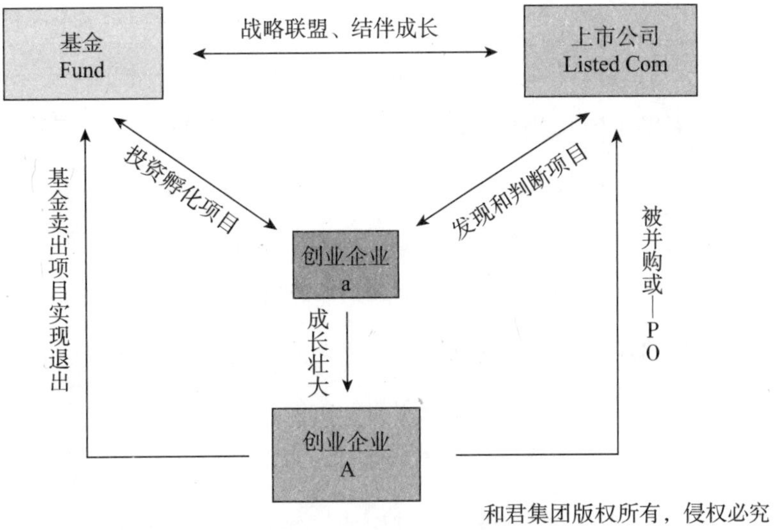

图 3-11　和君商学王明夫原创思想与方法论：FLA 模型

程，我们在思考战略时，就应该想到商业模式。

下面我简单介绍一下战略的本质及形成过程。参见图 3-12。

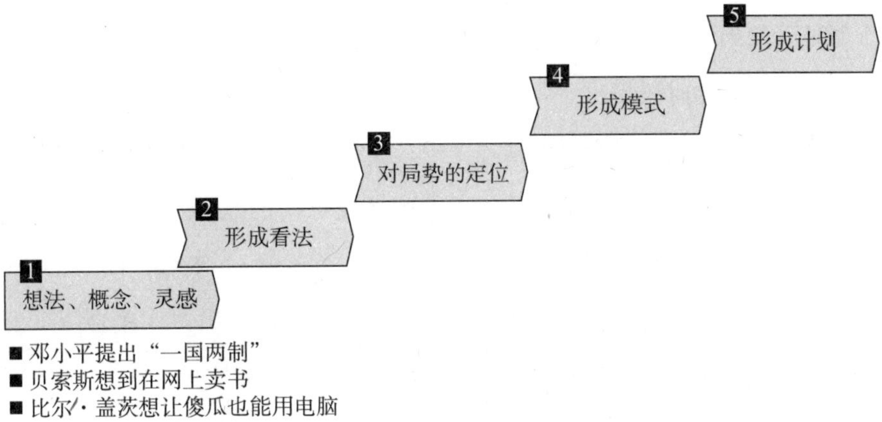

图 3-12　战略的本质及形成过程

在形成一个战略之前，战略的最初形态就是一种非常抽象的想法、概念与灵感。中国人喜欢称灵感、顿悟、开悟、智慧等等，西方人习惯叫潜意识、直觉等。其实一个好的战略的最初形态都只是一种想法，一种灵感，比如贝索思看到互联网来临了，能不能将书搬到网上去卖呢？就这么一个灵感、直觉和想法，成就了一个世界500强的亚马逊。比尔·盖茨一个荒唐的想法：能不能发明一种工具，让傻瓜也能用电脑呢？形成了开发Windows视窗软件产品的战略，成就了一个世界500强的微软。

所以，战略还没有形成之前，它只是一种想法、概念与灵感，当这个想法、概念与灵感慢慢扩展、发展开来，就会形成一个普遍上都能接受的看法，而这个看法拿到实际中验证的话，根据局势的发展，经评估后，采取一个相关的定位后就会发展成一种模式。模式形成后，才会形成一个完整的战略计划。战略的形成过程应该是这样的。

战略不仅仅只是一个计划，它的最初形态是一种想法，一个概念，一种灵感，一种境界，一种看法，一个定位，一种模式。最后才形成计划。

其实，在战略的形成过程中，往往最重要的是想法、概念与灵感。一个领导人如果没有好的想法、好的概念与灵感，就不配在其位，领导人必须要在最关键的时候提出一种想法、一个概念、一种灵感。这是战略的关键，从这个想法、概念与灵感演绎下去，才会形成一个创新的战略计划。

企业战略也一样，张瑞敏提出了“吃休克鱼”的概念，在此基础上形成了他的“品牌”扩张战略，在短短几年里，将企业资产从几十亿元发展到目前的一千多亿元的庞大海尔帝国。这两年，他又提出“人单合一”商业模式，这是一个生态商业模式，才刚在海尔集团开始实施。

再看贝索思，贝索思本来是在银行工作的，为什么最后创立了世界上最大的网上书店亚马逊，主要就源自他思想中的一个概念，要在网上卖书。拉里·佩奇为什么会造就谷歌，也是他想到了一个概念，什么概念呢？就是他看到网络发展这么快，必须要有个搜寻器，如果没有搜寻器的话，人们将很难从众多网络里找到资料，这个概念以后就变成了Google（谷歌）。

微软的产生也是一样，当时比尔想到一个概念，要让一个傻瓜也能使用电脑，于是便产生了Windows视窗。

所以，任何的企业发展战略一定是从概念开始的，概念才最可贵，而计划只不过是概念的完善过程。

从这里我们可以看到，在战略的形成过程中，战略的模式就形成了。

其实，企业战略也是一样，当领导人、企业家、策划人最初大脑闪现战略的想法、概念与灵感时，大多是关于商业模式的想法、概念与灵感。

所以，创新商业模式的形成和战略的形成其实是同时开始的，只是它们的内涵和外延还各有不同的部分，于是，这就产生了《黄海战略》的理论思维结构，见图3-13：战略形成思维发展结构图。

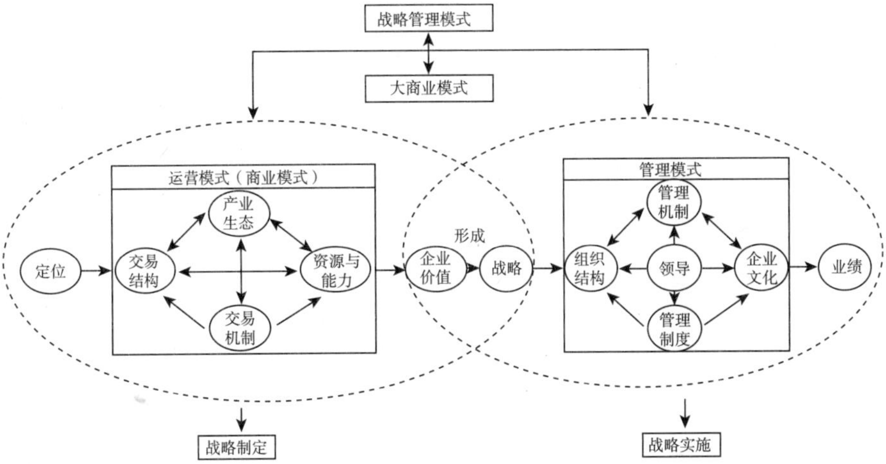

图3-13　战略形成思维发展结构图

上图战略与商业模式模型为本书作者的原创思想与方法论。

从商业模式的角度来看战略，整个战略管理的模式实际上就两部分构成：运营模式，现流行的商业模式书籍主要就是讲这一部分，第二部分为管理模式。这两部分构成了企业的战略管理。

从这里可以看出，一个企业，在形成战略前，会有一个模模糊糊的商业模式，特别在这十几年，企业处在一个新旧转换时期，处在一个商业模式制胜的年代，战略的概念、灵感很多都来自商业模式的创意，所以，商业模式就成了战略的最前端，成了战略之中的战略，但是，具体来分析，商业模式与战略还是有很大差别的。

战略管理涵盖的管理模式更多一些，商业模式在管理模式的五要素中，在我目前的研究中，还只涉及领导和管理机制两个要素。

把战略管理模式拆分开来，就成了商业模式（运营模式）和管理模式两部分，参见图 3-14、图 3-15。

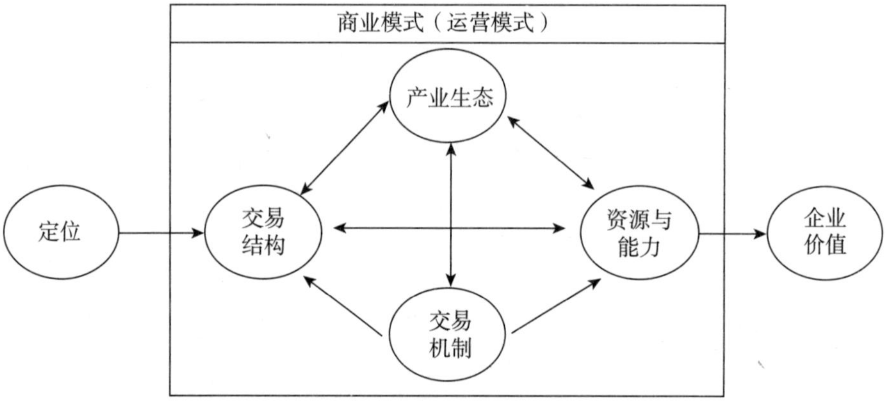

图 3-14　商业模式（运营模式）

战略由经营模式和管理模式两部分构成，两部分的耦合与匹配就形成一个好的完整的战略。

经营模式就是这三十多年来管理学界争论不休的商业模式。

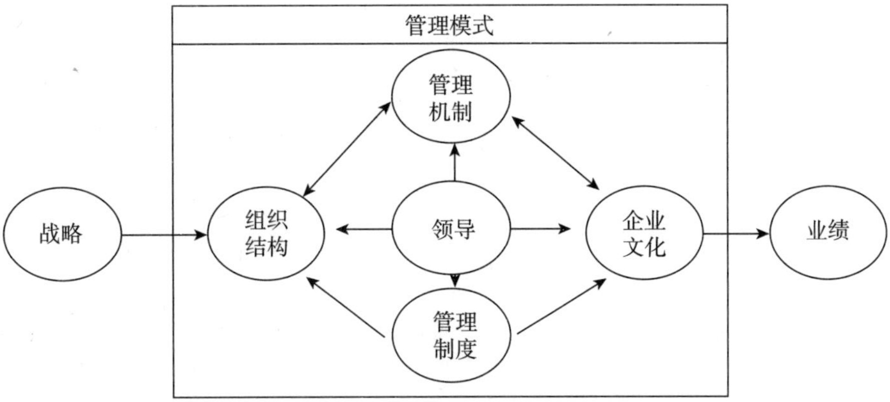

图 3-15 管理模式

从图 3-14 和图 3-15 可以看出，商业模式是战略的前端，是战略中的战略，商业模式是战略管理模式的有机组成部分。在未来的战略管理教材中，不得不加入商业模式。就像 20 世纪末，战略管理教科书不得不加入加里·哈默尔的核心竞争力理论一样。

这就是《黄海战略》在战略管理理论发展历程中提出的一个新观点。

当然，在商业模式领域，我虽然总结和研究出很多商业模式，但我还未有一个系统的价值逻辑能将我的整个商业模式串联起来形成一套理论。上面画出的结构模型只是一个初步的构想。

从理论的角度，我已详细研究了这个领域最知名最权威的几位学者教授的著作，如堪称商业模式鼻祖的斯莱沃斯基的发现利润区理论，战略大师加里·哈默尔的"经营模式"四要素，亚历山大·奥斯特瓦德的商业模式九要素，魏朱六要素商业模式，栗学思的"七维商业模式"理论等等，这些理论都存在很明显的内在逻辑问题和管理学层次结构混乱的问题。到目前为止，我还没发现一本没有很明显管理学问题和缺陷的商业模式著作。当然，我自己到目前也没有构建出没有问题的商业模式理论，所以，本书在商业模式处理上暂时引用魏朱（魏炜、朱武祥）六要素商业模式理论，这个模型相对于其他模型来讲简单明了一些，缺陷是要素之间功能重叠，要素与要素之间缺乏内在逻辑关系。魏朱六要素商业模式理论如图 3-16 所示。

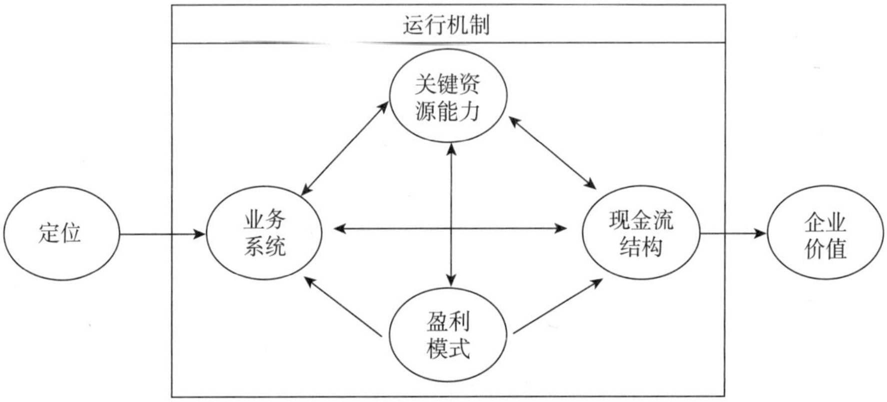

图 3-16　魏朱六要素商业模式

其一，从这张图可以明显看出这个模型的要素重合，魏朱定义盈利模式为：企业如何获得收入、分配成本、赚取利润。如果这样，盈利模式就与“业务系统”及“关键资源能力”高度重合了，因为“业务系统”和“关键资源能力”也是企业最主要的成本。

其二，“业务系统”及“关键资源能力”这两个要素都是企业运营系统的一部分，它们本身不是并列关系，而是相互交叉、包含、互为主从的关系。“业务系统”包含了“关键资源和能力”的一部分，如研发能力，企业拥有的稀缺资源，供应链整合能力，信息整合能力等，这本就有些“母子”关系。

其三，“企业价值”和“自由现金流结构”是商业模式运作的结果，如果将这两点作为评估商业模式优劣的标准是可以的，但是要把它们作为构建商业模式的要素，我觉得会存在问题。在商业模式的各种类型中，确实有以“现金流结构”的差异构思“轻资产”“重资产”商业模式的，但这属于“业务系统”，它们是互相包含的关系，而不是并列的关系。

综上可以看出，魏朱商业模式是存在很多问题的，但就是这样，我穷尽中外有关商业模式的著述，觉得这算是最好的一本商业模式著作了，至少他构建了一个系统，将商业模式看成一个系统的“体系”。这是魏炜、朱武祥两位教授对商业模式理论建立做出的最大贡献。一个商业管理理论的构建是不容易的，里面的艰辛我是知道的。所以，在我的商业模式体系没成熟时，《黄海战略》凡涉及商业模式的地方，暂时引用魏朱六要素商业模式，这一点是要交代清楚的。限于本书是战略管理，我也不能在这里长篇大论我自己尚不成熟的商业模式体系了，毕竟这本书不是讨论商业模式的。

第二篇

制定黄海战略

——谋胜之道

战略只能守正出奇，寻找相对竞争优势。

——王贵国

在任何场合，企业的资源都不足以利用它所面对的所有机遇或回避它所受到的所有威胁。因此，战略在本质上是一个资源配置的问题。成功的战略必须将主要的资源用于利用最有决定性的机遇。

——威廉·科恩（William Cohen）

企业所采用的战略，应能够打破正常的行业发展进程，并创造不利于竞争者的新行业形势。

——伊恩·C. 麦克米伦（Ian C. Macmillan）

如果每个人的想法一样，那么肯定有人没有思考。

——乔治·巴顿（George Patton）

没有什么比连续关注竞争者更能让一个人精力集中，因为这个竞争者想要把你淘汰出局。

——韦恩·卡洛威（Wayne Calloway）

夫将者，国之辅也。辅周则国必强，辅隙则国必弱。

——孙子

秘诀是集中我们的优势，攻击对手的相对劣势。

——布鲁斯·亨德森（Bruce Henderson）

明天总是会到来的，明天又总是和今天不同的。如果不能提前着手未来的工作，再强大的公司，也会陷于困境。如果一个企业面对即将发生的事情深感惊讶，那将是非常危险的。无论是最大的还是最具获利能力的公司，都无法承受对未来一无所知的风险，小的企业，也可能无法应对这样的风险。

——彼得·德鲁克（Peter Drucker ）

第四章　进入黄海的路径和方法

先讲一个“诚宇包装集团”创业的故事：

诚宇的老板是个农村孩子，家里很穷，大学毕业后来到上海一家外资包装企业当业务员，他喜欢读书，也喜欢思考，他从毛泽东的游击战，“星星之火，可以燎原”得到了商业的启发，于是在2000年就辞职自己创业了，他当时只有打工积攒下来的几万元钱，怎么与那些两三百亿元的国际包装企业竞争呢？他发现当时这些大企业不重视展会，2000年那次上海展会，国际上最大的那家企业只租了三个展位，于是，他悄悄地在那家企业对面租下了十六个展位，并且进行了精心的布展装修，也与展会主办方签订了保密协议，展会前不能让业内知道这情况。等到开展那天，诚宇包装成了展会最大的黑马，人们都在纷纷议论“诚宇”，也都在打听“诚宇”的来头，各种媒体争相报道，世界各地客商的订单蜂拥而来，尽管他非常谦虚地婉拒了大部分客户，但仍然签了三千多万元的合同，而他租来的小厂房每年五百万元也生产不出来。诚宇就是这样创业的，到现在已经是在全国拥有二十多家企业的集团公司了。这个创业故事的主人翁就是诚宇集团的董事长，也是本书作者之一的张雷老师。

故事心得：1927 年，中国共产党在城市的武装起义都失败了，列宁“十月革命”的经验在中国根本行不通。毛泽东带着秋收起义失败的队伍到达井冈山时，仅剩不到八百人，当时蒋介石的国民党有正规军五十多万人，加上地方武装，超过百万人。就是这时毛泽东确立了游击战的战略方针，寻找敌人的薄弱环节给予致命打击，农村包围城市，星星之火，可以燎原。这就是我们《黄海战略》创造不平等竞争力的策略的最基本思想——守正出奇。

蓝海战略的第一条原则是重建市场边界，以摆脱竞争，开创蓝海。

黄海战略也一样，也会面临这一课题。只是黄海战略的市场不要求完全离开红海市场，它的特色是在红海里面找机会来突出自己的优势。通过差异的定位、插位、切割的方法，在红海边缘地带找出一块细分市场，那里竞争还不是那么激烈，从一点开始，星星之火可以燎原，最后形成一片黄海。黄海战略的另一特色是基于互联网环境，容易寻到第三方买单人，从而创造出不平等竞争力的策略。

在黄海战略里，企业没有边界。因为互联网的环境注定是跨界的。

在蓝海战略里，作者找到了六条通往蓝海的路径。

而我在研究黄海战略的过程中，按照我目前的定义，我已经发现了几十种可以通往黄海的路径，随着我研究的深入，还会发现更多的路径。理论上，通往黄海的路径是无穷的，刚写作时，我还准备归类，但后来感觉是徒劳的。

因为黄海战略本质上是一个资源整合战，在整合中创造资源不平等现象，在整合中创造不平等竞争力的策略。而在网络经济世界，资源整合的机会无穷无尽，因此，抵达黄海的路径也无穷无尽。

黄海战略还是一个基于创新商业模式的战略，商业上能多找到一条创新的商业模式，也就多了一条通往黄海的路径。在这里我先介绍四种方法，九种路径。

第一节　前向营销法

路径一：从兜售参与感进入黄海

大家都知道，手机在十多年前就已经进入充分竞争的红海市场，那么多品牌在红海竞争中纷纷死去，为什么小米这么晚还能杀入手机市场，不但创造了竞争优势，活得挺滋润，还是我国及欧美国家手机行业估值最高的公司。

因为它是通过黄海战略的第一条路径、方法，也是黄海战略将反复兜售的前向营销——兜售参与感进入黄海的。

小米创始人雷军曾说过："小米销售的是参与感，这才是小米秘密背后的真正秘密。"

兜售参与感是前向营销的最关键入口。

我是一个典型的营销老人了，我从 20 世纪 80 年代就在营销圈混，我们那一代营销人绝大部分已退迹江湖了，为什么？因为搞传统营销的人，日子很难过。产品都做出来了，企业卖不掉，卖不出去，让你来帮忙想办法。

传统营销说白了就是吆喝。就是"光说不练假把式，光练不说叫傻把式，既说又练才叫真把式”。用德鲁克的话说，企业只有两大使命——创造价值和告知价值。前面叫创新，后面叫营销。

在黄海战略里，都叫营销，创造价值叫前向营销，告知价值叫后向营销。

站在战略层面，前向营销是顾客价值创造，叫价值创造型，比如，企业不知道下一步产品的开发方向了，你马上就能策划一个能够引起消费者共鸣的主题，去探索用户的真正需求，归类细分市场，解密类群部落情感暗号与情感密码，洞察消费者心智等等。这是战略层面的前向营销。

站在战略层面，后向营销叫价值攫取型，比如买更好的广告位，找顶级代言人，搞一个轰动的震撼人心的热闹非凡的营销活动。这就是战略层面的后向营销。

在十多年前、二十年前，后向营销很管用的，在央视投个标王，企业策划一个同一首歌，品牌一下就起来了。

到了今天个性化的网络时代，老板们突然发现，以前那些招数都不灵了。砸了那么多钱，不仅没效果，甚至还出现负效果。大家都在苦苦地思索，为什么不管用了呢？

有可能的话，大家了解一下我的黄海战略就明白了。

原来那种营销方式之所以管用，是因为企业那时面对的是一个群体无意识的世界，一个解部落化的世界，而现在解部落化被再部落化了，变成了个性化的人格世界了。部落与部落之间，鸡犬相闻，老死不相往来，你传播一个东西，你的朋友很想帮你，但就是传不出去，不信你去群里发软广告，一点用都没有，因为大家一眼就能识别，群主就可能说“再发同类信息，踢无赦”；就算群主是你的好哥们儿，不踢你，也根本没人看你发的东西，无人喝彩，无人评论，连骂你都没兴趣。

你表白，你求爱，可怕的不是拒绝，而是连跟你耸耸肩的那个时间都没有，就像没听见，或者很傻很天真地把你给敷衍过去。

说到底还是一个心灵地图的问题。你拿着一张老地图，在一个世界里找落脚点，找对象去相亲，一点用都没有。

过去那种营销，早就 out 了。说是传播，其实就是“播”，就是一点对多点的撒种子，撒网。“传”的功夫做得很少，你撒下去就好。就批量投放，地毯式轰炸，算概率，这一万个人里，我把一个营销炸弹扔过去，总有百分之几的冤大头会中招，用这样一种方式批量投放。

这东西，十几年前就不灵了。

后来提出搞精准营销，就是找人群，什么人是对我感兴趣的，什么人不是。满大街求爱方式发现不管用的时候，就开始琢磨，留什么样头发的女生，穿什么鞋，戴什么手环的女生，可能是我的菜。这种就叫“精准投放”。

人们就这样，在最近十年，搞来搞去，好像也没找着北。

于是，有营销人提出消费洞察，就是营销人自己站在那个洞里看着外面，静静地观察，然后上去就逮住，但其实效果也不好。

专门针对一个人群，如果是针对年轻人的，那么就找小鲜肉吴亦凡给代言，结果还是不管用。吴亦凡到处代言，你花了钱就给他个人做了广告，除了这个，效果根本就没有。你以为精准，其实完全没找对地方。你扔下去的营销炸弹很多，可是人家都住在你不知道的各种各样地方，各种防空洞，他们在里面搞派对，听不见那个响声。

所以现在做营销的人越来越困惑，越来越焦虑，越来越不知道劲往哪儿使，钱往哪儿花。

TED（一个国际知识演讲平台）里有一个很牛的大叔，讲我们看到的世界并不真的是那个样子，叫“眼见非实”，他有一句话叫“we are blind to our blindness”。我们对我们的看不见是看不见的。

你花再多的资源，无论批量投放还是精准投放，都是在做无用功。因为在如今网络化社会这个一再部落化的世界里头，你根本不知道人们在关心什么，对什么东西有感觉。人们对他们部落外的世界有一种天然的屏蔽能力和拉黑的冲动。

比如，有的父母想通过微信观察孩子的动态，就求孩子加个微信，想看看孩子每天的思想动态。

孩子们现在有几种办法：其一，专门为你注册的微信，他偶尔在里面说几句“正确”的话，让你觉得开心，其实人家根本不用那个，只是定期更新一次，逗你开心而已。其二，他给你分组，分组可见，分组不可见。你还在对他进行归类，他早已经把你给归类了。

所以你自己还发个朋友圈，要注意身体就搞那些养生的东西，要奋发图强就搞那些心灵鸡汤，想让孩子无意中看到，把那些你直接不好跟他说的唠叨告诉他，他第一是不让你看他的朋友圈，第二是不看你的朋友圈。

这种部落对部落外的信息的自动屏蔽、自动拉黑的机制，我们一点都不知道。

所以，我们对我们的看不见是看不见的。

如果这时你还要拉下脸皮来求着说“你来听我说说吧”，你要求他参与你的世界，加入你的部落，或者让你混进他的部落，他有的是办法和借口拒绝你。

我给大家举个例子吧。

摩登天空的创始人沈黎辉讲了一个故事。说有一个音乐节，主办方要给他的一个朋友，一个摩登天空的签约乐队颁一个奖，结果那个乐队不去，再三央求，人家还是不去，给奖人家不要。

所以，这个主办方最后只好来求他。

乐队一开始跟他说："关键是我们不会假唱，那个舞台是只适合假唱的舞台，第一我们拒绝假唱，第二他们那种设备不行，播出来的假唱的音响也很差，所以我们就不去了。"

"后来那边把设备搞到最好，完全可以做到不假唱的标准后，我去找他，我那哥们儿才说出真实原因。"

说什么呢？他们说："我们说不想假唱只是一个借口，我们就觉得跟他们不是一路人。我们参加过他们的一次活动，结果他们把我们乐队的名字都报错了，我们几个傻乎乎的被他们介绍为另一个乐队的名字，站在台上一个个跟傻子似的，我们当时就发狠说再也不参加他们举办的音乐节了，也不领取他们颁发的任何奖。"

这种情况，当然就不要去了。

后来就转告了主办方，说了各种原因，他们不去了，主办方到现在还傻傻的不知道为什么。

第二天，主办方把这个奖颁给了一个很 low 很 low，他们很看不上的一个乐队。

沈黎辉自己都觉得不去是对的，这是一个毫无原则、毫无价值主张的颁奖，不去也罢。

我讲这个故事想说明什么呢？

我想说明：颁奖的这个主办方就有点像现在搞营销的人，你做了很多事情，已经告诉人家我们不是一类人，你还非得把别人给拉过来，他总有办法不掺和你的事情。

你犯了暗忌，因为一个不该犯，但是按你的本性和基因，完全是自然而然犯的一个错误，把你跟他们之间的管道堵死了。你做再多的事情，花再多的钱，别人也会把你拉黑的。

平时很多企业做营销也是如此。敢花钱，也有诚意，但是，因为你已经以各种明的暗的行为和语言，告诉那个人群“我们不是一伙儿的，我们不是一个部落的”，你说再多也没用。

我们是无感的，90后现在的口号就是：“你若装×，我就无感。”

现在的营销有点像过去的地下工作者接头的方式，非常的秘密。在某个地下交通站，用一堆的暗号，窗帘是拉起来还是拉开，窗台上还是哪儿，是放一盆花还是不放花，放的是玫瑰花还是牡丹花，各种暗号。

假如你是敌方的，你都找到那个地方了，带着一大队人马想抓个正着，结果一去，扑了个空。

所以，网络时代的营销，你要懂得这个时代的情感暗号，情感密码。

小米的成功就在于雷军找到了这个时代的情感暗号，情感密码。

有些人，什么都没搞懂，还在那里大批特批小米怎么这么做。

我们在网络时代做企业战略，做品牌营销，找准细分市场后，就要学会对这个部落释放情感暗号，就要跟你的目标人群对上暗号，“曲径通幽处，禅房花木深”，“自己人，自己人”。

如果对不上那些明的暗的切口，如果不认识那些明的暗的标识，你在那儿闹翻天，门都不会为你打开的。

举一个上海一家酒吧的暗号吧。

上海有一个酒吧，看起来就像个地下交通站，没有招牌，只是对圈内人大名鼎鼎，圈外人不知道。你到了那个地方，你也不知道到了，哪怕你是慕名而去，进去以后它看上去像个理发馆，有各种镜子等等，让你觉得那儿是一个美容美发的地方。当然没有人在那儿美发。地上有很多洋酒瓶，洋酒瓶中有一个茅台酒瓶，玩过游戏的人都知道，有可能这就是机关，把那个茅台酒瓶那么一按，那个门就打开了。进去一看，一伙人在那里热火朝天地喝酒。

大家想一想，网络时代的今天，一个一个的人群人格变得多么的个性化。我们做企业战略，做企业营销的人面对的不仅仅是一个再部落化的世界，而且是越来越隐形化的世界。你面对的是一个暗市场，一个暗文化，一群活生生的人，但是你根本就找不到他们，他们的口号可能就是那种，用一部电影的名称叫“Catch me if you can”，什么意思呢？翻成中文就是“有本事你抓我”，其实你是抓不住的。

无论是这个市场还是他们的情感世界，都有那种机关，那种隐形开关，哪怕你知道有隐形开关，你没有一种特殊的敏感，就找不到那个茅台酒瓶，那你就在那儿待着吧。

所以，你做的所有的事情，都像那种有钱的傻男孩追求自己的女神，那叫无感求婚，也叫无感营销。

为什么人家小米雷军成功了，那是因为他找到了在网络时代的今天，如何去打开年轻一代人情感世界的那个茅台酒瓶，走入了黄海市场。

下面，我就给大家剖析小米的黄海战略营销，看看小米是如何前向营销的。

小米公司 2010 年 4 月在北京注册成立，是以雷军为代表的互联网行业的七个职业经理人合伙创立的，是一家专注于智能手机自主研发的科技公司。

这家公司不像其他企业，要做手机就先建手机工厂，然后开发产品、生产产品，铺渠道，进行品牌传播。

它是先经营顾客。

第一步它策划了一个手机实名社区叫米聊，英文 Mitalk，于 2010 年底推出。推出后半年内注册用户就突破了 300 万，雷军他们利用这个平台，让那些手机发烧友参与他们的手机设计和研发，做什么样的手机你们自己做主。

大家群策群力，七嘴八舌，终于开发出一款样机。

自己设计的产品你得要吧，那好，那就是小米的“预付+定制”，小米拿着这些手机发烧友的钱就去找加工厂生产。还没等到手机出来，那些发烧友们已经拿着小米手机图片满世界炫耀，一传十，十传百，等到小米手机 2011 年 11 月面市时，订单就已经接了 790 万部，小米哪里生产得过来。

就这样，2011 年实际上只销售了一个月，出货 30 万部，销售额为 5.5 亿元。2012 年，小米出货 719 万部，销售额 126.5 亿元。2013 年，出货 1870 万部，销售额为 316 亿元。2014 年，小米销售额 743 亿元。

这样的成长速度，使得小米在资本市场呼风唤雨，全球的资本都向它聚拢。

小米的成功基于它的前向营销，它的成功是战略的成功。

传统的营销，我们就是打破脑袋，也想不出来如何去精准营销，如何去洞察顾客的心智，如何去进入目标客户的部落，如何去创造顾客价值。而小米只用了一招，就全解决了，那就是兜售“参与感”。

小米创始人雷军说：“小米销售的是参与感，这才是小米秘密背后的真正秘密。”

“参与感”这个词在小米公司和雷布斯这里得到了强调和广泛传播。

为什么如此强调“参与感”？这与互联网时代成长起来的年轻消费人群的消费特性有关。他们自我意识强烈，对产品和服务的需求不再停留于功能层面，他们更想借此表达自己的情感。

既然用户的需求发生变化，那么品牌商的沟通诉求自然也要随之改变。

在互联网时代，每个消费者都可能和其他素未谋面的消费者在某个购物社交网络中相互交流，分享他们的消费主张，形成物以类聚、人以群分的消费社群。他们渴望参与供应链上游活动（如采购、设计甚至制造）的决策，参政议政。Amazon每次的董事会总有一把空着的椅子，就是留给它的顾客的。它认为顾客是董事会的一员，应该主动邀请顾客参与到企业的决策中来。

在今天的互联经济中，有一个很大的群聚现象，叫“粉丝经济”。这个群聚是我们进入黄海战略的路径，我们要让“粉丝”们参与到我们的品牌传播中。

路径二：从爆品思维进入黄海

爆品思维就是把产品和服务做到最好，做到极致，超越用户预期，打造让用户尖叫的产品。

黄海战略总的策略是创造不平等竞争力的策略，怎么去创造不平等呢？爆品策略是进入的路径之一。

以前的消费品和零售行业的竞争，核心都在抢夺渠道资源，得渠道者得天下。

为什么呢？因为以前中国流通体系不够发达，终端成本昂贵，厂商必须借助渠道来完成产品支付。

现在互联网普及了，消除了信息不对称，厂商可以直接面对最终消费者，渠道变得异常扁平。

这时，你还死抱“渠道为王，那就out了”。

一个企业的发展，一定要紧跟时代的步伐，TCL 的渠道不好吗？诺基亚、摩托罗拉、索尼这些老牌世界 500 强企业的渠道不好吗？苹果、小米一上市，就让它们出局。

为什么？现在不是“渠道为王”的时代了，现在是“产品为王”的时代了。在产品为王的互联网时代，出爆品者得天下。这里的爆品，是广义的概念，包括有形爆品和无形爆品。

传统企业思维是横向思维，靠品种取胜，靠规模盈利，先做大再做强。

现代爆品思维的企业是纵向思维，靠精耕细作取胜，先做强再做大，战略取向上已与传统企业思维不一样了。

爆品思维是一种匠人精神，是对产品的专注和追求极致的精神。

这种精神要求产品经理为了实现目标狠逼自己，具有“铁人”意志和偏执狂的热情，在资源、目标、时间等多个维度达到极致的平衡，不断创造出极致的爆品。

乔布斯就是爆品思维的典范。他对产品的专注和追求极致的精神将苹果带向了成功。

比尔·盖茨也是这种思维，所以微软只顾一代一代不断推出新产品，根本不用营销。

瑞士的钟表业也是这样。一百多年来一直是工匠精神的杰出代表，也获得了极大的成功。但是在 20 世纪六七十年代，它们曾经有一部分企业动摇过，为什么？因为当时日本钟表业崛起，日本的钟表便宜，质量也不错，当时就有一种建议，让瑞士企业把生产外包给日本，品牌还是用瑞士的品牌，也就是贴牌生产的方式。但是瑞士的企业并没有这样做，这是因为瑞士有几百年的钟表制作经验和更优秀的表匠，瑞士的表匠能够做得比日本更精密，并且把复杂的零部件做得更极致，比如原本有300个零部件，最后做成只有100个零部件，这能降低成本，质量也更好，日本做不到这一点。

所以，瑞士至今还是世界钟表业的领头羊。

“物有本末，事有始终”，“知所先后则近道矣”。特别是在互联网时代的今天，对企业来讲，产品就是根本，只要你能一根针插到海底，插得非常深、非常牢，最后结出爆品的果实，企业就会成功。

下列最近十年成功的企业，无一不是从打造爆品开始的。

小米在创业初期做了一款产品，一款1999元的小米手机。短短三年，它将这款手机做到了全球第三，中国第一。尽管现在小米的商业模式非常复杂，它的生态圈很大，商业帝国也很庞大，但它创业初期的三年，完全专注于爆品的打造。

百度今天的商业模式也很复杂，但百度在创业初期只做一件事情，那就是搜索。早期百度的搜索是卖给网易、搜狐这类门户网站的，当用户有了对内容进行查询的需求，它们就购买了百度的搜索。百度将搜索产品打造成爆品，当时百度占有80%的搜索市场份额。

今天的奇虎360全线布局，然而在创业初期，它专注于做免费杀毒软件，如果杀毒不成功，用户还可以索赔。它只做一件事，并将它做到了极致。

起步之初的腾讯也只有一款产品，那就是QQ。QQ最早是以色列的三个年轻人发明的通信技术，功能就是人与人的通信。后来腾讯将其汉化了。在2000年推出时，仅10个月时间，就拥有了100万用户，占当时中国800万网民的12.5%。从今天的眼光来看，这个产品也可以称得上是绝对的爆品。

1999—2002年，阿里巴巴收到孙正义和高盛2500万美元的融资，却没有做出任何东西，因此，发展也很缓慢。直到2003年，它做出了一款革命性的爆品——支付宝，才将阿里巴巴推上了快车道。

以上这几个企业在今天都成了著名的风云企业。它们四处布局，建立自己的生态圈，但追根溯源，在商业路径上，都遵循了一个路径：先打造爆品。

下面我们再来讨论打造爆品的方法。

互联网时代，就是一个变革和颠覆的时代。你一天不留神，打一下瞌睡，就被人给颠覆了。

诺基亚、摩托罗拉这些巨人就是这样被苹果、小米这些新手给颠覆的，颠覆的工具就是爆品。下面我们来看看新手如何打造爆品，如何颠覆行业老大。

第一，找痛点，做爆品。

我们先看小米解决了手机人群的什么痛点。小米手机的定位是年轻人、大学生，这一群人的特点：一是经济拮据，无论是三星还是苹果，对他们来说都太贵了；二是这群人都非常喜欢玩游戏。小米就针对这个痛点做了一款价格适中、速度飞快的手机，售价1999元。

苹果最早解决的是使用手机的人群的什么痛点呢？这要从苹果早期产品人群说起，苹果最早的爆品是iPod音乐播放器，可是对于用户来说，既要带一个音乐播放器，又要带手机非常麻烦，这就是痛点。苹果将其合二为一，做出了iPhone，成功解决了他们的痛点。因此，苹果的第一款手机定位就是针对那些喜欢iPod的人群的一个爆品。

微信解决的痛点是什么？微信刚出来的时候，主要是解决那些业务员的痛点，一是短信费太高，二是群发功能操作烦，还无法精准跟踪哪些发送成功，哪些未发送。因此微信一开始只专注于这两大功能：一是免费短信，二是免费群发功能，然后靠着这些人的口碑迅速流行起来。

滴滴打车解决的是顾客叫车等车的痛点。

阿里巴巴解决的是网上购物支付的痛点。

正如周鸿祎所说："从用户的角度看，能解决问题的产品才是好产品。"要想成为好企业，首先要做好产品。

传统企业家最大的痛点是什么？花了很多时间，做出来的产品却没人要。

因此，无论你身处哪个行业，都无法回避这两个问题：你的用户的痛点是什么？你的产品能解决用户的痛点吗？如果你能回答好这两个问题，你就找到了爆品。

找准痛点，然后用产品解决痛点，这就是爆品思维背后的逻辑。

爆品思维还有第二个逻辑，就是互联网时代的竞争，只有第一，没有第二的残酷现实。

互联网时代，是一个过剩的时代，是一个消费者主权的时代。互联网打破了信息在时间和空间层面的不对称，使得用户的转移成本非常之低。只有好的体验才能真正黏住用户，从这个意义上说，互联网时代的竞争，只有第一，没有第二。

IM（即时通讯）工具是互联网最重要的应用之一，腾讯的即时通讯工具 QQ 是造就腾讯帝国的基石。但即时通讯的初期，MSN 曾一度是全球最大的 IM 工具，有着微软高贵的血统，是"高富帅"的象征。白领人群使用 IM 工具首选 MSN，高端大气，而在商务中使用 QQ 通常会被鄙视，"那是学生用来玩游戏的山寨产品"，估计那个时候的"高富帅"们都是这样的想法。

可是目前还有多少人在用MSN呢？就算用MSN，好友名单上的灰色头像和彩色头像哪个多呢？在中国，MSN已经被QQ全面打败，而在IM市场上，QQ稳居第一，没有第二，这就是互联网时代的残酷生态现象。

无论是传统行业，还是互联网行业，能否为用户提供极致的用户体验都是至关重要的。MSN在用户体验上失分很多，如频繁掉线，信息丢失，无法传送大容量文件，盗号多，病毒链接多，广告信息多，垃圾邮件多等。而反观QQ，在用户体验上不断创新，比如工作时候为了聊天方便，QQ面板是可以自动隐藏的，对话出现可见右下角闪动提示，还有QQ可以直接断点传送文件，QQ邮箱可以快速收发超大文件，手机客户端的QQ也能方便地收发信息等等。

爆品思维的第三个逻辑，是“一切产业皆媒体，人人都是媒体人”。

在互联网时代，媒体人的传播已经从传统的自上而下的传播逐渐扁平化，每一个有影响力的用户都将变成自媒体，不管是名人明星，已成规模的微博大号，微信公众账号，还是普通用户，都会不断地承接着由信任赋予的新媒体权力！

果粉（苹果用户的昵称）以及米粉（小米用户的昵称）凭什么会为产品去摇旗呐喊，主动传播呢？原因就是一个：有一个让用户尖叫的爆品。

要成为爆品，那它一定能解决用户的痛点、痒点或者兴奋点，并且有极致的用户体验，用户愿意去快乐地分享这种解决需求的新鲜感、快感甚至荣誉感。分享到一定程度，就可能“引爆流行”。

这样爆品就出现了。爆品出现，品牌就会呈现，品牌呈现，企业就会呈现，就会绽放，知名企业和龙头企业就是这样打造出来的。

路径三：从简约产品思维进入黄海

正如通过爆品思维可以进入黄海市场一样，在大道至简的环境背景下，企业通过简约产品思维也可以进入黄海。

要做到这一点，我们在产品规划和品牌定位中，就要力求专注和简单。而对于产品设计，则力求简洁和简约。简约，意味着人性化，简约，即美。

在路径一中我们曾讲到过向顾客兜售参与感进入黄海，所谓兜售参与感也是根据互联网大背景时代的人性特征做出的选择。

从消费行为来看，互联网加快了人们生活的节奏，人们的生存压力越来越大，消费者的耐心越来越不足，他们在面对太多商品选择时，时间越来越短，而且转移成本很低。以前，从一家店出来再进入下一家可能要一段时间，现在只要点击一下鼠标。所以，商家必须在短时间内抓住消费者。

这就逼得产品设计必须简约，简约成了互联网时代重要的商业逻辑，包括：看起来简洁，用起来简化，说起来简单。

回顾三年前的支付宝，进入我的支付宝页面，最上面一排是密密麻麻的导航栏，左侧是深深的目录，右侧是非常用功能模块，中间是内容页。跟其他网站用户个人页面一样，这四个部分堪称互联网“标配”，至今，乃至今后的很长一段时间，相信很多网页的用户页面还将如此。

但阿里巴巴早就发现了产品的缺陷，通过多次对产品进行“疯狂的简洁革命”，把所有的功能导航化为两大部分：“账户现状”和“资产动态”，这些都不仅仅是单纯的简约，而是对用户需求深刻的洞察。

因为用户最关心的就是：“我有多少钱，我赚了多少，花了多少，欠多少债？”所以，支付宝就将那密密麻麻的资产动态简化为五个字“余、赚、花、省、欠”，让人们对自己的财务状况一目了然。

在这个网络已经占领人类心智资源的社会，你还在摆事实，讲道理，在论证结果，没人有这个时间，更没有这个耐心。用户需要什么，我们就把它们以最简单、最直接的方式呈现给用户，只呈现结果，过程埋藏在背后。

这种产品设计思路在任何行业都适用。

下面我以一家传统企业为例看它怎么进入黄海。

Curves 是一家总部设在美国得克萨斯州的女性健身公司，自 1995 年启动加盟连锁经营模式，仅仅十年时间，就吸收了两百多万会员。然而在一开始时，Curves 健身俱乐部所处的行业是一个竞争非常激烈饱和的红海市场，Curves 也不被大家看好。①

但事实是，Curves 健身俱乐部看到了当时健身市场的痛点、痒点，看到了当时健身市场的产品缺陷，通过插位、切割市场分析法，找到了含混在红海之中的市场缝隙——黄海。其策略就是简化市场流行的产品，剔除和减少那些目标人群不关心的产品元素，直接进入黄海市场。

美国的健身产业有两个比较明显的市场，传统的健康俱乐部和家庭健康计划两部分。前者是较中高端的市场，提供全套健身和运动设备，地点一般也在热点地段。产品的组合一般有增氧设备、力量训练器械、果汁吧台、教练、带淋浴和桑拿的更衣室，其功能和目的是让顾客既锻炼身体又能社交。价格一般在每月 100 美元上下。投资这么一个健康俱乐部大概需要 50 万—100 万美元。

健身市场另一个较大的市场是家庭健身项目，包括健身录像、书籍、杂志。它们成本低廉，适于家庭使用，很少或完全不需要健身器械，指导少之又少，只限于健身录像上明星的带操指导或书籍杂志中的解释和图示。

那么，Curves 是怎么看到这个市场中的黄海并创造了简约的产品去插

① Curves 健身俱乐部案例选自《蓝海战略》，钱金著。

位的呢？

Curves 分析了一般家庭女性选择健康俱乐部的动机，发现她们看重的并不是种种奢侈且不必要的特殊器械、果汁吧、带桑拿的更衣室、泳池，以及邂逅男人的机会。甚至她们不想在锻炼时撞见男人，生怕暴露自己紧身衣裤下面的赘肉。在器械后面排长队，到了跟前还要换秤砣，调整倾斜角度，也让她们意兴阑珊，而时间对于普通女性，也是问题。

原来，多数选择中高端健康俱乐部的女性主要是为了一个原因：当她们在家时，太容易为自己找借口而偷懒了。而集体健身，比起独立锻炼来说，更给人动力，更鼓舞人心。

而另一方面，那些选择家庭健身计划的，主要是为了节省时间，减少费用，保护个人隐私。

Curves 就根据这种分析判断，插位红海市场，建立黄海市场。

在产品上，主张极简策略，剔除和减少了家庭女性不需要的元素。

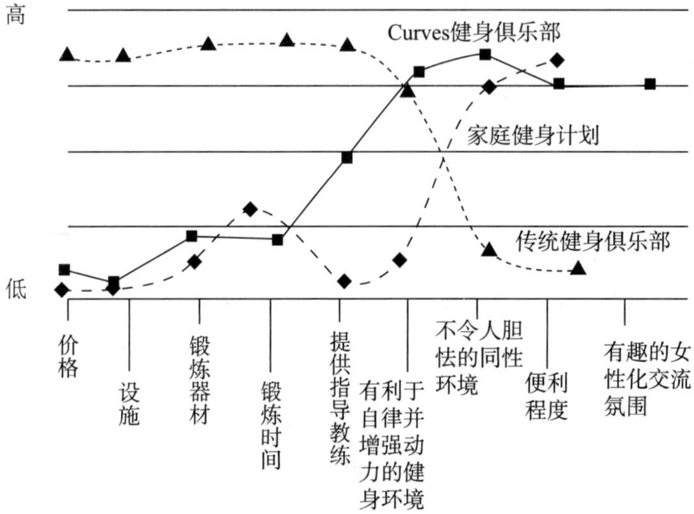

图 4-1　Curves 健身俱乐部的战略布局图

应用第六章讲的一体四法工具，它剔除了传统健康俱乐部所包括但女人并不感兴趣的成分，如过多的特殊器械、食品、矿泉水疗、泳池等。就连更衣室也换成了几个用帘子隔开的更衣处。

Curves 的体验与典型的俱乐部完全不同，会员进入健身室后，健身机器（通常有十台）不像在健康俱乐部那样一排排摆放着，正对着前方的电视，而是码放成一圈方便会员之间交流，令健康体验更为有趣，其他器械的设计也多注重交流。在这里完成全套健身运动约半小时，价格下降到每月 30 美元左右，由此打开了女性的大众市场。它的广告语是：每天花上一杯咖啡的价格，通过适当的锻炼换来宝贵的健康。

如图 4-1 所示，Curves 以更简约的产品和服务，解决了家庭女性健身的痛点、时间金钱成本与居家锻炼的惰性，提供了价值。

由于剔除了很多产品元素，启动一家 Curves 的投资只需 3 万—5 万美元（2 万美元加盟费另计）。而传统的俱乐部的启动投资在 50 万—100 万美元。

地点则从市区黄金地段到了非黄金地段。这种低成本的商业模式使得 Curves 得到了极快的发展。很多加盟店开张几个月，平均吸收约百名会员，就开始盈利。

结果是，Curves 同原有的红海市场不产生直接的竞争，而是插位到了黄海，因此 20 年后的今天，它在世界各地已拥有近一万家俱乐部，会员人数超过 400 万。到目前仍是世界上最大的女性健身加盟企业。

通过以上两个例子，我们看到了简约产品思维是专注一点，将顾客“痛点”功能做好，其他的功能都剔除的思维。

专注就是少做点事，或者说只做一件事，但要将这一件事做到极致。少就是多，意味着专注就有力量，专注才能将产品做到极致，专注才能创造出不平等竞争力的策略。

在互联网时代，效率与速度决定一切，谁能用最短时间去抓住关键点，并持续专注于这个关键点，谁就能在未来的竞争中创造出不平等竞争力的策略优势，谁就可以用更少的代价获得更多的收益。

所以，在这个策略中，选择哪些功能不做，比选择增加什么功能更重要。选择不做什么产品，比选择做什么更重要。

讲这一策略时，我经常讲苹果的故事。在1997年时，苹果已经接近破产了，董事会就把乔布斯请了回去。一回到苹果，乔布斯就传达了一个理念：决定不做什么跟决定做什么一样重要。

乔布斯和几十个产品团队开会，产品评估结果显示苹果的产品线十分不集中。无数的产品，在乔布斯眼里大部分是垃圾，光是麦金塔就有多个版本，每一个版本还有一堆让人困惑的编号，从1400到9600都有。

"我应该让我的朋友们买哪些？"

乔布斯问了个简单的问题，但却得不到简单的答案。他开始大刀阔斧地砍掉不同型号的产品，很快就砍掉了70%。

几周过后，乔布斯还是无法忍受那些产品，乔老爷子在一次产品战略会上发飙了，他在白板上画了一根横线和一根竖线，画了一个方形四格图，在两列顶端写上"消费级"和"专业级"，在两行标题写上"台式"和"便携"，我们的工作就是做四个伟大的产品，"每格一个"。

说服董事会后，苹果高度集中研发了Power Macintosh G3、PowerBook G3、iMac 、ibook 四款产品。

当时苹果离破产也就90天，乔老爷子只用了一招杀手锏——"极简、专注"，就让苹果从1997年亏损10.4亿美元，变成1998年盈利3.09亿美元，起死回生。

受这一典型产品策略案例影响，这种策略被我整理进黄海战略的第六章：产业利润密码，成为黄海战略的一般通用策略。

马云也说过：企业也罢，人也罢，做到了一定程度，重要的不是把握机会和能力，而是拒绝机会的能力。勇于拒绝，聚精会神，让马云经营的品牌扬名四海。

王石说："人要学会做减法。"不贪婪，不求全，企业经营做减法，品牌业绩成倍加，万科终成为笑傲江湖的地产大佬。

茅理翔说："我们不做别的，就做厨房领域，而且要做最高端的，要卖得贵，更要卖得好。"不做别的，只做自己擅长的，让方太成为中国厨房领域影响力最大的品牌。

以上这些都是因为专注而成功的典型范例。

第二节 商业模式法

路径四：从"互联网+"思维进入黄海

黄海战略是创造不平等竞争力的策略，怎么去创造出与竞争对手不平等的竞争优势，一定要在自己原有资源与能力的基础上另外去增加点什么，这就是"互联网+"的思维。

什么是"互联网+"？

这个概念自李克强总理在 2015 年全国人大会议政府工作报告中提出

后，炒作解释千奇百怪，众说纷纭，我给大家梳理一下，大致有如下三个具体的解释：

（1）“互联网+”是创新 2.0 下的互联网发展新形态，新业态，是知识社会创新 2.0 推动下的互联网形态演进及其催生的经济社会发展新形态。“互联网+”是互联网思维的进一步实践成果，它代表一种先进的生产力，推动经济形态不断地发生演变，从而带动社会经济实体的生命力，为改变、创新、发展提供了广阔的网络平台。

（2）“互联网+”就是“互联网+各个传统行业”，但这并不是简单的两者相加，而是利用信息通信技术以及互联网平台，让互联网与传统行业进行深度融合，创造新的发展生态。

（3）它代表一种新的社会形态，即充分发挥互联网在社会资源配置中的优化和集成作用，将互联网的创新成果深度融合于经济、社会各领域之中，提升全社会的创新力和生产力，形成更广泛的以互联网为基础设施和实现工具的经济发展新形态。

归纳解释到这个程度已经够简单明白了，但我还是没有信心让广大老百姓都能理解，我希望这本书能帮到很多人，所以下面我举两个更简单的案例。

一个是出租车司机怎么利用“互联网+”增加收入。

我的老家在四川广安。广安离重庆机场有 110 公里的距离，为了方便，二十年来，我一直雇用了同一个出租车司机老李来接送。我们老家有几道名小吃，武胜的牛肉干、岳池的张板鸭……这些都是百年老店，当地人一提起来，那真是都要流口水。但是这些老店的产品都没有产业化，只开一个店，世代相传，你要吃就得到店里去买，但我家距这两个店都有三十多公里的路，所以，我每次回家，都提前叫老李去帮我买一些，走的时候也叫他帮我买一些，有时我在上海想吃时也叫他帮我买些寄过来。老李是个老实人，也没什么文凭，只有小学文化，年龄比我还大，每次帮了我的忙，我要另外再给他二百元跑路费，他都不收。这个年头，什么生意都不做，他给别人开了二十年车，现在还是租房子住，每月只能挣到 3000 到 5000 元。

上个月我回老家，又是老李去接我。一上车，他就兴奋地告诉我，说他现在每月可以挣 2 万到 3 万元，房子也买了，现在这车也是他自己买的。他说非常感谢我两年前告诉他那个什么“互联网+”的方法。

两年前，我与同车的人说什么叫“互联网+”，下车时，我告诉老李，你这生意也可以“互联网+”，就是在你现在的生意上，利用你现有的资源关系，不增加另外的成本，再加一个生意，就是“互联网+”。

老李只有小学文化，当时我费了好大力气才给他说明白。他每年会接待两千多个客户，若用点心思，每年可沉淀 200 至 300 个客户，这些客户至少有 30%以上的人会有我这种需求。

老李把这件事算是听明白了，后来听他说，自己就买了辆车，将车内环境收拾得非常好，他人本来忠厚、老实、善良，以前二十年的工作经历沉淀了大量钻石客户，加上他后来加入了滴滴，又学会了用微信，他现在出租车收入每月大概在 6000 元到 8000 元，顺便为客户买土特产，收入可以达到 15000 元到 25000 元。

这个例子说明什么呢?

首先，我们不要将“互联网+”的概念搞复杂了，“互联网+”只是一个思维方式，就是对资源的整合方式。

黄海战略也不是很复杂的东西，黄海战略的核心思想就是整合身边的资源，创造不平等竞争条件的一种竞争策略。

就像司机老李的故事一样，出租车是他的主业，但是，当他利用了沉淀下来的顾客资源，帮他们买寄土特产可以每月挣到15000元到25000元后，他对顾客就可以免费了。即便免费，他每月仍有收入，这就使得他与其他出租车司机的竞争基础发生了本质的改变。

他们的竞争基础完全不平等了，这就是黄海战略，创造不平等竞争力的策略。但它的路径来源于“互联网+”的思维。

其实这种思维不仅仅是有了互联网后才有的。记得十三年前，我在北京一家公司做总经理，办公室在中国人民大学斜对面的数码大厦。数码大厦对面有一家西餐厅叫绿岛茶语，我经常去吃饭，同那位老板就熟悉了。她生意不好，我就给她介绍了个做招聘中介的朋友，她免费给了那中介一个房间做办公室，引来了不少客人。而我这个朋友也免费获得了一个办公室以及他正需要的西餐厅那样的会客空间。后来我还给她介绍了一个婚介公司的朋友，婚介公司的入驻据说给她带来的全是精准客户。再后来，我很少去了，因为每次她总是不收饭钱，还要给我钱，推来推去的。

在那个年代，淘宝还没创办，更不用说移动互联网了，但这种做企业的思路完全就是现在最流行的“互联网+”。

所以，我讲解利用“互联网+”思维进入黄海时，大家只要把握这种思维方式就可以了，不要在文字上计较是“互联网+”或“+互联网”，是“互联网+实体企业”或“实体企业+互联网”。不然就会“着相”，“着相”后就找不到事物的本质。

本质的东西都是简单的。

“互联网+”，要加什么？最好是去找那种资源能互相利用的，互相共生的，而又互相没有损害的，这种现象原本在自然界是一直都存在的。

比如，海岸边的鞭毛虫，看起来就像一大片的海草。其实它是一种虫，它身体本身是透明的，但在身体内长着一种特殊的藻类，这种藻类富含叶绿素，令鞭毛虫通体呈现绿色。绿藻一方面透过鞭毛虫的皮肤吸收阳光，通过光合作用合成食物，为鞭毛虫的生存提供食物和能量，另一方面，这种绿藻还能循环利用鞭毛虫的排泄物，供养自己生长，一辈子都寄生在鞭毛虫体内。

鞭毛虫与绿藻这种关系就是大自然中的互利共生。

马铃薯和花生等在内的许多豆科作物与根瘤菌也是互利共生。根瘤菌生长在马铃薯的节瘤处，马铃薯为根瘤菌提供必要的养料，让根瘤菌破坏土壤中氮的化学链，同时根瘤菌为马铃薯提供氮作为回报。

人类也是一样。人的消化道里有无数的细菌与其他微生物。这些细菌可以分解消化道内的物质，因为人类的消化系统本身是不能单独分解食物的。人类肠道的细菌将进入肠道内的碳水化合物分解为各种酸性物质，然后经过肠道的蠕动把一些营养物质吸收和转化。

在人类的共生关系中，人通过细菌消化食物从中获得营养和能量，而消化道（肠道）内的细菌则通过人类获得稳定的食物供应。

我有一个朋友，做牛肉生意，他进口澳大利亚牛肉，成本为19元/斤，在国内买，25元/斤，他只在网上卖，生意不温不火。一天，他在自家小区门口牛肉汤馆吃了一碗牛肉米粉汤，19.8元一碗。他经过测算，用他的澳洲牛肉做这么一份牛肉米粉汤，成本是6元，于是一个商业模式在他脑子里迅速形成。

如果他在每个大型社区外开一个牛肉汤馆，以卖牛肉汤引流，以卖澳洲冻牛肉挣钱，线上线下，O2O，这不是很好的一个商业模式吗？

因为他不靠牛肉汤挣钱，所以，别人每碗卖19.8元，他每碗只卖9.8元，成本是6元，他在牛肉汤上仍然挣钱，只是利润少一些。

由于 9.8 元与 19.8 元差距太大，所以，要买卡的会员才能享受这个价格，没买卡的会员仍卖 19.8 元一碗。

2017 年 7 月份他开了两家店，简直就卖疯了。不仅仅是吃牛肉汤的人每天都排着长队，连汤馆设置的卖澳洲牛肉的小窗口也天天排着长队。

他开的第一家店 30 平方米，卖冻牛肉窗口占去 6 平方米，实际营业面积只有 25 平方米不到。每天能卖 500~800 碗牛肉汤，其他还附带些小吃，单客消费平均在 15 元左右，所以每天有流水约 8000 元，按 35%的毛利计算，每天毛利 2800 元，房租每天 300 元，4 个员工劳务成本 800 元，每天净利至少 1500 元，一个月净利就是 45000 元。

澳洲冻牛肉的生意还没做起来，现在每天能卖 5000 元，每月约 15 万元，两个人负责，除了费用，每月有 12000 元的利润。

这个案例的商业模式就是典型的黄海战略。从网上卖牛肉，搬到了“互联网+”，在线下开店卖牛肉，从构思线下卖牛肉想到了牛肉的体验店，卖牛肉汤。原本是靠卖澳洲冻牛肉挣钱，靠牛肉馆来引流，没想到卖牛肉汤的钱比主业卖澳洲牛肉还挣钱。

但是，也正因为他的主业是卖澳洲冻牛肉，他才敢在别人牛肉汤每碗卖 19.8 元时，他每碗只卖 9.8 元。原因是牛肉汤的成本已有了第三方买单，即他的澳洲冻牛肉项目。因此，他创造了与其他牛肉汤馆不平等竞争力的基础条件，而这种不平等竞争力的策略就是黄海战略，所以，战略管理无处不在。

同理，牛肉汤馆同时也成了澳洲冻牛肉的第三方买单人。如果市场上出现同样的卖冻牛肉的品牌要同他竞争，他就可以降价。他可以不挣钱，直到竞争对手败退，因为他有牛肉汤馆在挣钱。

在这里，澳洲冻牛肉与牛肉汤馆就形成了共生关系，这是黄海战略的思维出发点，知道了这一点，你就理解了黄海战略，没有那么复杂，很简单。

当然，也有复杂的，那就是分析大企业怎么进行“互联网+”改造或“+互联网”改造。

比如，马云入股肯德基，是看上了肯德基的现金流量的客户资源可以与支付宝共生。

马云出资 15.2 亿元收购三江购物发行的新股，是为了发展线下零售业务。为什么阿里巴巴要发展线下零售呢？因为马云拥有庞大的用户流量，他利用这庞大的流量是免费的，并且他在利用的时候还会产生大量的现金流量，大量的现金流量又是他旗下支付宝所需要的资源。

而实体企业也需要马云的互联企业去加他们，有了马云，实体企业可以实现商业模式互联网化，管理模式互联网化，产品模式互联网化，业务模式互联网化，资本模式互联网化。

这样一来，马云就建立起了一个庞大的互生、共生、共利的大生态圈，这就成了一个大的黄海战略。其生产力要素因合作而产生的裂变，将催生出企业指数级的成长。

这是黄海战略最大的魅力所在。

路径五：从消费升级进入黄海

消费升级是经济学的一个很基本的概念，但它对我们制定企业战略影响很大，企业战略若抓住了产业升级的机会，会得到很快的发展。

那什么是消费升级呢？

消费升级，一般指消费结构升级，是各类消费支出在消费总支出中的结构升级和层次提高，它直接反映了消费水平和发展趋势。

现代经济学认为，经济结构决定着产品总供给的结构，总需求结构决定着消费结构；同时，产品总供给结构和消费结构的变化也一定程度上影响着经济结构和总需求结构。

通过消费结构升级扩大内需，再通过扩大内需来拉动经济增长。

在我国，改革开放以来，出现了三次消费升级，推动了经济的高速增长。消费升级的演变带动了我国产业结构的升级，那些抓住了这种结构演变的企业都得到了大发展。

第一次消费结构升级出现在改革之初，此时，粮食消费下降，轻工产品消费上升。这一转变对我国轻工、纺织产品的生产产生了强烈的拉动，带动了相关产业的迅速发展，并带动了第一轮经济增长。牟其中赶上了这个浪潮，用中国的轻工产品换回苏联的飞机，成为了中国的首富。

第二次消费结构升级出现在20世纪90年代，在这个阶段的前期，“老三件”（自行车、手表、收音机）和“新三件”（冰箱、彩电、洗衣机）分别是温饱和小康时期的标志性消费品，作为一种时尚受到消费者的青睐，并带动相关产业的迅猛发展。随着经济的进一步发展，后期阶段的消费特点是家用电器消费快速增长，耐用消费品向高档化方向发展。大屏幕高清晰度彩电、大容量冰箱、空调器、微波炉、影碟机、摄像机成为城镇居民的消费热点，普及率进一步提高。

这一转变对电子、钢铁、机械制造业等行业产生了强大的驱动力，带动了第二轮经济增长，黄光裕赶上了这个浪潮，建立了中国最大的家电超市国美，成为了中国首富。

第三次消费结构升级始于10年前，即人均GDP超过3000美元时，以汽车开始进入家庭为标志，在这一轮过程中，增长最快的是教育、娱乐、文化、交通、通讯、医疗保健、住宅、旅游等方面的消费，尤其是与IT产业、汽车产业以及地产业相联系的消费增长最为迅速。王健林赶上了这个浪潮，创造了中国最大的商业地产王国——万达集团，成为了现在的中国首富。

第三次消费结构升级还在继续向纵深结构发展，接下来的将是教育、娱乐、智能化设备、物联网、文化、交通、医疗保健、旅游等方面的消费升级。但是，这些变化，我们企业中的人该如何把握呢？

我在这里告诉大家一个简单的方法：两方面，一是从国家政府强调的发展趋势，二是从这个地区的人均 GDP。

从国家趋势层面来说，这两年的主要趋势有如下方向性：

（1）从制造到创造。

（2）从外企到国企再到民企。

（3）从政府到市场，从关系到市场。

（4）从 GDP 转向重视 GNP。

（5）从出口、投资转向消费。

（6）从引进来到鼓励走出去。

（7）从粗放到精细。

（8）从规模到价值。

（9）从模仿到自主创新。

（10）从低成本到高附加值。

（11）从国内到国际。

（12）从关系到能力。

（13）从短期利益到长期利益。

（14）从收费到免费。

（15）从资产到价值。（一个滴滴，一个软件加几张桌子，值 1000 亿元；腾讯市值超过 2 万亿元，超过中国工商银行、中国石油这样的巨型企业；全国的超市，加起来也不如京东值钱；全中国的出租车公司，加起来也不如滴滴值钱。）

（16）新能源、新材料、节能环保、生物科技、高端智能设备制造，大文化、互联网化这些都是趋势。

其二，从人均 GDP。人均 GDP 超过 3000 美元、5000 美元、8000 美元，这些数字都是分水岭，消费结构都会引起大的升级变化。

峰瑞资本创始人李丰在馒头商学院 2016 年开学大课上进行了一次演讲，其中就讲到了他对未来消费升级的看法。

他说，我们的人均 GDP 在到了 8000 美元之后，几乎就可以确定又一次消费升级将成为中国未来几年的大趋势。因为达到了这个阶段之后，人们可以用来消费的资金变多了，购买也增加了，相应的就会带来消费升级。

但这时的消费升级不仅仅是品牌升级、品类升级、渠道升级，更主要的是我们要关注这些升级背后的主导力量、消费者主导的产业趋势。

比如，前面我们讲到的小米的案例，就是雷军把握住了消费者主导时代的产业趋势，他从“兜售参与感”满足消费者，创造了黄海市场。

在这里，我再从消费升级这个角度来详细陈述如何从消费者市场的现象进入黄海。

第一，随着社会的发展和科技的进步，消费者正在获得无法撼动的主动权，现在市场已经从供给驱动变成了消费驱动。在这种形势下，消费者有了主动权，就可以影响供应商，然后满足自己的需求。

所以，商家或企业要想赢得更多消费者，就必须主动创新，迎合消费者需求的变化。

就像阿里巴巴这样的巨型企业，在收购优酷土豆之后，马上又和NBA巨星科比达成合作，其目的都是在主动迎合消费者的娱乐需求，寻求更多的满足消费者的机会。

以诺和诺德公司（Novo Nordisk）为例，它是丹麦一家胰岛素生产企业，就是根据消费者的需求变化，改进产品，进入了一片黄海市场。

大家都知道，胰岛素是供糖尿病人使用以调节他们血糖水平的药物。历史上，胰岛素生产企业就如同其他制药企业一样，把注意力都集中在施加影响者，即医生身上。因为是医生影响购买，所以整个产业都在想办法去满足医生的要求，医生需要更好的药品，所有的企业都在集中精力制造更纯的胰岛素。问题是，胰岛素的提纯技术已经到了一个高度，要想再改进已经很难了。各厂家只能在同质的产品情况下比拼价格，竞争愈演愈烈。

这时，诺和诺德公司第一个从购买者圈里跳出来，将注意力转移到使用者（病人）身上，从消费者主权的角度，对产品的品类升级，渠道升级，很快就摆脱了原来的竞争状态，进入了黄海。

当它把视线集中到病人身上时，它发现，出售给病人的胰岛素通常放在小药瓶里，注射起来很不方便，病人必须面对复杂而令人不快的种种工作，诸如处理注射器针管、针头、胰岛素，还要按自己的具体需要掌握剂量。要在家门之外摆弄这些针头和针管，肯定遭人白眼，但病人每天要注射好几次胰岛素，这种情况又无法避免。

这个消费者主权的洞察，使诺和诺德找到了直奔黄海的路径。它马上生产出了诺和笔。

诺和笔就像一支自来水笔，它附带一个盛胰岛素的小盒，里面装有约一星期剂量的胰岛素，便于病人携带。注射笔自带调节按钮，即使是失明的病人也能控制剂量，独立使用胰岛素。病人可以随身携带注射笔，注射方便简洁，免去了针头、针管这些复杂且令人难堪的东西。

为了进一步占领这片插位的黄海，诺和诺德接着推出了诺和针注射器、诺和英计量器等一系列针对消费者使用体验的产品。

仅仅就这一点点的改变，使得诺和诺德在短短几年遥遥领先于其他竞争对手，当其他企业纷纷模仿的时候，它已经牢牢地坐在了老大的位置上，建立了企业的品牌竞争优势。

所以，直到今天，距它们进入黄海市场已经有三十多年了，但它在糖尿病治疗领域仍是全球的领导企业。

第二，在消费升级的过程中，影响消费者购买行为的因素变化较快。以前，可能产品或服务的一个因素或者几个作用，就能对消费者的行为起决定因素，但现在不会了。消费者的注意力重点越来越分散，个性化需求越来越明显。因此，订制将取代大规模生产，前面我们讲到的小米开发第一款手机，就是通过米聊社区大量粉丝下了订单后才生产的。

第三，消费者的重心正在从简单的物质转向商品和体验的双重满足。比如，星巴克和香脆甜甜圈，这两家公司创业的时间、背景和产品都差不多，一开始都是因专注于产品，靠质量赢得了最初的成功。但后来，随着规模的扩张，星巴克开始在顾客体验方面下功夫，不时推出一些季节性的、娱乐化的、温馨的服务，而甜甜圈仍然只停留在产品上，结果现在星巴克的市值已经到了近千亿美元，而香脆甜甜圈还是一个市值不到 10 亿美元的小公司。

所以，在面临消费升级的年代里，我们的企业对自己的品牌要怎么升级，品类要怎么升级，渠道要怎么升级就要下功夫研究，如果把握住了机会，你的品牌就会迅速跟着消费升级步入黄海，远离红海那血腥的市场。

周黑鸭近几年的崛起，就是通过消费升级迅速成长起来的。

周黑鸭是武汉的一个卤制品品牌，创立于 1997 年，创立后的十多年在市场表现都很一般，但两年前，周黑鸭做了一件重要的事情，它花了一年多的时间，花了很多钱研发充氮气的保险装，目的是为了在不放防腐剂的前提下，七天内，食品不会显著丢失水分，也不需要显著的冷冻保存，仍然能保持一定口感。

周黑鸭为什么要做这件事呢？

因为消费升级了，消费者钱多了，花钱的能力增加了。在以前，人们想吃，但太贵，偶尔吃一点；现在花钱能力增加了，以前偶尔吃的卤制品周黑鸭，现在在家里能经常吃。但是大家都不希望吃有防腐剂的东西，周黑鸭把这个消费需求用物流和保鲜技术给解决了，又赶上了消费升级，于是成就了今天的周黑鸭。

如果放在前几年做这件事，由于消费没升级，吃的人少，可能销量不会增加，那就会成为企业的负担。两年前做，刚好赶上消费升级，于是造就了今天的周黑鸭，这一个品牌就到达了黄海，其他很多品牌没做这一产品改造，因此仍处在红海中。

所以，在看到消费者市场升级时，敏锐的企业要立即进行产品品类升级和渠道升级，这是摆脱红海进入黄海的捷径。

消费升级的最后一个标准是渠道升级。

我给大家举一个都知道的案例：“三只松鼠。”

“三只松鼠”是由五名创业者组成的团队在安徽芜湖创建的一个品牌，主要经营坚果、干果和茶叶。是一个普通的不能再普通的创业公司，没有技术含量，没有经营企业的经验沉淀，但它却能在短短三年多时间做到营业额近 50 亿元，而它的同类企业，很多经营了十多年，也只能卖几千万元或一亿多元。

为什么呢？

原因就是“三只松鼠”抓住了消费升级时代的品牌升级和渠道升级，特别是渠道升级。“三只松鼠”实施了线上线下的零售渠道，品牌传播与塑造方式也完全适应了现在的互联网时代的逻辑，更主要的是这一切刚好撞上中国消费升级的好时段。如果“三只松鼠”提前几年进入这个市场，很可能就成功不了。因为当一个消费者市场没有培育起来的时候，仅凭一个企业面对趋势是无能为力的。记得十多年前，刚开始有坚果类零食的时候，“坚果比普通零食更健康”这个观念还没有深入人心，当“三只松鼠”火起来的时候，吃坚果更健康这个观念已深入人心了。这不是“三只松鼠”造成的，而是用户消费升级造成的。

所以，我们在制定企业战略、执行企业战略时，一定要研究消费者市场处于什么情况，哪个阶段，这一点很重要。

有些战略早了也不行，晚了也不行，一定要踏上那个节点。

讲一个“袋鼠与笼子”的小故事：

一天，动物园管理员发现袋鼠从笼子里跑出来了，开会讨论，最后一致认为这是笼子的高度过低造成的。于是他们决定将笼子的高度由原来的10米加高到20米。可是第二天他们发现袋鼠还是跑到外面来了，于是决定再将高度加到30米。

没想到隔天，居然又看到袋鼠全跑到外面了，这使管理员大为紧张，决定一不做二不休，将笼子的高度加高到100米。

一天长颈鹿和几只袋鼠们在闲聊，“你们看，这些人会不会再继续加高你们的笼子？”长颈鹿问。“很难说，”袋鼠回答，“如果他们再继续忘记关门的话！”

这个故事告诉我们什么呢？

故事心得：是关门还是加高笼子，这好比战略的选择。战略是保证做对的事，战术是保证把事情做对。当战略无效时，战术效率越高，我们错得就越离谱。因为你是在以高效的方式做完全错误的事情，你是在错误的道路上快速地前进，结果一定是南辕北辙，快速彻底地走向灭亡。

诺基亚、摩托罗拉、索尼，它们就是这么死掉的。整个世界的商业形态都在悄悄地发生变化，它们却仍在原来的道路上快速地前进。

其实，在分析制定战略时，我们对战略思想、理论和分析工具的选择也是一样的，你是执着于波特的竞争战略，还是钱金的蓝海战略，抑或是选择我的黄海战略呢？

我只告诉你一句话：黄海战略是创造不平等竞争力的策略。

战略的本质就应该是创造出不平等竞争力的策略。战略管理的本质不是寻求没有竞争的蓝海，也不在争得你死我活血淋淋的红海，而是寻找你具有相对竞争优势的黄海。战略管理的本质永远是寻找相对的竞争优势，在这个相对的竞争优势中创造出不平等竞争力的策略。在这个相对的空间中，你活得比对手要好。这就是黄海战略。

这是很浅显明白的道理，《黄海战略》第一个站出来提出了这个命题，它本身是《心经》所说的“不生不灭，不增不减，不垢不净”的存在。中国人从来都是这么干的，姜子牙、孙膑、管仲、诸葛亮、谢安、王阳明、曾国藩，千百年来战争的历史，凡是守正出奇，以小博大，以弱胜强，无不是创造出了不平等竞争力的策略，或利用地形，或利用天时，或利用人和。企业竞争同战争一样，只是没有硝烟的战争。苹果、谷歌、小米、阿里巴巴，它们都是这么干的。如何利用各种天时、地利、人和及各种相关和不相关的因素，组合出一局不平等的竞争策略，这是未来企业胜出的关键。

不要再沉迷于波特的竞争战略了，波特的五力产业分析模型、价值链以及三种通用战略：低成本、差异化、专一化，在新时代的战略分析和战略决策中越来越力不从心了，战略的本质不是红海血淋淋的竞争，也不是开创没有竞争的蓝海，而是创造不平等竞争力的策略的黄海，是明道、取势、优术、守正出奇的智出东方哲学的“黄海战略”。战略理论与智慧不是西方的特权，东方更有浩瀚无边的智慧，我们应该用《易经》《孙子兵法》《三国演义》这样的东方智慧来创造不平等竞争力的企业竞争策略。

路径六：从商业模式创新进入黄海

案例：灵顿中子刀商业模式设计与私募融资

（1）项目背景

①关于中子刀

以物理射线治疗癌症的技术和设备早已有之，例如常用的 X 刀、伽马刀和激光刀，分别用 X 射线、伽马射线和激光射线将癌细胞杀死。

中子刀是以中子射线将癌细胞杀死的一种治癌新技术和新设备，被称为“21 世纪的放疗技术”，其治疗原理和方式与 X 刀、伽马刀和激光刀类同。中子技术属于核技术的范畴，中子刀的治疗效果是：截至 2000 年该项目进行时，能把晚期癌症根治的现有技术和设备，成为人类肿瘤医疗领域的全新突破，在世界肿瘤医疗界居于前卫地位。但是，它有适应症，并不是所有的癌症都能治疗，例如肝癌、脑癌就不行。中子刀主要适应腔道性癌症，例如食道癌、阴道癌、直肠癌、鼻咽癌等。

中子刀作为最先进的肿瘤治疗设备之一，其主要特点是：尖端科技含量。它将核物理、放射生物学、肿瘤放射学、电气、自动化、机械、计算机等多种高新技术集于一身。治疗无创伤无痛苦，易于成为患者和家属的首选。疗效显著，对其适应症能够代表人类治癌的最佳疗效。综合治疗费用比传统治疗方法低（中子刀治疗无须住院、无须陪护、无须药物）。

②关于灵顿公司

深圳灵顿公司是中子刀的技术发明人和所有人。公司创业以来，一直围绕中子刀的研发、完善、生产和临床试验而运营，一路艰难困厄、艰苦卓绝。在和君咨询接洽该项目的时候，除中子刀项目外，灵顿公司没有其他业务和经营，基本情况如下：

中子刀技术在国内和世界肿瘤医疗界和科技界已经名声大噪，其技术前卫性和治疗前景逐步得到业界承认。

技术已经实现了产品化，第一台中子刀已经制成并投入到了重庆301医院临床试用，试用的治疗效果良好，病例积累已经开始进行了。

灵顿公司正在向国家有关监督部门申请中子刀的生产许可证，但尚未最后取得生产许可证。据灵顿方面称，最终取得生产许可证是确定无疑的，只是时间早晚的问题。

中子刀作为高科技产品，一旦进入正常的生产经营，产品利润率奇高。据测算，中子刀的销售价格将在X万元/台（出于商业敏感，真实数据在此隐去），而生产成本则是Y万元/台——单台生产的情况下，如果批量生产，生产成本还有很大的下降空间。

公司财务非常困难。没有正常的经营活动，没有现金流，最后到了连支付必要的差旅费和生产许可证的申报费用都困难。到年底的时候，没有钱给员工发工资，就请大家到大排档吃顿饭，一开始就上来几瓶二锅头，老板自己先干掉一瓶，喝醉了钻到桌子下面，员工们只好纷纷离去：“老板又喝醉了，年前工资别指望了。”

（2）简略诊断和关键命题识别

从管理的视角看，灵顿公司的状况是：一项技术、一个产品、一个老板和少量“临时”员工。因为没有正常的经营活动和财务条件，公司还谈不上组织建制和研产销功能分化问题。中子刀从技术发明到最终的商品化，已经走到了“最后一公里”。但因为资金断流、财务枯竭，就在这“最后一公里”的路途上，已经陷入了研发、生产和营销准备上的停顿，随时都可能夭折。

这样一个企业的这样一个阶段，所有组织概念意义上的所谓“管理”问题，都不存在。中子刀技术的完善以及产品的制造和营销准备，迫切需要资金投入。这个公司当前唯一的命题是：如何融来资金以支持中子刀走完“最后一公里”。这是决定灵顿公司生死存亡的核心问题。其他的事情，都留待“最后一公里”走完之后才有必要提起。

（3）融资可行性论证及尝试

灵顿公司历史上的投入及其资金来源情况不详，按下不表。眼下面临的问题是：中子刀这样一个治疗前景看好、利润奇高的高科技产品，如何融到后续资金，以最终实现灵顿公司的生存与发展？和君咨询工作小组对各种融资方式展开了可行性论证，银行信贷、商业信用、融资租赁、风险投资等融资方式，一个一个地论证过来，结论都是：条件不具备，此路不通。

最后我们聚焦到了引进股权投资者的研究。如前所述，这一产品的利润率奇高，理应对股权投资者有吸引力。但当我们深入分析的时候却发现，这一产品的产销规模与利润率之间存在一个“背反”相关性。当中子刀产销规模过大、投放市场过多的时候，适应症患者病源将被过分分流，那么购置中子刀的医院或医疗设备租赁机构将没有足够的患者病源以支撑其合适的盈利水平。举例来说，假设太原市场只在一家医院里投放一台中子刀，那么太原及其附近地区的适应症患者都将聚集到这家医院里，从而这台中子刀将为医院带来很好的盈利。如果太原市场有很多医院购置了中子刀，那么适应症患者将被严重分流，于是购置中子刀的所有医院都将可能盈利不足。在此情形下，作为采购方的医院或租赁公司必将会倒逼厂商灵顿公司降低其产品销售价格，由此将降低中子刀的产品利润率。在这一“背反”相关性的作用下，投放到医疗市场的中子刀越多，市场的购买动力就越弱，中子刀的售价就会越低。如果要维持高利润的产品售价，则适度的产销规模控制是必要的，而且也是必然的。假如全国市场仅能容纳 X 台中子刀，每台中子刀利润 Y 万元，那么生产和销售中子刀的利基总量就是：X 台×Y 万元/台 = Z 万元。一旦这样一个产销规模完成，那么灵顿公司作为一家医疗器械制造厂商，其后续经营将面临终止。研发中子刀之外的下一个产品吗？那是遥远得目前还无从谈起的话题。

据此分析，初步的结论是：第一，中子刀这一产品虽然利润率可以做到很高，但基于产品之产销差价的总体利基规模有限；第二，就算中子刀做成功了，灵顿公司的持续经营能力也依然还是个问号。这在融资方面意味着灵顿公司作为一个医疗器械生产厂商，虽然有着高科技企业的概念，但对股权投资者的吸引力不大。

那么应该从哪里突破呢？

（4）商业模式的新设计和新描述

灵顿公司及其中子刀，它的商业模式抽象出来可以描述为：在医疗器械行业，研发有科技含量、高附加值的产品，然后生产、销售，最后赚取产品的利润。这种商业模式的理想景象是：公司具备产品研发和创新的核心能力，能够可持续地推出新产品，产品的目标市场定位和性价比有竞争力，由此确保公司的盈利水平和可持续发展。

如以上分析所显示的那样，这种以“厂商”定位的商业模式，对投资者没有吸引力。那么有没有可能基于灵顿公司的现实情况，设计出对投资者更有吸引力的商业模式呢？

和君咨询就在这个问题上做出了起死回生的逆转性贡献。

①分析所依据的逻辑

和君咨询对中子刀治癌的医疗服务商业前景进行了分析。分析依如下逻辑依次展开。

a. 市场总量分析。适应症病人数量、治疗率、可接受的价格。

b. 竞争分析。竞争对手是谁，怎样分布的，能分流多少总量。

c. 营业预测。中子刀治疗可望收入规模。

d. 成本分析。运营成本的结构分析和数量分析。

e. 利基测算。中子刀治疗的利基规模有多大。

f. 资金测算。依据利基和合理的资本收益率倒推出合理的资本投入量。

②新设计的商业模式要点

在上述分析的基础上，和君咨询对中子刀的商业模式做出了全新设计和全新描述。新设计的商业模式的要点如下。

a. 从医疗器械制造厂商到医疗服务提供商的转型，放弃销售中子刀的做法，转而建立灵顿肿瘤治疗中心。灵顿公司研发和生产中子刀，但不售卖中子刀，不把中子刀当作出厂产品卖断给医院或租赁公司，而是将中子刀投放到医院里去，与各地医院“合资”或合作建立和经营“灵顿肿瘤治疗中心”，灵顿公司投入设备和技术，医院投入场地、配套设施和接诊条件，共同建成灵顿肿瘤治疗中心，然后对外营业，接诊接治肿瘤病人，通过向体检者和患者收取检查和诊治费用实现营业收入。

每一个肿瘤治疗中心皆以合同的方式明确灵顿与医院的合作关系及双方的责权利。治疗中心以模拟公司的方式治理、运营和独立核算，然后依据双方约定的比例分利。中心的管理、运营和财务则由灵顿公司主导。

b. 灵顿肿瘤治疗中心形成“区域合理布局、经营连锁效应”。肿瘤治疗中心的建设布点，根据靠近病源的原则来进行。例如，山西长治为我国食管癌高发区域，于是就在长治寻找合作医院建立长治灵顿肿瘤治疗中心；东北地区则在哈尔滨率先建立中心；新疆则在乌鲁木齐率先建立中心；浙江则在杭州建立中心等，最后形成基本上能够覆盖全国病源的合理布局。所有中心统一以“灵顿”品牌命名，经营由灵顿公司主导，形成网络化管理和连锁经营效益。

c. 在条件成熟的时候，引入租赁等金融手段，强化各地“灵顿肿瘤治疗中心”的技术装备。除了投入自产的中子刀外，还借助租赁公司的资金介入，购买投入其他诊疗设备比如伽马刀、诺利刀、核磁共振、CT、PET、X 刀等。一流的诊疗设备吸引好医生，然后吸引周边地区的病源流入，最终使得“中心”成为辐射区域病源的肿瘤治疗知名品牌。

d. 在上述实体的肿瘤治疗连锁体系的基础上，建设一个肿瘤治疗的专业门户网站。在网站建设的思路上，和君咨询提出系列建议。第一，以人才统战的方式网罗中国乃至世界的治癌专家和知名医生，尤其是那些权威专家，让他们在网站上开设专家门诊和提供网上咨询，借助他们的号召力迅速汇聚人气。第二，把网站建成癌症知识及其医疗的百科全书和万事通，让有需要了解癌疗知识和信息的人们第一反应就是登录该网站，就像人们碰上生词的第一反应是找字典一样。第三，把网站建设成为癌症病人和家属的精神家园。和君咨询人员赴美国实地调研显示，癌症病人 1/3 是真正癌症死的，1/3 是治疗方案损耗生命力而死的，1/3 是因为精神紧张或崩溃而“吓”死的。所以，癌症病人和家属迫切需要精神治疗和精神家园。通过一系列努力，最终把网站建设成为一个具备权威性和影响力的专业门户，使其具备如下功能：聚合全国乃至世界一流的癌症治疗专家开展网上专家门诊和约诊、专家网络会诊、网络远程治疗、癌症医疗动态、癌症病例档案数据库、癌症科普及咨询、患者及家属心理疏导和精神关怀、导医等。

③对新商业模式的进一步解读

a. 中国医疗服务业的机会大于医疗器械制造业。中国的医疗器械制造业，已经高度市场化和竞争白热化了。相比之下，中国医疗服务行业却整体上还在旧的事业体制里运行，经营意识、管理意识、服务意识和竞争意识都很淡薄。此时，如果以产业化和市场化的方式进入医疗服务行业，是一次很好的机会。与其在竞争日益白热化的医疗器械制造业中拼杀，不如寻机转入医疗服务业。

b. 对“万杰模式”的超越。万杰医院在相对偏僻的淄博创建，其基本做法是：建一家医院，购买各种先进的肿瘤治疗设备，以挖角或顾问的方式聘请一批知名的肿瘤医生，然后大做广告，确立起肿瘤治疗专业医院的品牌知名度。以“设备+广告”的方式，吸引全国各地的癌症患者前来治疗。万杰医院借此模式迅速崛起，一度成为中国民营肿瘤专业医院的第一品牌，经营形式红火，几年之内就成为上市公司。万杰医院的成功折射出中国肿瘤治疗市场上的巨大商机。

但是万杰医院模式的最大问题是：医院远离病源，全国各地的患者辗转跋涉远赴淄博，极大地增加费用负担和旅途劳顿。而灵顿模式，以各地肿瘤治疗中心的连锁经营为核心内容，它修正超越万杰模式。一是灵顿模式把“医院”送到了患者家门口，最大限度地靠近了病源，在对病源的渗透和招引方面大大超越了万杰模式。二是灵顿模式是“挂靠”在了各地的合作医院里面，不必自己进行大规模的医院固定资产投建，省去了投资和折旧。三是灵顿的连锁经营模式，将产生巨大的规模效应和品牌辐射效应。通过与各地医院合作的方式，以灵顿为品牌的一个覆盖全国的肿瘤治疗网络逐渐形成，随着市场份额、品牌和业界地位的上升，商业合作条件将会日益取得“最惠待遇”。就像沃尔玛的连锁商业模式成功地超越了传统的单体百货公司模式，灵顿肿瘤治疗中心“网络”的形成，代表着肿瘤治疗业的方向和趋势。可以期待，灵顿开创的这种商业模式有着强大的生命力和广阔前景。如果资金投入能够适时跟进，连锁网络式的灵顿肿瘤治疗中心可望发展成为中国肿瘤治疗业中的“沃尔玛”。

灵顿肿瘤治疗中心以先进的装备优势拉动病源流入，是对“万杰医院”等早期成功模式的复制。同时，灵顿肿瘤治疗中心作为一个靠近病源、覆盖全国的肿瘤治疗网络，是对单体医院模式的全新超越。这是灵顿中心作为一种先行商业模式的真正生命力和广阔前景所在。

c. 灵顿肿瘤治疗中心作为一个靠近病源、覆盖全国的肿瘤治疗网络，以先行的装备优势拉动区域病源流入，快速确立品牌、占领区域市场，不但迅速形成可观的营业收入，同时还迅速占领病源，最后形成对病源终端的占领。灵顿公司对癌症病源终端的占领积累到一定程度后，将形成巨大的战略价值和衍生新的盈利模式。举例来说，病例和诊疗方案大量积累之后形成的数据库将成为所有医药厂商从事癌疗产品研发的必备基础；经手大量病例的经验积累也是肿瘤治疗专家队伍最后形成的必备条件；当灵顿网络占领的病源终端有足够的规模之后，所有相关产品的医药和保健服务商都将对灵顿网络产生依赖。这些因素都将极大地促进灵顿公司商业最惠地位的稳固、砍价能力的提升，也为灵顿衍生全新商业模式准备了核心能力。例如，通过嫁接或进入肿瘤医药产品而取得产品销售利润等。

d. 专业门户网站的前景及其与实体网络的良性互动。在实体的灵顿肿瘤治疗中心网络基础上架设一个肿瘤治疗的门户网站，使得灵顿公司具备新经济的全新发展空间，最后形成以各地“灵顿中心”为载体的实体网络与以互联网为基础的虚拟网络相得益彰、相生互动的一个肿瘤治疗网络体系。可以期待，这一网络体系的最后建成，将拥有巨大的商业价值，同时也将大大地造福于人类健康事业。该专业门户网站一旦建成，拥有权威性并形成大众影响，将价值连城。一方面，它是各种有关癌症产品（药、器械、医疗服务等）的最佳广告媒体；另一方面，它又能够有效推广灵顿癌症治疗中心，最大限度地争取病源流向灵顿治疗体系。

新商业模式的明确和描述，使得灵顿公司的投资价值陡然变靓和招眼，融资事宜因此而露出曙光。

（5）融资方案设计：股权融资及其风险——收益特征安排

基于上述商业模式及其操作策略，和君咨询进行了融资方案的设计。该融资方案中值得提及的要点有以下几个：

①出资人的盈利模式定位

如果对灵顿公司进行股权投资，那么出资人的盈利模式无非有两种：

a. 分享经营收益的盈利模式，即出资人通过分享灵顿经营的财务净利润而实现投资盈利。这一盈利模式取决于灵顿公司的财务状况和自由现金流。

b. 资本增值的盈利模式，即出资人通过灵顿公司股权的升值而实现投资盈利。后一种盈利模式即灵顿股权的升值的模式，不仅仅取决于灵顿公司的财务状况和自由现金流，而且还受诸多“价值”因素的影响。影响灵顿股权价值的“价值”因素包括但不限于：品牌、商誉、行业内的地位、产业资源的占有情况、所在产业的盈利能力和成长性、衍生其他盈利模式的潜在能力、企业的成长空间等。

很显然，对灵顿的投资者来说，资本增值应该是更有吸引力和更容易看得见的盈利模式。

②交易结构和作价基准的安排。存量股权转让还是直接增资扩股？股权比例如何安排？公司如何估值？存量股权如何作价？投资金额多少为宜？出资进度怎样安排？等等。

③新股东投资安全性和收益性的保障条款的特别设计。以董事长唐雪飞为首的灵顿创业股东暨管理层股东向新股东签约保证：

a. 如果新股东进入后有退出需要，三年后（以新股东出资到账日起算），管理层将根据新股东的要求，部分或全部回购新股东的股权，该等股权回购的作价必须确保让新股东的年投资收益率不低于10%。

b. 管理层股东保证新股东的年投资收益率或增值率不低于10%，在低于10%的情形下，管理层股东所持有股权的收益或增值部分归属新股东，以补足新股东的年增值率达到10%的水平。

c. 如果公司经营三年没能达到新股东的上述增值率指标，或管理层股东不能履行上述两个承诺，新股东有权全面接管灵顿公司，并根据需要主持灵顿公司的股权拍卖（含拍卖管理层股东所持的股权）或主持公司资产处理，股权拍卖或资产处理所得价款优先用于保证新股东的投资本金收回和10%收益率的实现，若有剩余，管理层股东才可获得剩余索偿。但新股东对公司资产的处理，需要遵守三条原则：必须以市场公平价格处理公司资产；收回投资不得损害公司债权人的利益；新股东处理公司资产的最大量值不得超过其投资额。

在上述保障条款的安排下，对股权投资者的风险底线进行特别提示：在整体拍卖股权的情况下，当且仅当增资后的灵顿股权的拍卖值小于新股东的投资额的时候，或者在拍卖公司资产的情况下，当且仅当灵顿公司的净资产（现有净资产+增资后形成的新净资产）的市场变现值小于新股东的投资额的时候，新股东的投资本金安全才出现风险。

④三个专项分析和测算：为什么说灵顿公司未来三年的现金流足以支持出资人的投资收益（灵顿公司未来三年的现金流量分析）？为什么说灵顿的资产变现值足以保证出资人的资金安全：灵顿公司的资产抵押能力分析？（灵顿公司的资产变现值分析。）为什么说灵顿公司的股权价值足以保证出资人的资金安全？（灵顿公司的股权抵押能力分析，灵顿公司的股权价值分析。）

⑤建议出资人选择的融资方式。出资人通过收购灵顿公司存量股权的方式或者通过直接增资的方式成为灵顿公司的权重股东，然后以权重股东身份为灵顿公司提供贷款担保。这样，出资人可以较少的自有资金成为灵顿公司的权重股东，然后通过担保的方式撬动银行（或其他放款人）的资金支持灵顿公司的发展。这种方式，出资人实际需要投入的自有资金不多，但却可能博取灵顿公司的产业战略价值和未来成长空间所带来的灵顿股权巨大升值。

（6）融资效果及其后续经营结果

上述商业模式的产业空间巨大，商业前景看好，具体的实施策略和操作要点切实可行，股权增值前景可观。融资方案的设计充分考虑到了投资方的投资安全和风险规避，在有着“对赌”性质的交易结构中，经营者或者说是管理者的责任和风险远大于投资方。经营者敢于把身家性命搭进来一起“对赌”的格局，表明了经营者对经营前景的信心和底气，由此也极大地增强了出资人的投资信心和决心。于是，在灵顿公司路演洽谈的五家投资方中，最后形成了三家争抢投资的局面。灵顿公司经权衡后选择了其中的一家，成功签约股权融资 5000 万元人民币。

可以说，本次股权融资的成功，是灵顿公司起死回生的一次里程碑。融资成功后，灵顿公司开始与各地医院合作建立灵顿肿瘤治疗中心。自那之后的几年来，灵顿公司已经在广州、杭州、哈尔滨、长治、北京、河北、新疆、重庆等地建立起了十几家“灵顿肿瘤治疗中心”，计划未来几年依据合理布局的要求发展到三十几家中心。灵顿肿瘤治疗中心以先行的装备优势拉动区域病源流入，快速确立品牌，占领区域市场，迅速形成可观营业收入，同时新中心的逐个建立也拉动各方合作款的流入，从而维持了一个良好的公司现金流。一个覆盖全国的灵顿肿瘤治疗网络渐成雏形，市场份额、品牌和业界地位骤升，商业合作条件日益取得最惠待遇。

当前，灵顿公司面临着第二轮的融资需求。融资用途主要用于两方面：现有中心的签约设备尚未配齐，需要资金购买或自制承诺投入的设备；继续布点，以先行优势尽快占领区域市场，早日形成全国性网络。

对灵顿公司来说，未来的挑战一点也不比以前少。运作的规范化和管理体系的发育是未来最大的挑战。我们祝福它一路走好。①

① 灵顿公司案例选自《高手身影》，王明夫、王丰主编。

第三节　二元价值法

路径七：从创造第三方顾客价值进入黄海

在以往的传统战略理论中，企业要么在红海中与竞争对手血拼到底，要么逃离红海，开创蓝海。

黄海战略提供了第三个思路，既不逃离红海，也不去开创蓝海，而是去找一个第三方来为顾客支付一部分成本，从而降低企业产品和服务价格，这是一个很好的路径。

在传统战略中，没有第三方参与到企业的销售活动中，企业完全向直接目标顾客收钱。顾客的购买价格只有在传统的价值链上想办法，当所有的企业竞争到一定程度时，都没有了下降的空间，再降就意味着自杀。

但在黄海战略中，引入第三方参与到企业的生态战略体系之中。企业除了向终端顾客收钱，同时还向第三方收钱。此时，终端顾客的购买价格就可以降低了，因为第三方支付的价格可以弥补企业对终端顾客实行低价带来的利润损失。

但这一策略的前提是企业在创造顾客价值的同时，还要为第三方创造出可利用的价值。只有这样，才会产生第三方愿意站出来为你买单。

案例："超级女声" 黄海战略商业模式分析

"超级女声，想唱就唱" 绝对是 2005 年点击率最高的网络语言之一。在这场大众造星运动中，美丽的女孩们展示了自己的才华，商家找到了挣钱的机会，观众听到了久违的未加修饰的歌声，并且亲自加入到互动中。2005 年夏天的这场娱乐盛典，同时也被称为营销界的一场盛宴，三个主办单位湖南卫视、蒙牛集团、天娱传媒公司以及协办方新浪网都获益匪浅。蒙牛乳业用 1400 万元做了 3000 万元的事，湖南卫视实现了广告、短信双丰收，而天娱传媒公司则获得了 "超级女声" 这个当时价值几亿元的品牌，并继续对节目品牌进行延伸营销。

"超级女声" 是湖南电视台自 2004 年推出的一档大众娱乐节目，借鉴了美国的综艺节目 "美国偶像" 的创意，采取低门槛、重参与的方法，通过在五个赛区的海选大大增强了节目的影响力，并且结合电视、网络和手机与观众互动。"超级女声" 成为一场大众造星的活动，充分体现了湖南卫视 "大众娱乐大众" 的经营理念。

2005 年夏，"超级女声" 在三家主办单位的努力下，获得了更大的成功，不论收视率还是影响力都胜过前一届。蒙牛以 1400 万元取得了冠名权，并且投入了大量的前期宣传费用，仅海报就印刷了 1 亿张。在超市内，"蒙牛酸酸乳" 进行了促销活动，堆头上整齐地陈列着本次活动的宣传单页，20 亿包 "蒙牛酸酸乳" 包装上也印有本次 "超级女声" 活动的介绍。在 34 个城市，蒙牛酸酸乳开展了迷你路演活动，把当地的优秀选手输送到五大赛区参加比赛。再加上投入到包括央视在内的各强势电视台、广播、杂志、网站和户外等媒体上的广告费用，蒙牛除冠名外另投入宣传 "超级女声" 的费用达 1.2 亿元。但 "超级女生" 也为蒙牛带来了丰厚的收益，2005 年 6 月，蒙牛酸酸乳在广州、上海、北京、成都四城市的销量超过

100 万公升，是上年同期的 5 倍。而广州地区的变化最为引人注目，在“超级女声”开始后，蒙牛的销量翻了一番。同年 8 月 23 日，蒙牛乳业在香港发布了其 2005 年上半年的财务报告，公司上半年营业额由上年度同期的 34.73 亿元上升至 47.54 亿元。蒙牛在品牌美誉度方面也尝到了甜头。央视索福瑞对主要品牌乳酸饮料的调查报告表明，2005 年 5 月，蒙牛酸酸乳的品牌第一提及率跃升为 18.3%，反超竞争对手伊利优酸乳 3.8 个百分点，无论是从影响力还是从市场占有率来看，蒙牛酸酸乳都已经成为乳酸饮料方面的第一品牌。

湖南卫视在“超级女声”的整个运作中，没有花一分钱宣传费，却满载而归，直接增加广告收益 5000 万元，间接增加收益达 1 亿元以上。总决赛广告 5 秒插播价 4.8 万元，15 秒插播价 11.2 万元。节目从晚上 8 时 0 分到 11 时中间至少可以插播 6 次广告，每次 4 分钟。这样算下来，一晚的广告收益保守估计就有 1000 万元。另外，前 6 场 PK 赛,“超级女声”广告收入就有近 4000 万元。如此算来，湖南卫视从 2005 年“超级女声”比赛中得到的收益有 5000 万元左右，更为重要的是，由于“超级女声”的拉动，湖南卫视吸引了更多的广告商投入广告。另外，湖南卫视的整体广告报价都在提升，这才是更加可观的部分，粗略估计会超过 1 亿元。当时各电台没什么差异，省电视台一般只在本省才有影响，经过这个活动，湖南卫视一跃成为了收视率最高的省台，有时还超过中央台。

另外，湖南卫视大约能从每场的短信收入中分得 100 万元，决赛期间的每场比赛短信收入至少在 200 万元以上，7 场比赛能获得 1400 万元以上。如果加上预赛期间的短信收入，湖南卫视 2005 年应该能获得 3000 万元左右的短信收入。

“超级女声”把湖南卫视黄金段的收视率从全国不到 4%提高到最后一

场决赛期间的 31.38%，提高了将近 8 倍。即使是“超级女声”结束后，大部分观众还是惯性地收看该台，等待“超级女声”的花边消息，或者正准备收看湖南卫视引进的韩国巨片《大长今》，这些都是湖南台以后经营的基础。

天娱传媒在整个活动中并没有参与分配直接收益，但是收获了“超级女声”这个品牌，并且将营销的战略重心放在了做“超级女声”品牌的延伸和拓展上。天娱公司已经为“超级女声”进行了相关的商标注册，并尝试将之用于相关产业的开发上。比如，将推出以“超级女声”为品牌的服装、饰品等相关产品，公司还将“超级”系列铺开来发展，于 2005 年出版了一本针对低幼人群的《超级女声——快乐记事本》，还计划推出深度分析“超级女声”现象的书籍；借着“超级女声”的势头，还将陆续推出“超级男声”“超级童声”等“超级”系列活动。

案例分析①

“超级女声”本身只是一种电视节目产品，与其他产品一样。提供者是湖南卫视，产品是持续半年的“超级女声”比赛全过程，直接消费者是观看“超级女声”的全国观众，电视、网络和手机短信是观众参与的渠道，也是该产品做促销的主要途径。“超级女声”之所以成功，首先是湖南卫视看到了这个产品不仅仅有顾客价值，创造这个产品的同时能创造出第三方价值。这个价值蒙牛能看到，天娱传媒也能看到。正是由于三个主办单位不同程度地看到这一产品的第三方价值创造，所以，他们共同创造了黄海。

---

① 超级女声案例选自《1P 理论》，王建国著。

（1）湖南卫视

湖南卫视是“超级女声”比赛最重要的主办单位，它负责了整个活动的策划和运行，并且利用其已有的资源——大众媒体的平台，将“超级女声”推向大众，在半年中没有花费一丝一毫的宣传费用还名利双收，它是黄海战略的最大赢家。我们对照黄海战略商业模式图（图 3–16 魏朱六要素商业模式）来分析。

①成功的产品定位。

在本章第二节和第六章第二节我们讲到随着收入水平的提高，消费者市场会自动产生转型升级现象，这时产品企业如果想有所发展，产品、品牌、渠道都要随着升级。

但这么多年过去了，各电视台大同小异，提供的产品也大同小异，电视台如何从产品突围，这是每个电视台都在思考的问题。

湖南卫视想到了“超级女声”这个产品。在举办第一届“超级女声”的时候，就将第一目标市场定义为年轻、渴望表现自己和热爱音乐的女孩，选择了五个中心城市为比赛地区。这样，目标群体便是中国最为前卫、最有活力的一代，她们大胆、自信、表现力强，并且具有经济实力。这样的目标顾客除了对音乐狂热外，还是网络、新兴文化的主要消费者。因此，“超级女声”比赛一开始就被定义为年轻文化的代表。这一定位很成功。

②业务系统。2004 年湖南卫视的业务很简单，就靠广告，而广告是靠收视率支撑的。

③关键资源能力。2004 年，中国各级电视台的资源能力都大同小异，还没完全市场化，个别电台开始寻找资源打造自己的产品和品牌。

④盈利模式。传统电视台盈利模式是广告收入—产品成本—渠道销售成本。湖南卫视这个项目不但在产品制造中引入了成本分摊第三方，在渠

道销售中也引入了成本分摊第三方。

湖南卫视决定利用网络媒体的力量进行宣传，并且寻找同样以年轻人为目标消费者的企业，使“超级女声”的力量能够在其他行业发挥作用。在这种构想下，湖南卫视最终和蒙牛乳业、天娱传媒合作举办该项赛事，将“超级女声”扩展到了饮料市场。

a. 成功地从 B2C 发展到 B2B，实现了第三方顾客参与买单。

这一点是电视媒体的特点，也适用于网络媒体，如搜索引擎、门户网站。电视节目的直接消费者是观众，但是电视节目具有公共品的性质，即消费具有非竞争性和非排他性，观众不为此付费，真正为此付费的是需要借助这个平台做广告的企业。这里的逻辑是，电视台通过制作节目来吸引并锁定观众的注意力，再把观众的注意力卖给企业。无须为娱乐付费，这是电视媒体在吸引观众注意力时可以大大超越图书、杂志等付费媒体的重要原因之一。湖南卫视利用“超级女声”比赛提高收视率，进而提高广告收入，正式从 B2C 发展到 B2B。

b. 与蒙牛、天娱传媒合作，找到第三方为其支付。

成本方面，似乎只能说明电视媒体较其他媒体具有优势，而不足以说明湖南卫视在各个电视媒体中脱颖而出的原因。湖南卫视的高利润还由于与蒙牛的合作，由后者负担了全部的营销费用。湖南卫视只需要给节目冠上“蒙牛酸酸乳”的名字，就得到了 1 亿多元的赞助费。当然，这是因为两者有相似的目标消费者。这是一种联合营销，蒙牛固然通过“超级女声”增加了知名度，但蒙牛乳饮料的包装也为“超级女声”赛事做了宣传。

在产品上，“超级女声”除了需要宣传外，还需要充足的资源进行选手培训、赛事规划，以及各种商业包装等。这些湖南卫视也不必费心，全部由天娱传媒负责。天娱不仅为湖南卫视节省了大量的人力、物力，也成功地打响了“超级女声”这个品牌，成为湖南卫视的黄金节目。

c. 利用零价格的电视节目，带来 3000 万元以上的短信收入。

黄海战略的商业模式中，免费是入口，如何通过免费变现收入是关键，也就是在免费的过程中捆绑销售了什么作为赢利点。比如，游戏软件商免费送游戏，但是消费者要上网玩游戏需要支付费用。又比如，门户网站提供免费的搜索和浏览服务，一旦锁定用户后，就可以收取各种无线服务费，如短信、彩铃、彩信费等。

湖南卫视的“超级女声”节目也正是采取了这种方式。观看节目自然是免费的，但是如果要投票的话，就需要花钱定制，从而成就了湖南卫视另一大收入来源，带来了 3000 万元以上的短信收入。

⑤顾客价值，2004 年到 2007 年，湖南卫视从一个默默无闻的省级地方台一跃成为可与中央电视台比广告价的电视台，这本就是电视台创造顾客价值的最好体现。

（2）天娱传媒

天娱传媒是湖南广电集团下的控股公司。在“超级女声”传播过程中，它是第三方。但作为娱乐传媒公司，“超级女声”这个品牌和每一位选手都是它的产品，而它的主体消费者是大众，客体消费者是需要借助“超级女声”品牌进行宣传的商家。

①利用外部资金和资源平台，迅速打造出品牌。

“超级女声”这个品牌的形成，一少不了湖南卫视的媒体平台和影响力，二少不了蒙牛集团 1 亿多元的宣传费用。这两个合作伙伴为“超级女声”的传播分担了大部分费用。

②品牌价值带来的收入。

黄海战略价值创造中，有个未来价值。未来价值的载体是品牌。品牌的变现有很多渠道，比如天娱所拥有的“超女”品牌，以及旗下的“超女”都是可以产生收益的财富。天娱正在筹划开发的有关“超女”的文具、饰品、书籍等，都会因为这个品牌而升值。“超女”品牌建立后只需要很少的投入，但是每一次的品牌授权、每一位“超女”参加的各种商业活动都为天娱带来了无成本的收入。天娱还可以模仿网游开发商的手法，通过免费提供偶像签名照等有关“超女”的产品或是服务来占领市场，再通过其他诸如演唱会等方式来赚取收入。

（3）蒙牛酸酸乳

蒙牛作为该次活动的赞助商，是该项目的第三方买单人，看似为他人做了嫁衣，其实收获不菲。在黄海战略中，品牌主体的商业模式如创造不出第三方价值，就不可能找到第三方买单人。但这价值要在商业模式运行中共同去创造。

①重新定位产品，开展网状营销。

蒙牛酸酸乳选择“超级女声”为合作伙伴，首先是由于“超级女声”的目标市场与蒙牛的目标市场相同，即年轻有为、敢于冒险、善于表现的新生代。同时，“超级女声”灵活多变的方式，也与蒙牛乳饮料口味众多、强调变化的产品特点相吻合。并且，蒙牛认识到自己的目标顾客除了有对饮料的需求外，还酷爱音乐和网络。这些都是蒙牛参加这场营销盛宴的原因。蒙牛乳饮料通过“酸酸甜甜就是我”彰显出其个性文化，这已经超出了纯粹的饮料销售，而是像百事可乐一样，承载了流行文化。乳饮料成为宣传“超级女声”的重要阵地。这时，目标顾客不仅包括了乳饮料消费者，还有“超级女声”的“粉丝”们。

②联合营销，向“超级女声”借势。

虽然外表看来是蒙牛为“超级女声”做了宣传，但是这种宣传是双赢的，光看蒙牛猛涨的销售额和股价，以及在乳酸饮料市场的优势地位就知道了。谁能说印有“超级女声”活动信息的利乐包装没有刺激蒙牛酸酸乳的销售？张含韵为蒙牛酸酸乳免费代言，蒙牛也随着“超级女声”持续半年的火热而着实火了一把，这些恐怕是蒙牛花再多钱也不能办到的吧！无疑，蒙牛利用湖南卫视的平台做了宣传，而价值远远不止1400万元，可以说，“超级女声”也为蒙牛分担了营销成本，特别是帮助它确立了市场地位。

③借势大搞促销活动，蒙牛成功。

在“超级女声”活动期间，蒙牛还抓住时机进行大规模的促销，本来在竞争白热化的乳品市场中，降价促销已经成了家常便饭。但是，蒙牛的促销，一是借助“超级女声”建立的人气，另外由于合作伙伴提供了最好的营销平台，使得蒙牛拥有了价格优势，从而使促销也达到了空前的效果。

综上所述，湖南卫视打造“超级女声”比赛这个项目，创造了顾客价值，为自己赢得了利润，塑造了品牌影响力，这个项目成功的核心是商业模式。在这个模式下，它不仅仅创造了顾客价值，更重要的是创造了第三方价值，并将这个第三方价值兜售给天娱传媒和蒙牛乳业，让它们一起来实现这个价值。这是一整套商业模式策划的战略方案。这个战略方案就是黄海战略。

三个主办单位都能不同程度地看到黄海战略中的价值，随着“超级女声”活动的继续开展和升华，黄海战略的价值会更加明显，比如天娱传媒有关“超级女声”的衍生品牌计划等。网络、信息的便利是“超级女声”成功的必备因素，也是黄海战略理论的先决条件之一。从这个案例中我们可以看到，随着经济活动的复杂化，行业间的互动合作增强，黄海战略理论将会愈发具备优势，这也是我们研究它的根本原因。

第四节　产融互动战略法

路径八：从产业整合与资本市场创新模式进入黄海

案例：中远修船的产业整合与资本运作①

（1）项目背景和面临的问题

中远集团是超大型国企集团之一，总资产超过1500亿元，有运输船只六百多艘，总吨位达3500万载重吨，是世界上最大的远洋运输船队之一。

中远集团的主要业务结构是：远洋运输+陆上产业（涂料、钢结构、修船、房地产，等等）。

2000年，和君战略专家应邀前往中远集团讲课，讲课的主题是：公司战略与资本运作。中远集团主管副总裁现场委托和君研究探讨中远修船业务的应对之策。

修船业务是中远集团围绕远洋运输主业而形成的陆上产业之一，其时状况如下：

①业务格局。修船业务由多家独立的经营主体经营，形成了广州、南通、大连三大修船厂并存的格局，各自独立经营。

②经营状况。总体亏损严重，设备老化、人员多、企业负担重、状况呈现恶化趋势，扭亏艰难。曾经做过改善努力，但收效甚微，修船业务成

---

① 中远修船案例选自《高手身影》，王明夫、王丰主编。

为集团的包袱。

站在集团的角度，对中远修船业务该怎样处理和应对呢？

（2）山重水复疑无路：“两条路”的探索及其放弃

和君受托对中远修船业务进行出路和方案的研究和设计。

面对中远修船的上述状况，作为一个咨询师，很自然地会走向这样的解决思路：提供管理咨询服务，让修船厂通过管理改善来实现扭亏为盈。由 Profit = Revenue - Cost 可知，扭亏为盈的途径一是增加收入，二是降低成本。于是咨询小组展开了中远修船业务的收入和成本结构分析，探讨了增加收入和减少成本的各种可能途径。结论令人沮丧：三大修船厂扭亏为盈无望，沉重的包袱难卸。

争取扭亏为盈，使亏损的不良资产良性化，此路不通。那么还有什么其他解决思路呢？

于是，第二条解决思路很快被提了出来：提供投资银行服务，通过并购重组的方式来把亏损的不良资产剥离或转让出去，为集团卸去包袱。中远方很快就首肯了这条解决思路。

项目组循着这条思路展开了工作：寻找买家，转让修船业务。谁是潜在的买家呢？显然，财务投资者对这样的业务当然没有收购的兴趣。更可能的买家只能是同行业中的行业在位者。于是，我们搜集信息，分析和接洽了行业的其他厂商，试图把中远修船推销给他们。结果发现：中国所有修船厂商都生存维艰，困难重重，没有谁对收购亏损的修船业务感兴趣。由于人员、债务、利息等负担沉重，哪怕是以极其低廉的价格出让甚至白送，也无人愿意接手。

至此，中远修船业务走出困境的两条出路都行不通。

咨询项目组此时的情景，就像是一个医生专家组面对一个病重患者，已经尽心尽力了，但是仍无力回天，结果不尽如人意。

（3）柳暗花明又一村：从产业分析中看到曙光

为了探寻出路，咨询小组展开了修船产业研究。

战后 50 年，世界修船进行了几次大的产业转移。

①北美向西欧转移。二战期间，美国本土远离战火，因而成为盟国商船和军舰的维修基地，借此美国的修船产业一度庞大而又完善。二战结束后，世界经济的重心是以美国马歇尔计划为支持的欧洲战后重建，美国物资源源不断地向西欧输送，世界贸易和物流的重心在大西洋之间穿流，而且西欧具备雄厚的造船基础和相对低廉的人力成本，又占据波罗的海航运中心的区位优势，于是世界修船业的重心迅速地转移到了波罗的海沿岸。由此，西欧领导世界修船业直到 20 世纪 50 年代后期。

②西欧向日韩转移。20 世纪 50 年代后期，日本进入重化工业时代，其造船业迅速崛起，带动了修船产业的发展。与此同时，西欧的人力成本随着经济发达而居高不下，西欧修船业的成本飙升。于是，世界修船产业从西欧向日本转移，旋即日本成为世界修船中心。到了 70 年代，日本也出现成本压力，于是韩国近水楼台承接了世界修船业的中心地位，形成东亚日韩共同领导世界修船 30 年的局面。

③日韩向新加坡转移。20 世纪 60 年代，李光耀领导新加坡从马来西亚独立出来，此时新加坡还是一个人少地狭的农业国。80 年代亚洲“四小龙”经济起飞的时候，新加坡抓住机遇，利用自身优良深水港和世界航运转运中心的地位，及时将世界修船中心从日渐式微的日韩手中承接过来，建立了两个世界级的修船产业，最终确立了世界修船业的霸主地位。

至此，世界修船产业大致形成了一个以远东为重心、以波罗的海和中东及中美为二翼的格局。其中，两个行业寡头垄断——圣科海事和吉宝日立承接了全球80%左右的修船业务，技术装备先进，管理效率高。

纵观世界情况，驱动修船产业国际转移的三大因素是：劳动力成本；船舶制造业；国际贸易引发的航运中心和物流带。时间延至20世纪90年代末和21世纪初，新加坡修船产业面临着劳动力成本居高不下、效益渐趋微薄无利可图的尴尬局面，两个行业寡头都在寻求新出路。世界修船业正面临从新加坡移出的又一次国际产业转移。

那么这次世界修船业转移的目的地将会是哪里呢？中国大陆是不二选择，其原因有三个。第一，中国劳动力成本低。在世界修船平均成本中，人力成本超过70%，而材料费用不足30%。我国平均劳动力成本只有美国的11%，新加坡的16.7%。第二，中国正在成为世界贸易的中心国，世界航运中心和物流带正在围绕中国而形成。经济的高速发展使得中国航运业非常发达，沿海一系列优良的港口异常繁荣，上海港已成为世界第三大港口。第三，因为制造成本的比较优势，造船业正在崛起，成为中国进入重化工业阶段的必备内容。

从1991年到2000年，全球修船产值从127亿美元增长到258亿美元，年均增长8.1%，远高于同期世界GDP平均2.6%的增长水平。随着一些新兴国家经济的崛起，全球商业船队载重吨位还将不断增加，考虑到现在船龄结构，预计在今后10年内，修船产值仍将保持平均速度8%—9%的增长。

从那时开始到2010年，修船对于船坞的需求将增加30%，年复合增长率将超过2.6%。修船增加的主要原因是那时船龄超过15年的船舶占世界船队的46%，比1988年增加了16%，其中船龄在20—24年之间的船舶在船队中所占的比例最大。在这个比例中，2.5万—5万吨级的船舶约占39.6%，5万—8万吨级的船舶约占49.1%，中国时有船坞基本可以满足修船要求。

如此看来，万事俱备，中国当时即将成为世界修船产业转移的目的地。中国面临着一次承接世界产业转移、做强做大修船产业的历史性机遇。既然如此，中远修船应该迎上去，承接住，做强做大修船产业，而不是无所作为，错失良机。

问题是：中国准备好承接这次国际产业转移的机会了吗？

（4）产业整合战略思路的确立和战略步骤规划

中国修船——百年一遇的产业机遇，工作小组成员都为这个产业的“发现”而激动，工作思路由此而进行了一次180度的大转弯：从转让推出到强化进入，从探讨如何割除包袱到探讨如何做强做大。

强化进入，做强做大，方向明确了，但从何入手呢？

中国的修船行业在产业结构上，由中远、中船总南公司和北公司、中海等几家国企集团构成行业“四大”，其余则有多达700多家的中小修船厂，它们共同组成中国修船业“散、乱、差、弱”的总体格局。行业内厂商普遍机制落后、包袱沉重、装备老化、技术过时、资金困难、规模小、起点低、相互之间展开恶性的杀价竞争，恶性竞争的结果是没有厂商经得起行业周期的波动，集团陷入行业性亏损的境地。虽然中国拥有规模以上的船坞容量达到360万载重吨，仅次于新加坡的850万载重吨，但是1999年完成修船产值47亿元，全球总产值240亿美元，仅占全球市场份额的2.3%，远低于新加坡84.3%的全球份额。

基于此，工作小组做出了这样的判断：中国修船的深层症结是产业结构问题。任何试图承接世界产业转移机会、做强做大这一产业的业者，首先必须致力于产业结构的改良，而后才可指望经营盈利上的好转，结论就是：产业整合是这个行业志存高远者的首选战略。

至此，工作小组对中远修船的战略建议已经清晰无疑：第一，在战略方向上，是强化进入和做强做大，而不是转让和退出；第二，在战略实施上，是产业整合和结构重组，而不是在一个失效的现有结构上枉然地致力于一厂一企的扭亏为盈。

在此战略思路的基础上，进一步明确而清晰的是以下四大战略步骤。

第一步，实现中远集团内部的修船业务整合，组建中远修船业务的旗舰主体：中远广州、南通、大连三大修船厂进行重组和合并，组建中远船务工程集团（以下简称“中远船务集团”）。

第二步，以中远船务集团为主体展开资本运作，构建起业界最强的资本：引进增量资本来分担消化历史包袱，构建资本强势来吞并同业对手、升级技术装备，同时通过引进市场化投资者来改良股东结构，建立现代企业制度和法人治理结构。

第三步，对中国修船业进行整合：以品牌、资本、规模和机制上的优势，选择合适的并购对象，开展同业并购，初步确立中国修船产业的龙头企业和行业领袖地位。

第四步，进行国际产业联盟，承接国际产业转移：联手新加坡修船产业巨头，实现管理和技术的全面升级，通过竞争挤垮和收购兼并等方式进一步整合国内修船行业，然后全面承接国际修船产业向中国的转移，最终成为以中国为基地的世界修船产业巨头。

至此，中远修船产业的战略规划已清晰：以产业整合战略思想为纲，以四大战略步骤为目。此项战略规划的清晰，让中远修船业务的前景一下子变得明朗起来了。

（5）战略实施：建议和参与

①三大修船厂的重组和旗舰主体的组建。

大连、南通和广州三大修船厂合并重组，形成中远修船业务的旗舰主体——中远船务集团，中远集团以出资人身份实现对中远船务的绝对控股，原来的广州、南通和大连三大修船厂成为中远船务集团的下属生产单位。

中远船务集团建立起规范的法人治理结构和合适的公司组织结构。

三大修船厂重组的具体操作涉及“六大重组”：产权重组；资产重组；债务重组；人员重组；合同重组；组织结构重组。

②资本运作的上市可行性论证和探索。

和君咨询小组关于中远船务集团的上市事宜，提供了如下专业分析和建议。

上市的可行性分析。要点有两个：第一，基于上述产业分析和战略规划，中远船务集团如果上市，必将是一个可以深得资本市场认同的主体；第二，大连、南通和广州三大修船厂合并组建的中远船务集团，从资产负债和盈利能力预测上看，具备上市条件。结论是：中远船务集团上市不但可行，而且必将受到资本市场的追捧，上市效果可以期待。

上市方式的选择。IPO 还是借壳上市？考虑到 IPO 周期要三年左右的时间，而中远船务集团的成长周期和资本需求等不了那么久的时间，所以，建议选择借壳上市的方式。借壳上市，则有望一年内完成上市。

上市地点的选择。去哪个市场上市合适？在过程中曾有两段插曲：第一个动议是，向大连、南通和广州三个地方政府提出要求，三地谁能够向中远船务集团提供一个干净的 A 股公司壳，中远船务集团的总部基地就放在哪里，而这样一个产业基地的落户，必将给地方经济带来支柱产业的各方面好处。其实，中远集团有一个上海 B 股上市的公司——汇丽建材，所以第二个动议是，中远船务借壳汇丽 B 股，把建材业务剥离出汇丽，然后注入中远船务，最后向海外同业（比如新加坡船务巨头）定向增发 B 股，就像江铃汽车向福特汽车定向增发 B 股一样，从而实现国际产业链接。

随着上市论证和操作探讨的逐步深入，和君小组对中国修船产业的理解和认识也不断加深。在此过程中，有一个概念慢慢清晰起来：仅仅是“归堆”和报表合并式的收购和合并是没有意义的；有意义的产业整合必须是技术装备和管理升级同时跟进的产业集中。换句话说，有意义的产业整合实际上必须是“技术升级+管理升级+产业集中”三位一体的产业能力和产业效率的升级。离开了技术和管理升级支撑的所谓产业整合，很容易沦为“麻袋装土豆”式的行业归堆。麻袋口系紧了，表面上土豆们都团在了一块，实际是一盘散沙，形不成协同效应和规模效率。因此，产业整合实质上是一个在能力和效率意义上的产业升级概念。整合中国修船产业，仅仅依靠资本运作搞收购兼并、简单地进行合并同类项，是远远不够的，一定还要加入管理和技术升级，加入产业能力打造和强化的因素。

考虑到这一点的时候，咨询组发现，中国的修船产业集体呈现出规模小、能力弱、技术装备陈旧过时、管理落后而粗放、企业制度落后和缺效等特点。引进或嫁接世界一流船务集团的技术、管理和能力，成为中国修船产业整合与升级的过程中必须做到的。

于是，中远船务集团的上市地点选择水落石出，放弃中国本土的 A 股和 B 股市场，走向新加坡资本市场。

(6) 新加坡上市及国际产业结盟思路的确立

和君人员和中远人员组成的联合工作小组飞赴新加坡。

①好消息乍降。

工作小组刚到达新加坡国际机场，就被接机人员告知，这几天新加坡股市的中国概念股上涨，而且头号船务巨头圣科海事股价暴涨，原因是新加坡的媒体发布了一个消息：圣科海事正在和中远大连修船厂洽谈合资事宜。

这一消息无异于是工作小组的一贴兴奋剂。熟知资本市场水性的和君人员，敏感地做出反应：第一，中国概念是新加坡股市的热点；第二，中国的修船产业概念可能是新加坡股市热点中的热点。仅仅是中远大连修船厂的合资概念，就能推动行业头号巨头圣科海事暴涨；如果是整个中远船务集团呢？如果是整个中国修船产业呢？

随着接机的汽车从机场驶向城里，隐约的预期在和君咨询人员的脑海中渐渐清晰：如果中远船务集团在新加坡上市，将像热点一样受到资本市场的追捧；如果中远船务集团提出来与圣科海事或吉宝日立结盟，将会受到圣科海事或吉宝日立的欢迎。

②会谈世界船务两巨头及新加坡交易所。

联合工作小组带着这样的战略思想先后登门拜访了圣科海事和吉宝日立两家行业巨头，并与两家进行了首脑级会谈。这一战略思想是：中远集团致力成为中国修船产业的领袖，首先完成中远集团内部三大修船厂的合并，然后再寻求联手新加坡同业巨头北上，实现对中国整个修船产业的整合与再造，迎接中国经济崛起的历史性大机会。

会谈的结果让人兴奋：两家行业巨头完全认同联合工作小组对世界修船产业格局及其未来国际转移趋势的分析与判断。都把未来发展的战略方向指向了中国，进军中国修船市场成为两家战略上的不二选择。

两家巨头都表现出与中远船务集团合作共同振兴中国修船产业的热情与兴趣。圣科海事的老总甚至提出，这样的大事应该安排新加坡政要李显龙与中远集团的老总见面。

为进一步了解情况和印证想法，在圣科海事的安排下，我们逐家会谈了相关律师、会计师、投资银行、分析师和新加坡交易所，会谈的结果进一步印证了我们想法的现实可行性。

③借壳“中远新加坡投资”的思路确立。

“中远新加坡投资”是在新加坡交易所上市的一家中远集团下属子公司，其业务构成是中远集团在新加坡的一些业务。由于公司状况和股市状况的双重原因，“中远新加坡投资”上市后一直股价低落，交投清淡，分析师和投资者少予关注。相应的后果是：原始认购股票的一批战略投资者长期套牢，中远方面感觉到情面和后续合作上的压力，而股价长期低落和交投清淡则导致该上市公司融资功能萎缩，后续融资困难，上市的意义也大打折扣。为此，中远集团方面一直试图改变此种状况，重振“中远新加坡投资”的资本市场形象。

对于这种情况，我们提出了“中远新加坡投资”借助中远修船产业实现公司重振再造、中远船务集团取道“中远新加坡投资”实现借壳上市的“一箭双雕”思路，思路框架步骤如下：

“中远新加坡投资”的业务重组：把中远集团修船业务注入“中远新加坡投资”，把与修船产业无关的业务（如港口、房地产等）剥离出来，将“中远新加坡投资”转型成一个完全以修船为主业的上市公司。

“中远新加坡投资”股票必定暴涨，恢复融资功能，适时筹集资本用于中国修船业务的投入和并购。

借助新加坡资本市场的力量，彻底改造中远修船业务的企业制度和治理结构，让中远修船业务的制度效率向国际惯例和现代企业制度看齐。

与圣科海事或吉宝日立合作、合资甚至合并（如等股价涨到一定水平，时机合适的时候，与圣科海事或吉宝日立进行换股合并），全面结盟国际巨头的管理、技术和品牌，最终实现对中国修船产业的整合和再造，借助中国经济崛起的东风最后发展成为世界修船产业的领袖和霸主。

（7）战略实施与结果

基于上述总体思路展开的事实操作及获得的结果如下所述：

①联姻世界修船头号巨头——圣科海事：圣科海事以资金、技术、设备和管理入股，全面提升中远船务集团。

②将中远船务集团注入中远集团在新加坡的上市公司——中远投资（新加坡），置换出中远投资（新加坡）非修船业务，将中远投资（新加坡）转型成一个完全以修船为主业的上市公司。

③中远投资（新加坡）在注入中远船务集团之后，由于世界修船产业转移、中国修船产业龙头公司概念，得到资本市场的良好响应受到资金的追捧，股价上升3倍，后续融资做了一次增发。结果，新加坡政府示意淡马锡认购了一大半增发的股份。中远投资（新加坡）的市值扩大6倍，并很快成为新加坡指数中的成分股，市场地位从跌破发行价到成为新加坡蓝筹股。

④圣科海事与中远修船的战略合作已经成为不二选择。吉宝日立彻底衰落，已经并入圣科海事。而且在这个项目进行过程中，中国修船市场正在不断回暖。

⑤中远修船集团通过与圣科海事的合作导致技术、装备和管理的全面提升，再遇上中国经济周期带动的修船行业景气回升，中远船务集团业绩迅速上升，为股价的继续上升提供了基本支持，也为中远投资（新加坡）进行再次后续融资提供可能。

⑥中远船务集团利用中远投资（新加坡）在资本市场上融到的资金，收购、重组国内其他修船厂，注入技术、设备和管理，全面提升修船厂业绩，同时也提升了中远投资（新加坡）业绩，股价上升，后续融资，再收购国内修船厂，如此循环，用资本强势打造产业强势，用产业强势支持资

本强势，实现虚拟资本和实体资本的良性互动，领导中国修船产业的整合与升级，已然成为中国修船产业的领袖。

根据公开资料，截至2005年初，中远修船产业的发展态势可简单描述如下：

中远船务集团于2001年6月在南通挂牌成立，系中远集团下属，以大型船舶修理及改装为主业，集船舶配套为一体的跨行业、跨地区的大型企业集团。目前已经由最初的三家修船厂通过并购重组发展成为13家子公司，中远船务集团是我国最大的修船企业集团，被誉为中国修船业的“航母”。

中远船务集团拥有大连、南通、上海、舟山和广州等多家享有较高国际声誉的现代化专业修船厂及大量航修和配套服务中心，拥有远东地区最大的修船坞，共有20万吨级1座、15万吨级2座、8万吨级4座、4万吨级1座、坞容居中国之首，已具备年修理、改装四百多艘大型船舶的能力，所修船舶来自美国、日本、丹麦、英国、希腊等四十多个国家和地区。中远船务集团利用中远集团和结盟世界修船巨头的优势，实行市场、人才、资金、技术共享，开展全球化市场营销，正努力向世界中高端修船市场进军。中远船务正斥资20亿元，在舟山六横岛兴建东南亚最大的修船基地，规划建4座修船坞，2010年建成后修船总规模达110万吨，年产值为20亿元。

中远投资（新加坡）有限公司在国内拥有的修船厂由3家增至7家，由资本强势带来产业强势，中远船务集团初步确立了在国内市场的领袖地位，全面的产业整合才刚刚拉开序幕，在世界修船产业转移过程中，一个强势民族船务工业正在悄然崛起。

（8）思考与启示

通过产业整合的战略定位与实施，短短三四年的时间，中远修船从一个技术落后、效率低下、负担繁重、人见人嫌的亏损摊子，一跃发展成为一个能够承接国际产业转移大机会的产业领袖型公司，这在知晓当初修船厂商困难处境的人们看来，堪称一项奇迹。它带给我们的思考和启示很多。

①结构效率优先，运营效率其次。在结构失效的前提下，致力于运营效率的改进，往往是徒劳的，或者是事倍功半的。中远修船案例告诉我们，在既定结构下扭亏为盈无望的情形下，致力于结构改良的努力，或许是“柳暗花明又一村”的出路。由此我们推延开去，可以做出这样的论断：在结构失效的产业中，产业内厂商的战略选择较明智的做法可能只有两种：一种是致力于结构改良的产业整合战略，另外一种则是退出战略。

②产业整合战略的实施，必然会以并购重组为重要方式，而且需要以强大的资本实力和娴熟的资本运作技能做支撑。但是，仅仅是麻袋装土豆式的收购兼并和归堆式的产业集中并不是产业整合的本义。产业整合战略的成功实施，除了资本运作外，同时还需要跟进技术、管理和企业制度上的全面升级和持续改进。从这个意义上说，产业整合战略实质上是系统的公司再造和能力提升战略。据此推延，我们可以把产业整合战略的成功要点粗略地归结为一个 SCMT 模型：Strategy 战略+Capital 资本+Management 管理+Technology 技术。

③结构重组，以资本运作和并购重组为主要方式，这需要投资银行的思维方式和专业能力；运营效率的改进，需要依赖从组织、流程、作业、HR、企业文化、财务和营销等方面的管理提升。中国大多数企业，同时面临结构失效和运营失效的双重问题。所以，服务中国企业的咨询公司，需要重视发育“管理咨询+投资银行”的双重专业能力，否则就无法在“战略”的意义上给中国企业提供有实效的分析与服务。

④中远修船案例是“基于产业的战略选择和资本运作”的咨询理念的一个活标本，也是王明夫先生的公司战略和投资银行“十六字诀”(产业为本，战略为势，创意为魂，金融为器）的很好注解。从中我们可以得到的一个重要启迪是：产业理解的底蕴厚度能够决定一个战略家、投资家或投行家最终所能走出的事业高度。如果你选择成为战略咨询家、投资家或投行家，一定要有很强的产业意识和产业思维力。

对产业专题展开阅读和研究最好能够达到以下四点要求：清晰产业经济学的体系框架；了解产业史的演变脉络；了解产业经济学的主要理论观点和产业史的基本结论；掌握或提炼产业分析的模型与工具。[①]

① 中远修船案例选自《高手身影》，王明夫、王丰主编。

第五章　形成黄海价值策略

先讲一个“当老虎来临时”的小故事：

两个人在森林里，遇到了一只大老虎。A 就赶紧从背后取下一双更轻便的运动鞋换上。

B 急死了，骂道：“你干吗呢，再换鞋也跑不过老虎啊！”

A 说：“我只要跑得比你快就好了。”

故事心得：A 和 B 要的结果是活命而不是奔跑，对结果理解的正确与否直接决定了行动的方式和效果。

第一节　黄海战略是基于商业模式而创造的价值战略

一、黄海战略是基于商业模式的战略

通过前面四章的呈现，我们已经开始清晰地了解了黄海战略是一个什

么样的战略，它是创造不平等竞争力的战略。这种不平等竞争主要通过两方面，一是发现顾客价值，二是创造第三方顾客价值，让第三方顾客参与企业成本买单。这就在传统企业经营之外多出了一个第三方，如何使这些多方利益变现，这就意味着要构建一套商业模式，通过商业模式的有效运营，最后实现我们的战略企图。

到这里我们才真正看到，黄海战略也是一个基于商业模式的战略，在商业模式不够盛行的时代，黄海战略也不会产生。

在第四章，我们阐述了很多进入黄海的路径，每一条路径都能产生一个或多个商业模式，它是发展商业模式的起点，商业模式是形成黄海战略的终点，当一个商业模式构建完成，黄海战略的整个基本策略就形成了。

这一点也是黄海战略区别于以前一切传统战略的独特之处。

传统战略管理的重点在战略分析，在传统战略管理教材中，70%以上的内容是战略分析，在黄海战略的四道战略图谱里就是安身立命之道。

但黄海战略不这样，黄海战略的核心在战略路径和商业模式的创造。

所以，黄海战略是一个价值创造的战略，是很具挑战性的一套战略理论和价值创造工具。

它规避了蓝海战略的风险性，改善了蓝海战略对互联网时代的不适应性和缺陷，是战略理论的又一次质的发展。

下面我就具体讲解黄海战略中的商业模式构建。

黄海战略的商业模式结构是主体企业与其相关者的交易结构。

在第四章中描述了很多进入黄海的路径，路径一旦选择，其交易结构就基本形成了。

黄海战略的商业模式包含六个部分，分别是：定位、业务系统、盈利模式、关键资源能力、现金流结构、顾客价值。

前五个部分一起构成最后顾客价值的解决方案。

（1）定位是指企业进入黄海，所找到的客户细分市场的插位、切割方式。现实的市场是永远有位可插，永远有市场可被切割的，因为社会在发展，人的需求也随社会发展在变化，社会的商业系统也一直在变化，黄海战略只是教给你一种跟随市场变化而重新定位的分析方法。在黄海战略中的插位表现形式为一根针撞破天，一定要定在数一数二的战略上。

（2）业务系统是指原企业的业务结构，或者企业将选择的业务结构。它由三部分组成：构型、关系和角色。构型指利益相关者及其连接方式所形成的网络拓扑结构。关系是指与利益相关者的交易内容、方式与治理（指控制权和剩余收益索取权的归属）。角色指拥有资源能力的相关者。这三方面的不同配置会决定整个业务系统的价值创造能力。

在互联网时代以前，业务系统是基于波特价值链：研发、原料供应、生产、营销、服务，进行顾客价值分析和创造。互联网时代，业务系统延伸出很多显性和隐性的资源与能力，因而使得创造商业模式的空间更广阔。

（3）盈利模式是指以利益相关者划分的收入结构、成本结构以及相应的收支方式。在黄海战略里，其核心点是创造出第三方价值，找到成本分担第三方，价值买单第三方。

（4）现金流结构是以利益相关者划分的企业现金流入的结构、流出的结构以及相应的现金流的形态。

（5）关键资源能力是指支撑以上交易结构背后的资源和能力。

一个企业为什么能构建出复杂的商业模式，支撑那么多的交易，是因为它的资源与能力。关键资源能力是企业商业模式运行背后的逻辑，是其运营能力有别于竞争对手并得以持续发展的背后支撑力量。不同的商业模式要求企业具备不同的关键资源能力，同样的商业模式下业绩的差异主要源于关键资源能力水平的不同。

顾客价值是定位的起点，是战略的起点，是商业模式的起点，也是终点。评判商业模式优势的最终标准就是整个方案是否解决了顾客的价值需求，即顾客的痛点。找到解决痛点的思路，商业模式自然会展现出来。每个行业会有每个行业的痛点，痛点的表现就是没有满足顾客的自由、需求和梦想，没有最大地激发出效率，比如滴滴出行的商业模式来自于哪里呢？来自于当我们想打车时，找不到出租车，不自由，这是顾客的痛点，更深一层的痛点是城市效率的问题，城市雾霾严重，要求减少存量汽车，怎么办？限购出现。限购又影响出行，一方面，很多车停在车库，另一方面，很多人出行需要车，于是共享的思维出现，滴滴出行的出现就是解决了人和城市效率的痛点。所以当我们思考商业模式时，首要任务是搞清这个行业的痛点，要搞清行业的痛点，必须搞清这个行业的结构。比如互联网行业在短短十多年间，其商业模式就产生了三次本质的改变，最初的模式就是广告、媒体的作用，如雅虎、新浪。很快人们发现雅虎、新浪在广告上与以前的电视广告没有本质的区别，都是推。能否有一种广告只对我的准客户呢？这就是市场的痛点，于是，产生了谷歌、百度、360 搜索等。这就是谷歌、百度战胜雅虎、新浪的原因。不是雅虎、新浪的管理不行，而是他们的战略和商业模式不行了，新的产业生态一旦产生，旧的必然会被取代，就像苹果取代诺基亚一样，同样，在互联网领域，现在又产生了 Facebook、微信等，互联网领域将会怎样演变呢？

为了简单明晰，我还是用几个具体的案例来剖析。

二、小米黄海战略模式分析

小米公司成立之初是宣传专注于智能手机自动研发的科技公司，定位于“高性能发烧级手机”，很多人担心小米手机的这一市场定位过于狭窄。

这正是雷军的高明之处。黄海战略理论主张，一个新品牌进入市场，一定是找个细分市场，一根针撞破天，做到第一。小米采用的正是这一主张，它先要在“高性能发烧级手机”市场做到第一。

因为小米选择了小众市场，它的创业之初的商业模式便浮出水面：前向营销和轻资产模式。小米自己不建生产工厂，它只建一个米聊社交平台，进行订制，客户订了货才去生产。

由于是小众市场，它的手机功能只针对这部分人进行开发，这部分人不感兴趣的功能小米可以全部删除，这使得小米手机具有了成本优势。这就是黄海战略一体四法的顾客价值创造。

由于小米的第一步前向营销做得出色，2011 年只卖了一个月，出货 30 万部，销售额 5. 5 亿元，2012 年出货 719 万部，销售额 126. 5 亿元，2013 年出货 1870 万部，销售额 316 亿元。

成功的原因之一，别人的品牌手机都在红海中厮杀，小米一枝独秀，还能让“米粉”们提前付款订货，这是小米的能力，它来源于小米的几位初创股东都是互联网行业的职业高手，他们对自己的能力有清晰的定位。

其二，有了这么大的销量，哪一个生产厂家不挤破头来为它生产呢？手机卖出去是收现金，小米给生产厂商是按合约付款，这相当于免息贷款，也相当于第三方买单人。

其三，这样的增长速度，成为当年资本市场估值最高的公司，这相当于资本市场成为了第三方买单人。

而这些仅仅是小米商业战略的开始，从小米步步扩展它的商业版图，大家才看出小米的生态圈战略。

2014 年 8 月 6 日，小米手环开卖，截至 2015 年 6 月，共卖出 600 万个，并且是单一型号。

它的渠道主要是小米官网和京东，渠道成本极低。

它的物料成本 39.5 元，总成本 80 元，终端价 79 元。当时全球销量前三的手环产品，最便宜的 699 元，最贵的 2000 元，小米的这一定价策略，封杀了整个市场。

小米为何敢于用这种自杀式的定价模式呢？这就源于它的整个商业模式和商业战略。

它找到了第三方买单人，因为它创造了第三方顾客价值，并且也发现了这种价值，设计了这种价值，利用了这种价值。

小米手环所拥有的人体 ID 认证功能，延展出手环丰富的用途，比如可以作为其他硬件产品的钥匙，或者智能家居产品的控制器，或被其他医疗机构、电商等使用，如图 5-1。

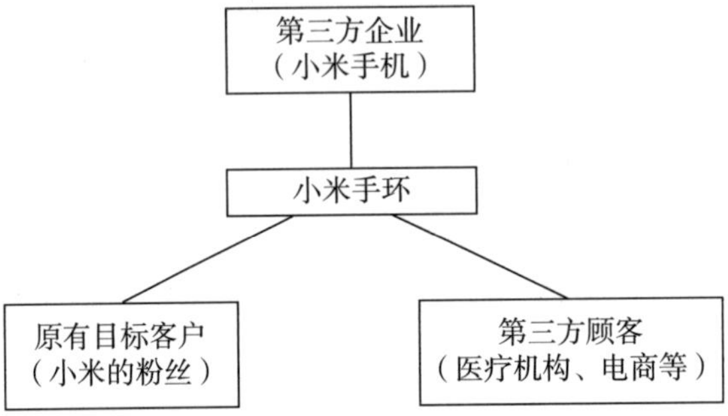

图 5-1　小米手环的商业模式导图

目标顾客：热衷于可穿戴设备的年轻人，包括小米的粉丝以及已有的顾客。

第三方企业：这里，小米手机同时是小米手环的第三方企业。小米手环充分利用了小米已有的电商渠道、线下渠道和供应链。

第三方顾客：将来可以将小米手环收集的大量与个体相关的数据以服务或产品的方式供给其他机构并产生收入。另外，其身份认证功能有可能成为移动支付的入口，向其他电商收取费用。

小米的商业模式解析：

（1）先找一个细分市场，定位一个价值主张，“让市场知道你就是老大”，小米的“高性能发烧级手机”做到了。

（2）将一款产品做到极致，成为爆品，价值分析图用“一体四法”，小米也做到了。

（3）扩大产品线，做出大现金流，同时强化自己的关键资源能力。

（4）做大品牌，从“挣钱”变为“值钱”，从资本市场变现未来资源，同时强化了现金流结构和关键资源能力。这就直接为不平等竞争创造了条件。

（5）扩大生态圈，创造第三方顾客价值，寻找第三方买单人。小米后来发展手环、家庭净水器、电视路由器等都是用这一商业模式打造小米生态圈，这也为不平等竞争创造了条件。

小米手环得益于其天生关联性很多，如与智能家居、支付、体育等产业都能产生关联。后期将会大规模寻找各种合作企业，开发协议和接口，不仅可以让产品互相推广，而且由于小米手环成本低，很有可能最终由第三方支付所有成本，而用户将免费使用该产品。

通过上述分析，我们不难看出，一个简单的智能可穿戴设备，在网络经济中，通过商业模式的构建，精准的市场定位，有绝对杀伤力的定价，迅速成为爆品，创造了黄海奇迹。

这就让我们看到了在互联网环境下，为何市场那样动荡不安，就是因为时常出现一些企业，当他们创造了不平等竞争条件后，一个商业模式出海，就会掀起惊涛骇浪，使得体制不好的企业就会在这惊涛骇浪中湮灭。

三、美国苹果公司黄海战略解析

本文将对照诺基亚、摩托罗拉、苹果三家公司的兴衰来解释黄海战略的商业模式。

苹果公司 2003 年的市值是 61 亿美元，它之前的最高峰是 2000 年的 130 亿美元。所以苹果公司的起步实际上是从 2003 年苹果推出带有音乐播放功能的 iPod 开始的。

但很多人并不知道，苹果的数字播放技术并不是最先进的，在苹果掌握这一技术之前，至少有两家公司拥有比苹果更完美的音乐数字播放技术，做得更先进、更漂亮。

而且，当时苹果的市值是 61 亿美元，诺基亚是 2200 亿美元，摩托罗拉是 700 亿美元，竞争根本就不在一个量级上。苹果 2005 年才开始研发手机，2007 年 1 月才推出第一款手机 iPhone，其情形有些像 2011 年 11 月小米推出第一款手机一样。在移动通信市场上，苹果是一个小鲜肉，苹果的成功是商业模式的成功，是战略的成功。

在 2003 年，诺基亚市场占有率为 30%，2004 年为 30. 7%，2006 年为 34. 8%，一直是市场老大。2006 年它的市值达到最高峰 2500 亿美元，这一年它的销售额超过 500 亿美元，利润 65 亿美元。参见图 5-2。

摩托罗拉的衰落从 20 世纪 90 年代的铱星系统计划的失败就已埋下了种子，这项耗时 10 年、亏损 56 亿美元的开创蓝海计划于 1999 年 3 月宣告失败。

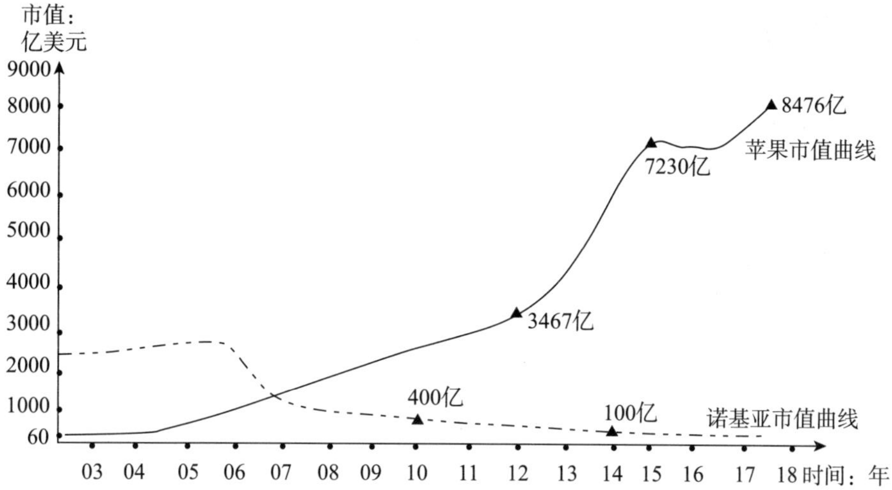

图 5-2　苹果与诺基亚市值走势比较图

2004 年，埃德·桑德尔加入摩托罗拉，成为新老板，他让大家忘掉铱星，继续创新寻找蓝海。摩托罗拉又开始了两项长期的赌注：一是 IPTV，即交互式网络电视。二是 WIMAX，一种新兴的无线标准，利用高速宽带互联网连接移动电话。

结果就是一代巨型企业，曾经的手机行业老大的倒下。2011 年 8 月 15 日，谷歌以 125 亿美元收购了摩托罗拉，2014 年 10 月 30 日，又以 29 亿美元卖给联想。

而诺基亚失败的核心因素也是在于坚持自己研发手机软件系统塞班，当大家都选择做安卓系统的时候，它还是坚持自己的塞班系统，错过了一个最好的机会，撑到 2013 年 9 月 3 日，以 71.7 亿美元卖给微软。

我们再看看苹果，在 iPod 推出之前，不少人认为：个人电脑革命先锋的苹果公司已经日薄西山，只能坐以待毙，然而，它却像九命之猫那样奇迹般的重焕光彩。

那么，问题就来了，同样是坚持创新的公司，为什么苹果几经沉浮，最后就成功了？

摩托罗拉、诺基亚却倒下了，再也站不起来了呢？

这里面一个关键的问题是苹果创新的方式变了，它从自主创新的重点转向了商业模式的创新上。

很多管理学者在比较了苹果与戴尔的发展路径后指出：恰恰是技术创新——封闭的，不计成本的技术创新——导致了苹果公司在个人电脑市场的地位江河日下，而在 iPod 这一至今热度不减的产品上，我们都能看到苹果公司创新商业模式的悄然改变。

怎么改变的呢？

原来，iPod 的最初设想并不是由苹果公司内部人员，而是由独立承包商托尼·费德尔提出的，后来，为了开发 iPod，苹果聘请托尼成立了一个由飞利浦、IDEO、General Magic 、苹果和 Connectix and Web TV 几家公司的人员组成的开发小组。

苹果公司这种新的创新模式被称为开放式创新模式。

iPod 的成功增强了苹果对这种创新模式的信心，到 2005 年他们决定进入手机市场时，他们就完全创造了一种生态圈的商业模式。

它的模式如图 5-3。

这种模式是彻底的整合社会资源的轻资产模式，苹果自己的核心资源就是打造了苹果产品平台和 APP Store，其他的产品和服务全是第三方完成的，这些所有的第三方与苹果一起形成了一个生态链。

下面我分别一一解释。

(1) 顾客价值创造——以终为始

我们先看产品，2007 年，苹果的第一部手机 iPhone 发布会是乔布斯亲

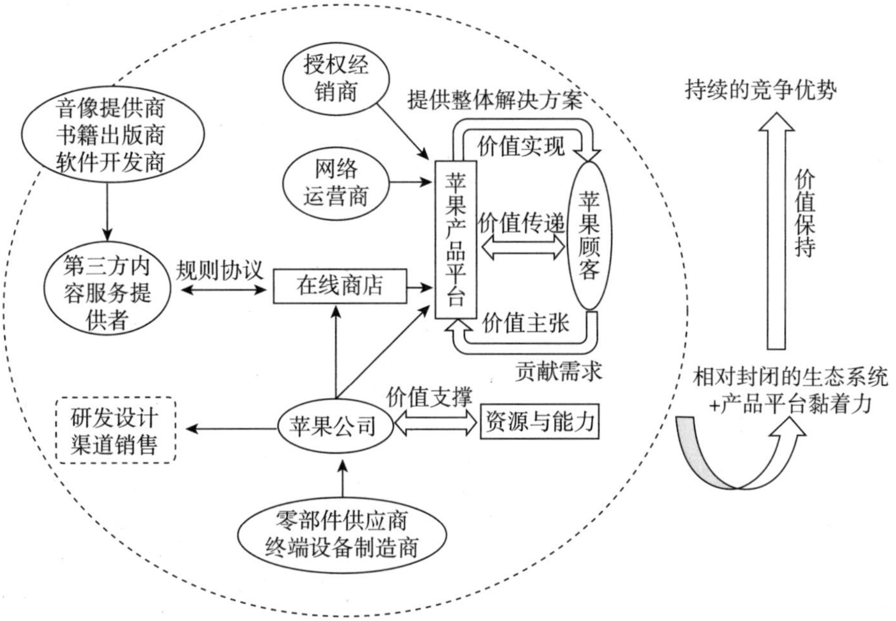

图 5-3　苹果公司的商业模式结构模型

自主持的。在发布会上，他是这样介绍 iPhone 的："今天，苹果重新发明了手机，我们今天要推出的不是一款，而是三款革命性的产品：一款可触摸的宽屏 iPod，一款革命性的移动电话，还有一款上网装置。我再重复一遍，一款可触摸的宽屏 iPod，一款革命性的移动电话，还有一款上网装置——大家听明白了吗？但这三款不同的苹果，同时又是一款苹果产品，我们称之为 iPhone 手机。"

听到这，观众为之欢呼、疯狂、惊叹！

为了达到让顾客清晰这个境界，乔布斯的 PPT 是看不到复杂的层级关系，如一级标题、二级标题之类，几乎每一页就是一张简单的图片，一个数字，几个字，声、音、形的完美搭配让客户一看就过目不忘。

发布 iPod 时，他只用了一句话："整个音乐库都可以装入你的口袋里。”够方便吧！够自由吧！够有效率吧！

大家看到了吗？苹果创造产品是瞄准客户需求的痛点出发。所有的信息化产品的根本目的、“终极”使命就是让人们的生活变得更简单，更方便，更有效率。抓住这个“终极”目标，倒推你做产品时该干什么。

在这一“终”点上，随着时间的推移，随着干扰的增加，摩托罗拉忘记了，所以跌倒了。诺基亚忘记了，所以也跌倒了，只过了6年，就不得不把自己给卖掉。

为什么？因为在开发产品时封闭了系统，全是自己的研发部门在干。

苹果就不一样。它开发系统时让所有的人都参与进来，顾客、合作伙伴、粉丝，你们需要什么？这就是以终为始，英文是begin with the end，也就是凡事是从终点开始。

人生是一样。战略管理是一样。开发产品也是一样。

凡事都是经过“两次创造”的过程：首先是在头脑中想清楚终极目标是什么，也就是所谓的头脑创造，心智创造，从顾客那里寻找创造源，其次才是着手行动，让它变为现实。

只有这样，才能创造出顾客价值。

（2）价值关联——生态链

苹果公司首先以其拥有的关键资源能力做支撑，打造了一个具有竞争力的内部价值网，价值生态链。

以苹果顾客为中心，以苹果为价值平台，吸引高科技行业中的各种合作伙伴一起来创造价值。

苹果自己不做创造，它邀请零部件供应商、终端设备制造商、网络运营商一起做。它也不做内容，它邀请第三方内容制作商提供音乐、视频、软件。渠道也是邀请授权经销商。苹果要做的只是着力打造苹果产品平台和产品设计，以及打造苹果平台的支持系统（IOS），建立起这个相对封闭的价值网生态系统。建造这个系统时需考虑如何对多方产生高度的融合性，如何对顾客产生黏着力，从而形成有效的利润保护机制。

这就是苹果创造的生态链，生态价值关联。

（3）第三方顾客价值创造

苹果在打造苹果产品平台的过程中，充分设计了第三方顾客价值的创造，即离开了苹果产品平台，无论是第三方内容提供商、软件商、设备制造商，他们都很难获得这么大规模的忠实的终端消费群体，因此，苹果就有能力要求这些第三方供应商分担其生产成本，在保证高质量的同时，维持其低成本。因为制造商在这个平台上永远都是过剩的。

如图 5-4 所示。

以上就是苹果公司的生态价值网，苹果公司通过其产品平台，将第三方内容服务提供商、终端设备制造商、零部件供应商、网络运营商、内容提供商、广告商、软件商等统一的产品或服务提供给苹果用户。

第三方内容服务提供商、终端设备制造商、零部件供应商、网络运营商等并不直接与终端用户接触，而是通过与苹果公司的协议或者规则约束来维持的，是虚拟化的协作关系，不同于传统的供应链上下游关系。

所以，苹果公司构建的这个商业模式是以用户为中心，第三方分布在外围的网状结构，通过苹果的产品平台，将三方合作伙伴整合起来，共享信息、技术、知识、渠道、市场、最终为苹果用户提供产品，共同捕获和交易其价值。

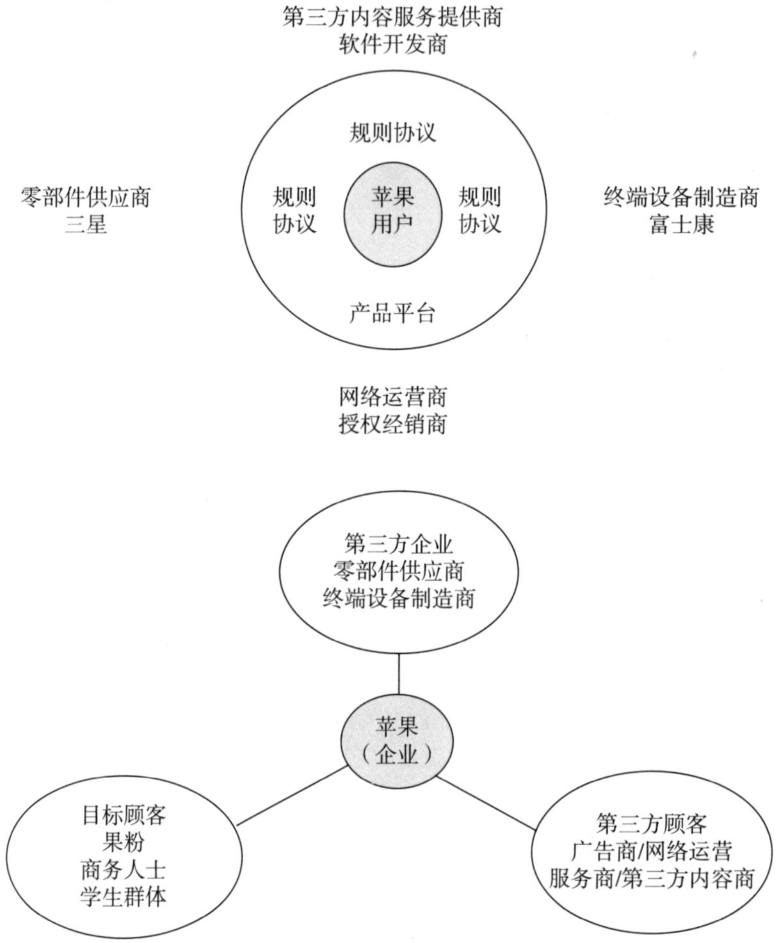

图 5-4　苹果公司的生态价值网

（4）价值捕获过程与第三方买单

其一，苹果提供平台，如 APP Store，它会吸引大量内容商入驻，如音像、书籍、软件开发商，这些都是第三方。第三方利用了苹果的平台进行销售，其利润当然有苹果一份。

其二，苹果在顾客使用这些内容商的产品时，会获取客户的重要信息，如消费习惯、信用卡信息等。这些信息又可以卖给第四方、第五方。

其三，苹果还可以植入广告，获取广告收益。

其四，在硬件销售上，苹果建立了一个开放平台，这就使得它不用担心自己的成本没有优势，这些第三方的相互竞争本身就相当于充当了苹果的第三方买单人。

其五，服务销售获利。例如通过 iCloud（统一 ID）实现 IOS 各个设备的信息共享，大大提高便利性（免费获得 5GB 容量），同时通过用户付费扩容获取利润。

苹果在这样的生态链的价值网下，很多项目都可以实现免费定价，消费者获得了价值，其黏着力就更强，即客户一旦使用了苹果产品，从客观和主观上都很难转用其他产品。

由于引入了广告，广告收益的一部分可以弥补软件开发商的开发成本。

（5）苹果的盈利模式

①收入分析。

苹果公司的收入主要有两个来源：一是硬件销售，如 Macbook、iPod、iPhone、iPad 等，获得一次较高的利润。二是通过在线商店销售由第三方提供的音乐、视频、图书、游戏及其他应用软件获得大量消费者持续购买产生的后续利润。

这种方式一方面使第三方供应商通过苹果的平台将自身的服务或产品销售给顾客，丰富了苹果顾客的选择，促进了苹果硬件产品的销售，而另一方面，硬件的销售也能为服务的销售提供平台，两者相互促进。

②收入分配。

苹果的成功在于它和合作伙伴之间建立了比较有效的收入分配机制。

硬件部分几乎全是代工，它与代工企业共同制定成本目标，并同全球供应商进行了比较规范的分配。

软件在线商店部分，则由第三方开发者定价，采用利润分成，苹果公司只保留收入的30%，第三方开发商获得70%的收入。

苹果作为目前全球最大的移动平台，苹果公司的APP Store应用商店拥有着数十万的第三方应用程序，满足了消费者的各种需求，黏着了用户，同时，第三方供应商也可获得不错的收入，是一种三方共赢的效果。

苹果公司打造的这个生态圈生态链战略盈利模式，是苹果干掉诺基亚和摩托罗拉的核心武器。

（6）传统的蓝海战略创新模式的困境

传统的创新模式已难以适应新形势的需求，一方面产品生命周期缩短压缩了创新周期。企业创新的压力越来越大，以前创新一个产品，可以用十年八年，现在两三年就得有新产品。只靠企业自己的力量，根本赶不上市场的发展，必须要学会用全社会的创新能量。

另一方面，在许多大企业，庞大的研发队伍和巨额的研发投入已成为企业越来越难以承受之重。摩托罗拉、诺基亚等都是被投入研发创新、寻找蓝海给拖死的。

没拖死的公司，也都只剩下半条命了。比如朗讯公司，因不堪重负，宣布与阿尔卡特合并，但合并裁员后还有9000个研发人员。辉瑞减员后还有1.5万研发人员，西门子减负后还有4.5万研发人员。维持如此庞大的研发人员其成本费用可想而知。

因此，不少学者指出，大企业只有两条路：一是削减成本，二是提高研发效率。但可悲的现实是：大多数的巨型成熟公司的研发效率增长都已触到了天花板。

越来越多的重要创新都出自中小企业。

在这种背景下，一些先知先觉的公司，如苹果公司就是这种模式的最早一批改革者，开始利用全社会的创新开发力量。

IBM 和礼来制药公司（Eli Lilly）也开始对其创新模式进行改革，卡夫甚至专门设立了“开放式创新高级副总裁”一职。一种充分利用公司内外资源的创新模式——开放式创新模式应运而生。

现在，大学和政府的实验室都开始寻找那些充满创新活力的中小企业合作，渴望转化其研发成果，一些善于创造发明的个人也在希望出售其拥有的知识产权。

而另一方面，互联网的发展又为企业在全球范围内网罗人才提供了前所未有的便利。

正如张瑞敏所言：“企业家要造和时代同步的钟，这样你这个企业可能就会延续得比较长。”

8 万多员工和 3 万家专卖店曾经是海尔的绝杀武器，是海尔的最大资产，如今却成了海尔最沉重的“负资产”，张瑞敏感受到了，2015 年就立即行动，开始关闭门店，裁员 2.6 万人。

他发现了庞大的研发队伍效率低下，于是将他们分化成小微创业团队，由他们自己去经营。

李嘉诚曾说过：“你过去赚钱的模式可能就是你今天失败的原因。”我相信很多企业家都对这句话有切身体会。

如果不是这样，诺基亚、摩托罗拉这样的世界 500 强公司怎么可能被半死不活二十多年的苹果给干掉了呢？

苹果黄海战略模式的路径就是先通过利用外部人才，建立一个开放式创新平台，这种模式的突出特点就是充分利用包括人才和技术在内的外部创新资源。

比如礼来制药公司，它自己的研发人员为 8300 人，不到辉瑞制药的 56%，但由于它创建了开放式研发平台，现在它每年新药投放率远远超越辉瑞，成为全球新药投放率最高的公司。

宝洁创立了几个外部创新者网络，包括旨在将企业与大学科学家、政府和私人实验室连在一起的“九西格玛网”，葛兰素史克公司正在与亚洲的生物技术公司合作，以降低新药研发成本。

开放式创新的另一大特点是：企业不仅围绕顾客需求进行创新，而且顾客还参与创新的过程。在创新过程中，重要的不是创新者能提供什么，而是顾客想要得到什么。

一项市场调查就表明：尽管手机厂商设计的功能五花八门，但大多数手机用户真正使用到的功能不到 20%。

这正是建立开放式研发平台的重要之处，也正是黄海战略提出的前向营销模式。前向营销模式只是一个营销理念、思维，它要靠企业建立一个开放式研发平台去落地。

这就是苹果、小米这类公司的成功之处。

成功不需要很复杂，主要是思维模式的转化。能转化过来，你的战略模式就能转型，战略转型了，你自然就会找到商业模式转型的方法。

（7）苹果商业模式的创新点

苹果公司的商业模式创新点，是从普通的销售硬件设备转换为同时销售产品和服务，而且最具创新的特点是后续的服务并非自身研发，而是由第三方提供，苹果后续服务中只需承担较少甚至不需要承担成本，仍可获得较稳定的收入，该部分利润的获得与硬件设备的销售又是不可分割的，无形中分担了总成本。这里，就相当于苹果创造了无数的第三方价值，从而无意中找到了无数的第三方买单人，这正是黄海战略理论所倡导的价值创造的主张。

（8）苹果模式与黄海战略

战略是研究趋势的，商业模式只是实现企业战略的方法和手段。

虽然苹果在设计战略时，黄海战略理论还没有诞生，但苹果的战略就是我现在总结的黄海战略。企业管理理论都是晚于企业实践的。

既然以前的任何战略理论都解释不了苹果的商业模式，那我们为什么不在它的商业模式现象中去总结出战略理论呢？

①苹果跟随的是市场经济发展的趋势——前向营销。

我们先看图 5-5 的市场经济的发展趋势。

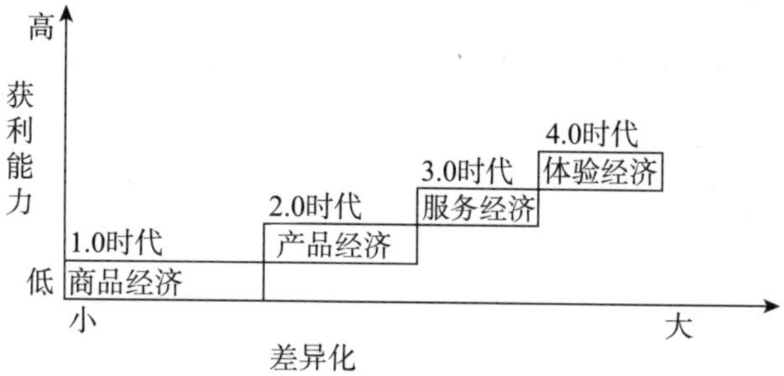

图 5-5 市场经济的发展趋势

中国改革开放这么多年，经历了短缺经济、商品经济、产品经济三个阶段，我国现在处于产品经济阶段，未来是服务经济阶段和体验经济阶段。

商品经济阶段，就是不同企业生产的产品大同小异，是完全可以互相替换的一种产品，我们称之为商品。抄袭、模仿、跟进是这个阶段的主要特征，只要价格低就行。

产品经济是市场经济的第二个阶段，到了产品经济阶段，不同的企业意味着不同的品牌，产品开始有自己的特色、个性和差异化，竞争强度不是会上升而是会下降。中国企业目前面临的挑战就是如何从商品经济向产品经济转型，这个转型关联企业家顶层思维模式转型、战略转型、商业模式转型、管理模式转型。

服务经济是市场经济的第三个阶段，服务经济是指把服务当成一个企业的利润的源泉，比如，卖服务送硬件，服务成为公司的利润源泉。

体验经济是市场经济第四个阶段，到那时消费者在乎的是消费过程中的体验、感觉和印象，过程比结果更重要。

现在越来越多的企业开始按照体验经济的思路来设计自己的产品，设计自己的服务，目的就是通过服务和体验来体现产品差异化。海底捞火锅和星巴克咖啡就是这样的企业。

细观苹果公司的产品商业模式，正是沿着这种趋势在前行，这在黄海战略里叫前向营销。

②苹果跟随小众化、个性化的消费趋势——前向营销。

苹果手机是大众化的消费，但它的 App Store 整合了无数的个性化、小众化消费服务。如图 5-6。

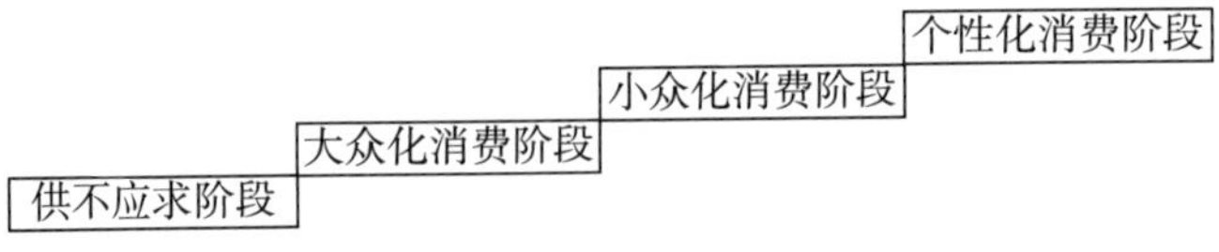

图 5-6 消费趋势

短缺经济意味着供不应求阶段。

商品经济意味着是大众化消费阶段，企业靠降低成本、物美价廉、耐用进入千家万户，如当年的福特 T 型车，一种颜色卖遍全美国。

产品经济意味着小众化阶段。步入中产阶层的消费者不再满足于大路货，他们开始追求个性、有特色、有品位的产品。到了小众化消费阶段，企业与企业之间的竞争就是看谁能够把握小众化市场的独特需求，并根据这种独特的需求来制定企业的战略，并开发出相应的产品和服务。

服务经济和体验经济意味着个性化消费阶段。当小众化消费发展到一定程度，有些人就会提出更特殊的要求，这时，小众化市场逐渐分化为个性化市场。

当中国市场刚刚开始从大众化消费转向小众化消费的时候，欧美发达国家的企业已经悄然进入到了下一个阶段，那就是推动整个社会从小众化消费转向个性化消费。

比如苹果现在转向ITV的开发，虽然它的产品还没出来，但按苹果这些年的表现，到苹果ITV问世的时候，传统电视制造企业和电视台可能都会受到冲击，就像这几年的移动通信行业一样，苹果必将带动整个世界从小众化消费走向个性化消费，再一次推动整个产业的转型升级。

其实，苹果的战略是很清晰的，那就是黄海战略。用过去那些传统的战略理论你看不清楚它在做什么，用黄海战略的理论，你立刻就明白了。

过去十多年，它都在做同一件事，那就是打造一个健康的“生态链”。创造一个“生态系统”，打造出它的不平等竞争战略。

这才是苹果的核心竞争力。

我们看企业，不要只看结果，只看表象，我们要看它成功背后的逻辑。优秀企业做了一千件事，它是围绕一个战略、一个纲领、一个中心在做。不好的企业也做了一千件事，但它杂乱无章。

所以，要想成为一个卓越的企业，先要有一个卓越的战略系统。围绕战略系统再去设计商业模式和管理模式。

③苹果的战略与模式。

从这个角度，我们再来看苹果，看苹果的产品和服务。

这些年来，我们通过 iPhone 、iPad、iTunes、APP 商店已经感受到了其魅力，就算你把它解剖透了，你也拿苹果没办法，因为它已经形成了一个生态系统、生态链了，你要想打败它，你就是在跟一个生态系统过不去，你是在跟一个社会群体过不去。这才是苹果真正意义上的竞争优势，这才是苹果开创的不平等竞争战略，这就是黄海战略，即靠“生态系统”来制胜，达到不战而胜的境界。

四、黄海战略苹果模式在其他行业的应用

也许你不在手机行业，觉得这个案例对你没用，但希望这个案例能为你打开思路，其他行业应该也都可以应用这种思路。

比如，电视制造业，中国的几家企业为什么这么困难，像长虹，20 世纪 90 年代时那么辉煌，现在这么困难，为什么？

战略上没解决问题。

纵观中国的电视机制造企业，很少有企业从产业链、生态圈、生态系统的角度去思考战略问题。

尽管大家已经意识到了智能化电视机是未来的趋势，开始研制智能电视机，却没有把个性化消费当作主题，还没有人想到要把内容提供商、播出机构和设备提供商等几方整合在一起，形成一个生态系统、一个生态链、一个生态圈。

用这个生态系统去满足顾客的需求，那问题就会很容易解决。这就要关联商业模式的变革。

我们不妨想想，我们现在看电视存在什么问题？有什么痛点，有什么

不满意的地方？

很明显，太多了。

（1）做不到想看什么就看什么，要依赖于电视台播出什么才能看什么。我们不能主动寻找。

（2）做不到用户订制，无法根据用户年龄、爱好、健康状态、生活习惯等要素来得到个性化节目。

（3）清晰度不高，视听效果欠佳，与电影院差距很大。

有了顾客的痛点，就会有企业的机会。

那些敢于战略创新的企业，未来几年必将出现像苹果这样的电视机行业巨头。

其他家电制造业也有类似的情况。比如微波炉企业，谈到如何提高市场占有率，都觉得微波炉在使用上赶不上电磁炉的使用量，因为大家把微波炉当作热饭的工具，而把电磁炉当作烹调的工具，两者定位不同。

但若用“以终为始”的思考方式来思考产品：在什么情况下微波炉的销量才可以与电磁炉持平，甚至超过电磁炉？如何才能做到？

表面上看，企业无力改变用户的消费习惯，无法劝说用户把微波炉当作烹调的工具，但其实，这里存在一个思维误区，如果大家能够“以终为始”地思考问题，也许就会走出困境。

不妨设想一下：当超市里到处都是微波炉专用食品，尤其是各种各样的半成品，大家买回家按照规定的温度和时间去加热，一道美味的红烧肉、狮子头等菜肴就做好了，会是什么感觉？对于那些家里没有保姆，小两口又不会做饭，同时也不想整天在外面吃饭的人来说，就是一个非常好的选择。

遗憾的是这么多年过去了，市场环境依然没有发生大的变化。

因为生产微波炉的企业给自己的定位就是家用电器制造商，并没有站在用户的立场去思考问题，去整合生态链，创建生态系统，自然就不会涉足微波炉食品行业。

大家不妨问问自己，苹果公司是什么行业的，很多人第一反应应是IT行业，可是它却提供音乐、视频、游戏、通讯、娱乐、教育等多项服务。

所以，互联网环境下的企业管理与传统的战略管理出现了本质的区别，传统的战略管理的专业化、多元化是基于波特价值链的思维。互联网时代，价值相关体无限的连接，已经从价值链转型到生态系统了，如果我们在制定企业竞争战略时，还基于以前的理论，我们的战略必将落后于时代。

第二节　黄海战略是基于产融互动而形成的价值战略

一、从万科的成长看中国A股市场产融互动战略的价值创造

下面要讲的万科的现象，不是个别问题，是中国企业的常见现象。当企业家长期的艰苦奋斗和耐心准备，一朝遇上从天而降的大机会，企业突然爆发或异军突起的神话与梦想，也就变成了摆在面前的事实。

此时此刻，怎样继续发展的命题，变得比以往任何时候都更为突出和具有挑战性。

当股市繁荣之时，你的组织在结构与功能上是否完成升级，是企业成

长突破的关键命门。

有魄力的企业家，如果能够一脚踹开这扇门，他就将带领企业破门而出，在一轮股市的牛市中走向一个全新的世界、广阔的天地。

如果这扇门不能被踹开，所有的改善努力，纵使是必须的和无法绕过的，在战略意义上都只不过是“谋子不谋局”的小打小闹而已，结果每每是闲置资源、坐失良机。用雷军的话说就是：“战术上的勤奋掩盖了战略上的懒惰。”

案例：万科①

万科集团成立于 1984 年 5 月，2016 年地产销售三千多亿元，利润两百多亿元，是中国最大的房地产公司之一。它的成长大致分成几个阶段。第一阶段，早期十年，1984 年—1994 年，叫生意阶段，那时，只要能挣钱，什么都干，业务结构杂乱无章，有工业——景田矿泉水，有服务业——洗车，还有广告、文化影视、百货商场、房地产等等。第二阶段，转折期，聚焦房地产，为期两年。1994 年君安证券倡议改革万科，爆发著名的“君万之争”，风波平息后，明确企业发展战略，聚焦房地产。第三阶段，万科品牌建设阶段，称为中期十年，十年时间打造了一个值得人们尊敬的万科，这十年，战略重点围绕建设“阳光照亮的体制”和职业白领文化，倾心打造产品质量和物业管理，克服缺钱和缺地的双重障碍，确立品牌，点土成金，逐步形成自己的“地产工业化”能力和房地产第一品牌的地位。第四阶段，跨越式发展阶段，2006—2008 年，两年内从一个 100 亿市值的小公司跨越到 1000 亿市值的世界级房地产公司。是 2006 年到

① 万科案例选自和君王明夫《企业战略管理》讲座。

2007 年那一轮牛市，催生了万科的跨越式发展。

早期的万科，王石和那个时代千千万万的创业家一样，并没有战略思维，人年轻，没有商业经历，摸着石头过河。他买卖过水泥、电器、粮食，看到什么挣钱就炒一把，并没有产业思维、战略思维。1994 年，君安证券为万科发行 B 股被套，成为第二大股东，占 8%的股份，当时第一大股东是深特发，占 11%的股份。香港是个成熟的资本市场，像万科这种没核心主业的企业，资本市场不看好。万科估值上不去，君安证券就被套住出不来，而王石又没有资本市场的思维，所以，二股东君安证券就联合其他几个股东，要改组万科，赶走王石。这个倡议书要求聚焦房地产，说继续按王石这么搞下去，公司没有前途，那次的“君万之争”不亚于 2015—2016 年的“宝万之争”。通过这次“君万之争”，万科确立了以房地产为主业的战略思维。

王石在万科没股权，主张建设“阳光照亮的体制”，也就是不行贿。在那个年代，不行贿，当然就得不到好地，能有的也是别人不愿要的较差的地，所以，他的战略重点只有聚焦到靠人才去打造好产品，中国有物业管理就是从万科开始的。

一个企业，如果只在产品上着力，企业战略往往很容易落脚到企业的功能战略层面，很难做出大的格局，所以，万科在产品上、品牌上经过了十年的努力，到 2005 年，市值一直没有突破 100 亿，企业战略上也没有大的突破。

2005 年，和君王明夫先生说服首创的刘晓光去收购万科，因为首创是亚洲拥有最大土地储备的房地产公司，万科是亚洲拥有最好人才但又没有土地储备的房地产公司，所以，首创要是收购了万科，十年内国内就会出现 1000 亿市值的房地产公司。而首创当时只用付出 30 亿元的成本，这是多大的买卖呢？当然这庄买卖没做成，不然，万科的历史就不是今天这样了。

紧接着2006年到2007年的牛市来了，万科股票涨了20多倍，最高时到过2700亿元，成为了1000亿量级的房地产公司，在2005年以前，万科100亿市值时，要融资几个亿都难。自从成为2000亿市值后，一融就是几百个亿，圈地圈人，一气呵成。早年万科去北大招生，摊位门庭冷落，到了千亿量级公司后，情况完全不一样了。

其实，在2006年到2007年那一轮牛市中，借助A股牛市一跃成为世界级大公司的还有很多，比如三一重工，中联重科，美的集团都是在那一波牛市中产生的。2005年以前，长沙算老几，到2007年，世界重工业的基地变成了长沙。中联重科在2005年还是一个小企业，2007年一跃成为了中国500强企业。

这些，都是因为利用资本市场创造了不平等竞争力的企业战略。

所以，有魄力的企业家，如果能够利用好中国A股的资本市场，他就将带领企业破门而出，在一轮股市的牛市中走向一个全新的世界、广阔的天地。

当然，这一切的产生，必须是给有准备的企业家的，当股市繁荣到来之时，你的组织在结构与功能上是否完成升级，你是否做好了准备，这也是企业成长突破的关键命门。

如果资本市场这扇门不能被打开，所有的改善努力，在战略意义上，都只不过是“谋子不谋局”的小打小闹而已，结果是眼睁睁地看着大好时机也毫无对策、坐失良机。用雷军的话说就是：“战术上的勤奋掩盖了战略上的懒惰。”

这也可称为是战略的层次。

二、企业战略的层次

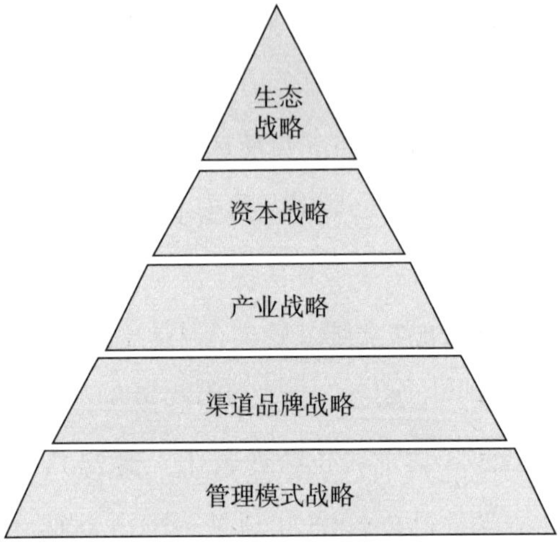

图 5-7　战略管理层级图

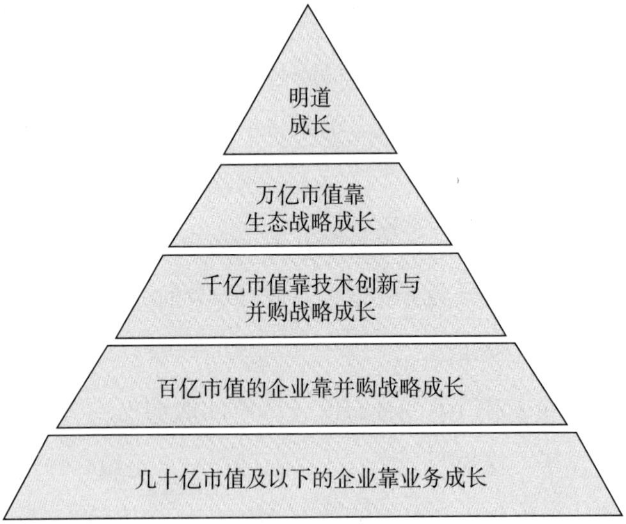

图 5-8　企业成长战略层级图

在企业经营中，战略管理是分层次的，这从企业战略管理流派的演变是可以看出来的，工业时代的第一代企业家的战略模式主要在企业管理改善方面。这就是后来总结的企业功能战略，如产品质量战略，人力资源战略、组织战略、文化等等，都是围绕内部管理进行的，像当年组织管理还没有事业部结构的时代，福特一个人管理着几十个工厂，他所思考的战略，更多的就是在组织、管理层面、管理模式。因为这个时候的企业基本上都是靠业务来成长。企业家思考最多的就是业务。

随着社会的发展，一般的组织管理、生产管理不再是问题，企业间的竞争更多地反映在市场上，于是营销的渠道战略凸显了出来，以及根据市场的产品开发工作凸显了出来，这就是传统产业链的所谓微笑曲线的两端：技术创新和渠道品牌。有了渠道，有了品牌，你的业务扩展就很容易。

再后来，人们发现，整个产业链都不是那么重要，只要你有品牌，整个产业链都会有人为你服务，这使品牌战略似乎又高了一个层次。因为，人们发现美国人最善于做品牌。

然而，随着20世纪WTO组织的深入，全球一体化的推进，各产业发展流动全球化，企业的很多战略问题是企业本身解决不了的，这时必须上升到产业结构上来解决，比如20世纪美国整个钢铁行业全面陷入亏损，作为债主的美国摩恩银行不得不出面，于是产生了美国钢铁这样的大企业。这就是企业运营效率失效后，战略必须从结构上、从产业的高度来思考。由此，资本概念作为更高一层面的企业战略正式进入企业家的战略思维。

来到资本时代，人们发现，美国华尔街的资本足够将世界500强的品牌企业轻易地全部购买掉，甚至购买几次也绰绰有余，是资本在指挥着企业的发展。因此，20 世纪末，企业的资本战略盖过了企业的一切战略。但资本战略的过度发展导致太多的投机泛滥，资本市场开始反思，开始思考企业的本质，资本战略必须站在产业战略基础之上，相辅相成，于是产生产融互动战略。

近十多年来，由于互联网的发展，苹果公司的崛起，人们研究出生态战略、平台战略。生态战略整合了产业战略、资本战略、国家战略、全球商业生态等众多生态战略环境。于是商业模式被提到了从来没有的高度，不思考商业模式而策划的战略都是不够层次的。于是未来在相当长的一段时期，当我们谈论战略的时候，可能都应包含思考实施战略的商业模式，无模式就不战略。

三、产融互动创造价值的逻辑

产融互动创造价值的逻辑是根据资本市场的逻辑而产生的。

资本市场对企业的估值模式是用市盈率来计算的，如企业所处行业是 10 倍市盈率，资本市场的股价就是对这个企业未来 10 年利润的折现，也就是这个企业的价值。用一个公式，就是公司市值 = 预测市盈率×公司利润×$(1+年度复合增长率)^n$。在这个公式中，利润有当期和远期，市盈率是资本市场对不同行业的一个大致判断，变量大的是成长率，10 年前，怎么判断腾讯、阿里巴巴的成长率。在这样的时候，要在资本市场融到钱，像滴滴出行、阿里巴巴那样，要善于描述自己公司的战略和商业模式，当然，你描述了，你得实现，你得让资本市场印证你的战略，不然，资本市场你只能骗一次，然后等待你的将是资本市场的抛弃。为了不被市场所抛弃，我们就必须在产业上规划一轮又一轮的产业增长，就像我们曾经讲到的威创股份一样，当它以前的业务没有增长前景时，就规划进入幼教产业，并做出产业增长来。只有这样让资本市场一次又一次地印证你的业绩承诺，资本市场才会继续给你透支。

这种依产业市场做出利润，资本市场提振股价，利用高股价融到资本，支持产业发展。这种互相促进发展，就是企业的产融互动创造价值的逻辑。如图 5-9 所示。

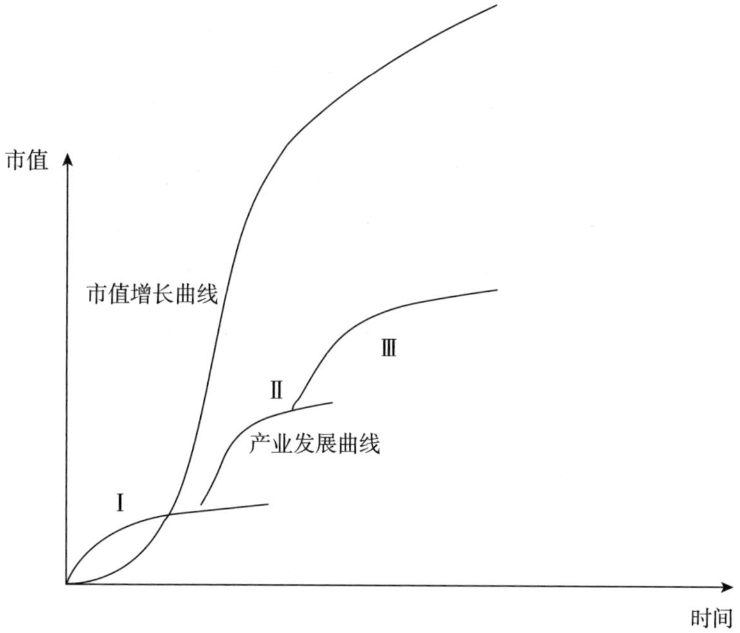

图 5-9　企业发展曲线图

该企业发展曲线图为和君集团董事长王明夫首创，版权为和君集团所有。

第三节　产融互动战略的落地策略[①]

在这里提纲挈领地跟大家做一个产融互动战略的落地方法论介绍。产融互动战略的核心理念有三点：第一点是树立产融互动和创造 EVA 的经营理念。现在很多上市公司的老板，他们更多的思维是在供研产销上面，但如何把产融进行有效的互动，如何把 EVA 创造而不是利润作为公司的经营理念，很多公司实际上是缺乏这个思维的。第二完整的是帮助公司建立市值管理经营体系。第三点是在市值波动中进行价值实现，增加股东财富和公司竞争力，促进可持续增长。这三个理念中，市值管理是最核心的理念。

一、产融互动和创造 EVA 的经营理念

EVA 是经济增加值（Economic Value Added）的英文缩写，是基于税后营业净利润和产生这些利润所需资本投入总成本的一种企业绩效财务评价方法。其公式是 EVA=税后净营业利润-资本成本。这是斯特恩斯图尔特咨询公司提出的一个评价方法，该指标的创新之处在于全面考虑了资本成本，同时又考虑了企业最终实现股东财富的增值，从而对传统的利润做出了调整。说简单一点，就是转变传统的企业经营，只经营企业利润，不

① 产融互动战略的落地策略参考和君资本宋思勤、何劲松、王明夫等《资本市场》讲座而写。

考虑企业值钱不值钱、在资本市场的价值，使企业经营者两手抓，一手抓利润，一手抓市值。使企业从挣钱到值钱。

要做到这一点，我们的第一个理念，就得树立产融互动和创造 EVA 的经营理念。核心的就是图 5-9 这张价值图，一个是增长的利润，一个是增长的市值。

任何一家上市公司都是在两个市场进行经营，一个是产品经营目标市场，一个是资本市场。在产品市场，经营目标的核心是利润。在资本市场，经营的目标是市值。实际上很多上市公司更多的是在下边，就是产品市场。每天供研产销思考的是利润问题，很少有上市公司能够在上面这个曲线上建立一套思维，而能够把这两种思维有效地融合的上市公司就更少了。实质上市值管理核心的思维就是：第一，一家公司必须具备产业和资本两种思维，而且必须进行产融互动；第二，必须认识到从企业核心竞争力和股东财富来说，市值是终极指标，利润只是过渡性指标；第三，利润做得好不好会影响你的市值，这是经典的价值决定价格理论。但很少有人思考，反过来也是一样成立的，就是市值的高低同样也会影响利润和企业发展。

二、建立完整的市值管理经营体系

第二个理念就是建立完整的市值管理经营体系，在黄海战略的方法论里面，任何战略体系都是两个层面：一是战略层面，二是实施战略的组织层面，对产融互动战略也一样，如果只有战略，而不为产融互动战略建立一个完整的市值管理的组织系统，产融互动战略就只是写在沙滩上的策略。

市值管理经营体系有广义和狭义两个定义。广义的市值管理经营体系，也就是我们常说的“所谓市值管理就是管理公司的一切”。狭义地理解，一个公司的市值是由净利润乘以市盈率，就是 E 乘以 PE。广义的市值管理经营体系应该把和市值相关的所有影响 E 的重要因素和所有影响 PE 的重要因素都有效地进行管理。在我们的方法论里，影响 E 的主要因素有以下几个：第一，公司的产业布局和性质是怎样的，是多元产业还是单一产业，是新兴产业还是传统产业，是周期性产业还是非周期性产业，是政策支持型产业还是政策退出型产业等；第二，公司的商业模式是怎样的，每家公司的商业模式是不一样的，有的是 B2B 的，有的是 B2C 的，现在互联网时代的商业模式很多是“羊毛出在狗身上”，所以要搞清楚一家公司到底怎么挣钱；第三，核心能力是什么，每个公司的核心能力是不一样的，可能是规模、营销、品牌、团队等，每个公司挣钱的核心是不一样的；第四是企业家团队，在中国的经济转型背景下，对民营企业来说，企业家团队往往是影响一家公司能不能持续挣钱的核心要素，是非常重要的；第五是盈余管理，盈余管理和财务报表作假的差别在什么地方？财务报表作假显然大家都很理解是什么概念，盈余管理是在符合会计准则的条件下对财务报表进行合法合规的调节，这叫盈余管理。这些因素我们认为是影响 E 的最核心的因素。如果要进行市值管理的话，就要把影响 E 的这些因素做出相应的改变和优化调整。这个是企业家每天都在做的事情。

但是很少有企业家做影响企业 PE（市盈率）的事情。我们认为有这些因素在影响一个公司的 PE：第一是资本市场的周期，就是股市周期。股市周期有牛市有熊市，在牛市里面还有结构性的熊市，在熊市里也有结构性的牛市。在整个股市发展过程当中，有大周期和小周期存在，每个周期里面又有不同的主题。这是影响市盈率最大的因素。第二是主题管理。每家上市公司都有若干个主题。每家公司的每个主题强弱是不一样的。上市公司在资本市场是一个怎样的定位，传递一个怎样的主题，这是需要管理的。第三是4R管理能力，4R是指投资者、分析员、监管机构和媒体关系。这是上市公司面对资本市场最重要的四个对象，它们都是需要有效地进行管理的，而不仅仅是做投资者关系管理或媒体关系管理。第四是送转能力。每一家公司有两个指标是非常重要的，一个叫未分配利润，一个叫资本公积金，一个公司的送转能力我们可以通过这两个指标进行有效的评估。第五是股东结构。即使是同一个产业做同样的业务的两家公司，如果它的股东结构不一样的话，那它市盈率是完全有可能不一样的，最典型的就是巴菲特效应。第六是市值股价区间。两家同样业务的公司，十亿市值和一百亿市值的市盈率是绝对不一样的。一般来讲，市值越小、股价越低，市盈率越高。

所以要进行市值管理的话，就涉及一个企业的方方面面，不光要懂产业，还要懂资本市场，懂每个要素。

以上是广义的市值管理经营体系，所谓的市值管理是管理公司的一切。

在和君咨询投资板块，市值管理的价值模型主要从价值塑造、价值描述、价值传播和价值实现这四个模块进行落地。和君资本的研究核心就在这四个模块。

当然，和君作为一家综合性的咨询公司，针对E的管理也是我们的重中之重，只是这一部分是在战略并购、股权激励、精益生产、产品营销等组织管理里面讲解，这里就不累述。

三、建立在市值波动中的价值实现系统

第三个理念是在市值波动中进行价值实现，增加公司竞争力，促进公

司的可持续增长。在经济学中，有张图传播很广，一根直线一根曲线，简单来说，直线代表净利润，曲线代表股价。从长期来讲的话这根曲线代表的价格一定是回归价值的，但是短期由于非理性因素的存在，它永远是偏离这条直线的，或高或低。那么在这个偏离过程中做什么动作就体现了市值管理水平的高低。我们要帮助上市公司在价格高于或低于内在价值的时候做一些相应的资本经营动作，增加公司的核心竞争力，通过这套机制促进公司的可持续增长。

这三个理念是市值管理最核心的三个方面。我们在服务客户的过程当中，就是依据这三个理念去给客户进行服务。

四、市值管理案例

下面我给大家讲一个和君实际操作过的案例（该案例为和君宋思勤整理，作者略做修改整理）。

A 公司是深交所的一家 IT 上市公司，上市十几年来形成了杂乱的业务结构。目前在 A、B、C 三个不同领域都有 B2B 的 IT 业务，A 领域是医药行业，B 领域是政府领域，C 领域是城市领域。如果从净利润上来看，一半以上的净利润是由 A 领域的 IT 业务提供的，因此这个公司的核心业务其实就是 A 领域 IT 的 B2B 业务。进一步分析 A 领域市场，发现 B 公司在这个市场占有率接近 50%。这说明未来它在这个领域的发展很有限，因为市场占有率已经很高，很难继续快速增长。我们看它近 10 年的净利润增长曲线，发现这个公司从 2002 年到 2011 年近 10 年来利润基本没增长，主要原因是由于 IT 领域机会多、变化快，过去 A 公司为了突破 A 领域的行业天花板，做了很多产业突破的尝试（B、C 两个领域都是尝试），但基本失败（不贡献利润）。A 公司当前核心业务仍集中在 A 领域的 B2B IT 业务，但目前该领域业务发展遭遇瓶颈。

这家公司在 A 领域业务的核心竞争力是什么呢？第一是客户基础。其市场占有率已有 50%；第二因为做 IT 业务积累了一定技术平台；第三，积累了一批人，做 IT 业务的核心就是人才。这些是它的核心竞争力。

从 4R 管理情况来看，有这么几个分析结论：(1) 这家公司没有研究员关注。从 2006 年到 2011 年底，累积 5 年时间只有 10 篇研究报告。(2) 机构股东数量少：2011 年，前二十大股东中只有一家机构，2010 年和 2011 年的股东名册显示，曾有几家机构持有 A 公司，但多数持股比例小、持股时间也很短。(3) 上市 10 年市值仅增长 1.13 倍，没有做过任何融资，大股东也没有做过减持。(4) 至今为止与竞争对手市值及市盈率差异大。竞争对手跟它差不多一个时间上市，目前有 100 亿的市值，而它只有 10 亿的市值。从市盈率看，竞争对手也比它高。

和君花了两个月时间研究这家企业，得出的主要结论如下：(1) A 公司所处的 IT 行业是一个机会多、变化快、有巨大发展空间的行业。凯文凯利（《失控》作者）最近有一个理论：未来任何一个行业的发展，如果有新的技术一出现，就立马把之前做得最好的企业颠覆掉了。IT 行业是最典型地体现这个理论的行业，马化腾说微信不推出的话，可能腾讯已经死掉了。(2) A 公司主业为 A 领域 IT B2B 业务，但该业务已近饱和，其他机会它也没有抓住。看整个世界 IT 行业的变迁史，IBM、微软、Google、Facebook 等不断被替代。因为不断有新的物种和商业模式出现替代老的物种和商业模式，这是 IT 行业最典型的一个特点。这家公司也很想去抓，但结论证明这家公司到今天为止一个机会也没抓住。(3) 这个公司人才流失比较严重，没有发育出一个吸引、孵化优秀人才的平台机制。IT 行业的核心竞争力是人，有没有一套机制吸引、孵化人才从而不断推出和迭代产品，这是行业里的核心竞争力。平台式公司要整出左手打右手的生态，这种竞争是良性的竞争，通过竞争可以激发出每个人最大的活力，而不会因为某个人的技术路线出现问题而导致这块业务全军覆没。(4) 过去没有产融互动思维，没有利用好上市公司平台。

面对未来发展，A 公司需要回答一系列问题：(1) 公司所处 IT 领域未来有哪些发展机会？(2) 是否能抓住这些发展机会？需要做出哪些改变？(3) 如何利用好上市公司平台加快公司发展？

和君解决这些问题的方法就是上面讲的市值管理方法论。首先和君为这个企业做了基于市值的发展战略，重新将企业推入了二次创业的轨道；然后通过市值管理价值模型，推动公司市值增长；第三阶段是市值增长后通过增发、并购的形式推动公司的新一轮的业绩增长，最终形成产融互动的经营局面。

下面我讲一下具体的几点工作。

(1) 价值塑造

第一点，和君与企业一起明确了未来 3—5 年的发展战略，确立了以市值为导向，产融互动的经营理念和经营目标。现在是 10 亿市值，未来 3 年要做到超过 100 亿市值。按照 30 倍市盈率计算，利润就要做到超过 3 亿元。要实现这个利润目标，要做这么几件事情。①业务目标：集中公司优势资源，成为 A 领域及 A 领域相关方向 IT 的绝对领导者，发育成公司的主要利润来源；围绕云计算、大数据技术与商业模式发育多个潜在业务增长点。②管理目标：创建平台型公司，建立平台型制度、文化及服务功能。③资本目标：确立产融互动的发展思路，建立上市公司资本平台，完成 1—2 次再融资与若干次产业并购。

第二点，根据这个新的发展战略，实施业务结构优化。①剥离、退出经营不善业务：B 领域、C 领域业务全部退出。②短期进行财务投资改善业绩。③抓住 A 领域 IT 业务的创新机会。④长期围绕 A 领域做大 IT “云业务”与“大数据业务”。

第三点，管理模式与组织结构优化：和君协助公司设计平台化管理模型支持新业务开展。基本思想如下：①公司的人只要达到一定的业务指标，就可以自行申请成立业务团队、事业部、子公司等。不同的组织形态有不同的激励政策。②调整组织结构和激励机制。在总部要发育一些平台化管理的能力支持下属业务发展，比如说投资能力，专门成立投资部；比如培训能力，专门成立商学院；比如说统一营销的能力，建立营销平台。

第四点，实施股权激励计划：根据未来战略和组织布局计划实施股权激励计划，实现公司与员工个人共同成长。

第五点，加强核心人才管理能力培养：组织公司高管和核心骨干参加和君商学院，实现知识结构升级和思维结构升级。

第六点，盈余管理，优化财务业绩：经过业务结构的系列调整与部署，公司业绩已明显体现“二次创业”的经营拐点。

（2）价值描述

第一点，首先要判断是处于什么样的资本市场环境。这家公司是和君2012 年开始服务的一家公司，和君当时也要对股市周期做一个研判，如果研判错误的话会对公司市值产生非常严重的影响。

和君当时有两个核心判断：一是判断未来股市不会很好；二是所处TMT 板块应该会是非常重要的热点主题。因为整个中国经济增长方式未来需要进行转变，大家把期望更多地放在新经济上面，以 TMT 为代表的新经济应该会是一个重要市场主题。以互联网为代表的新经济有一个非常有意思的现象，这种商业模式短期业绩体现不了，无法证伪，必须不断砸钱进去，砸着砸着业绩就出来了。

第二点，还为A公司做了新的价值描述。因为公司业务很杂乱，整个市场也没有人关注它，基本对它没有预期。所以基于未来的发展战略，和君为A公司定了一个新的主题：回归A领域IT，其他领域都不做了。有预期就可以进行估值了。在定位上有两个动作很重要，一是分析竞争对手的定位；二是投资者预期调研。和君对市场上的核心投资者都做了调研，掌握了市场上对这家公司所处行业是怎么看的，业绩是怎么看的，未来发展战略是怎么看的。实际上股价能不能上涨，有一个非常重要的原因是你能不能达到或超过投资者的预期，如果超过其预期，股价一定能增长。这个是价值描述的基本原则：以达到和超越投资者预期为标准，在合法合规的范围内进行价值描述和盈余管理。

总结一下，如果和君要给一家公司做价值描述要从这几个方面着手：第一，要定位它所属行业的特性。它属于什么行业？增长速度怎么样？市场规模怎么样？市场结构怎么样？在这个行业里面的竞争要点是什么？这是必须要搞清楚的问题。第二，一定要定义清楚公司的核心能力是什么，研发、营销、规模、品牌、人才，要定义清楚它是靠什么持续地挣钱。第三，要分析清楚公司的管理团队是什么样风格的。第四，业绩处于什么样的增长阶段要定义出来。第五，要看公司有没有发展战略，它未来想发展成什么样的公司？所以经常会有做投资的人去问一家公司的创始人五年之后想发展成什么样子。你看它有没有一个清晰的定义。还有一点，要分析这个行业国外有没有大公司。

（3）价值传播

价值描述完成之后，接下来讲价值传播。卖一个企业和卖产品是一样的，也需要去向资本市场上进行营销。

上市公司有一些法定的信息披露的渠道，包括定期报告（年报、中报、季报）、临时性公告等。这些法定信息披露渠道是非常重要的价值传播渠道。还有一个是自选传播渠道。对于A公司来说，和君组织了这家公司上市十几年来的第一次路演，与二十多家基金公司沟通，同时与新财富所有的研究员、相关的财经媒体进行了针对性的沟通，这些就是4R管理的重要内容。

和君总结了价值传播的一些核心原则。第一，找到“打喷嚏股东”：资本市场上有一类投资者，他们的决策可以影响其他投资者的决策，找到并锁定这一类投资者。第二，增大投资者的沟通范围和深度：北上广深主要投资者开展1对1沟通。第三，重点加强偏好IT行业基金的沟通。我们对市场上所有的基金专门做了数据库统计分析，能很精确地分析出哪家公司喜欢买IT行业的上市公司。第四，做好预期管理。这四个原则放到任何一家公司都适用。

（4）价值实现

衡量一家上市公司市值管理有没有做成功，可以从以下方面去看。

第一看市值。两年时间内从和君启动服务时候的15亿的市值变成了95亿，远超大盘的涨幅、行业平均涨幅和竞争对手的涨幅。一年时间内其竞争对手上涨了60%，大盘下跌了3%，这就是效果。

第二看市盈率。阶段市盈率的增幅也超过了它的竞争对手，绝对值也超过了竞争对手。静态市盈率它是52倍，竞争对手是50倍；动态市盈率是37倍，竞争对手是33倍，但是服务之前它的市盈率比竞争对手低很多。

第三看股权吞吐。A公司在服务期间进行了股权激励溢价行权，行权价格14.56元，后来是在20元左右行权。激励对象都赚了钱，大家工作的积极性就更高了，这是正向循环。

第四看公司主题。公司以前没有主题，无人关注，现在明显清晰，是A领域创新第一股。

第五看研究员热度。研究报告数量从一年平均只发2篇报告到平均每月发布5篇报告，且报告深度、评级、新财富研究员的覆盖度等明显加大。

第六看媒体热度。媒体以前从不报道这家公司，现在重点财经媒体发布了10篇专题，文章被转载总计1000多次。

第七看流通股东机构数量。机构股东数量明显改善，以前没有机构投资者，现在最新一期股东名册显示有25家机构在其中。

第八看股东结构变化。以前都是短期投机型机构在里面，持有的时间也不会很长，现在持股超过5%的机构有5家，而且持股时间明显变长。

第九看市场风格和股性明显改善。以前公司的股价是忽涨忽跌毫无规律可言。公司如果想做再融资的话把握不住自己股价，它不知道什么时候再融资合适，而且一个跌停它就可能少募一亿元，它没有进入到一种主动有效的管理状态。现在A公司是这个领域的领涨股，股价稳步上涨，很稳健。

和君前不久与A公司股东开董事会，董事会对和君的市值管理工作评价："经过和君市值管理的服务，公司当前董事会已经形成高度共识，公司的二次创业已经启动新的经营逻辑，进入了产融互动的经营循环。"简单理解，就是在公司战略的指引下把公司基本面做好，做好之后股价上涨，上涨之后进行融资，融资来的钱进行并购或者自建，进一步推动公司战略的落地。这叫产融互动，这样就把上市公司的平台给做活了。

五、黄海战略产融互动的市值管理立场

上述案例是和君曾经服务的一家上市公司的案例，实际上和君咨询集

团每年的咨询业务已超过800家，每年在市值管理方面也服务了很多上市公司，出于对客户信息保密的要求，也出于资本市场的敏感性，和君的很多案例都不能拿出来讲。

和君之所以认为市值管理对上市公司有价值，是基于和君对资本市场的几个基本假设：

第一，未来A股会继续推进市场化改革。只要推进市场化改革，市场的整体估值中枢会下降，估值体系逐渐与海外接轨；另外，上市公司之间的分化会越来越大，同一行业的上市公司估值会相差很大。只要市场化改革一直在推进，市值管理对上市公司就一定越来越重要。

第二，和君对市场的假设是市场是无效的，非理性的。A股市场的无效性和非理性导致价格永远大幅偏离价值，这种无效性导致上市公司进行市值管理是必要的，也是可能的。

第三，A股市场上的上市公司经营还处在非常粗放的阶段。大部分上市公司的经营思维还停留在供研产销的传统经营思维上面，能够真正了解、熟悉进而熟练运用产融互动、资本经营这些海外上市公司的经营逻辑的公司其实并不多。如果上市后继续以传统思维经营公司，那么上市没有太大作用。随着资本市场改革的深化，金融工具的日益增多，以市值管理为代表的资本经营方法会成为上市公司的核心经营逻辑。

和君希望通过这套市值管理方法论以及和君的实践，推进A股的市场化进程，提高市场的效率，提升上市公司的资本经营水平，从而使参与A股市场的投资者能够真正发现、支持并分享优秀公司的成长。

最后和大家分享一个我的实际工作和生活的体会。我觉得每一个人都需要找到属于自己的一套世界观、方法论和价值观，去认识、影响和改造这个世界。这个东西有可能是你自己的一个专业，有可能是你的一个产品，有可能是你的事业，但是你一定要有一个东西去体现你自己的方法论和价值观，然后通过这个东西去改造和影响这个世界。对于我来讲，黄海战略这个战略体系、这套东西就是我认识和改造世界的一个方法论，我是这么来认识企业、认识资本市场的，而且我觉得黄海战略这套方法论能够影响和改造中国的企业，能够帮助它们去进行发展。这是我做这件事情非常重要的一个出发点。

所以我现在的黄海战略研究中心想做的一件事情就可以用一句话来形容：我们希望用这套方法论和价值观去认识和改进中国的中小企业，帮助这些公司去可持续地发展。在这个过程当中希望能够找到一群志同道合的人做这样一件有意义的事情，积累一批真正认同我们而且我们也有能力去帮助他们的客户。

第六章　黄海战略的产业利润密码

先讲一个“抉择”的小故事：

一个农民从洪水中救起了他的妻子，他的孩子却被淹死了。

事后，人们议论纷纷，因为孩子可以再生一个，妻子却不能死而复活。也有人说他做错了，因为妻子可以另娶一个，孩子却不能死而复活。

我听了人们的议论，也感到疑惑难抉；如果只能救活一人，究竟应该救妻子呢，还是应该救孩子？

于是我去拜访那个农民，问他当时是怎么想的。

他答道：我什么也没想。“洪水袭来，妻子在我身边，我抓住她就往附近的山坡游，孩子已经被洪水冲走了。”

归途中，我琢磨着农民的话，对自己说，所谓人生的抉择不少便是如此吧。

故事心得：大道至简。战略在于抉择，取舍的原则在于简单明了，很多抉择其实就是一个常识。企业战略管理的真谛就在于此。

第一节　极简战略的思路

黄海极简战略的思路主要在两方面：产品极简，组织极简。

先讲产品极简。黄海战略是一种前向营销的战略，它的功能战略核心在产品，企业在做产品前，其市场营销的一切策略早已胸有成竹。

黄海战略的市场主策略是插位切割。从宏观景象图看，黄海本身就是从红海与蓝海中切割的一块市场。黄海市场不像蓝海市场，远离了红海，是没有竞争的市场，黄海是企业从红海中找到那些竞争还不充分的细分市场，将它切割出来，并且将它标上自己的标签，从这种方式向蓝海发展。

所以，黄海战略的思路是极简战略。找出红海中的一个细分市场，给自己的品牌定位，一定要定在第一，定住这根针一定要通破天，向世人宣告，你就是第一，你就是老大。因为人们只能记住第一。接下来就打造一款你的极致产品或服务，一定要将产品做到极致，即单品极致化，比如福特 T 型车，极致的便易，格力空调、格兰仕微波炉、农夫山泉也是如此。

第二节　极简产品策略[①]

一、极致化的产品策略选择与工具

产品策略是描述产品与市场的对应关系、明确企业的产品策略，就是给自己设定一个边界，选择做什么，不做什么。

比如，海底捞选择了将服务做到极致化，除此之外，其他产品都只做到一般水平，那其他产品的利润获得就会比别人高。

比如，日本的快美发屋也是这样的案例，它将“快”做到极致。别的理发店一般要一个小时，它能做到只要 10 分钟，号称日本第一快，在“快”上再没有人超过它。

图 6-1 是产品策略的五种选择。

针对产品策略的五种选择，利用黄海思路重塑品牌。

初期，一般选择产品单品极致化，或单项服务极致化。以日本快美发屋为例进行分析。

理发是一个很传统的行业，无论时代如何变迁，环境怎么演变，这个行业的服务内容都可以按两大类来区分：一类是功能性的，就是将长了的头发剪掉，一类就是针对人在理发过程中的情感服务。比如热毛巾一块又一块地递上，按摩肩膀，给顾客提供茶和咖啡，头发和皮肤的特别护理，

① 该节案例图表参考《蓝海战略》及张雷《商业模式转换》讲座。

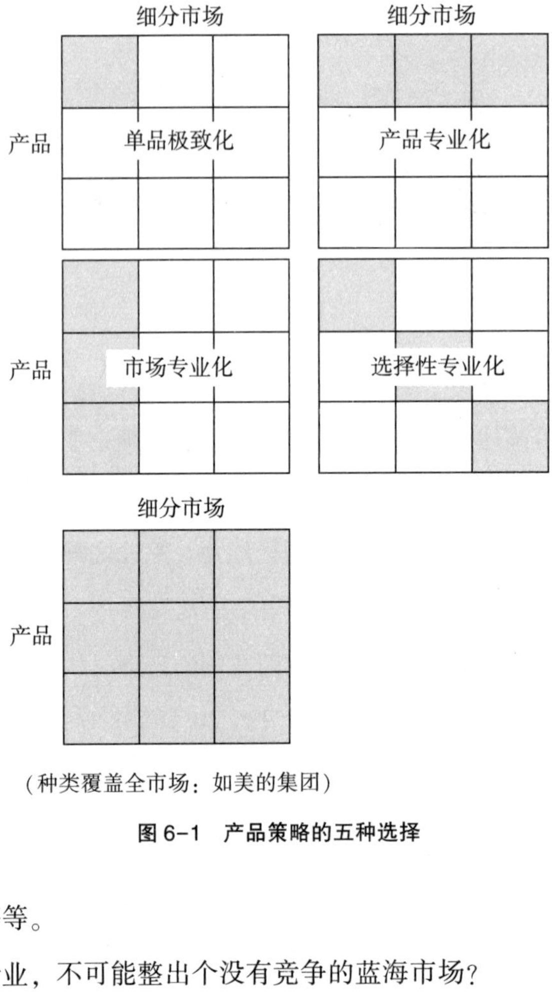

（种类覆盖全市场：如美的集团）

图 6-1　产品策略的五种选择

塑型，剃须等等。

这样的行业，不可能整出个没有竞争的蓝海市场？

黄海战略的插位、切割、单品极致法、一根针通天法，这些从红海中奋争的方法就很适用。

在日本，男人理一次发大约要花上一小时，为什么呢？因为大部分理发店为了争取顾客，在服务的过程中都增加了很多服务内容，占用了大部分时间，结果真正用于剪发的时间只占一小部分。让等候的顾客排起了长队，这使得很大一部分人不满意，特别是上班族，他们不想为了理发浪费一小时。

快美发屋的老板发现了顾客需求的这一痛点，于是提出了一个价值主张：我要做全日本理发最快的理发店，这就是快美发屋的产生。

这一价值主张就是黄海战略的“一相四法”战略工具的运用。

“一相四法”就是你的战略将你的品牌呈现给市场的“相”一定是第一，怎么来呈现呢？就是通过插位切割，一根针通天的价值创新，通过产品塑造过程中的“加、减、乘、除”四法来实现。

快美发屋是怎么实现全日本最快理发店的承诺的？

首先取消了那些情感服务，如热毛巾，肩部按摩，茶和咖啡。

其次大幅削减了头发的特别护理，把力量集中在基本的剪发上。

最后，剔除了耗费时间的传统洗剪做法，创造了“气洗”系统——一只悬在上方的龙头，拉下来就可以吸走每一根剪落的头发。这个新系统用起来更好更快，又不会弄湿顾客的头发。

经过这些改良后，快美发屋将理发的时间从一小时缩减到十分钟。

此外，每家店外都有指示灯，显示店内是否有空位，这就减少了等候时间的不确定性，也不需要设置预约柜台。

这样，快美发屋得以把剪发的价格从 27 美元—45 美元的产业平均价降到 9 美元，同时因为人员成本降低，理发所需的零售空间减少，每个理发员每小时的收入提高了近 50%，快美发屋创造了这样一套“没有花架子”的理发服务，又改进了卫生清洁水准，为每位顾客提供一套新的毛巾和梳子。

图 6-2、图 6-3 可以帮助我们更好地了解快美发屋是如何开创黄海的。

（1）产品极致化“一相四法”的一相表达

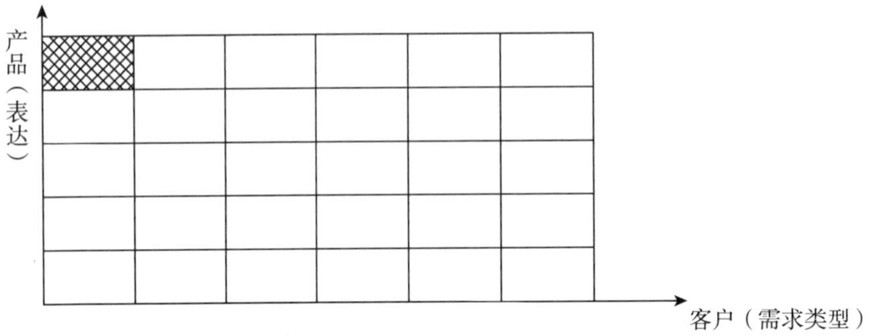

图 6-2　单品极致，如福特 T 型车、日本快美发屋

提炼不同时期顾客的痛点需求，去满足那一部分顾客的需求，将产品或服务做到极致，建立你的品牌识别——第一。

（2）“一相四法”的“加、减、乘、除”法——产品价值塑造法

为了重构买方价值元素，塑造新的价值曲线，使用“一相四法”的“加、减、乘、除”来创造新的价值曲线，这同蓝海战略的价值塑造框架图近似。

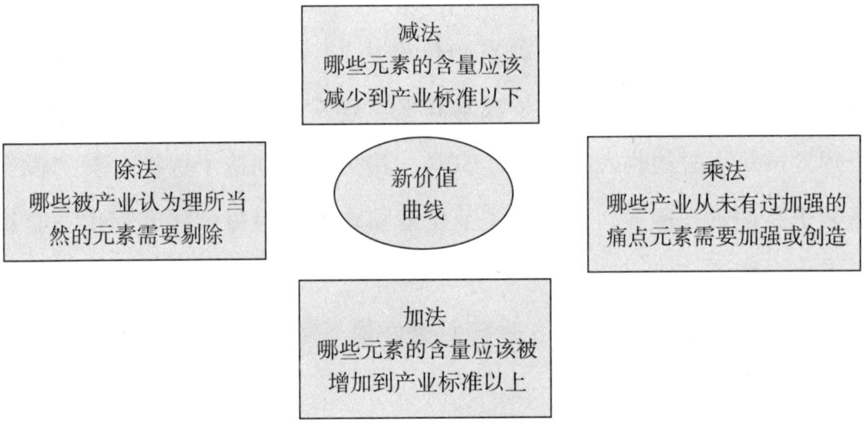

图 6-3　产品价值塑造法

当黄海战略重新定位之后，你的品牌之相如何来塑造，那一根针的产品极致如何来表达，就要靠这个“加、减、乘、除”四法。

第一，乘法，怎么成就你的产品极致。实现这个产品极致所要付出的成本，这个成本与市场价值能否为目前市场所接受。

第二，除法，剔除所在产业中企业长期竞争攀比的元素，剔除与定位不相关的元素。

第三，减法，检查现有产品或服务是不是为了竞争比较和打败竞争对手在功能上设计过头了，在这种情况下，企业给顾客的超过他们所需要的，白白增加了企业的成本却没有好的效果。

第四，加法，为烘托极致化的产品，原来哪些功能还要做得更好一些。

第一和第四，乘法和加法是解决产品极致化、差异化，第二除法与第三减法，是让你明白如何把成本降到竞争对手之下。

第一乘法与第四加法所增加的成本减去第二除法与第三减法所减少的成本，它们之和就基本可以判断出你的价值方案的可行性。

当你将“一相四法”的价值战略图绘制出来后，你基本就能看到，你原来假定的顾客价值是否可行。

当你绘制好之后，我相信，你的战略思维就会更加清晰，它将改变你原本认定的事实，原来战略并不复杂。

二、前向营销的产品转化八步骤

黄海战略的产品策略一定要强调前向营销，企业所有的营销策略要在规划产品之前就要完成，具体的方法和过程我们已在小米手机的案例中做过描述，一般过程可由图 6-4 的八个步骤构成。

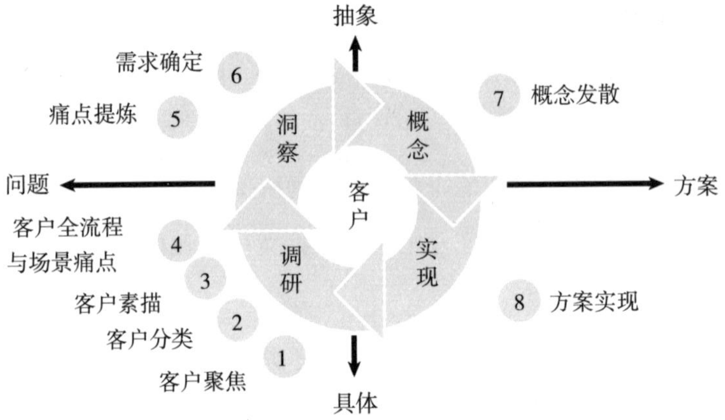

图 6-4　前向营销的产品转化八步骤

一家企业的产品策略规划如果能遵循这样的前向营销步骤来做，那么企业一定能够获得成本优势，产生超额利润。

三、产品策略表达

要从红海市场中杀出一条血路，建立黄海市场，而且要收获超额利润，一定要借助极致化的产品策略表达。

极致化的产品策略系统分三个层面：

战略层：品牌战略。你的黄海插位分割下来的市场，决定你的品牌初创期或品牌重塑，你的形象产品策略。

策略层：品牌与价值链解决方案。

产品策略层：品牌与产品组合规划。

产品策略背后的逻辑：为了从红海中走出来，建立黄海，品牌形象要极致化，极致化的市场定位，极致化的产品。我们所插位的那个细分市场一定是很小的，不然你能看见，别人也早就看见了。小米手机就是这样开始的，刚开始，小米只做米聊社区发烧友喜欢的手机。但是，我们要明白这一细分市场并不是我们的真实目标，寻找这个细分市场只是给我们的品牌找个说法，卖个噱头。我们的目标是要在行业中形成竞争优势，而且是综合竞争优势。

因此，定位后的产品规划实际上是一系列的产品组合规划，包含形象产品、核心产品、利基产品、主销产品，以及产品升级、产品延伸、产品替代等一整套的产品规划。

案例：华为、小米、苹果三品牌产品线结构图，参见图 6-5、图 6-6、图 6-7、图 6-8、图 6-9。

布局：产品规划

产品线与产品线结构：

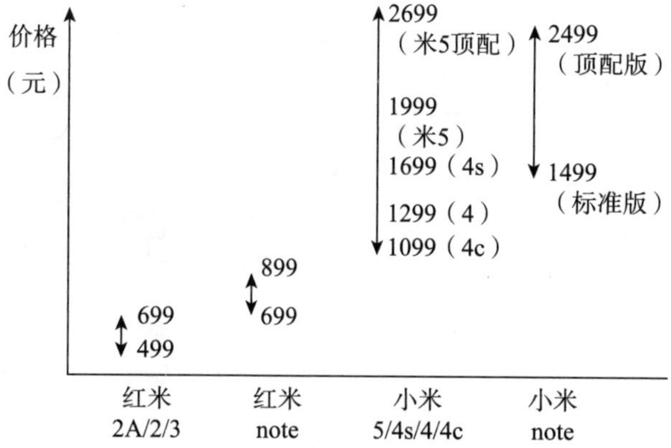

图 6-5　小米的产品线结构

资料来源：张雷老师“商业模式利润密码课程”资料。

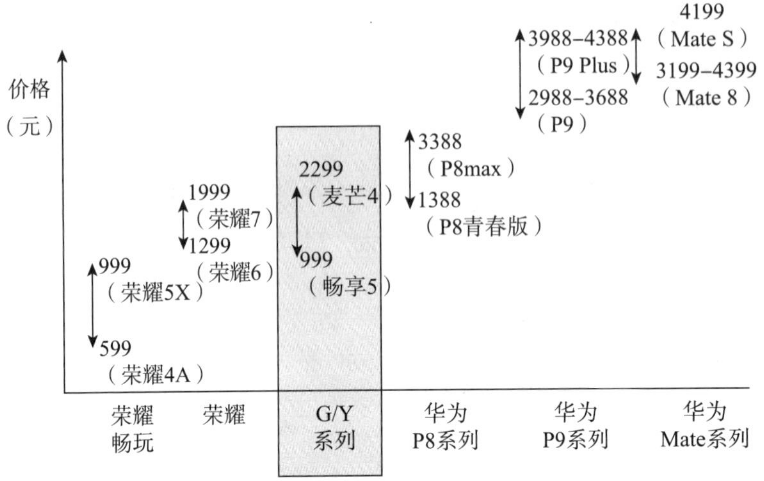

图 6–6　华为的产品线结构

资料来源：张雷老师“商业模式利润密码课程”资料。

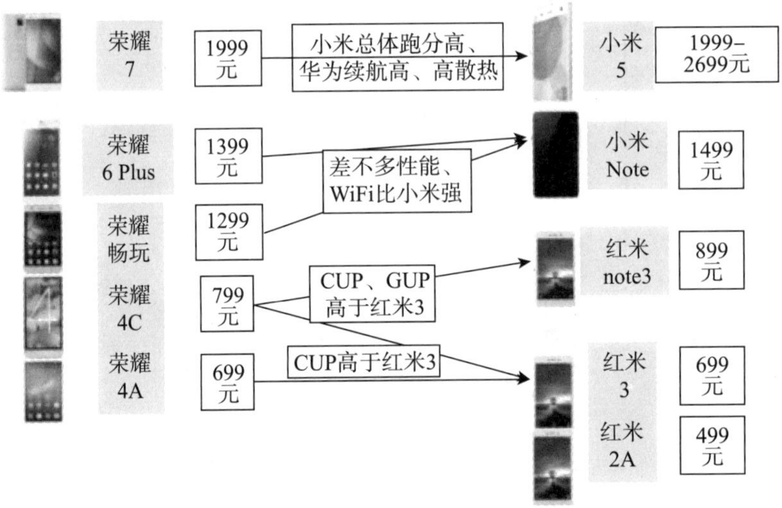

图 6–7　华为荣耀系列 PK 小米系列

资料来源：张雷老师“商业模式利润密码课程”资料。

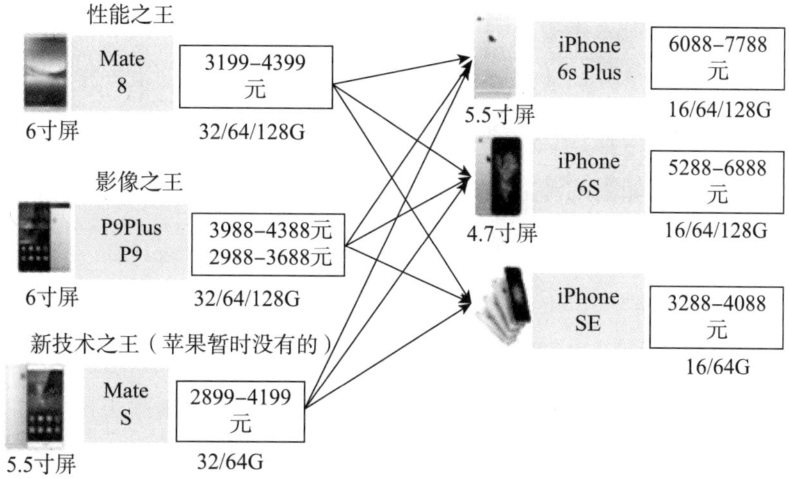

图 6-8　华为 Mate 系列 PK 苹果系列

资料来源：张雷老师“商业模式利润密码课程”资料。

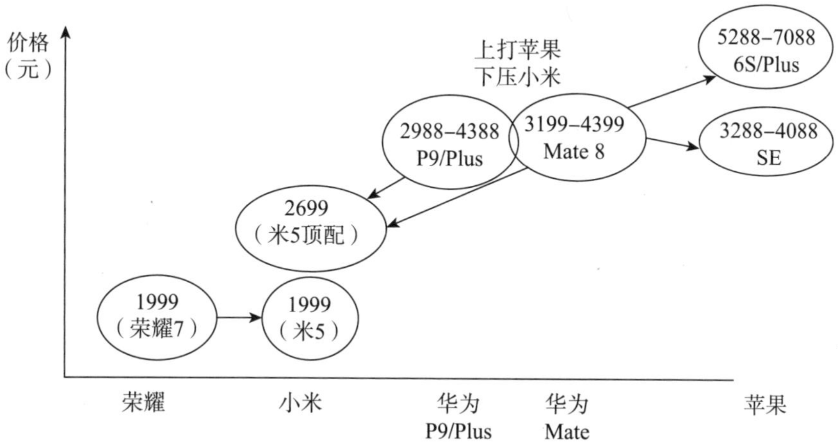

图 6-9　华为产品布局背后显示的企业战略

资料来源：张雷老师“商业模式利润密码课程”资料。

重点是争夺“第一”背后的企业战略。

小米总裁林斌宣布小米手机在 2015 年的出货量超过了 7000 万部，名列中国手机厂商出货量第一名，小米从无到有，仅用了三年多的时间，就直逼华为。

华为2015年国内出货6300万部。

所以，华为如上的产品策略是在企业战略的层面要保证自己出货规模居于老大的地位，为荣誉而战。

在华为这样的攻击下，2016年、2017年小米国内出货量直线下降，为什么？是小米自己出了问题，还是竞争对手太厉害？这不是这里讨论的话题。这里只是介绍如何进入黄海以及进入黄海后的产品策略表达。

一个企业的产品策略表达遵循如下顺序（参见图6-10）：

图6-10 产品策略表达的顺序

四、价值定位的方法

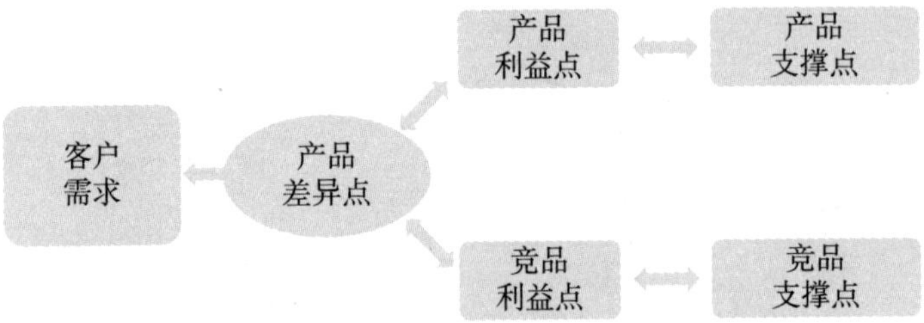

图6-11 价值定位的理论逻辑：DBFA要素图

价值定位的起点是客户需求（Demand），驱动力是产品的利益点（Benefit），创造力是产品的差异点，企业的基本能力是支撑点，如打造产品的功能指标。

这就是价值定位的基本逻辑图。永远记住有需求才有市场，真正满足用户痛点的需求才能引爆市场。如果企业要想从红海中走出来，做大做强，就必须找到满足用户痛点的那个需求，围绕这个痛点需求来设计产品。

痛点需求由利益点来表达和呈现，最后落脚点在产品的支撑点上。

所以企业的任务就是：塑造产品利益点，找到产品的支撑点。

什么是产品支撑点？

每类产品都有其构成的各种元素，其中一些元素成为购买者在选择产品时的主要考虑因素，被称为这类产品的品类元素。

品类元素既包含有形元素（技术、功能、性能指标），也包含无形元素（文化、历史、名人、效应）；品类元素在塑造了产品利益点的同时，也为产品的差异点提供支撑，所以也被称为产品支撑点（参见图 6-12）。

产品支撑点 （品类元素）	产品利益点
GPS导航	指引路线
雨刷器	保持视线清晰
新材料的刹车鼓	及时减速，停车
新型的挡风玻璃材料	开车视线清晰，通透

图 6-12 从支撑点到利益点

我们一般在分析产品的时候要关注三个问题（参见图 6-13）。

1. 产品的利益点是什么？

2. 产品给顾客带来了什么样的好处？

3. 如何找到产品的品类元素？

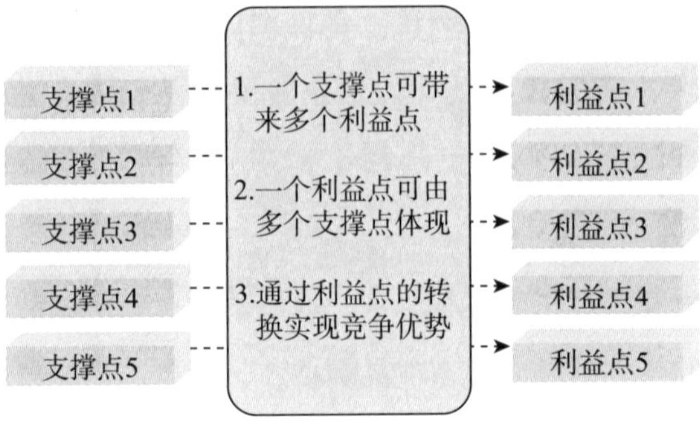

图 6-13 将支撑点转化为利益点

只有产品支撑点才能带来利益点，消费者购买产品的时候，看到的是品类要素，但买的不是品类要素。

由于品类元素的止观特点，容易成为消费者进行产品选择时的参考依据，利益点的代名词，特别是用数字表达的品类元素，买的是品类要素（支撑点）给用户带来的利益。

利益点的目标是：满足客户什么需求？

利益点就是“卖点”，最后变为销售话术。

五、黄海战略的让渡价值

黄海战略的让渡价值大量产生于网络经济时代。其实在互联网产生以前的传统经济时代也有，只是以前这类战略成功的案例不多，没引起理论界的重视和总结。在网络经济时代，这种成功的案例比比皆是，我十年前就关注这一现象了，知识从现象提升为一个理论不是一个简单的过程。下面，我就以百度为例，运用边际非稀缺资源的网络价值逻辑，看企业如何改变价值逻辑和交易结构，从而使得黄海战略模式取代以前传统的红海战略和蓝海战略。

这里我先解释一下边际非稀缺资源的概念：即在网络经济时代，存在大量的知识、信息、文化和科技这类的生产要素，它们一旦生产出来，就成为了无形产品且可重复使用而没有追加成本，即边际成本永远为零的这种使用成本为零的资源，叫边际非稀缺资源。

比如，百度搜索网一旦做出来，它的成本就固定了，你 10 个人去使用和 100 万人使用以至 10 亿人使用，它的成本都是一样的，它的产品使用成本不随人数增加而增加。

通俗一点说，边际非稀缺资源的产品就是只有固定成本分摊而没有可变成本的产品，因此，它具有产出越大，产品平均成本越低，最后趋近于零的性质。

正是这一理论的成立，黄海战略的让渡价值理论才成立。

百度搜索平台具有边际非稀缺资源性质，10 人搜索或是 10 亿人搜索的搜索平台成本相等，搜索服务具有可变成本为零的性质。所以单位搜索固定成本分摊曲线是一条始于平台成本为起点，终于零价格的一条曲线。

什么意思呢？

也就是说这条边际曲线图是总成本 = 固定成本，顾客量越多，固定成本分摊价格越低，收获投资越快，这里我们假定将搜索顾客称为 G_1。顾客的搜索需求有无穷种数，我们把这些顾客称为 G_2，G_3……G_n.

由于百度是一个生态平台，它还有供应商，同时也是它的顾客，因为它们要借助平台找到 G_1，G_2……Gn，我们把它叫作 GG_1，因此，GG_1 也会来分担平台的成本。

G_1 是平台的顾客，同时也是百度平台的价值创造者，因为有 G_1 的聚集，才会有 GG_1 的聚集。

GG_1 是平台的客户，同时也是百度平台的价值创造者，因为 G_1 上平台

是为了找到 GG_1。

由于 GG_1 是产品和服务的出售者，因此，GG_1 愿意成为第三方买单人。

百度是生态平台，还会有 GG_2、GG_3……GGn 在这个生态圈找到价值，因此，他们也是百度平台的第三方买单人。

假如，我们将 GG_1、GG_2……GGn 的买单价称为 GG_1c、GG_2c……GGnc，则当（$GG_1c+GG_2c+\cdots\cdots+GGnc$）$-C$（平台成本）$=0$ 时，百度就可以对 G_1 实施免费；当（$GG_1c+GG_2c+\cdots\cdots+GGnc$）$-C$（平台成本）$>0$ 时，平台还可以给顾客 G_1 奖励。

在这种情况下，我们称 GG_1c、GG_2c……GGnc 为平台支付的费用，平台用来对 G1 实施免费或奖励的价格，称为股东让渡价值。

即如果企业在没有竞争或垄断的情况下，百度平台为顾客 G 提供服务是有价值的，而且可根据市场定出价格来。

比如淘宝，充当第三方买单的有 GG_1 = 各品牌企业广告，GG_2 = 支付宝，GG_3 = 天猫店主摊位费，GG_4 = 销售提成费。

但是，淘宝在创业之初，上面这些 GG_1、GG_2、GG_3、GG_4 都是不存在的，这时，淘宝就要整合企业未来价值，做商业模式，做远景规划，将淘宝的战略规划拿出去找风险投资来做第三方买单人。

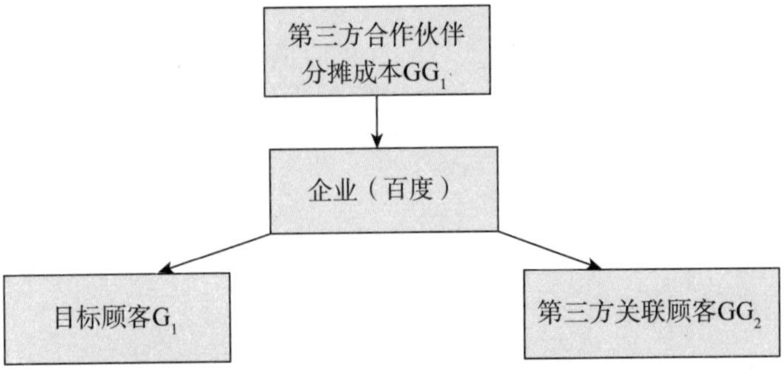

图 6-14　让渡价值交易结构逻辑图

从图 6-14 可见，企业、顾客、网络价值关联顾客和生产合作伙伴是互利共赢的。

当产品价格小于平均成本，等于零或小于零时，顾客的消费者剩余越来越大，甚至等于或大于产品对顾客的全部价值。

同时，企业从第三方得到的收入远远大于来自目标顾客的收入。

第三方则从共同创造和交易的网络价值中节省了成本或增加了价值。正如百度那样，搜索顾客越免费，搜索的人就越多，对广告主价值就越大，百度从广告主那里获得买单价值就越大，三者之间的网络互生价值关联度，决定了越免费越赚钱。

第三节　极简的组织效率策略

一、利润来自于极简组织效率与人力资源策略

黄海战略有别于红海和蓝海，它一直是个插位战略、是个生态位战略。黄海战略的使命不是求大求全，求规模，它追求的是简单、效率。其利润来源于极简组织效率与策略。极简组织效率关注五个方面：个人效率、组织效率、资产效率、战略效率、创新效率。我择取阿里巴巴前副总裁卫哲的演讲，进行了部分修改。

（1）个人效率提升

自我驱动是个人效率最好的来源。成长是每个人自己的事，你不想成

长，谁能逼你。所以我们要问自己，有没有做成一个自我驱动的公司。

淘宝有赛马会。什么是赛马会呢？整个集团都在推广——我的级别，我做主。后来延伸——我的工资，我做主。

以前是什么形式呢？领导考察，觉得你表现不错，找你谈话：你要晋升了。受宠若惊——领导要晋升我。

现在领导对优秀的销售说，做得不错，明年打算升你做主管了，继续努力。销售一听：我为什么要当主管？我做销售挺开心的。领导对优秀的工程师说，你可以去做主管了。他却说，我管好自己就行，不要管别人。

人的思想不一样了，怎么解决公司驱动？

自我驱动。年初，如果你觉得年底想晋升，就报名。不报名的人就一定不会晋升。能不能晋升两级？行，你报名，你报名晋升两级，公司就用两级的标准来要求你。

对于这代人来说，更重要的是你有没有给他自我驱动的机制。

最小的作战单位有活力，公司就有活力。

这个机制还包括什么呢？你要把一个拉开的组织，想办法变小。为什么呢？个人在万人的公司，哪怕是百人的公司，他的成就感，都变得很小了。最小作战单位如果有活力、能驱动，一个公司就有活力。

每个人都为自己的梦想做事，才可能成功。理想跟梦想的区别是什么？每个人的是梦想，一群人的才是理想。不要和单个人谈理想，每个人有自己的梦想，但是梦想一定不是鸡血。

这个梦想可以是财富，但不一定是财富。

梦想是每个人独立的。一个团队最重要的是了解每个人的梦想是什么，帮助他实现、给他机制实现。让他为了自己的梦想，去自我驱动。

要信任员工，提倡员工的自我约束。

个人效率的提升，光是自我驱动是不够的。还是要有约束。但是“90后”不喜欢被约束，那怎么办？要提倡自我约束。

以在阿里巴巴加班，可以再吃一顿晚饭为例子。当时，一顿晚饭公司出 15 块钱，一年要吃掉差不多两千万元加班费。

最早的管理办法，员工提申请，主管批准。主管批准加班，撕张券给你，六点钟开饭，你就去吃饭。这个制度，很多人觉得很正常，用了很多年。

但是，这个制度是不是真的好？

第一，谁也没有规定工作到几点以后是加班。所以有一批人，六点钟吃饭，申请加班，吃完以后，六点半加班到七点钟走了。公司也没有什么制度说这不可以。

第二，这个制度没有考虑每天五六千个人提加班申请，主管批准，发一张券，会花多少时间，花多少钱。从来没有人计算这个成本。

取消报批制以后，多了大概 100 万元，变成 1500 万元了。但计算一下，两百多个工作日，每天四五千人打申请，主管批准发券，这事值不值 100 万元？中间消耗掉的人工，消耗掉的效率何止 100 万元。

你的公司，你的组织，有没有这样的制度？官僚就是这么来的，组织的效率就是这么下降的。

提高个人效率，除了自我激励以外，不要有太多级的约束。

要相信大部分团队，能够有自我约束能力，有正常的道德底线。但是你要跟他讲，是什么样的道德底线。群众之间也是会互相监督的。

（2）组织效率提升

组织效率下降的最大问题就是你对团队没有基本信任。

为什么创业的时候，效率都比较高？

所有的人知根知底，一个团队以前可能还一起共事过，不仅是默契，更多的是一种信任。创业初期，信任带来了创业公司的简单，但随着越来越多的陌生人加入，不信任开始增加。

当年支付宝有一句话，广告词非常好：因为信任，所以简单。我把这句话连下去，因为信任，所以简单；因为简单，所以高效。

公司中我们都希望老板和员工是互相信任的，但怎么做到呢？

我给大家建议的是，强势的一方要率先迈出一步。对员工来说，你是老板，你是公司，你就是强势的，你要先走出一步。

组织高效有一件很重要的事：企业文化是干什么的？

就两件事——日子好的时候，企业文化带来信任，使公司变得简单高效；在公司快不行的时候，决定你能不能扛过来。

回到互联网时代，组织效率的提升，需要四个在线：员工在线、产品在线、客户在线、管理在线。这四个“在线”顺序还不能出错。

什么叫“在线”？PC 互联网时代的特点是人机分离，人跟电脑是不在一起的。在那个时候，不能谈四个“在线”。而移动互联网，让四个“在线”变得可行。

今天，特别是传统企业，首先会做的第一个在线是什么呢？产品在线，把公司所有的产品和服务挂到网上、APP 上，然后说：我拥抱互联网了。但是没人来。

这是次序错了。第一步要做的是员工在线。以前让员工在线，需要给每个人配一台电脑，需要花很多钱。在今天不需要。自己的手机就是一台电脑，就能实现员工在线。

员工上线后，再把产品搬上线，再把客户搬上线。在互联网时代，黏住客户的不是组织，一定是个人，人拉人，才有黏性；而人是不会去跟从一个组织的。

举个例子：孩子王。孩子王总部在南京，现在在全国扩张，它的每个销售就是母婴顾问。

孩子王实现的是100%客户必须是电子化会员，100%的客户是交到每个员工手里，哪个员工先把这个客户发展成他的电子会员，终身就是他的客户。

我们有一次去看孩子王的店，见到一个母婴顾问，他打开手机，上面963个客户都是他的客户，一个月可以挣两三万块钱。

他说他以前是开母婴用品店的，现在把小店关了：我的小店多累，才几个客户，不过两百多种商品。现在孩子王，却可以给我7000种商品的产品库。

你可以理解为产品在线，赋能给了这个员工7000种商品，给了他963个用户。

另外，这个母婴顾问擅长做的是婴儿护肤类产品。但是膳食类的，婴儿吃的东西他并不熟悉。没关系，公司背后有知识库，很多问题都是自动回答，也就是推荐回答的问题。他按一下就用个人名义发出去了，这个就是管理在线。

还有，店长会在所有对话群里面，意味着你不能在里面跟客户乱说，不能在里面加不是孩子王的产品，这就叫管理在线。

上面提到的这个员工，他个人不觉得是在给孩子王打工。他觉得这九百多个客户，每个月还得增加好几十个，是他一辈子的资产。

下班时他告诉我，还要去给一个客户送两桶奶粉。这并非公司要求，而是他自己想去送，因为上门没准会带点别的生意，把公司物流成本也省了。为什么？他觉得这个客户首先是他的，其次才是孩子王的。

这就是我前面讲的第一个环节，个人效率提升，孩子王充分实现了个人自我驱动。

组织效率的提升，就是让每一个员工，都具备组织赋予他的能力，这是他个人实现不了的。

（3）资产效率提升

提高资产效率只有两种办法：一是防止产生新的闲置资源；二是释放闲置资源。防止产生新的闲置资源是指不要先生产产品，再去找消费者。

传统行业有一个重要法则——二八原则：20%的商品或客户，带来80%的销售和80%的利润，这是你赚钱。但是不要忘了还有80%的产品带来的那个20%销售，那就不赚钱了。

比如说卖鞋子的店，你得备一个50码的超大码好给姚明这样的人穿，但是你不知道姚明今年会不会走进这家店。但为了满足客户需要，你有一千家卖鞋子的店，每个店都得放一双超大码的鞋子。

这就是二八原则里面的“八”，互联网叫长尾产品：占用了你的商业面积，降低资金周转效率，“二”赚来的钱被“八”消耗掉了。这是零售企业和很多实体经济最痛苦的地方。

互联网1.0如何解决这个问题？互联网的存在扩大了“商圈”的概念，只要物流能触及的点，都是它的商圈。

像京东，就一个中央仓库，备了十双适合像姚明那样特殊客户穿的鞋子，全世界的人都可以来买，就不需要每个门店备这样的货了。所以互联网1.0，让库存效率提高到了极致，电商就是这样来提高资产效率的。

而互联网2.0，就是消费者按需定制，零库存。意味着我们没有制造新的将要被闲置的资源。

所以如何防止产生新的闲置资源呢？就是按照需求去生产、去组织，不是组织先生产产品，再去找消费者。

看好释放闲置资产的分享经济，不看好重新投入资源做共享经济。那么已经闲置的资产，如何释放呢？

移动互联网时代，一个最大的作用就是释放闲置资产。

比较典型的商业模式是优步、滴滴出行。司机在马路上绕，车闲着、人也闲着。有很多私家车，闲着也是闲着。你把它释放出来，所以才能够让一个普通人享受 VIP 待遇，打个奔驰到机场五十块、一百块，因为车本来就闲着。

什么叫共享经济？什么叫分享经济？

我很看好把闲置资源释放出来的分享经济，不看好重新投入资源做共享经济。

今天有很多做类似 Airbnb 的。黄牛把房子先租下来，再转租出去，说这是分享经济，其实并不是。

当你包下了这个资源，就产生了固定的成本。公寓和酒店的盈利模式中最重要的就是入住率，要想挣钱，入住率至少要达到 80%—90%。

为什么入住率很重要呢？因为没入住的房间就是闲置资产。

分享经济不用考虑“率”：我的房子闲着也是闲着，空着也是空着，无所谓。但要是某某白领公寓是我投资的，我来建的，或者我是包段的，那就是伪分享经济，最多是一个共享经济。

共享经济就是要追求资产利用率。

经常有人问我对摩拜单车、OFO 怎么看。我只问每辆车每天的使用率。这是这个模式能否成功的关键。每辆车每天的使用率低就是这个公司效率低。

只要看到有资产，就要问这个资产的使用率。如果不能让资产的使用率提高，它就没有创造价值。

（4）战略效率提升

一般来说战略都是谈发展比较多，一谈“发展”就会说到“规模”。那么规模和效率是什么关系？不是所有的企业，所有的行业，规模都会带来效率。所以我们提出一个叫三级规模效益理论。

先说最小的一级，3 平方公里规模效率。大量的 O2O，属于这一级。

以外卖平台为例。

消费者关心什么呢？打开手机点餐，看周围 3 平方公里有什么好吃的能给我送过来。全国这个平台上有一百万家餐厅？关我什么事。

餐厅关心的又是什么？送货半径就这 3 平方公里，在这范围内，这个平台一天给我带来多少份订单。这个平台全国有 900 万订单？还是那句话，关我什么事。

这就意味着无论消费者还是卖家，不会因为你的平台大，而给你更多的钱；意味着每个 3 平方公里都必须赚钱。

这个模式是不是非常不好呢？也不是说不好，但每 3 平方公里都赚钱是非常困难的。

有没有比这个模式稍微幸福一点的呢？有，我们叫同城效应。也就是三级规模效益理论的第二个效应。

什么样的公司是同城效应呢？

比如 58 同城。58 同城上最多的是什么？租房、找工作、搬家。我住在天河区，找一个海珠区的搬家公司也没事；我要找份工作，今天在正佳广场，但番禺的工作我也会考虑。

所以它为每个城市提供服务，但不局限于 3 平方公里了，它提供服务的范围是同城。那么这类公司也很简单，要做到每个城市都赚钱。

只有第三种公司才有全国或者全球规模效应。

比如说当年沃尔玛，全球采购，全球供货，买得多，省得多。为什么沃尔玛在中国做不到呢？它的全球的供应链和采购规模在中国没用。中国另外搞一套供应链，它就比不过我们本地的超市了。天猫、京东只要物流能覆盖全国，就有全国规模效应。

明白三级规模效应理论以后怎么运用呢？

还是回到做投资这件事，一年收到了商业计划书几百份，长得都很像：A 轮做好一个城市，B 轮做北上广深，C 轮做 15 个核心城市，然后就没有了，很多公司到 C 轮戛然而止。

不是所有的商业模式都要做北上广深的，不是所有的城市都必须全国铺开 15 个一线城市去做的。除非你是全国规模效应，你才需要北上广深，才需要 15 个城市。

所以效率的核心，在大部分的行业，是要做密度，把密度做起来。密度做得高，效率就容易提升。

在一个区域把密度做起来，品牌就容易传播。有一些品牌在广州很有名，去佛山就很容易。但这个品牌在广州很有名，北京可能就没有人听说过。

口碑营销是最便宜的营销，营销费用又低，效率又高，获客成本就又降低了。

所以战略的效率提升，首先要判断我们是做什么样的规模效益，战略的判断错误，战略效率就会非常低下。

公司所处的阶段不同，定位战略的选择也不同。马云和柳传志都是我非常尊敬的中国企业家。定战略、搭班子、带队伍，顺时针，这是马云告诉我的三句话。阿里巴巴是这么做的。柳传志告诉我，是搭班子、定战略、带队伍。

两大高人，九个字都是一样的，次序不同。

有一天我也问马云，你跟柳老两个人三句话都一样，为什么你们两个次序不一样。我说谁对，马云说都对，在不同阶段用不同的次序。

公司刚创业的时候，请你用柳老的方法，**搭班子、定战略、带队伍。**

为什么呢？我们叫看菜吃饭，还是看饭吃菜。

刚创业，没有马云这么强大的能力，那就根据人员制定一个符合这些人的战略，所以是先搭班子，后定战略。带队伍是一样的。

但是到了一定规模，就是先定战略，再搭班子。也就是我用这个战略，如果发现班子有欠缺的话，我是可以通过引进人才来弥补我的短板，去实现我的战略。所以在战略效率当中，在企业的不同阶段，正确地选择搭班子和定战略的次序。

战略的核心就是取舍、排序、资源分配。公司以后有一定规模，会面临着创新乏力，或者叫战略定位方向不清。

好的战略，不是在会议中讨论出来的，而是试出来的。一个公司一套制度，是不可能有新的战略亮点的。

那么如何把战略亮点找出来呢？复盘。

复盘复什么？看那些试点项目有没有试出来，试出来后愿不愿意投入更多的资源。复盘是说：我们犯过什么错误，犯过的错误能不能记下来不再犯。

很多公司三年战略、五年战略写完就搁那儿了，有阶段性的复盘吗？有回头看一看吗？

战略的核心就是取舍、排序、资源分配。什么战略？试点成功我取，试点不成功我舍。三个都成功了，排序，我优先发展哪一个，排完序资源分配。

什么是资源？人、钱。你有没有把最好的人，最好的钱，最多的钱，用到你最看好的试点已成功的项目上。

（5）创新效率提升

这一点针对有一定规模的公司。

阿里巴巴有一个项目，叫阿里妈妈。今天淘宝收入的近70%跟阿里妈妈有关，可见这个项目有多重要。那是什么项目呢？其实就是今天的阿里直通车，阿里钻石展位，阿里淘宝的联盟，它的基础就是阿里妈妈。它是一个广告系统。

来看花多少钱去干这个项目呢？200万元。阿里在一定范围内让大家来报名：公司只投资200万元，你也可以参与投资，占百分之二三十，也就是40万元到60万元。

如果集团内部来申请的话，集团原有的级别、工资、股权全部拿掉。做好了呢，公司会用风险投资的方法追加投资，最后可以和淘宝换股合并回去。

这200万元包括了所有事情，如果用公司的办公室、律师、电脑，都是要算钱的。员工的工资也是含在这200万元里面的。

所以报名员工第一件事就去找马云说这条件实在太苛刻了，那要不我们就去你以前创业的地方，湖畔花园。所以租金费用就省了。另外高管决定不拿工资，把人工成本也抠下来了。

就200万元，流量问题解决不了？

那群人，在公司上上下下到处去找财务上已经折旧报废了的服务器。找到2700台。工程师是有创造力的，通过不同的架构，让2700台旧的服务器起到5000台新的服务器同样的作用。

还不行。阿里妈妈除了淘宝内部的流量，需要外部的流量。

外部流量都被百度别的公司包了，或者百度联盟圈进去了。那个时候百度的分成体系好像是六四开，百度拿六。我们宣布一个政策，95比5，我们只拿5，你拿95，但是条件是没有预付款，有账分账。

很多网站就敢于挑战一下百度，所以一下子就起到了一个淘宝联盟的颠覆性作用。最后这个项目成了。

这么一来，我们来看看做成了一件什么事？

它又回到了创业的环境。用内部创投的方法才能提高创新效率，提升这个创新的成功率。

第一个去领军做这件事的人，是自告奋勇的，不是任命他去做的。

你们问一下自己，当年你们去创业，有人来任命你吗？没有的，所以创新创业必须自我驱动，自己认为这事靠谱。

创业的时候，没有钱的时候，也就是要做空手套白狼生意的时候，是你最聪明的时候。

二、韩都衣舍的启示[①]

韩都衣舍由山东潍坊人赵迎光创立于2006年，致力于为都市时尚人群提供高品质的流行服饰。被称为“互联网快时尚”第一品牌，目前韩都衣舍旗下拥有30个子品牌，凭借“款式多，更新快，性价比高”的产品理念深得消费者的喜爱。

从数字看韩都衣舍：

① 韩都衣舍案例选自和君丛龙峰《组织、流程与效率》讲座，经改写。

2008 年	销售额 300 万元	40 人
2009 年	销售额 1200 万元	200 人
2010 年	销售额 8700 万元	400 人
2011 年	销售额 2.8 亿元	1100 人
2012 年	销售额 5.6 亿元	1200 人
2013 年	销售额 10.05 亿元	2100 人
2014 年	销售额 15 亿元	2600 人
2016 年	销售额 30 亿元	3000 人

从以上数据可看出，近年来，韩都衣舍都是快速增长的。最近这几年，一般的服装企业，都是非常艰难的，不仅仅是传统服装企业艰难，互联网的服装企业也艰难。

近两年服装企业普遍向外传递的信息是：服装生意，不太好做。零售终端低迷，服装企业普遍感受压力。

整个产业，洗牌、重组、巨亏等剧情纷纷上演。

大杨创世退市。2016 年 10 月，大杨创世被圆通速递借壳并更名，成就了 A 股快递第一股。大杨创世董事长李桂莲带着 4 位高管辞去了上市公司的职务，大杨创世自此退出资本市场的江湖。

步森股份拟剥离男装业务。2016 年 12 月，步森股份发布公告称，公司拟在合适时机剥离原有服装资产。表示目前国内终端服装品牌零售市场未有明显好转，服装企业都面临着较大的经营压力。

报喜鸟首亏。2016 年上半年，报喜鸟业绩出现自上市以来的首次亏损。公司 2016 年上半年实现营业收入 9.25 亿元，同比下降 7.90%，归属于上市公司股东的净利润-9744 万元，同比下降 229.58%。报喜鸟表示，业绩下滑系终端零售景气度持续下降。

希努尔卖房提振业绩。希努尔 2016 年中报显示，上半年营业收入 3.51 亿元，同比下降 30.68%；净利润实际亏损 2110.88 万元，同比大幅下降 617.39%。

利邦于 2016 年 6 月发布亏损预警，截至 2016 年 6 月 30 日半年亏损超过 2 亿港元（2015 全年度亏损 4741.2 万元），并关闭 19 间内地店铺。2016 年 12 月，利邦宣布向 Salvatore Ferragamo 出售 Ferragamo 公司 20% 股权，售价约 1.25 亿元，预计获得收益 1630 万元。

另一家企业 YGM Trading 公布，截至 2016 年 9 月 30 日的 6 个月，公司实现收入约 3.41 亿港元，同比减少 21%；毛利约 1.91 亿港元，同比减少 25.8%；经营亏损 7105.4 万港元，同比扩大 40.5%。作为高档成衣零售商，利邦和 YGM Trading 同时在 2016 年陷入巨额亏损，又同时打算出售旗下品牌业务。反映出 2016 年零售市道低迷状况，是“环球同此凉热”。

百丽国际业绩靠运动、服饰业务支撑。百丽国际发布 2016/2017 财年半年度报告显示，截至 2016 年 8 月 31 日的六个月业绩与去年同期相比，鞋类业务销售收入下降 12.7%，运动、服饰业务销售收入增长 14.9%；总体销售收入增长 0.9%，经营溢利下降 19.8%，公司权益持有人应占溢利下降 19.7%。

上面我所列举的还是有规模的品牌服装企业，那些没有品牌的小企业，这些年倒下的不计其数，比比皆是。

在这样的情况下，韩都衣舍是怎么做到异军突起，快速成长的呢？

在目前的经济环境下，已经没有无缘无故成功的企业了，一个企业如果没有自己的独特优势，在当前充分的市场，是不可能站起来的，更不用说迅速走到第一品牌的地位。经过对韩都衣舍的分析梳理，我认为韩都衣舍的组织变革是引领这个品牌迅速成长的关键因素。

和君商学的丛龙峰博士对此做过专项研究。

我们先看它的数据（见 P275）。

大家注意到没有，2011 年到 2012 年只增加了 100 人，营业收入增加了 2.8 亿元，整整翻了一倍；2014 年增加了 500 人，销售收入增加了约 5 亿元；2016 年，只增加了 400 人，销售增加了 15 亿元，达到了 30 亿元。

服装行业也是劳动密集型行业，要做到 30 亿元的营业收入就是大企业了，如果能以 3000 人的团队实现这个目标，没有强大的组织能力是不可能实现的，而韩都衣舍正是在组织上发力。

韩都衣舍的组织变革——极简组织案例

公司刚创立的时候，韩都衣舍同其他传统制衣企业一样，金字塔职能型组织，但是，随着品牌的增多，人员的增多，加之互联网对组织敏捷反应的要求，传统组织形态根本无法承载现代企业的竞争，老板如何将责任和压力传导到每个员工身上，成了韩都衣舍组织管理的关键。

所以，韩都衣舍将传统的金字塔组织转变成了如图 6-15 的矩阵型组织。

到 2016 年，韩都衣舍的产品小组发展到七百多个。因为组织的变革，也需要组织文化、组织制度、组织机制实施相应的变革。

第一，韩都衣舍的愿景、使命、价值观。

愿景：成为全球最有影响力的时尚品牌孵化平台。

使命：成就有梦想的团队。

支撑：以小组为核心的单品全程运营体系。

战略：通过自我孵化和投资并购两种方式，布局各个细分定位的品

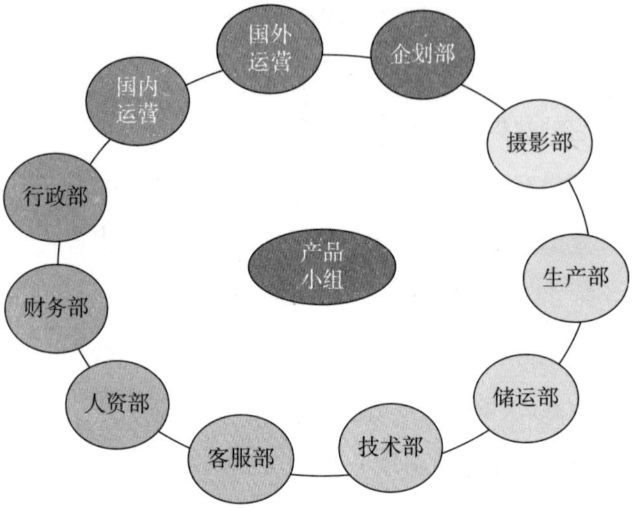

图 6-15 矩阵型组织

牌，将“以产品小组为核心的单品全程运营体系”复制到各个品牌，在供应链、IT 系统、仓储、客服四大方面提供支持，打造一个覆盖韩风系品牌群、欧美系品牌群、东方系品牌群的基于互联网的时尚品牌孵化平台。

文化：万物有灵、万物自由、万物生长。

第二，定位快时尚。

老板赵迎光认为：互联网不是渠道，而是革命，考虑三个问题：这个行业的传统企业中哪家做得最好，好在哪里，我学习它什么？组织如何利用互联网产生竞争力？企业最终会在网上对决、组织如何抓住互联网快速发展的机遇期等与 Zara 对决时，不落下风。

韩都衣舍的经验就两条：找到点；在点上尽量去做出优势。取势、明道、优术。快时尚服装的关键点是什么？他们认为是拼新款的速度，必须把权力交给员工，充分调动起所有人的积极性，管理是对人性的利用，也是对人性的挑战，所有增加的钱，用来增加人，最终增加产品。毛利率

50%，利润率15%，赚多少钱就去养多少人，做产品小组。所以，组织必须小单元。

小组制=买手（选款师）+视觉人员+运营人员，就三个人。只有精干，压力才能传导到每个人身上。

第三，组织机制的演变。

小组的责权利。

责任：确定销售任务指标（销售额、毛利率、库存周转）。

权利：确定款式；确定尺码以及库存深度；确定基准销售价格；确定参加哪些活动；确定打折节奏和深度。

利益：业绩提成。

(销售额-费用)×毛利率×提成系数×库存周转系数。

产品小组更新自动化。

每日销售排名。

新小组向原小组贡献培养费（10%），即原小组裂变出新小组时，适应该机制。

小组制的规则。

每个小组有高度的自治权，款式选择、定价、生产量、促销全由小组自己决定，小组提成根据毛利率或资金周转率来计算，毛利和库存成了每个小组都最关注的两项指标。

财权放开，本月资金额度是上月销售额的70%。比如上月有个小组卖了400万元，那么这个月该小组可以用280万元再去下新的订单。每天公布排名，小组成员睡不着觉了（以前只是老板睡不着觉）。

根据各个小组的毛利润以及库存周转率，计算提成。小组内提成分配，由组长决定，报部门经理和分管总经理批准。

首页资源，内部资源市场化的机制：成立6个月以上的小组，可以竞拍位置；成立6个月以内的，大家抢，谁手快谁抢到。

公共服务平台。

小组制可以做到大的共性与小的个性结合，所有非标准化的环节，如产品的选款、页面制作、打折促销、全部由小组来做；标准化的环节，如客服、市场推广、物流、市场、摄影等等，统称公务部门，由公司来做；再加上人资、财务、行政部门等，就完成了韩都的组织架构的三级管理。

所有非标准化的都由小组来做，所有标准化的都由企业来做。

韩都衣舍的柔性供应链，是营销企划、产品企划和生产企划相互配合，解决互联网品牌“款式更多，更新更快，性价比更高”的要求（多款少量，以销定产的基因）与生产供应链的“流水线计划生产”之间的矛盾，在保证产品品质和生产可控的前提下，实现“多款多批次小批量生产”的供应体系。

2014年“双11”，一分钟销售破1000万元，六分钟破2000万元，十分钟破3000万元，十五分钟破4000万元，二十五分钟破5000万元，三十分钟破6000万元，早上5点22分破亿元，早上八点突破上一年度销售额1.13亿元。最终收于1.98亿元，领先优衣库9000万元。

综上所述，当一个企业确定战略定位之后，企业的经营效率只能来自于组织战略，一个大型企业的效率、利润更多时候思考的是结构、产业、宏观趋势，事业部的战略更多时候思考的是产品策略，组织策略。其利润密码更多地来自产品策略与组织效率。

第三篇

选择黄海战略

——知胜之道

战略是一个通常与未来联系在一起的术语，但战略与过去的联系并非不重要。生活的意义在于未来，但理解生活的意义在于过去。管理者在未来推动战略，但他们对战略的理解是通过回顾过去来实现的。

——亨利·明茨伯格（Henry Mintzberg）

如果我们知道现在所在的位置，并知道我们是如何到达这一位置的，我们就能看出将走向何处。当然，如果我们无法接受前进道路指引的结果，我们就应及时改变方向。

——亚伯拉罕·林肯

不是最强大的物种能够生存，也不是最聪明的物种能够生存，而是最能适应变化的物种能够生存。

——查尔斯·达尔文

有什么样的战略，就应有什么样的组织结构，然而这一真理往往被人们忽视，有太多的企业试图以旧的组织结构实施新的战略。

——戴尔·麦康基

企业如果固守过去曾一度成功的战略，其结果必然是在新的竞争中失败。

——威廉·科恩（William Cohen）

美国企业一个很大的问题就是公司一旦陷入困境，就会原地加倍努力。这有点像掘金活动。如果已经挖了20英尺还没有发现黄金，一种选择就是再挖两倍深。可是如果金子是在旁边的20英尺处，那么，你即使挖更长的时间，仍然不会找到金子。

——埃德伍德·德·伯诺（Edward De Bono）

战略管理不是魔方，也不是一组技术。战略管理是分析思维，是为行动而进行资源的配置。单纯的量化不是规划。战略管理中最重要的一些问题根本不能量化。

——彼得·德鲁克

生命充满了令人讨厌的选择。

——P. X. 凯利将军

当危机迫使人们做出选择时，大多数人会选择最坏的。

——鲁丁定律

无论是否损坏，修好它——使之变得更好。不只是对产品如此，对整个公司都是如此。

——比尔·萨博利多

第七章　过去的经验与战略

先讲一个“傻博士”的故事：

有一个博士被分配到一家研究所，成为该单位学历最高的一个人。有一天他到单位后面的小池塘去钓鱼，正好正、副所长在他一左一右，也在钓鱼。

他只是微微点了点头，心想，和他们两个本科生有啥好聊的呢？

不一会儿，正所长放下钓竿，伸伸懒腰，“蹭蹭蹭”从水面上如飞地走到对面上厕所。

博士眼珠瞪得都快掉出来了。水上漂？不会吧？

正所长上完厕所回来同样也是“蹭蹭蹭”地漂过水面。怎么回事？博士生又不好去问，自己是博士生呀！

过了一会儿，副所长也站起来，走了几步，就“蹭蹭蹭”地从水面上如飞地走到对面上厕所。

这下子博士更是差点昏倒：不会吧，难道到了一个江湖高手云集的地方？

这时博士生也内急了，这个池塘两边有围墙，要到对面厕所非得绕十几分钟的路，而回原单位上又太远，怎么办？

博士生不愿意去问那两位所长，憋了半天后，也起身往水里跨，我就不信本科生能过的水面，我博士生不能过。

只听“咚”的一声，博士生栽到了水里。

两位所长将他拉了上来，问他为什么要下水，他问：“为什么你们可以走过去呢？”

两位所长相视一笑说：“这池塘里有两排木桩子，这两天下雨涨水，正好在水面下。我们都知道这木桩的位置，所以可以踩着桩子过去。你怎么不问一声呢？”

故事心得：经验有时候很简单，但也是一种生产力，说出来不值一提，但是不尊重它，就会栽大跟头。所以，《黄海战略》特意安排一章来写，目的是温故知新，继往开来。[①]

从某个角度来说，战略就是选择。

分析战略的思路、工具和方法的选择：波特竞争战略，蓝海战略，黄海战略等等。

对战略发展方向的选择：按兵不动，退缩，巩固，要成长等等。

对竞争基础的选择：成本，差异化，专门化，高附加值，速度等等。

对战略开发方式的选择：内部自行开发，承包、委托，技术合作，特许经营，并吞、合并，联合开发、战略联盟。

对成长的选择：如经济规模，市场渗透，产品开发，市场开拓，水平整合，前向整合，后向整合，无关联整合，国际化，建立生态系统。

---

① 该故事选自《68个经典管理小故事》，博维咨询编著。

退缩的选择：精减人员，精简产品，缩小规模，减少工序，减少自制品，从外面购买，减少项目，变卖资本，结束一个事业单位的业务，放弃某一个市场。

一个企业的战略将面临很多的选择，我们究竟要如何选择才能避免少犯错误，就是这篇要解决的问题。

在本书开始时提出三个架构：

（1）过去的经验与战略：回顾我们过去的成功与失败，反观过去的经验与理论能否解决现在和未来的问题。若不能解决，我们应寻找什么来帮助？

（2）互联网环境下组织变革、管理变革和一般的做法。

（3）按照内外环境的可预测性、可塑性、严苛性建立五种战略选择框架，以帮助理清思路，减少失误。比如，大型石油公司、公共事业公司这样的企业面对的环境和要制定的战略，肯定与互联网、IT 行业每天要面对新产品和新的竞争者的环境所制定的战略不一样。一个处于竞争优势的企业与处于竞争劣势的企业所要做出的战略和选择也不一样。

接下来详细叙述。

本章要反思的是：企业长期悬而未决的课题；企业刻骨铭心的成败经验；一般企业的成长发展要经历哪些阶段，容易出什么问题；我的核心专长、竞争优势是什么；过去的环境——将来的环境，过去的机会——将来的机会，过去的威胁——将来的威胁，过去的战略可否解决将来的课题。

第一节　苹果可以破产吗?

在 1996 年底，微软的 Windows95 操作系统及其他软件占据美国 PC 市场 86.3%的份额，苹果 Mac 操作系统仅占 4.6%的市场份额。

这一年，微软市值 1250 亿美元，苹果跌到了 30 亿美元，这一年苹果亏损 10 亿美元。

苹果经过 10 年的挥霍，辉煌的时代一去不复返了，公司即将宣布破产，但苹果公司可以破产吗?

想想 16 年前，苹果就是美国个人电脑的代名词，乔布斯当时是美国最年轻的亿万富翁。苹果从开办只用了 5 年时间就成了世界 500 强企业之一。

在乔布斯最风光的时候，身无分文的比尔·盖茨还在地下室里艰苦地搞 BASIC 解译器，此时的盖茨见到乔布斯，犹如粉丝见明星。

1980 年，比尔·盖茨第一次带着自己的产品找到苹果，乔布斯拒绝了盖茨，盖茨转身卖给了 IBM，这一年，IBM 抢占了苹果一半的市场份额。

1984 年，盖茨带着新产品 excel、word、chart，再次来到苹果公司与乔布斯谈判，乔布斯再次拒绝了盖茨，盖茨转身将产品又卖给了 IBM。

这次的选择，将乔布斯逼到了死角，几个月后的 1985 年 2 月 24 日，刚度过 30 岁生日的乔布斯被迫离开了他自己缔造的苹果公司，他被自己的手下给干掉了。乔布斯经历了很多创业老板所经历的过程，迅速成功，又迅速失败。李嘉诚先生曾说:“你过去赚钱的模式可能就是你今天失败的原因。”

在乔布斯倒下去 7 年后的 1992 年，比尔·盖茨成为世界首富。两个同龄人，十年河东，十年河西。

1997 年，乔布斯回到了阔别 12 年的即将倒闭的苹果，他做的第一件事是选择了与微软合作。盖茨投给快要破产的苹果 1.5 亿美元。

乔布斯拿到这 1.5 亿美元，利用一个微软工程师的思路启发，静悄悄地构思了一个伟大的复兴计划——“苹果生态系统”黄海战略计划。

三年后，苹果产品所向披靡，iTunes 击垮了索尼，iPhone 击垮了诺基亚。

这个“微软工程师的思路启发”是怎么回事呢？

原来，1997 年，微软工程师决定开发一款据说十年后能开拓出“数十亿美元”市场的产品，能够让使用者下载数字出版书籍、报纸、杂志等书面材料的软件。各种建模工作都已搭建完毕，最后在 1998 年被盖茨给枪毙了。

这一成果一年后被苹果使用，这一方法就是生态系统思维的原型。为苹果开拓出不仅仅是“数十亿美元”的市场，而是一个横跨 IT、手机、音乐、多媒体三大业务的庞大商业帝国，从此世界多了一个词叫“跨界打劫”。

“1998 年，当盖茨将乔布斯定义为失败者的时候，他并没有想到这个加利福尼亚人的执着，苹果用了 12 年时间，来取走微软头上的皇冠。”

一个财经记者克林格里这样写道：“你看微软的 Office 软件如何受到 OpenOffice 和 iWork 的夹击，iWork 现在在 iPad 上只需要 30 美元。”

距离苹果免费搭售 iWork 来叫卖硬件的日子已经不远了，一旦 iWork 免费，一堆微软的高管就会立刻变成热锅上的蚂蚁。

12 年前被盖茨枪毙了的项目，12 年后的微软被逼不得不又从头来做。一个选择，使得微软与苹果从正 12 年的思维距离，变成了负 12 年的距离，为了缩短这个距离，2013 年微软以 71.7 亿美金收购诺基亚。微软会追上苹果吗？微软会不会成为下一个诺基亚？各位看官，只好静待了。

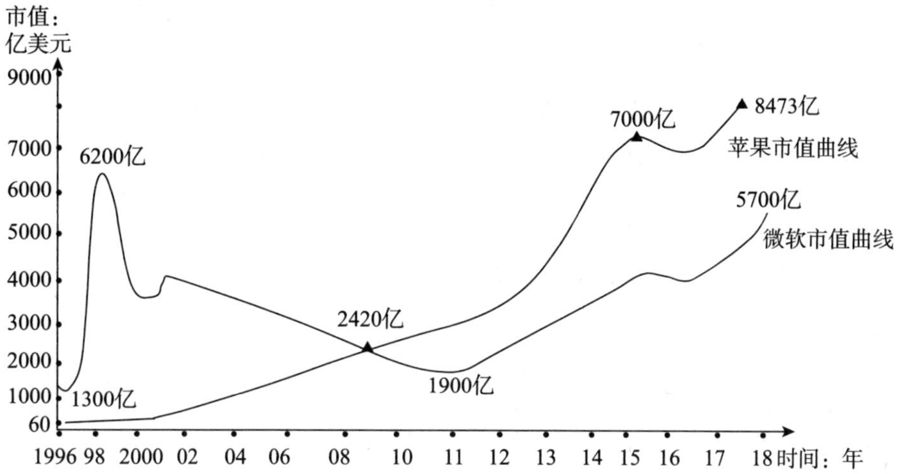

图 7-1　苹果与微软市值比较图

第二节　腾讯 vs 微软

腾讯公司于 1998 年 11 月 11 日由马化腾和张志东等五位创始人在深圳正式注册成立。

当微软市值达到 6000 亿美元的时候，腾讯可以说才从零开始，本案例就是解析腾讯如何超越微软的。

2013 年第一季度起，微软宣布全球范围内的 MSN 服务将被 Skype 全面替代。虽然中国内地仍能使用 MSN，但许多人 MSN 好友名单上，灰色头像（表示不在线）早已多过彩色头像了。腾讯的 QQ 早已取代了微软的 MSN。

与此同时，腾讯开发的另一款即时通讯应用——微信也风生水起。不到两年注册用户就超过 2 亿。

回想微软当年的 MSN，曾一度是全球最大的即时通讯软件，高峰时，占据全球即时通讯市场 40.67%的份额。刚刚进入中国市场时，也一时风光无限，众多职场商务人士将 MSN 作为线上联系的“标准配置”。彼时，QQ 只被当作低档次人群的娱乐交友软件，商务人士是不屑为伍的，一些企业内部网络甚至屏蔽 QQ 登录。

腾讯 QQ 在这样的劣势情况下，怎么反败为胜的呢？微软 MSN 在这样的“先天优势”下又是怎么节节败退的呢？

这一切都源于盖茨战略选择的失误：其一，他没有预测到移动互联网的发展趋势和速度；其二，他没及时切换商业模式，以开放的平台模式去构建移动互联网的生态价值系统。

也许 MSN 在微软庞大业务中无足轻重，不屑花大力气去挖掘商机，但对腾讯来说，QQ 就是生命线，面对危机，2007 年，腾讯推出“大回响，大影响”的黄海战略，大建生态圈，与用户共同成长。

“让腾讯的产品和服务像水和电一样源源不断融入人们的生活，丰富人们的精神世界和物质世界，让人们的生活更便捷和丰富。”腾讯的全平台商业模式横空出世。

MSN 一步没跟上，步步赶不上，对网民从互联网转向移动互联网的需求视而不见。

在移动互联网上，如果微软的手机 MSN 联同 office 软件，向苹果和安卓手机开放，我想，可能就没有今天腾讯的辉煌了。

以微软的实力，如果也将 MSN 建成一个开放系统，一个大的生态系统平台，可能连苹果都不会有机会。

所以，当老虎打盹儿的时候，MSN 就被远远地甩在了后头，起先是迟迟没有官方开发的 APP 应用，推出手机 MSN 后，用户已经习惯了 QQ 的“全平台，多层次”，第一的 MSN 又落伍了。

手机 QQ、手机 QQ 浏览器等腾讯应用都是打通的，加上腾讯移动 IM 产品微信的爆发增长，腾讯微博的持续发力，以及微信社交功能、支付功能、二维码等等，腾讯的移动产品已构成一个完整的序列，一个大的生态系统。

到今天，可以断定，短时间内，微软已经没有机会了，因为腾讯的生态圈商业模式已经成型了，就像苹果一样。他们已经形成了自己的核心竞争力。

这个核心竞争力不是靠技术创新的蓝海战略，而是插位的黄海战略。

因为腾讯的所有产品，没有一个是原创。QQ 原来叫 QICQ，是模仿 ICQ，当它收到 ICQ 公司的法律传票后，改为 QQ。微信是模仿米聊，并迅速把它做大。

黄海战略不提倡自己去创造蓝海，但黄海战略鼓励企业要像猫头鹰一样时时刻刻紧盯着市场的方向，一旦发现新的趋势、方向和产品，你就要用最快的速度去弯道超车。

一次，腾讯的技术总监意外地发现了米聊，他将这件事告诉马化腾，马化腾当时就吓出一身冷汗，于是他们立即动手，很快就模仿开发出了微信。

微信除了最基本的 IM 功能外，还集成新闻、微博、邮箱、社交、二维码、支付、交易、广告等众多功能，这一方面，很好地契合了移动互联网用户的需求。

从这里我们可以看到，在互联网时代，战略必须紧贴市场，而且随时做出果断的调整决定。

微软在这一波移动互联网转型过程明显反应迟钝了一点，但微软目前的动作明显表示出微软也从 MSN 的失败中看到了自己的问题所在。现在，微软“壮士断腕”，决意将 MSN 并入 Skype，也有着让 Skype 成为 Windows8 时代云平台和云服务关键入口的意图。

微软能否再度反败为胜，得看它的战略和商业模式能否技高一筹了。

第三节　企业成长的七阶段与策略重点选择

管理决策学派认为：管理就是选择。

张瑞敏选择“OEC 管理模式”“斜坡球理论”“吃休克鱼”；柳传志锻造“联想入模子文化管理”；韦尔奇倡导“消灭边界”“组织扁平化”“管理领导化”；王永庆坚持“草根理论”“压力管理模式”“注重细节，追根问底”；松下幸之助趋向“管理宗教化”；李嘉诚钟情于“人性化”管理模式。这些都是管理者对经营管理方式、方法、模式的选择。这也影响企业战略选择。

但是，问题是企业的管理者怎么知道选择的战略和管理模式是否适应自己的企业呢？要搞清这个问题，基本功就是分析企业的发展阶段、发展时期及发展的社会环境对应的一般应该的行为。

因此，从管理选择看战略选择，实际上就是分析管理者选择的战略是否适合他的企业所处的阶段，并考察当不适应时管理者是否具有创新和改进的能力。所以，本节我们主要讨论企业的发展阶段与战略转型的重点选择。

企业成长的七个阶段及管理方式选择

在企业成长理论方面，西方学者做了大量研究，也做出了很多种成长模型，查吉尔（Churchill）从资本成长与性质的角度，提出了企业成长的六个阶段：存在阶段，生存阶段，盈利稳定阶段，盈利成长阶段，起飞阶段和资源成熟阶段。弗拉姆豪茨从组织成长的角度提出了四阶段模型：新企业建立，扩大阶段，专业化阶段，巩固阶段。博尔顿以自然界中的生物作比喻将企业成长分为：婴儿，培育，初出茅庐和成熟四个阶段。格雷纳却以组织的年龄、规模及不同的时期企业最主要的危机为研究对象，提出了企业因创意，因指导，因授权，因协调，因合作等五种管理方式而成长的模型。

在以上几种企业成长理论方面，最有公信力和影响力的当数美国学者格雷纳教授的企业成长五阶段模型。

下面将格雷纳的企业成长五阶段理论做一下简单介绍，并在这一基础上，根据我的研究成果，将格雷纳的成长五阶段再增加两个阶段，并称为企业成长七阶段理论。

先看格雷纳的研究。

格雷纳教授经过大量的调查问卷统计，分析出了企业成长的一般规律：一般企业的发展基本上遵循如图 7-2 的组织发展模式。

在图中，直线部分代表稳定进化的时期和阶段。曲线部分代表激烈的

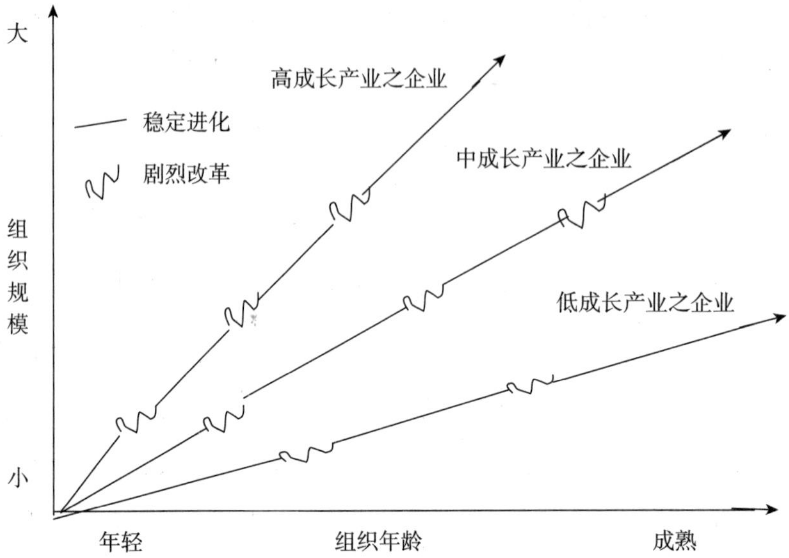

图 7-2　企业组织发展模型

资料来源：王贵国,《境界》，2006 年东方出版社出版。

振荡改革时期。企业的发展一定是经过一段时间的稳定发展之后就会碰到激烈的改革，激烈的改革如果成功的话，企业就会进入另一个阶段的稳定成长，它是交替进行的。如果改革不能成功，企业就会停止发展，甚至就此倒下，只是或快或慢而已。

这条线所对应的纵坐标，代表组织的规模从小到大，横坐标代表组织的年龄从年轻到成熟。

图中的三条线代表三大类企业，第一大类的企业成长的曲线比较缓，代表低成长产业之企业，比较陡的一条线代表高成长产业之企业，介于中间的代表中成长产业之企业。

格雷纳在统计中还发现，低成长产业这一类企业，它们的改革期一般来得比较迟，而高成长产业这一类企业，改革期的到来则比较早。

这就是格雷纳的企业组织成长发展的基本模型。在此基础上，格雷纳教授又将这三类模型的成长划分为五个阶段。参见图 7-3。

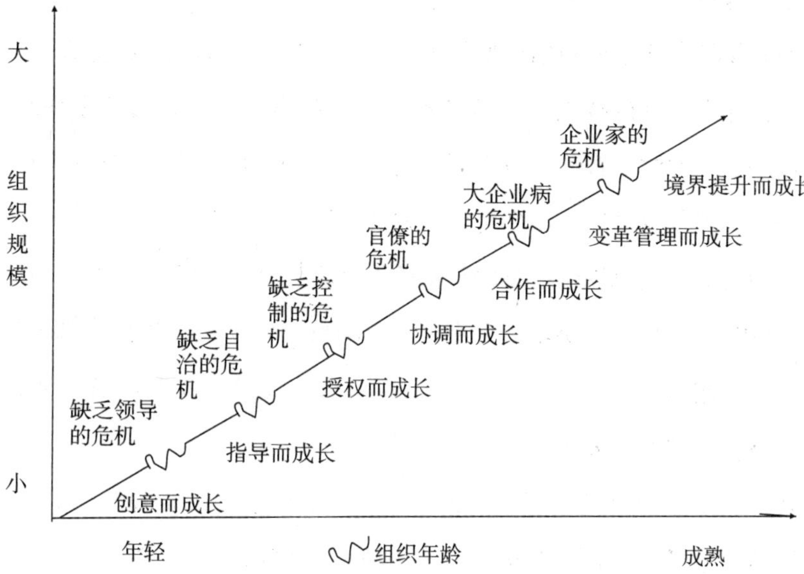

图 7-3　组织成长七阶段模型

第一阶段：因创意而成长

因创意而成长就是指企业开创期，因为创业人有了一个好的概念，好的想法，好的产品，可以服务于某一个市场，从而企业得到了成长。

因创意而成长的企业成长到一定阶段，便会出现危机，通过格雷纳的研究，这样的企业成长之后的第一个危机一般是缺乏领导的危机。因为从零开始的老板，一般自己都很能干，都是身先士卒，都是事必躬亲，什么都自己干。但是，他忽视了指导别人如何干，指导别人如何成长。这样的企业成长越快，老板也就越来越忙，老板忙本来就是管理问题的表现。

因此，这时老板如果不改变他的领导作风、领导方法，不进行变革的话，这个企业就将永远停留在老板一个人单打独斗的时代。格雷纳将它称为缺乏领导的危机。缺乏领导，即缺乏管理。我们常说的管理就是将经验、技术、方法、制度通过培训、灌输去推广和执行，从而达到提高效益的方法，这就是管理，就是领导。

乔布斯是个技术型和创意型的天才人物，也是个偏执狂，他以自己的性情和情怀来理解科技人员的管理是件麻烦的事，为了公司的创新精神，为了激励起一种敢于冒险、敢于创新的工作精神，他放弃了传统的管理制度和方法，但他自己又找不到更好的方法。

这种情况在公司规模还小的时候还可以促进公司发展，苹果在 1977 年到 1980 年还可以，但 1980 年上市之后，随着公司扩大，各种内部矛盾和权力斗争此起彼伏，使得公司创始人斯丹劳、沃滋尼克和前总经理米歇尔·斯格特相继离开公司。

1985 年乔布斯被迫离开后，公司战略与管理仍找不到方向，10 年时间更换了四任总经理，到了 1996 年，已濒临破产倒闭。

从苹果前 15 年的成功与失败我们可以看到乔布斯只是犯了一个常识性的错误就让苹果耽误了 13 年。

第二阶段：因指导而成长

企业在第一阶段的成长遇到了缺乏领导的危机，如果管理者能改革领导的作风渡过这个危机的话，企业就将继续成长。在这个阶段，老板应将自己从具体业务中解脱出来，成为教练。分配一些时间用来指导培训企业员工如何做事，如何做人，如何管人管事。如果老板能这样做的话，他的企业将继续成长，这个阶段是因为指导而成长。我们称这个成长阶段为因指导而成长。

比尔·盖茨创立微软时，乔布斯创立了苹果，但微软比苹果晚了近 10 年才发展起来，也许他吸取了苹果的教训，1995 年，盖茨就将管理权让渡给了史蒂夫·鲍尔默，他专职于指导公司开发业务。

所以，微软得以继续发展，没有经受太大的灾难。

第三阶段：因授权而成长

企业在第二个阶段因指导而成功成长之后，就会来到一个新的时期，在新的时期又会遇到新的危机——是企业缺乏自治的危机——就是只会做事，不会做决策。企业在这个阶段，由于经过了因指导而成长的阶段，企业中的人做事的能力提高了，老板叫做什么他们都有能力做，但是，这些人没有办法做出决策，每件事还是要请示老板怎么做，为什么呢？因为原来整个组织的机制只让他们工作，而没有将权力授予他们。

在第三阶段，企业一般已进入要准备做大做强阶段，这时，企业想要做大单靠指导是不行的，老板就应该解决另一个管理的问题，将权力给授出去。如果授权成功、对方不是所托非人的话，企业就将进入第四个成长阶段。1999 年以后，微软实际的决策人就是史蒂夫·鲍尔默了，这是盖茨的高明之处。这一年，盖茨才 44 岁。一个年代的人干一个年代的事，不充分授权，企业发展是有限的。

纵观华人世界，老板都是不到闭眼死不休，王永庆、李兆基、郑裕彤等等都是如此，我是认为，一代人干一代人的事，每一代人面对新时代都有他的局限性，想想 20 年前香港是多么的强大，1997 年香港 GDP 是 1773 亿美元，中国内地 GDP 才 9526 亿美元。深圳 GDP 不足 160 亿美元（约 1297 亿元人民币）。到了 2016 年，香港 GDP 是 2.21 万亿元人民币，深圳达到 1.95 万亿元人民币。不仅仅如此，深圳这些年产生了像华为、腾讯、中兴通讯等等一大批世界级的品牌。反观香港，这 30 年，一个世界级的品牌也没有产生，这难道不是香港这一代企业家的悲哀吗？

在 20 世纪的八九十年代，每一个知名的内地品牌都有香港企业的投资，像深圳的中兴通讯、华为、腾讯等等，但港资都早早地撤离了，这不更说明香港企业家思维的局限性吗？这也反映出他们战略前瞻性、洞察力的不足。

所以，从战略上考察香港的企业家群体，他们在企业成长战略之路方面是存在问题的，结果就导致香港的衰落和深圳的崛起。我认为，真正有境界的企业家会建立一个永续经营的企业机制和文化，让企业能够永续经营与发展，这才是严格意义上的授权。

第四阶段：因协调而成长

在第三阶段因授权而迅速成长的企业，很快又会出现更新的危机，这个危机一般是迅速成长的各事业部、各分公司拥兵自重，出现山头主义，出现各自为政。这样的话，企业的整体竞争力就无法得到有效的提升。出现所谓的大而不强的局面，公司面临了缺乏控制的危机。这个危机给管理者的考验是非常严峻的，这些问题需要综合的管理改革，经营机制改革，组织变革等。譬如，增加幕僚，增加协调部门等。以便使各事业部、各分公司、各部门的资源与工作能协调一致，统一解决，如果这个阶段的工作能做好的话，企业就将因协调成功而继续成长。

在互联网时代协调还意味着对外部环境的协调，创造自己的生态圈、生态系统。如苹果，乔布斯重新上任后，就是因协调而成长，战略的协调、环境的协调、内部的协调。

第五阶段：因合作而成长

在第四阶段因协调而成长，发展到一定时候，一般又会出现官僚的危机。官僚就叫照章行事，不负责任，官僚也叫只照顾局部利益，不顾全体利益。比如有些问题本来他就可以解决的，却要等整个系统去解决，明明他决定就行了，却说不行，我们等开会再来说吧。这样他就可以完全不必背负责任，这就叫官僚。企业到了官僚危机的时候，就需要合作来解决问题。什么叫合作呢？实际上就是精诚团结解决问题。

如果企业能够解决官僚的危机，就进入因合作而成长阶段。特别是一个企业面临战略转型的时候，内外都需要合作，在互联网时代，创建生态圈，更需要合作。

以上介绍的是格雷纳企业成长五阶段模式，这个理论是 20 世纪 70 年代的理论。

第六阶段：因管理创新而成长

格雷纳的企业成长理论只研究到第五阶段，至于第五阶段后还有什么企业危机，他就再没有继续向下研究了。

而我经过研究，发现企业在经过第五阶段的发展之后，便会面临大企业病的危机，大企业病危机表现为：机构臃肿，市场反应迟缓，企业缺乏效率，战略危机缺失。

出现大企业病危机时，就需要战略创新，管理的全面创新，管理的全面提升，即将管理型企业上升为领导型企业，这一转变要解决的问题：（1）战略创新，时刻观测全球商业形态的演变，柯达、诺基亚就是失败在商业形态的更新上面，这是战略的问题，互联网企业雅虎、新浪被百度、腾讯、阿里巴巴取代也是商业形态问题，就是战略问题。如果百度、腾讯、阿里巴巴不时刻创新自己的战略，过几年，可能就又会被更高级、更高维、更具优势的商业模式战略所取代，高维战略挑战低维战略总是有优势的，降维打击几乎是必胜的，就像网店冲击实体店，生态战略打击传统战略一样。（2）创新领导风格，使大公司像小公司一样在简捷与速度上运行，近几年流行的阿米巴模式，就是针对大企业病的，海尔 2015 年的改革就是阿米巴模式战略转型。（3）变管理者为领导者。（4）重视价值认同，以使组织扁平有效。

如果管理者能解决这些问题，那么，企业就会因管理创新而成长。

第七阶段：因境界提升而成长

因管理创新而成长的企业，就已经达到一个企业发展的很高阶段了，这时的企业已盛极一时，然而企业的危险也更大了，因为世界万事万物，均逃不过盛极而衰的规律，月满则亏，物极必反。这时企业的危机往往来自企业领导人自身的危机，企业发展到第六阶段时，不仅企业容易失去目标，企业领导人也容易失去目标。因此这时，企业就要靠管理者境界的修炼与提升来推动企业继续发展。这时，企业家就要师法天地，正心诚意，养深蓄厚，成人达己，内圣外王。因为只有境界的提升，你才能看到事情的本质，你才能看到世界的实相，你才能真正预知未来，知道世界发展的方向。这时，企业家只有向内去寻找宇宙的能量，才能驾驭承载更大的事业。就像《易经》的开篇之作：天行健，君子以自强不息；地势坤，君子以厚德载物。

因此，第七阶段企业是因管理者境界的提升而成长。

通过对以上企业成长的七个阶段所遇到的问题的分析，找出了各阶段的主要矛盾。管理者可以根据这些情况在企业不同的成长阶段、不同的情况下选择不同的管理重点、战略策略、领导风格、控制制度、薪酬方式、文化模式，做到心中有数。

当然在本书中，我们无法深入讨论各阶段的战略模式、商业模式、管理模式的配对，这是属于操作层面和管理技术层面的事情。本书的重点是讨论思想层面的东西。在实际操作中，我们还应对企业所处阶段进行很多具体的定性和定量的分析。但总体说来，各种战略模式、商业模式、管理模式的选择是以和谐的管理哲学为精神、为条件的，定性地说，一个好的管理方式的选择应符合下列四个条件：客体与主体的一致性，调和性，竞争优势性，可行性，并在一个企业的战略管理中，与战略相匹配，与资源相平衡，与成长阶段相和谐。

第四节　企业发展的五个时期及经营重点选择

分析一个管理者经营境界的高低，实际上是研究一个管理者的决策水平的高低、优劣，而决策水平的高低优劣，主要看管理者在各阶段所抓的经营重点与企业的成长阶段的匹配性、协调性与一致性。管理者的战略是做正确的事，经理人就把事做正确，这里所指的正确的事就是指管理者在企业各阶段所做的事是不是我们所处阶段经营的重点。

在战略管理中，一般将企业从低到高、从小到大分类为五个发展时期，第一个阶段是创业期，第二个阶段为维持期，第三个阶段为发展期，第四个阶段为转型期，第五个阶段为永续经营期。

企业在不同阶段，有不同的管理重点；同样，企业在不同的时期也有不同的经营重点。一般的企业在创业期，工作重点是找切入点；创业期的切入点有四个方面：创意，科技，市场，创业者的企图心。

对于创业期来说，第一是创意，这是最重要的，一个好的创意会产生好的产品与好的服务，来满足消费者的需求。

第二是科技，因为有了科技和技术，再加上创意，就可以创造出产品与服务。曾有人做过一个创业人员调查报告，发现读工科类专业的人创业概率最高，为什么？因为他们掌握技术。创业概率居第二位的是搞市场的人。为什么呢？因为他们了解市场的需要，知道市场有哪些空当，什么样的产品与服务可以渗入进去。所以，创业期的第三个重点工作是市场，要以市场为切入点。

第四是以创业者的企图心作为切入点，在创业期企图心的修炼是很重要的。企图心说简单点，就是敢冒风险，敢创新，能承受压力，不至成功不回头的雄心。在英文中，企业家是用 entrepreneur 这个词表示，意思即创新家。在法文中，指冒险事业的经营者和组织者。所以，在创业期，企图心很重要。如果有人在创业期搞很多的制度，搞很好的架构，那他的创业期是必败无疑的。为什么呢？因为他的重点抓错了，他抓住了次要矛盾而不是主要矛盾。他抓的矛盾并不能产生业绩，反而给企业增加了负担，因为任何管理对经营都应该是有负面影响的。

在战略上，创业期适合用黄海战略，因为黄海战略的核心是创造不平等竞争力的战略，创业时期只有用巧劲，一个思路、一个产品、一个细分市场，你就成功了。

企业的第二个阶段是维持期，任何从创业发展起来的企业做到一定规模之后，再发展就会显得有些力不从心，这时就需要整固、维持，以求再发展，这就是维持期。企业维持期的主要矛盾或重点工作是要找支撑点，一般从三个方面找：一是人才，只有引进人才，才能摆脱单打独斗以求再发展；二是搞组织架构，要打组织战，而不是个人战，用柳传志的话讲，就是搭班子，带队伍；三是设定管理的制度。

在维持期，这三点很重要，只有将人请进来，按战略将组织职能架构这些企业大厦的基础建设好，才能建造出宏伟的大厦。因为，组织、架构、制度是企业的基石，企业要想成长壮大，基石一定要先建牢固。在战略选择上，这一时期适合用经典型战略，用经典型传统战略的打法，要保存实力，不要瞎折腾。

如果企业在维持期建立了牢固的管理基础的话，那就可以进入第三个阶段——发展期。维持期的企业是积蓄能量，能量积累到一定程度就要奋勇向前，做企业如逆水行舟，不进则退。所以，在维持期整固之后，就要进入发展期，企业在发展期的重点是寻找发展点。

在这里，介绍三个发展点。一是概念形成战略：没有新的思路，新的理念，新的企图心，企业就难以形成新的发展点。所以，这时新的概念很重要。主要靠领导的创始力。柳传志与张瑞敏在这方面都有很深的感想，他们说，管理者就是要敢于打破旧的平衡，然后又去创造新的平衡，比如，小天鹅洗衣机在供不应求的情况下，企业老总却提出了百日危机，说小天鹅企业离倒闭只有一百天，于是公司就以解决百日危机形成一套百日危机的战略管理系统，这就是概念形成战略。2015 年海尔的阿米巴战略，打碎组织，重造企业也是概念形成战略。发展期的第一个重点是要寻找新的概念以形成这个阶段的新战略。

第二个发展点则是扩大市场网络，寻找新市场，新关系，新客户，寻找新的战略合作伙伴等。

第三个发展点是发展企业的核心专长，也有人称它为核心竞争力。

核心专长是指一个企业的科技、技术或管理的特殊组合，它所产生的一种能力，使你有别于他人，使他人很难模仿，使你做得比别人更好。如苹果的生态圈，教给你去模仿，你也模仿不了，这才是最可怕的核心竞争力。这是企业创造不平等竞争的关键。

说到不平等竞争，那就是黄海战略了，黄海战略有很多相关的技巧和工具，比如商业模式、战略模式、产融互动、资本市场市值管理等等，都是这个阶段的创新武器，用和君咨询公司的话讲，是 16 字心诀：产业为本，战略为势，创新为魂，金融为器。

在第三个阶段，发展核心专长是企业发展期最重要的工作，在企业竞争战略中是各个企业关注的焦点，如果能做好它，企业就能很好地发展。

在战略选择上，第三阶段适合蓝海战略、黄海战略。在波士顿战略分析中，叫求快的适应型战略、抢先的远景型战略、协调的塑造型战略。

不管企业在第三阶段发展得如何好，按格雷纳的企业成长模型，它终究会遇到危机，企业如逆水行舟，海尔的斜坡球理论讲的也是这同一个问题。因为企业始终受动态市场竞争的影响和人天生惰性的影响，所以危机迟早会来的，改革是不可避免的，也是迫不得已的，不过是主动改革或被动改革的差异而已。这就来到了企业的第四个阶段，转型期。

转型期的重点是寻找突破点，企业改革不改革，企业转型不转型，其主要态度看管理者、看老板。因此，转型期的主要突破点在于老板自己，它有三个要点：一是领导人的眼光，二是领导人的魄力，三是团队精神。

企业转型是一个大的决策，这时领导人的眼光是决定因素，领导的眼光好境界高，就能看清转型的方向，决定是否应该改革。

在现实中，有的领导境界很高，能看到问题的本质，但不一定敢做，这时还需要魄力，也就是胆识。因为不成就败，你要承担得起，要够胆。

转型期除了境界与魄力，还强调团队精神。因为转型期实际就是改革期，就是要革过去的命，一旦决定下去，就再也难以回头。而且，在转型期，即使转对了，在一两年之内也很难看到成绩，要慢慢地走。但走到半路，有人开始动摇了，怎么办。特别是原来持反对意见的人，如果没有强有力的团队精神做支撑，转型改革就会中途夭折。对企业造成极大的伤害，所以转型期第三个工作重点是团队精神。

在战略选择上，转型期有两个战略：一是求存战略。企业发展到一定时期遇上严苛的内外环境，先要力求生存下来。苹果在 1997 年，不得到微软 1.5 亿美元的援助，就要面临破产了，虽然乔布斯做出一个很大的黄海战略规划，但他第一步实施的是一个很保守的求存战略。先重塑求存，然后才推进大发展的黄海战略。所以，乔布斯接手苹果十年后，于 2007 年，苹果才迈入高速发展。其实，苹果的发展战略应在 1998 年就基本形成了，只是他在一步一步地向那个终点推进。

企业如果能够成功转型并成长的话，接下来管理者要面临的课题便是永续经营，长生不老是生命的最高追求目标与境界，永续经营的工作重点就是寻求长青点，即企业靠什么才能做到永续经营。结论是靠企业文化，靠企业的组织管理。

这方面的著作非常多，但论述得最透彻的书名叫《基业长青》，也有译成《企业不败》，它的英文名叫 *Build to Last*，它是柯林斯与波勒教授带领团队用了整整六年时间对世界最知名的 36 家能永续经营的公司进行对比分析的结论。他们将这 36 家公司分成两组，第一组是世界知名的公司，第二组也是全世界知名的公司，而且大家同具规模，处于相近的历史阶段。但是，第一组的 18 家公司的业绩与形象比第二组 18 家公司的业绩与形象好得多，为什么呢？它的回答是，第一组的 18 家企业有很好的企业文化，而第二组的 18 家企业的文化力比第一组的文化力要差得多，其表现没有第一组的企业文化那么具体和清晰。

所以，在永续经营期，企业建设的重点是企业文化。在《黄海战略》一书中，主要论述的是组织管理，即组织或领导的凝聚力、组织力、执行力建设。

以上，我们归纳了企业经营的五个阶段和时期以及相对应时期的经营重点。当然，这种归纳也是有缺陷的。在企业实际操作中，各个阶段不一定是完全分离的，就像格雷纳对企业成长阶段组织模型的归纳一样。然而，只要我们在企业实践中，具体问题具体分析，注意这些缺陷，把它作为一种分析工具和经营理论，掌握了它，将对我们的经营决策境界的提升起到很大的帮助。

管理者在企业实践中，能否在企业不同的时期决策做恰当的事情，解决企业恰当的问题，这将直接体现在管理者的认识境界和操作能力与水平上。因此，老板应当研究企业的不同发展时期对应的经营重点和战略选择。

说到底，战略的本质就是一种选择。

第五节　一个传统产业的组织转型——钨铀新材①

钨铀新材是坐落在西部某省的一个家族企业，创业人是两兄弟，都是高级工程师，科研出身，凭专利技术创业。

该公司属于新材料行业，经营该行业中的一个细分产品（A 产品），细分行业总规模 150 亿元左右（年销售额），前五厂商累计市场份额约 15%，本公司居第三，2010 年收入 4 亿元左右，第一名年收入 6 亿元左右。新材料行业里，与本公司相邻和关联的领域，行业规模为几千亿元。竞争

① 钨铀新材案例选自和君王明夫《企业战略规划》讲座，经改写。

优势：前五相当，略有强弱，但落差不大。

企业有自主知识产权技术，毛利率 65%，净利率 30%，最近三年高速成长（年复合增长率 80%），负债率 60%，储备的新技术新产品可确保未来 5 年年复合增长率达到 35%–55%。

2010 年钨铀新材如果上市，将会怎样？

IPO：钨铀新材，以奇高市盈率发行，超募资金 25 亿元，市值一举破百亿元，一鸣惊人，一跃成为万众瞩目的省里黑马、行业明星。

资产规模：IPO 之前 8 亿元总资产，上市后 2010 年底 40 亿元总资产，净资产近 35 亿元。

资金实力：上市后，在稳健的财务政策下，可直接拥有 50 亿—60 亿元现金的投资能力。

上市效应之一：一举甩后所有竞争对手，在行业里一马当先，遥遥领先所有竞争对手，已经跟原来的钨铀新材不再是同一个量级。

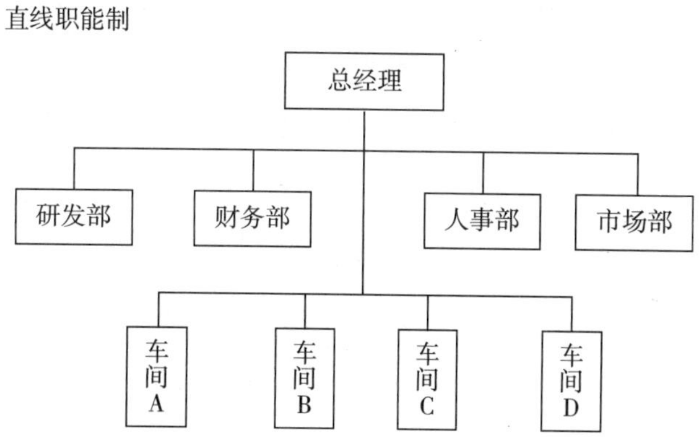

图 7–4　钨铀新材原组织形态

上市效应之二：海量资源和计划蜂拥而至，钨铀新材面临全新形势和局面：

（1）银行追着给贷款，最优惠利率，最佳账期。

（2）政府列为重点扶持的龙头企业，给土地、资源、政策、园区。

（3）行业人才、国内外高端科研人才迅速靠拢。

（4）行业内中小公司寻求被并购。

（5）供货商、经销商一片亢奋，商务合作胃口更大、条件更优惠。竞争对手的人才和经销商，心态微妙。

思考与启示：

（1）在经济学概念中，所有的资金成本都是差不多的，为什么在中国A股市场，企业一上市就能创造出最好的企业成长战略？因为企业能创造出不平等竞争力的策略。

（2）中国目前已经上市的公司，有多少企业善用了上市的地位和资源？答案是不到15%。为什么？认识问题、能力问题、人才问题。

形势分析：上市以后，公司的资产、资源和机会，都急剧放大了规模。在新规模下，公司的“原产品线资产”被稀释成了小权重。局限于原产品线的经营思维和战略意图，难以消化大量涌来的过剩资源和机会，后果不仅仅是资源闲置，格局做小，而且还贻误大好时机、坐视竞争对手长大，最终弱化自己的竞争优势。

思考方向：一方面是通过做大做强原产品线来消化过剩资源与机会，另一方面是通过利用富裕资源与机会，来开辟钨铀新材的新天地、做出新格局，为原产品线的做强做大营造出更大的集团平台和更好的产业链生态。

所以，思考钨铀上市之后的发展战略，指导思想应该是：在做实做强原产品线的同时，充分利用上市之后的资本、资源和机会，对公司事业做出全新布局，从单一产品的企业走向综合的新材料科技集团。马上成立集团管控下的事业部组织结构，这样才能有效利用新的资源，发展壮大自己的事业。

行业新形势：2011 年下半年至 2012 年，创业板和中小板的形势急转直下，上市申请纷纷被否。新材料行业有几家报会的公司被毙了，退出上市进程。行业内一大批做着上市梦的中小企业，瞬间像泄了气的皮球，没劲儿了。

这对钨铀新材意味着什么？意味着：天降大运！它要采取的对策与行动：并购与整合，直奔行业王者去。那么在组织设计上，该做出什么反应？钨铀新材上市后的组织结构应演变为如图 7-5 的组织结构。

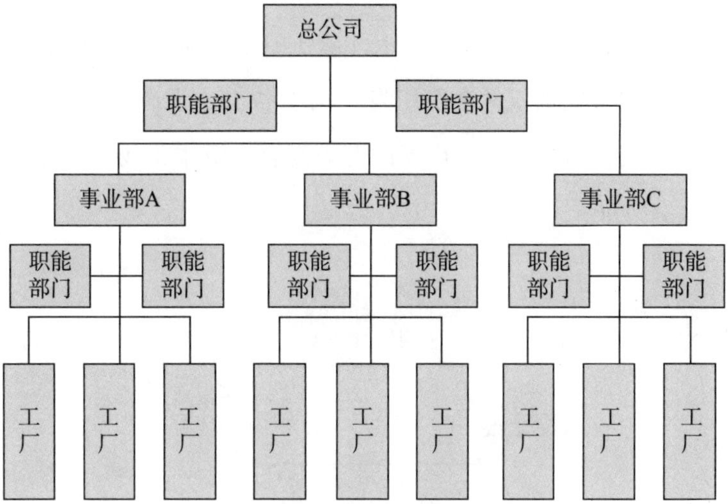

图 7-5　钨铀新材上市的组织结构

钨铀新材的组织行动如果没跟上，将会怎么样呢？

后来，IPO 重启，再后来，新三板热起来了。意味着什么？意味着并购整合最好的时机已经错过；改写行业竞争结构，难度增大。那么，要采取怎样的组织行动呢？第一步，沿着公司现有的产品线和产业链，进行组织结构和流程优化，全面强化 A 产品线的竞争力和领先优势。第二步，随着 A 产品之外事业布局的逐步拓展，前瞻和响应全新的产业布局，发育和建立全新的集团化组织体系，建设钨铀控股的组织功能。第三步，战略投资和并购整合行业生态内的企业，直奔行业王者位置。

组织升级的关键：公司最高层在思维方式和角色定位上，需要尽快从“A 产品公司”上升到“钨铀集团”或“钨铀控股”的位置上去。A 产品线，变成集团的一个事业部，集团还有其他事业板块的布局，公司最高层的核心任务是：选准事业板块、开展集团布局、升级组织结构、建立组织体系、发育总部职能、感召行业人才、打造干部队伍。

组织创新与升级，成为制约企业继续发展的关键瓶颈，也可以成为推动战略升级、支持战略实施、感召人才队伍的全新动力和保障。

然而，现实是钨铀新材在组织发育与准备上，没有跟上企业的发展，资本市场的成功没有得到产业市场的有力配合，资本市场的功能就彰显不出来。参见图 7-6。

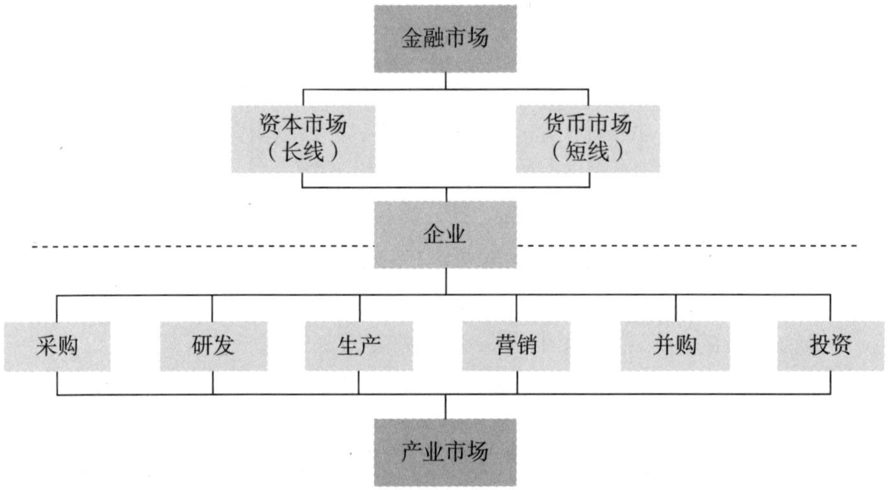

图 7-6　企业产业市场与资本市场的相生与互动图

钨铀新材的现象，不是个别问题，是中国企业的常见现象。当企业家长期进行艰苦奋斗和耐心准备，一朝遇上从天而降的大机会，企业突然爆发或异军突起的神话与梦想，也就变成了摆在面前的事实。此时此刻，怎样继续发展的命题，变得比以往任何时候都更为突出和具有挑战性。此时，组织结构上的创新和升级，是企业成长突破的关键命门。

当年通用汽车，因为职能制的组织结构容纳不下企业的进一步发展，迷茫与危机折磨着企业，斯隆以其天才级的智慧，跳出业务和生意的视野，转向在组织结构上思索和发力，创造性地设计出事业部制的组织模式，从此人类的企业成长开始突破职能制组织结构的束缚，走向了全新的发展空间。

正是斯隆的组织创新，开创事业部制组织结构，造就了后来那些规模和实力都大到不可思议的产业巨人。

每一个企业家都需要确立一个认识：企业成长存在一个“组织封顶”或“组织天花板”现象。如果说市场规模是企业长大的极限，那么组织模式则是企业长高的天花板。突破组织的天花板，就能打开企业成长的战略空间。从这个意义上说，钱德勒的经典结论“战略决定组织，组织跟随战略”，倒过来说，也是成立的：组织决定战略，战略跟随组织。

在这一章讲这个案例，其一是为了说明组织发育与企业成长战略相互之间的关系；其二，也想说明，别人过去的教训可以作为我们未来的经验。

第八章　黄海战略的组织与文化选择

先讲一个“钥匙”的小故事：

一把坚实的大锁挂在大门上，一根铁杆费了九牛二虎之力，还是无法将它撬开。钥匙来了，它瘦小的身子钻进锁孔，只轻轻一转，大锁就“啪”的一声打开了。

铁杆奇怪地问：“为什么我费了那么大力气也打不开，而你却轻而易举地就把它打开了呢？”

钥匙说：“因为我最了解它的心。”

故事心得：发现和保持企业绝对竞争优势的秘密就躲藏在门后的某处，但大门却有铁锁把守，很多企业费了九牛二虎之力就是打不开。因为，它们不了解“锁心”。企业的锁心就在组织与文化里，好好去研究你的组织与文化，并做出选择吧！[①]

---

① 该故事选自《68 个经典管理小故事》，博维咨询编著。

第一节 黄海战略环境下的组织形式选择

黄海战略是基于互联网环境下的创造性竞争战略。这一战略与其他战略有几个关键的不同：它是创造型的整合战略，重新塑造型战略；它强调塑造商业生态系统，而不仅仅是企业本身；它强调攫取资源与能力，创造不平等竞争力。

因此，这个广阔的视角必将对企业的组织结构、文化、领导层都产生广泛的影响。

黄海战略的组织形式需要对外部环境开放，并要让外部能够融入其中，从而使各参与方超越企业间的界限，建立同盟间的信任。

从结构上讲，就意味着黄海战略的企业在组织形式上要相当开放，不设界限，这样的企业才能通过采用和生态系统本身相同的以市场为基础的机制对资源和知识进行充分利用和分享，并在一定程度上进行控制。

例如，在符合广大生态系统利益的情况下，黄海战略生态型企业可能通过让职员轮岗，向生态系统上游和下游的企业投资，以分享知识产权等方式和其他相关企业进行融合。

比如，谷歌公司定期召开开发者会议。在会议上，该公司通过培训，一对一反馈，以合作方和谷歌公司工程师一起开发应用等方式在合作方身上花心血。

很明显，这样一种开放型组织形式需要企业转变观念，对习惯于区别“他们”和“我们”的领导或职员来说会有很大的冲击。这样的组织形式需要一种放手的心态。企业领导并不制定严格、详细的规章制度，而是设定大方向，鼓励外在合作。

当然，黄海战略也还有其他传统企业类型，那就另当别论了。

但基于互联网的生态型企业，则要强调这种开放型企业组织。

罗辑思维创始人罗振宇说过的一段话，值得我们思考。

“传统工业是一种建立在分工与目标的基础上的组织形态，它最为重要的特征就是管理。说得再直白一点就是控制，利用人性当中的弱点，或者人生存时必要的条件，对组织内的人进行控制。传统工业组织更多的是高层发生决策，中层负责控制，底层负责执行，是一种中央控制模型。而传统组织的弱点恰恰就是反应速度很慢。这种慢不是因为信息传播速度慢而造成的，而是因为决策速度慢。它需要由底层反馈，中层传导，高层进行决策，然后再原路返回，由底层执行。且不说信息在传导的过程当中，可能发生变异，单是决策速度就已经慢很多拍了。

互联网恰恰是一种无中心化组织，一种网状的模型，没有决策中心，而是顺着态势发展而顺应做出决定。这样反应速度无疑大大加快，当然，这对组织内部的人员要求也高很多，以至于可以出现分工的模糊化，每个人的多角色协作化。所以我心中真正的互联网公司，往往人数不是太多，并且分散成各个小团队，单点负责，迅速决策，需要组合时，立即自由联合，任务完成后，自动解散。他们并不依靠什么层级管理，更没有什么 ERP 或者什么 KPI，完全是一种任务驱动式的协作方式。

顺着这样的逻辑推理下去，未来的互联网社会，应该是一种以人为网络节点、各个小社群相互链接的拓扑组织结构。从全局上来看，自然就是无中心化、无权威化、无固定组织形态的结构。”

互联网带来的变革，不仅仅是营销渠道和品牌建设方式的变化。互联网已经开始对人与人之间的分工和协作方式进行重构。也就是说，传统企业的互联网转型，必然要同步完成组织升级和再造。

管理大师德鲁克在《管理》一书中指出：“信息革命改变着人类社会，同时也改变着企业的组织和机制。”

海尔的张瑞敏说过：“传统企业跟传统媒体一样，要改造成一个适应互联网的机制非常困难。互联网的冲击不止是电商、互联网营销等，它还将带来非常深层次的冲击。我觉得冲击到最后，整个社会都会变成自组织。”

阿里集团战略官曾鸣在公司内部讲得最多的一句话是协同，不是协调。协同是一群人用网络化的方法，自组织地朝一个目标共同努力，而不是由上而下执行行政指令的方法，告诉你必须走同一条路。阿里巴巴正在朝着生态化的组织形态演进。

所谓生态化的组织形态，就是自上而下的管理会少，而横向之间的主动连接会更多，基于兴趣、靠任务结合起来的项目和自组织的业务会越来越多，这跟原来金字塔结构的组织形态大不一样。

2012 年阿里巴巴分拆为“七剑”，觉得不够；2013 年又拆分为 25 个事业部，数量也还嫌少。将来如果被定义成 35 个、45 个、55 个甚至更多的事业部，或者小的元素，织成一张大网，与此相应，底下的人做决定的可能性就会越来越大。

阿里巴巴正从一个非常确定的世界走向一个网状、不确定的世界，正从原来的金字塔结构变成一个更生态型的组织。传统自上而下的组织形式，它的特点是控制、命令，管理工具是做计划、预算。今后会慢慢变成靠激发、鼓励、指明方向、自下而上这种方式，从所谓的整合资源变为资源聚合。阿里巴巴哪个部门如果缺人，现在很少搞集团统一调配，你有本事自己去说服别人愿意跟你干，这叫聚合资源。就像一个个风火轮，你的能力足够大，你就会吸引更多的能力、资源，这是一种市场的力量，也是一种生态系统的力量。资源会被什么吸引？你做的项目是不是有意义、别人对这件事会不会感兴趣，而不是行政命令。

第二节　互联网环境下的组织设计

在传统企业的组织架构中，官僚式的分层管理模式最常被采用。在前者的基础上，职能式组织架构、事业部式组织结构及矩阵式组织结构都是沿用至今的经典组织结构。

然而这种组织结构在互联网时代遭遇了挑战。外界环境发展太快，现场管理和临机决断的事宜太多，所以必须缩短决策半径，必须扁平化。目前淘宝很多卖家在组织架构方面都采用了超级扁平化的结构，比如知名淘品牌御泥坊，近四百名员工，但组织架构就两层，自 CEO 为首的核心管理团队以下分为三十多个学院，但每个学院不是一个部门组织而是一个基础的作战单元，类似于一支特种部队，平时独立作战，有重大任务时，根据需要，某几个学院可以随时重组为一个全新的大部门，任务结束后再解散回归原编制。

组织和文化说到底是由我们所处的生存环境来决定的。如果后者发生变化，而组织不做出调整，那么企业是很难生存下来的。互联网消除信息不对称的特性，在政治层面的表现，就是消除中层，组织变得更为扁平化，部门的概念越来越弱化。同时组织框架超级节点化，以发起流程的“节点”来驱动业务的进程，即“人人都是核心，人人都不是核心”，完全根据企业的需要，随环境变化而变化。

某知名淘宝卖家，2013 年淘内交易达数亿元，员工近二百人，但他们公司除了财务和仓储团队以外，却是一家只有岗位但没有设置任何职能部门的公司，所有业务全部都是靠虚拟团队来驱动的。根据业务流程轻重缓急的需要，组建若干个虚拟团队或项目团队，每个团队的负责人相当于特种部队的队长，最多的时候有十多个项目同时进行。老板本人在所有的项目中，但并不负责一线指挥，而是扮演三种角色：监督者、协调者和评估者。

项目结束经老板评估后，还需要向全公司分享此次执行过程中的得与失，然后该虚拟团队自动解散，所有参与者再自动进入到下一个节点。而老板在此过程中通过邮件组、QQ 群、微信群等全程掌控项目进程，该公司自从实施这套模式以来，已经有半年时间没有开过线下会议了，沟通全部是利用碎片化的时间完成。

在原有的体系内，用原有的人、原来的组织形式做一件不同的事，成功的概率是很低的。绝大多数凤凰涅槃的企业，基本都是靠组织创新。

互联网企业的组织架构应当灵活，不能过多层级化和固化，要以产品为中心，以项目开发组的形式整合利用企业各项资源快速推进产品创新，以市场为导向，聚焦客户需求和使用体验，及时改进和完善产品和服务。互联网思维强调开放、协作、分享，组织内部也同样如此。所以互联网思维指导的企业，其组织形态一定是扁平化的。

小米公司的扁平化组织设计案例

扁平化是基于小米公司相信优秀的人本身就有很强的驱动力和自我管理的能力。设定管理的方式是不信任的方式，小米公司的员工都有想做最好的东西的冲动，公司有这样的产品信仰，管理就变得简单了。

当然，这一切都源于一个前提——成长速度。速度是最好的管理。少做事，管理扁平化，才能把事情做到极致，才能快速。

小米的组织架构没有层级，基本是三级：七个核心创始人——部门领导——员工。而且不会让团队太大，稍微大一点就拆分成小团队。从小米公司的办公布局就能看出这种组织结构：一层产品、一层营销、一层硬件、一层电商，每层由一名创始人坐镇，能一竿子插到底地执行。大家互不干涉，都希望能够在各自分管的领域给力，一起把这件事情做好。

除了七个创始人有职位，其他人都没有职位，都是工程师，晋升的唯一奖励就是涨薪。不需要你考虑太多杂事和杂念，没有什么团队利益，一心用在做事情上。

这样的管理制度减少了层级之间互相汇报浪费的时间，小米公司现在有两千五百多人，除每周一的一小时公司级例会之外很少开会，也没什么季度总结会、半年总结会。成立三年多，七个合伙人只开过三次集体大会。2012 年“8 · 15”电商大战，从策划、设计、开发、供应链仅用了不到 24 小时准备，上线后微博转发量近 10 万次，销售量近 20 万部。

雷军的第一定位不是 CEO，而是首席产品经理。80%的时间是参加各种产品会，每周定期和 MIUI、米聊、硬件和营销部门的基层同事坐下来，举行产品层面的讨论会。很多小米公司的产品细节，就是在这样的会议当中和相关业务一线产品经理、工程师一起讨论决定的。

第三节　互联网环境下的管理方式

“伟大的管理者，都有一个共同的特点：他们不仅都能用一种思想经营企业中的人，而且能训练人们的习惯。在未来高层次的企业中，企业思想所起的作用会越来越大，高层管理者在行政上的职能会越来越弱化，而在精神上的职能会越来越大，其中最主要的工作就是经营好员工的思想与习惯，其他的，都让位于他们自己管理自己。”

这是我十多年前出版的管理哲学《境界：企业经营的至高之道》一书较为核心的管理思想。那时，觉得较超前，现在刚好适合目前互联网环境下的企业。

当我们的员工逐渐互联网化的时候，只有倡导自我管理，才能提高我们的管理效率、效益和效能。

在互联网时代，“要想火车跑得快，全靠车头带”的火车理论，已经让位于动车理论，动车的每一节车厢都有发动机，这样整个列车的速度才会提升上来。

对于组织来讲，不能只有企业领导者做发动机，每一级组织甚至每个人都要成为发动机。未来的组织，领导者只是思想观念的创造者和传播者，剩下管理的事都是员工自己管理自己，每个人都要成为自己的 CEO。

当前，“90 后”正式进入职场，“85 后”成为职场主力，这一代人个性张扬，是注重人格独立的一代，这是大的社会趋势。我们的管理只要适应大趋势，引导每个个体经营好他们自己，先让他们创造、建设、发挥他们个人的效率、效能，在这基础上来思考组织效率。

未来企业的管理，必须要以经营员工成功为中心，员工成功，企业成功，而不是企业成功，员工成功。

要告诉员工，每一个员工就是一家公司，只不过，工商局注册的那些公司都是有限责任，而每个员工自己的“这家公司”是无限责任。

员工要用自己一生的时间和信用来为它担保。

著名企业家、投资家、演讲家臧其超在一次演讲中说，一个组织的生命力，在于这个组织的关注点。如果这个组织的关注点是产品，这个组织只会有 20 年的生命。如果这个组织关注的是团队的发展，这个组织会有 20 年到 50 年的生命。如果这个组织关注个人成长、团队成长、团队永续，这个组织会有 50 年到 100 年的生命。如果这个组织关注为社会做贡献，为他人付出，这个企业会有 100 年以上的生命。如果一个组织能将关注点移至只为他人，将这种精神内化为精神信仰，这个组织就可以传承千年不朽。

这种精神思维我是很认可的。

松下说：“我们不是公司，我们是人才培训基地，我们只是顺便挣点钱。”这种管理价值倡导是对的。

案例一：稻盛和夫的阿米巴模式

“阿米巴”（Amoeba）在拉丁语中是单个原生体的意思，属原生动物变形虫科，虫体赤裸而柔软，其身体可以向各个方向伸出伪足，使形体变化不定，故而得名“变形虫”。变形虫最大的特性是能够随外界环境的变化而变化，不断地进行自我调整来适应所面临的生存环境。

阿米巴经营是指将组织分成小的集团，通过与市场直接联系的独立核算制进行运营，培养具有管理意识的领导，让全体员工参与经营管理，从而实现“全员参与”的经营方式。

稻盛和夫创建的京瓷公司就是由一个个被称为“阿米巴小组”的单位构成的。与一般的日本公司一样，京瓷也有事业本部、事业部等部、课、系、组的阶层制。但与其他公司不同的是，稻盛和夫还组织了一套以“阿米巴小组”为单位的独立核算体制。“阿米巴”指的是工厂、车间中形成的最小基层组织，也就是最小的工作单位，一个部门、一条生产线、一个班组甚至每个员工。每人都从属于自己的阿米巴小组，每个阿米巴小组平均由十二三人组成，根据工作内容分配的不同，有的小组有50人左右，而有的只有两三个人。每个阿米巴都是一个独立的利润中心，就像一个中小企业那样活动，虽然需要经过上司的同意，但是经营计划、实绩管理、劳务管理等所有经营上的事情都由他们自行运作。每个阿米巴都集生产、会计、经营于一体，再加上各个阿米巴小组之间能够随意分拆与组合，这样就能让公司对市场的变化做出迅速反应。

案例二：海尔的“人单合一”管理模式

为了应对互联网时代对组织变革的要求，海尔公司近年来一直在开展“人单合一”模式，将8万多人分为两千多个自主经营体，让员工成为真正的“创业者”，让每个人都成为自己的CEO。

这一切都是源于互联网时代的用户主导了企业。其实，企业和用户之间的信息永远是不对称的，但是传统企业时代信息不对称的主导权掌握在企业手中。在传统经济时代，信息主动权在企业手中，哪个企业发声大，得到的用户就多，谁的广告厉害，谁就可以得到更多的用户。所以，那个时候谁是中央电视台的标王谁就可以获得更多的用户资源。

但是这在互联网时代发生了改变，现在是用户可以知道所有企业的信息，而企业很难知道所有用户的信息，比如我要买一张机票，我可以知道所有航空公司同航线的票价，但是航空公司难以知道我心里想的是什么。所以，今天企业的商业模式都要变革。

海尔对商业模式的探索主要有两个方面：战略和组织架构。战略上变成了“人单合一双赢”的模式。“人”就是员工，“单”就是员工的用户，“双赢”就是这个员工为用户创造的价值以及他所应该得到的价值。在这个理论下，海尔现在的 8 万多员工一下子变成了两千多个自主经营体，一般最小的自主经营体只有 7 个人，把原来的金字塔模式给压扁了。

在组织方面，变成了平台组织下的自主经营体并联平台。过去，企业组织形式是正三角形，内部员工之间的关系就是层级关系，和合作方之间是博弈关系，和用户之间是主导与被主导的关系。现在，海尔把正三角形翻过来变成一个倒三角形，再往前走一步就变成了一个扁平化的网状组织。这个网状组织最主要的就是把原来企业的这些部门变成一个协同的关系，合作方变成一个合作的关系，用户也参与我们的设计，这上面变成一个真正的以海尔自经体为基本细胞的并联平台的生态圈。所谓生态圈，是指合规组织不是固定的，人员也不是固定的，是根据需求随时来改变的。

海尔把员工从原来的一个指令人和执行人，变成一个接口人，也就是说不是要你把这件事做好，而是要你去整合相关的人把这件事做好。

海尔正在努力把员工变成创业者，让员工在海尔平台上创业。有一个员工在海尔这个平台自己掏钱注册了一个公司，海尔给他提供平台资源，他的盈亏全是他自己负责，招聘员工他自己负责，现在他已经发展得非常快、非常好。

我们在互联网时代的追求就是全员契约，每个人都是一个创业者。德鲁克有一句话叫“在明日的信息型组织，人们绝大部分必须自我控制”。他预测到信息时代必须是这样做的。在信息化时代，企业应该让每个人都是自己的CEO，这应是企业的一个目标，让每个人成为自己的CEO，自主经营体就是他自主经营，自己来做。

海尔电商天猫经营体长孙胜波还有另外一个身份，即海尔电商天猫小微公司的总经理。简单来说，小微公司就是一个创业公司机制，它拥有自主的决策权、用人权、分配权，员工自主经营，他们既是海尔的员工，又是小微公司的创业者。作为第一个试点小微机制的团队，天猫团队业绩今年同比增长400%，除正常工资收入，还创造了可团队分享的盈利超百万元，这在海尔传统的组织体系中是无法兑现的。

这种按单聚散的新型网络化组织，灵活且扁平化，而类似的变化也发生在经营体之间，包括海尔品牌电商、日日顺物流、海尔服务、生产制造与系统流程等多个业务部门的诸多经营体，正以网络化的架构组合在一起，形成一个利益共同体，并能够吸引外部的资源，成为一个生态圈，最终构建为一个无边界的开放性平台。

依靠自组织模式，海尔将每一个员工的能力发挥到极致。更生态化的组织形态，就是自上而下的管理会减少，而横向之间的主动连接会更多，基于兴趣、靠任务结合起来的项目和自组织的业务会越来越多，这跟原来金字塔结构的组织形态大不一样。

第四节　互联网环境下的企业文化

无论时代怎么变迁，无论环境怎么变化，无论各种思潮怎么汹涌澎湃，在人类的历史上，有一些思想千百年来历久不变，而且随着时间的推移而更加灿烂。这些经得起时间考验的思想便是我们企业文化选择的基石。

因此，一个企业的核心文化应在那些经久不衰的文化源泉中吸取智慧，作为我们最核心的价值准则，时代变迁只是让我们演化出它所表现的策略和技术。

互联网时代的组织渐渐拓宽了控制跨度，使组织结构趋于扁平。员工直接的非正式组织日趋活跃，员工与组织外的交往日趋频繁，这些更要求企业在文化上要拥有一种更强的凝聚力、组织力和执行力。使员工及协作企业能在一个共同的价值体系下，保证组织中的每个人朝一个方向努力。

因此，对企业来讲，如何找到一条主要价值线，并让企业在主价值线引导下，形成合理的、有活力的创新文化，形成内部的创新合力、对外部的创新吸引力，至关重要。

文化要随战略调整而做出一些相互调整，以保持文化与战略的一致性。

第五节　一个传统产业企业的组织转型——韩都衣舍[①]

一、正在发生的组织之变：从封闭组织到开放形态

前文从理念上阐述了组织随环境、随战略的转变而转变，当战略随环境改变后，组织就必须跟随变革。下面就以韩都衣舍这个服装企业为例来阐述互联网环境下的组织变革。

结构跟随战略，战略与组织双生互动。组织结构带有鲜明的时代烙印。

先介绍一下韩都衣舍 2014 年的发展情况。

三个标志性事件：全智贤代言韩都衣舍；“国民弟弟”安宰贤代言 AMH；李冰冰、黄晓明、任泉入股韩都衣舍。

多品牌集群运营时间表：2012 年 2 个，AMH 和素缕；2013 年 3 个；2014 年 8 个，合计 13 个。

2014 年，267 个小组，韩都衣舍品牌推出 2 万款新品，全公司推出 3 万款新品，相比较而言，美特斯邦威 9000 款，Zara 推出 18000 款。

2014 年，每天的 UV（独立访客）180 万次，PV（访问量）200 万-300 万次，是第二名、第三名、第四名总和，免费流量 80%多，付费

---

① 韩都衣舍案例选自和君丛龙峰《组织、流程与效率》讲座，经改写。

10%多。

从这些介绍，可以知道韩都衣舍是个快时尚品牌。

随着企业发展，组织形态也随之变化，具体转变可参见第六章，其中有一个小组制的创新，那么，如何理解小组制呢?

二、关于小组制的理解

（1）顺势而为。许多企业都是存量思维，管理上是内部人控制，但小组制是增量思维，用增量拉动销量，是从“内部人控制”到“内部人主人”。

管理在某种程度上是一种思潮。组织的许多特点很大程度上源于这些组织诞生时的环境条件。在大众创业、万众创新的人人时代，在国民教育水平、人口素质显著提升的今天，越来越多的年轻人希望成为企业中的主人，体现自己的价值。

在这种时代背景下，小组制是一种可资借鉴的模式选择。为什么教科书上没有写，以前的人没想到?适用性如何?因为任何组织形态都有一个管理边界的问题。互联网服装企业是在这个管理边界之内的。

因为互联网服装企业在品类属性（低单价、高频度、强关系）和工作属性（不涉及过多劳动交换，互依性较弱）之外，互联网带来了“低成本快速试错”的可能性。

从绩效上看，小组制是最基本的，提成制+排名法，一点都不神奇。

从组织上看，小组制也并不复杂：品类经理制+不完全事业部制。

品牌经理制到现在，小组与N多部门发生互动，是不完全的事业部制，即所有生产归口管理，然后再外协。

实际上，任何优秀的企业都不会漠视市场的力量。总是希望能够敏锐地感知到市场的最新动向。1998 年华为《基本法》：通过无依赖的市场压力传递，使内部机制永远处于激活状态。但理想照进现实并不容易。

早在 1994 年，华为就做了一套销售人员的奖金制度，把销售业绩定为发放奖金的主要依据——这个大的逻辑跟韩都衣舍的小组制几乎如出一辙——但问题马上就显现出来，按照此制度，当时华为在乌鲁木齐的一位销售员的奖金可以拿到 20 多万，因为市场状况不错，业绩确实很好；而一个在上海的销售人员的奖金算下来还不到 1 万元，因为那时华为还没有正式打入上海市场，业绩自然也不漂亮。但他确实为开拓市场做了很多努力，而且从能力和贡献上看，两位销售人员并无太大差别，这么分奖金显然不合理。

也就是说，不同区域的市场成熟度是不同的。在 A 类市场，C 类员工也可达成 A 类绩效，但 C 类市场，A 类员工也只能做到 B 类成绩。如果都按销售业绩兑现奖金的话，显然有失公平。这在管理学中被称为“绩效干扰因素”。

华为很快意识到了内部管理的复杂性，并在咨询公司的帮助下，形成了一揽子的解决方案，构建起职位描述、任职资格、绩效考核、素质模型、劳动态度评估等五套系统，而且大多评价结果都与薪酬挂钩，其对应关系是：以职位价值定工资，以任职资格定晋升，以工作绩效定奖金，关键绩效考核指标与战略分解相一致，劳动态度评估与文化、价值观相一致。这才总算解决了相对公平的问题。

（2）回归本质。

我认为韩都衣舍在组织上有三大成功：其一，组织架构适应了互联网的变化，建立了围绕小组制服务的矩阵变型服务型组织，这是一种创新。其二，围绕这种组织形态，建立了适应这种组织形态的组织制度、机制与组织文化。其三，更重要的是他们打造了组织执行能力。

我们能看得见的是小组制的组织形态，其实，对一个企业来讲，重要的不是小组制，而是小组制背后的管理能力。这里先简单讲三方面，韩都衣舍在管理能力提升方面，从三方面加强了它的能力：

按照规模划分，设置了两个组——品牌和运营，品牌规划组负责“从无到有”（1000 万元以下）的新品牌规划与辅导，运营管理组负责“从小到大”（1000 万元以上）对新建的品牌进行运营帮助。

五个高管分别按功能划分，分别负责产品、营销、供应链、行政与人力资源、财务与法务等五个模块的指挥与协调。

由企划部提供专业支持，主要负责两件事，其一是结构，即产品结构与产品组合，这件事是由企划部来决策。其二是节奏，即销售周期、季节性、产品生命周期，这由专业的企划部来决策。所以，从这里可以看到，韩都衣舍小组制下面的七百多个小组织，是在企划部的有效控制下运营的，这就是所谓的小前端，大后台，功夫在后面。战略执行力，管理能力都在后面。

所以，一个企业的组织战略，重要的不是设计组织模式，重要的是发育组织能力。平台化模式是一种组织设计的构想，这是一种思维，很有诱惑力。现在很多企业欠缺的是组织能力没有发育起来，这时盲目地进行模式改造，恐怕也会适得其反。

韩都衣舍的过人之处，不限于“小组制”，更在于它很早就有意识地跟随淘宝平台的发展趋势，建立起品牌优势，自建 ERP 体系……小前端，大后台，看家本事是后台支撑力。

韩都衣舍已经不再是一家互联网企业，从能力上看，它就是一家服装企业，可以看作“互联网+”时代，万众创新之下的一种组织模式，只不过，它在用新的方法论指导实践，这又是我们这个时代的创新。

第九章　黄海战略理论对企业的适用性分析

先讲一个“骡子和马”的故事：

一匹骆驼冒着酷暑和饥渴穿越了一个大沙漠，这是别人想都不敢想的。回来之后，一匹马和一头骡子请骆驼过去谈谈经验。骆驼说：“其实也没啥好说的，就是选定一个目标，然后一步一步地走下去。”骡子和马听了之后，觉得骆驼说得很对，于是便决定仿效骆驼，也要穿越那个沙漠，最后，骡子和马都渴死在了沙漠里。

故事心得：

《孙子兵法》讲：战胜不复，打胜仗不可重复。战略不可复制，企业任何战略的制定，必须立足于自身所处的环境和自己所拥有的资源，这样，战略才有成功执行的可能。

第一节　战略与企业的适用性分类

战略是通往目的的手段，是取得最佳商业成功的方法。黄海战略也不例外，它只是商业战略的一个类型，它不是包治百病的灵丹妙药，它只提供了在互联网环境下创造不平等竞争的理论和方法。这些理论、方法究竟对哪些组织、哪些行业、哪些类型的企业、什么阶段的企业、什么情况的企业有用，在这里做个简单的分析介绍。

有效的商业战略从不局限于一种方法。虽然现在环境变得更加复杂，以前传统的商业战略分析方法仍大量适用于最基础的企业战略分析，而且不同行业不同处境的企业的商业阶段目的也不一样。

大型石油公司或国家基础建设公司会制定为期数十年的规划，但这种规划对每天都要面对新产品和新竞争者的软件公司老板来说并不合适，软件公司正因为具备这样的特点，在制定战略时会更倾向于随机应变，把握时机。

黄海战略基于互联网时代，基于各种商业模式创新，基于生态战略，基于跨界打劫随时发生的当代社会环境产生的理论和方法，它对 IT 行业、智能手机行业、互联网行业、消费品行业、零售行业、传统行业要实施互联网改造的企业特别适用。

黄海战略对于那些企图心很强的企业和老板是很有用的，对于那些希望用一种战略方法打破旧的商业格局、重新塑造一种商业格局和环境的老板来说，黄海战略提供了一个系统的战略思路：企业和老板先用定位法找到自己的生态位，在自己的生态位上创造一个又一个的不平等竞争力的策略，最后形成完全不平等的生态竞争战略。

当然，这种战略不是所有企业都适合的，黄海战略还介绍了生态战略之外的很多其他创造不平等竞争力的策略，这些策略都是基于不同商业模式去实现的，它关联很多传统战略的打法，本章就黄海战略对各类型企业的适用性做一个系统分析介绍。

关于战略与企业的匹配性。自从 20 世纪 50 年代产生战略理论开始，理论界与咨询界都一直在研究，在 2017 年 6 月美国著名战略咨询波士顿公司出版的一本《战略的本质》做出了一些较为清晰的界定。本章就套用波士顿公司的分类法，来对黄海战略对企业的匹配性做出界定。

从本质上来说，战略就是解决问题的方案，只有具体问题具体分析，企业才能找到具体的解决办法。

企业所处的环境决定企业应采取的战略。所以企业首先要对环境进行评估，从而搭配、运用合适的方案。

然而，如何才能找出商业环境的特点，如何才能选择出最适合的制胜战略呢？

《战略的本质》一书，对商业环境按照三个简单的维度进行了分类：可预测性，就是企业能否预测商业环境未来的发展变化；可塑性，就是指企业是否能够独立或者以合作的方式重塑商业环境；环境严苛性，就是指企业能否在商业环境中生存。

按这三个维度整合起来归类，便形成了五类典型的商业环境，每一类环境都要求企业制定并实施与之相对应的战略方案，并且每一类战略都有一个核心理念。具体参见表 9-1。

表 9-1 环境与战略匹配模型

环境类型	可预测、不具备可塑性	不可预测、不具备可塑性	可预测、具备可塑性	不可预测、具备可塑性	环境严苛
匹配战略	经典型	适应型	愿景型	塑造型	重塑型
核心理念	做大	求快	抢先	协调	求存

以上五类战略基本包含了所有的企业行业，接下来我们研究的内容就是黄海战略的策略和方法在这五类战略中的适用性。研究清楚了这一点，我们就研究清楚了黄海战略在各类组织、各个行业、各类企业中的适用性。

第二节 黄海战略在经典型战略中的适用性

在以前的战略管理中，针对商业环境是可预测的、但企业无法改变的情况，企业一般选择经典型战略。

在可预测的经典型商业环境中，企业需要采取能够明确企业定位的战略。

这类战略基于企业在规模、差异化或内在能力所形成的优势，通过综合全面的分析与规划来实现。

一般来说，公共事业、石油天然气、汽车、矿山这些较稳定的大企业容易选用经典型战略。

在那些采用经典型战略的企业领导看来，世界是可以预测的，竞争基础是稳定的，企业一旦获得竞争优势，就可以长久地保持下去。

由于他们无法改变外部环境，这类企业会在所处的环境中寻找自己的最佳定位。这类企业庞大的规模，差异性优势，或内在能力是其找到最佳定位的基础。

在经典型环境中，企业的市场地位优势可以长时间保持，环境是可以预测的，发展是循序渐进的，不会有巨大的颠覆性变化。

为了获取有利地位，采用经典型战略的企业领导会采取以下思维：首先，他们会分析企业竞争优势的基础以及企业能力与市场需求的结合点，预测这一切会随着时间的推移如何发展；其次，制订规划，以建立并维持企业的优势地位；最后，严格有效地执行规划。

这类企业常用的战略分析工具与方法，是传统的竞争战略的方法，如经验曲线、波士顿矩阵、波特五力模型、产业价值链、麦肯锡7S模型等。

经典型战略是企业最为熟悉的一种战略，对于绝大多数企业管理者来说，战略指的就是经典型战略。目前中国大学各商学院教授的是这个战略，大多数企业最常采用的也是这个战略。据我们咨询界的了解，中国当前的状态是在战略工具选择上90%以上都用这一战略，原因是目前国内对适应型战略、愿景型战略、塑造型战略的了解很少，特别是适应型战略和塑造型战略，目前还没有这方面的战略理论。当然,《黄海战略》出版后，就能填补这方面的理论空缺。

经典型战略通过传统经济学的规模经济、范围经济，获得做大的竞争优势。

自从20世纪50年代末伊戈尔·安索夫提出了“企业战略”一词后，无论是商界或是在商学院的课程中，这种战略依然占据着主导地位。

20世纪60年代，波士顿咨询进一步发展并传播了竞争战略理论，经验曲线理论，即逐步积累的经验及其所带来的整体规模，能够成为一种持续的优势来源。经验曲线是指导企业管理成本和价格，以取得长期优势的重要工具。

波士顿矩阵把规模优势与识别具有吸引力、高速发展的市场结合在一起，在这样的市场中，企业能够占据且必须占据战略领先地位。

20世纪七八十年代，在《财富》世界500强企业中，多数企业都使用了这些工具。

后来波特针对经典型战略提出了著名的五力模型，解释了五种竞争力之间的相互作用（供应商、购买者、替代品、新进入者、同业竞争者）对行业吸引力产生了怎样的决定作用。

公司需要选择一个具有吸引力的行业，利用差异化或低成本取得成功，或者利用市场地位和规模也能取得同样的效果。

不过，为什么经典型战略的制定方法能够成为主流，而且几乎无处不在呢？是因为长久以来，这种战略方法最适合那些大公司所面临的环境。

在20世纪下半叶的大多数时间里，大多数商业环境都是相对稳定且可以预测的，因此，分析、规划和执行理所当然地成了企业获得成功的最好方法。

到21世纪，经典型战略虽然仍然有效，仍是传统行业大型企业战略规划的根本点，但近十年互联网环境下产生的跨境竞争也对传统的经典型战略提出了调整和战略威胁。

另外层出不穷的各种商业模式也对经典型战略提出了挑战，如各种免费模式、交换模式、溢价模式、众筹模式，从这些模式路径中所形成的黄海战略，不说取代经典型战略，但至少丰富和补充了经典型战略的分析工具和方法，这也是黄海战略在传统经典型战略中的适用性。如黄海战略的生态位战略，生态位定位法，前向营销战略，传统企业转型“互联网+”、黄海战略的“一体四法”利润密码等等。

因此，我认为在那些仍适应经典型战略的传统企业，仍可以传统竞争战略为主、以黄海战略为辅对公司的战略规划起到战略组合的作用。因为作为一个大型的多元的企业，其战略不可能是单一的，一定有个战略的组合，更何况黄海战略可为企业防止跨界竞争设置一道防火墙。

第三节　黄海战略在适应性战略中的适用性

在商业环境无法预测且不易改变的情况下，企业应该采用适应性战略。

在适应性环境中，由于规划既赶不上变化的速度，也无法应对不可预测的情况，企业需要不断地进行尝试。一旦形势难以预测，优势转瞬即逝，应对持续不断变化的唯一方法是严阵以待，并构建不断改变自己的能力。在适应性环境中，不断调整，先人一步，更为经济地找到新的选择方案是企业的制胜法宝。

在经典型战略中，保持竞争优势是真理，但在适应性战略中，竞争优势变成了一系列的短期优势。

适应性战略适用的行业是那些变化比较快的行业，如半导体、互联网软件业、纺织、服装、零售业等，它的应用策略就是求快。

在这些行业，要想通过求快尝试来实现战略上的成功，适应型企业需要掌握三个核心的步骤：首先，它们需要不断地改变方法，提出大量的战略选择方案，并对其进行检验；其次，它们需要仔细挑选其中最成功的战略，并进行推广和探索，一旦商业环境发生改变，企业还需迅速重复这一渐进过程，以确保自身优势得以存续。

适应性战略不像经典型战略那样强调理性，企业的优势源于不断尝试新事物，而非仰仗分析、预测、优化及自上而下的命令，而是产生于变化、选择、拓展这一思路的不断重复。通过比竞争对手更快速、更有效地重复这一思路，采用适应性战略的公司技压群芳，但经典型意义上可持续的竞争优势会被连续暂时性的优势取代。

正如美国新闻集团董事长鲁伯特·默多克所言："世界处于快速变化中，以大胜小的局面不复存在，取而代之的是以快制慢。"

适应性战略与经典型战略有着根本的不同：它并没有将某种规划作为重点，并没有一种不变的"战略"，适应性战略的重点在于试验，而非分析或规划，优势是暂时的，且重点在于方式，而非结果。

案例：Zara 服装品牌的速度和学习

西班牙时装零售品牌 Zara 是在极难预测的行业中积极适应的典范。新一季到来之前，时装零售商很难预测黑色是否依然流行，或者其他颜色是否会成为流行色。实际上，就算在当季，客户的喜好也会经常变化。以往大多数零售商都会出现预测错误造成了严重后果——每年至少要将其多达一半的库存做半价抛售。

Zara 的控股公司蒂则诺纺织工业公司对这种损失非常不满，决定在生产及零售方面实施适应型战略。控股公司在 1975 年 Zara 投放市场时将快时尚引入了时装业。Zara 并不预测客户可能想要的服装样式，而是根据客户实际购买的服装样式做出更快回应。

Zara 采用了两种方式做到了这一点：第一，Zara 缩短了自己的供应链，将生产工厂转移到更靠近客户的地方，并为获得更大的灵活性投入较高的生产成本。在各项措施中，公司重新为美国市场和欧洲市场分配了服装厂，将之从东亚地区转移到更靠近终端市场的地方——如墨西哥、土耳其及北非国家等。近距离供货是蒂则诺纺织工业公司组织模式成功的要素。缩短的供应链将产品从设计工作室到主要街道零售店的时间减少至仅需 3 周，比行业平均供货时间缩短了 5 个月。

第二，Zara 只会小批量生产某种风格的衣服。所有衣服都是实时参与市场的实验品。那些迅速被抢购一空的成功款式会被挑选出来批量生产。比起竞争对手，Zara 零售店测试了更多款式，确保客户的积极参与，并做好继续生产的准备。Zara 在新一季开始前 6 个月用于开发当季 15%—25%的产品，新一季开始之初，仅锁定生产 50%—60%的产品，而行业平均生产率为 80%，因此，Zara 约有 50%的衣服都是在季中生产的。如果哈伦裤和皮裤突然开始流行，Zara 就会快速反应，设计新款式，在某一流行趋势达到顶峰或衰退之前送至门店。

这种方法的效果非常明显：2010 年，Zara 的减价商品只占库存的 15%—20%，与行业平均水平 50%形成鲜明对比。此外，尽管 Zara 的直接生产成本比其他生产中心位于远东地区的竞争公司高，但某一时期的利润率为行业平均水平的 2 倍，且零售店的存货周转相当高，带来了巨大的投资回报。

适应性能力的优势由来已久。查尔斯·达尔文最先在生物学领域认识到了进化的力量，即适应力。而适应型商业方法认为，战略不是总能提前规划好的，速度和灵活性带来竞争优势，这种观点很大程度上得益于进化论。

20 世纪 70 年代末期，亨利·明茨伯格称，有时公司会不自觉地将资金投到制定应急战略上。这些战略并非经过深思熟虑得出的自上而下的规划，而是在酝酿已久的规划执行过程中偶然出现的。

20 世纪 80 年代，理查德·纳尔逊和西德尼·温特探索出了进化经济学理论，认为经济发展的基本就是适应。波士顿咨询公司领导人汤姆·豪特和乔治·斯托克基本在同一时期率先提出了时基竞争的概念，说明优势可以通过减少过程中的循环时间获得，比如新产品开发及生产过程。时基竞争的核心是更快执行现有任务，反之，适应力也要求公司学会如何快速、高效地完成新任务。

20 世纪 90 年代末期，查尔斯·法恩提出了暂时优势的概念，认为优势的持续时间越来越短，公司需要调整自己的战略时间，适应行业的“时钟速度”。同时，凯瑟琳·艾森哈特提出，在高度不确定的情况下，以简单规则为指导和原则，代替复杂的规定和指令，可以增强组织和战略的灵活性。瑞塔·麦格拉斯也率先提出了发现式规划的理念，即规划不再是用以评估绩效的产量预测，而是为发现而制订的规划，达到学习效果最大化、成本最低的效果。

最后，波士顿咨询公司在 21 世纪头十年里提出了适应型优势的概念并使之商业化，帮助客户应对不断增加的变化和不断提高的不确定性。这一概念详细说明了公司如何在实践中替换自上而下的规划，实现自下而上的战略试验。

第四节 黄海战略与愿景型战略

愿景型战略是指企业只有通过率先创造新市场或颠覆旧市场规则才能取胜。

采用愿景型战略的企业领导认为，企业能够凭自身的力量创造或再造商业环境。

愿景型企业的成功之道在于率先引进革命性的新产品，尽管商业环境对其他企业来说充满了不确定性，但愿景型企业领导深信自己有机会来创造新的市场或颠覆现有的市场格局，他们随后采取行动将这个想法变为现实。

只有当愿景型企业独立建立起一个具有吸引力的全新市场格局时，这一战略才真正奏效。企业可以率先运用新技术，或者首先发现并解决令客户不满的主要因素和潜在需求，或者赶在其他竞争者之前发现重大的趋势和潮流。

与经典型战略的分析和规划，以及适应型战略的反复尝试相比，愿景型战略更注重设想和实现设想。

愿景型战略的典型智库和方法是蓝海战略。

黄海战略理论出来后，愿景型战略的智库里又增加了许多新的思维、技术与方法。只是蓝海战略关注技术创新、产品创新，黄海战略关注商业模式创新。

第五节　黄海战略与塑造型战略

当环境不可预测但具备可塑造性时，企业有机会在行业发展的早期阶段对其进行塑造或重塑，并对行业规则进行定义或重新定义。如苹果推出iPhone时，就对智能手机进行了重新定义。在发布会上，乔布斯说道："这不叫手机，它是集随身听、移动上网、智能移动电话三个功能于一体的产品，我叫它iPhone。"

在塑造型环境中，企业可以携手合作，通过协调各利益相关方的商业活动共同塑造行业格局，使其为自身利益服务。

其实，这一策略就是黄海战略，只是波士顿的两个作者没有对这一策略进行展开，描述实施这一战略的路径和制定方法。当一个企业有了这样的机会的时候，那些先知先觉的企业就可能起来塑造一个大的格局。只是这个带头的企业需要与其他各方携手合作，因为仅靠一家企业的力量无法塑造整个行业格局，而且企业还需要与其他各方共同分担风险，发挥互补作用，在竞争对手采取行动之前迅速构建新市场。

塑造型企业面对的环境具有巨大的不可预测性，这是因为它所处的行业尚在发展初期，企业需要对利益相关方产生影响，但又无法完全掌控利益相关方的行为。

采用塑造型战略的企业首先要吸引其他利益相关方的参与，在恰当的时间点共同打造未来愿景。它们需要建立起一个平台来进行协调合作；然后通过扩大平台规模以及保持平台的灵活性和多样性，对平台进行发展，同时积极发展与利益相关方之间的生态系统。

塑造型战略与经典型、适应型、愿景型战略的差异颇大，塑造型战略更多地着眼于生态系统，而不是企业个体；同时致力于在竞争中求合作以及在合作中展开竞争，这一点在如何形成黄海战略的生态系统战略时，已有详细描述。

所以，黄海战略包含了塑造型战略，塑造型战略也是黄海战略的主体战略，只是塑造型战略界定了塑造型战略的机会在于一个行业的发展初期。通过中国这几年的商业演变我们知道，塑造型战略也可以发生于行业发展的其他时期。

比如，小米进入手机行业时，手机行业已经非常成熟，但小米进入三四年时间，就塑造了一个小米手机的生态系统。塑造型战略描述了塑造一个新的市场环境或颠覆一个旧市场环境需要一个大型的领导企业，其实，现实中也并非全是这样。

在黄海战略里，我们列举的几个重塑市场格局的领头企业，他们建立黄海战略之初，企业规模和实力都还很小，却都成功了，这其中的关键点在于战略制高点与商业模式。

苹果构思、策划、实施黄海战略时，市场一直在 30 亿至 60 亿美金，当时行业老大微软是 6000 多亿美金，诺基亚是 2500 亿美金。

2011 年，小米构思自己的生态战略时还什么都不是，小微企业一个。

中远修船厂在策划生态大战略时，整个中国企业七百多家修船企业在全球的市场份额仅占 2. 3%，但为什么两年后他就成了行业老大，全是战略的成功，商业模式的成功。

所以，塑造型战略，黄海战略，只要抓住了时机，这种战略创造出来的生产力是非常强大的。

构思黄海战略之初，我还没接触那么多的战略理论，最早主要受生态学思想的影响。十多年前，看到布鲁斯·亨德森将自然领域和商业领域的竞争进行对比的分析文章，近年来，复杂适应系统理论已经探索出这种动态合作系统的运行和演变方式。

20世纪80年代的涉众管理理论，90年代的“解构”商业模式，以及西蒙·勒文的商业生态系统，巴里·纳尔巴夫的共同经营理论，共同促成了我的黄海战略思维的形成。

前几年，亨利·切萨布鲁夫提出开放式创新，也即在企业的创新过程中，汇聚外部的想法和参与者，共享资源和风险，以及客户之间共同创造产品，如苹果与第三方，小米与手机发烧友等等，这些都是黄海战略与塑造型战略的共同之处。

这一战略可用于软件业、IT行业、智能手机、智能家电、智能家居等一切与互联网关系紧密的消费品行业。

第六节　黄海战略与重塑型战略

重塑型战略旨在帮助那些在严酷环境下求生存的企业重新恢复活力并再度获得竞争力。

企业之所以会陷入这种艰难的境地，有可能是因为企业的战略方法与环境长期不匹配，也可能是由企业外部或内部的动荡所造成的。

面对企业严苛的环境条件，企业必须首先保存和腾出资源，以确保自身的生存和发展，接着再从其他战略方法中选择一种，重新走上增长之路，从而实现长期繁荣。

当外部环境充满挑战，当前的经营方式已无法持续下去时，果断进行变革不仅是企业唯一的生存之道，而且还能帮助企业抓住复兴的机会。

重塑型企业战略有三个环节：企业必须尽早认清不断恶化的环境并采取应对之策。企业需要果断行动以求生机，通过重新调整业务重心，缩减成本，保存资金来节约开支，同时腾出资源来支持企业接下来的复兴之路。企业必须从其他战略原型中选出一个来供未来发展之需，以确保企业能够再次踏上增长繁荣之路。

比如，苹果在 1995 年已面临倒闭破产清算，这时乔布斯回归苹果。乔布斯重回苹果面临的第一个问题是如何生存下来。所以乔布斯放弃了以往高昂的个性，找到比尔·盖茨，将自己的电脑软体部分外包给微软，换了微软 1.5 亿美元的资金支持，苹果也因之可以在短时间缩短开发成本的预算，保存资金，腾出资源来构思接下来的复兴之路，乔布斯等苹果缓过气来之后，于 1998 年就确立了它的整个复兴之路：黄海战略。

所以，重塑型战略与其他战略截然不同之处在于：重塑型战略第一步是以防御为主，先生存下来；第二步再考虑选择一个什么战略来发展自己。

当前中国，特别是最近几年，由于与环境脱节的企业越来越多，重塑型战略的应用变得愈发普遍。

由于黄海战略是基于互联网时代发展起来的最新战略，所以，对于重塑型战略的后续战略选择，当是最重点的战略类型选择。

重塑型战略之所以与众不同，一方面因为它具有暂时性，这种暂时性可能是一年、两年，也可能时间很短，这要根据企业内外环境；另一方面，因为这种战略事实上是由两种战略组合而成，这两种战略有着各自的条理性，这样的组合极具挑战性，因两种战略的要求一般来讲在很多方面都会是截然相反的，这对企业家来讲是需要审慎把握的。

下面我以 A 公司为案例来具体说明。

第七节　A 公司黄海战略案例解析①

A 公司正在寻找咨询公司做战略顾问，假若你是一个资深战略顾问，面对 A 公司的情况，请给出你的解决方案。

A 公司的业务演变历程简介：

1988 年，三名清华学子复印社起家，毕业时力排众议，选择创业，从事复印机打印机销售。

1999 年，缘起于 A 公司原高管回国带来了视频会议系统业务，成为全球领先厂商腾博的中国区总代理，为跨国公司、政府机构、大型企业、金融企业等用户提供专业的企业级视频会议解决方案，新增视频会议销售业务。

2004 年，将“设备销售+零件耗材销售+后继维修保养”的传统业务模式转化为“整合设计、专业外包、长期服务”的新型业务模式，转型为

① A 公司案例选自和君王明夫《企业成长与资本市场》讲座，经改写。

文件管理外包服务商业模式业务高速成长，形成行业复制能力。

2007年，进入快速增长期，业务单元形成行业复制能力，进入快速发展期。在部分行业中形成成熟的行业解决方案。

2009年10月基于文件外包管理服务和视频会议系统销售两块业务，在创业板首批成功上市。

2010年，基于新加盟的郭总引进了工程文档管理业务，基于给军工企业做项目进入了安全打印业务，基于大客户渠道协同效应分别收购了从兴科技、同方汇智和上海友网，相应进入了铁路通信信号质量检测设备、税务信息化和电子影像信息化业务。

2012年，因给外研社做项目进入了教育信息化业务，着手开发优教学产品。

从业务的演变历程看，大致是如下状态。

业务轨迹：随机游走，碰到什么吃什么、捡到筐里都是菜。

业务结构：五亿收入，但却拥有多达七块业务（主要有文件设备销售、文件外包服务、视频会议系统、军工安全、税务信息化、铁路信息化、教育信息化等），麻袋装土豆，相互之间协同性不强。

业务前景：每块业务逐个分析，看不出有很大的发展空间，竞争优势不明显。

业务成因：经营思想——没有停下来思考和选择的发展战略，机会主义导向。事业心牵引、增长压力倒逼——原先的主营业务增长停滞和下滑，四处出击投资新业务（或收购、或创建），实际结果与预期有出入。

财务后果：2012年上半年净利润大幅下滑50%。股价大幅下跌，公司上市后创造37.9元的最高价，复权后为21.78元，然后一路下跌，一直跌到最低5元，跌幅达到75%，是创业板中为数不多的低价股。面对这样的问题，我们要有一个科班的分析架构。这里我先介绍几个学派的分析模型：哈佛模型、和君王明夫模型、黄海战略模型。

哈佛战略分析模型由两个模型组成。参见图 9-1、图 9-2。

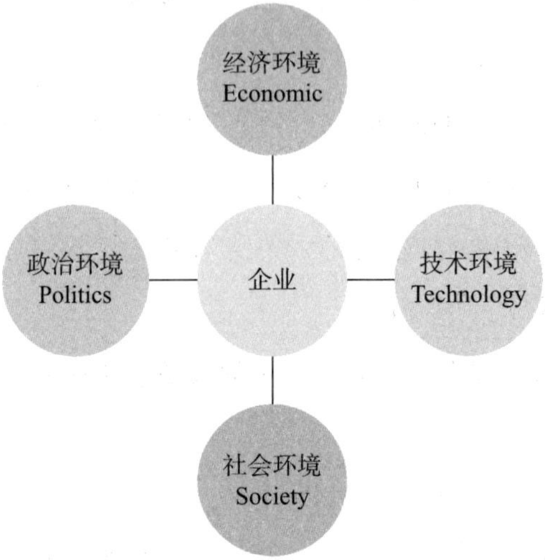

图 9-1 哈佛战略分析模型 1

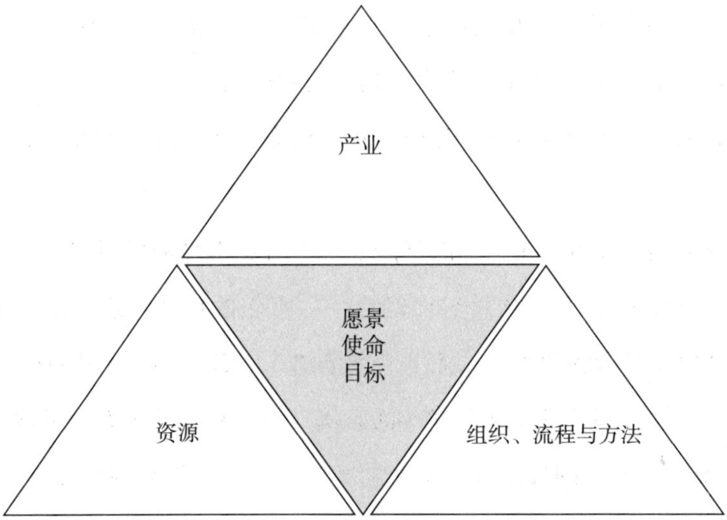

图 9-2 哈佛战略分析模型 2

哈佛学派战略分析模型，是由哈佛教授安德鲁斯在《企业战略概念》中提出的分析框架。

和君战略分析框架也是由两个分析模型组成，是由王明夫博士创立的。参见图 9-3、图 9-4。

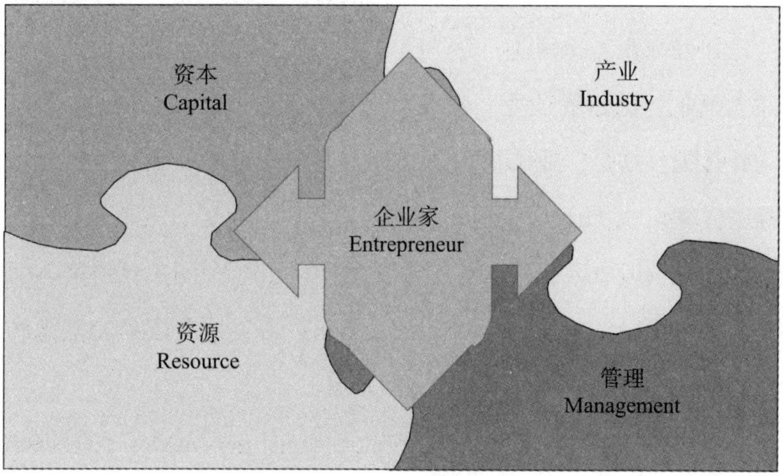

图 9-3　和君战略分析框架

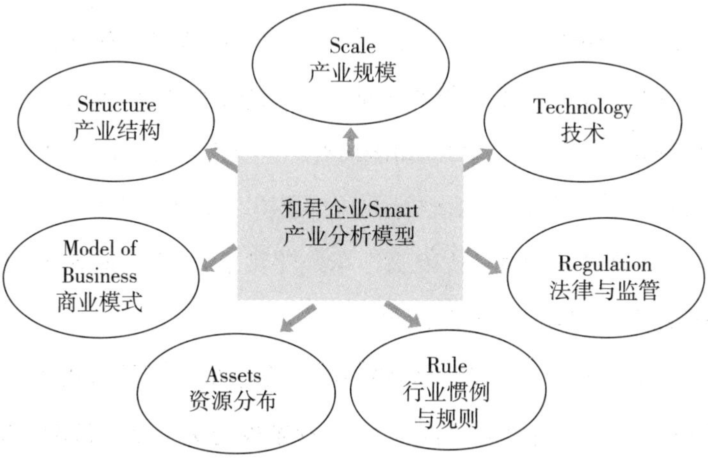

图 9-4　和君企业 Smart 产业分析模型

还有一个模型是产业分析模型（简称 Smart 模型）。Smart 是由 Scale、Structure、Model of Business、Assets、Rule、Regulation、Technology 的第一个字母的拼接简写。Scale 是指产业规模，想做一个大企业吗？首要的问题是：要选一个大的产业。这是产业规模问题，通过 Scale 分析，你就能清晰界定：田里的→锅里的→碗里的→勺里的。有的产业，永远别想做成大企业，比如咨询业、律师业、商学院等等。有些产业很大，但不一定你就能做成大企业。比如餐饮业、农业就是很大的产业，但却很难做成大企业，为什么呢？这是产业结构问题。英文是 Structure。还有大企业是否一定能挣大钱呢？也未必。嘉能可 2200 亿元营业收入，只有 23 亿元利润；武钢 237 亿元营业收入，仅 0.5 亿元利润；京东（中国 500 强第 30 多名）1800 亿元营业收入，利润是-93 亿元人民币。造成这些现象的是盈利模式问题，即 Model of Business。

有哪些因素会影响一个产业的 Scale、Structure、Model of Business 呢？还有资源或资产分布，即 Assets；行业惯例和规则（明规则和潜规则），即 Rule；法律与监管，即 Regulation；技术（壁垒、创新、更替），即 Technology。这是和君集团董事长王明夫建立的一个分析结构，专门基于产业分析的模型，叫作 Smart 模型，和君咨询基于产业的主要分析模型。

黄海战略分析模型（简称 EBIRM 模型，见图 3-2）是在综合了各战略学派的分析方法，完成的一套自己的分析逻辑，由本人创立。

有了上面这些基本的分析模型，你会发现，面对任何企业，我们很快就能分析发现它们真实存在的问题。

首先，面对这个企业存在哪些问题，你会从一个结构去思考，一看，企业目标是什么，目标体系是否清晰，看老板的头脑是否清晰，即他们的安身立命之道清楚没有？二看，企业的产业状况与业务结构，找到企业业绩下滑的原因，以前A企业是否有企业规划之类的谋胜之道。三看，企业的商业模式，也是盈利模式，看企业的商业形态有没有过时。四看，这个企业的资源结构和能力结构。五看，A企业的管理，组织管理、流程管理、绩效管理。

简要分析一下：第一，在产业分析上，只分析各产业的业务。业务轨迹：随机游走，碰到什么吃什么、捡到筐里都是菜。这就使得A企业没有形成产业战略思想、缺乏业务主线和核心能力，甚至都谈不上是一家IT公司，公司在IT技术上没有储备，也没有方向。

第二，我们看看A企业的管理方面，只看组织管理、人力资源管理、品牌与营销管理。当我们谈论管理的时候，心目中首先就应该有这么一幅图景，这是最基本的。一个企业有什么样的历史，就有什么样的现在。这样发展起来的企业，将产生哪些管理问题？公司是否及时调整了？

组织架构管理：基于“产品—销售”逻辑的直线职能机制不能适应杂乱业务的特点、产销矛盾突出，销售人员很难懂那么多的行业、产品和技术，销售人员抱怨产品和技术不行，产品负责人认为销售太差；母子公司关系和集团化管控不明确；流程不清晰。

人力资源管理：思想认识不一致，对该做什么、不该做什么、问题是怎么造成的、责任该谁负，争论不休；责权利不明确，职责不清、权利不明、利益模糊、激励不力；效率较低、士气低落。

品牌和营销：业务杂乱，目标客户太多，没有主攻市场，无法深入研究客户诉求，进而不能定义自己的品牌内涵和形象，缺乏系统的、长远的品牌战略和营销布局。整个营销环节，靠历史惯性和市场自然需求而运转。

公司治理和决策：何去何从，核心高管团队意见不统一，内部争论多，大量时间花在内部沟通上，决策没有效率。

第三，资源结构与能力结构。因为A公司是上市公司，所以，我们着重看看他们的资本层面资源。当考察企业资本资源的时候，我们应该建立什么样的资本运作的思维和知识，实业企业家缺什么？在考察企业这部分时，我们也要有清晰的图景。这就要用上前几章反复讲到的黄海战略创造不平等竞争力的资本市场策略——产融互动策略。这里最基本的要考察企业财务（三表）、资金、上市、证券、金融创新、融资、并购、重组、表内与表外、股权激励、股东价值（股价、股东收益）等等。公司2009年上市后创造出复权后21.78元的最高价，然后一路下跌，一直跌到最低5元，跌幅达到75%，是创业板中为数不多的低价股，原有业务与资本市场热点无关，鲜有分析师和机构投资者关注。调研中发现，分析师普遍认为公司业务太杂，流通股东中没有机构投资者。虽然做了几宗并购，但无法向资本市场传递清晰的战略信号，并购利好昙花一现，旋即复归下跌趋势，这些是企业市值管理的问题。本来，有了上市地位和所在板块使得并购变得可能，便拥有资本资源优势，便拥有了可以创造不平等竞争的基础，就有优势积累优势客户，可以凝聚员工队伍和人才（员工忠诚度很高），也就有行业地位和品牌优势。然而，由于业务能力的问题：各块业务情况不一，或者比上不足比下有余，或者聊胜于无（文件设备销售、文件外包服务、视频会议系统、军工安全、税务信息化、铁路信息化、教育信息化等），没能形成合力。

第四，商业模式，所有业务不能协同，公司从没思考商业模式的问题。

第五，分析企业家和团队，企业家团队素质是很好的，“60后”，80年代末90年代初的清华毕业生班底，脑子好，学习能力强，反应快，有底气，自信，所以敢于决断，行动力强。在作风方面：求真务实，讲实质不重形式（跟我们的合作不重形式，注重思想碰撞的实效），讲结果求实效，有生意头脑，会算账，生意上不吃亏。在市场中摸爬滚打过来，说干就干，强烈的事业心，追求做大，不拘一格。在知识领域上：管理思维和商学知识有欠缺，产业视野有局限、产业思维是短板，资本经营按计划主要的导向开始干了（比如融资、并购等），但理念不清晰、思维不系统，对资本市场的认识不深入。面对这样一个企业家和团队，作为一个资深咨询师在中国商业环境下，对于什么样的人能把事情干起来？成功的企业家应具备什么条件，你要有一个清晰的图景，不然，你怎么去为企业诊病治病呢？这就是黄海战略开篇时所说，战略咨询的第一要务是——见识。见多了，你自然会有一个感性的认识。当我们分析企业家和团队时，黄海战略有一个专门的分析模型，那就是按《3A领导力》的框架来分析，主要分析企业家的凝聚力、组织力、执行力，从这个结构去分析发现他们可能存在的要害问题。

最后，让我们来看看和君咨询团队的实战图景。

企业诊断结论：业务结构不合理，公司整体缺乏业务主线和核心能力；组织与业务不匹配，管理混沌和滞后、效率低下、士气低落；资源评判没有坐标、资源整合和配置没有方向；股价低迷，前景黯淡，股东财富严重缩水；企业家对企业问题的认识不系统、何去何从不明晰，整体上处在战略迷茫的状态。

企业面对未来存在迷茫，有多少老板存在这样的困扰？怎么才能如此这般庖丁解牛、切中要害地分析企业的问题、看明白企业的状况？前面介绍的王明夫的两个模型就基本包含了一个企业战略咨询的思考方式和知识结构。

作为咨询顾问，诊断出问题后，接下来该怎么办呢？这就是解决思路：对现有业务做出评判，明确定位和处理意见。而且这个评判的过程和结果要让企业信服，下面我就介绍一下过程。

用 BCG 矩阵做业务选择分析，一目了然。先看把他们之前的业务放在 BCG 矩阵中，是图 9-5 这样一幅图。

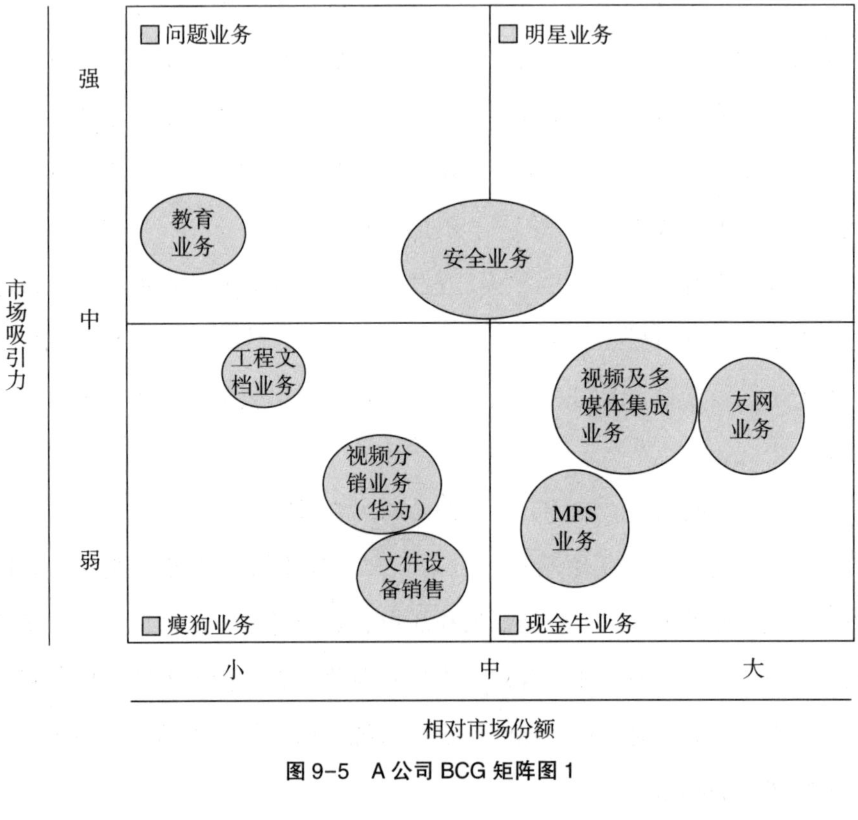

图 9-5　A 公司 BCG 矩阵图 1

解决思路：以资本市场为导航仪选择业务方向，成了如图 9-6 的一幅 BCG 矩阵图。

你对这张图有感觉吗？A 公司去哪儿？这就是战略产业与业务分析的

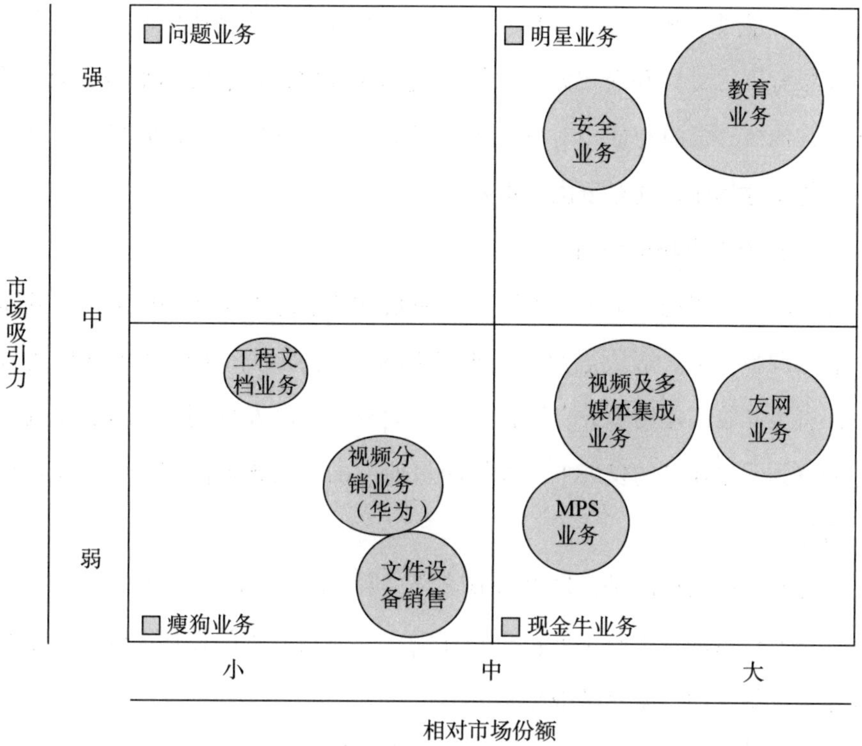

图 9-6　A 公司 BCG 矩阵图 2

最基本内容。其解决的思路是要寻找出战略性主业，解决企业何去何从的问题。在这个分析的过程中，要采用什么标准来评判、有什么工具可以用？这就是战略管理科班要练就的本事。和君公司提出了两套 32 字心诀：产业为本，战略为势，创新为魂，金融为器；正心诚意，养深蓄厚，成人达己，内圣外王。这就是整个商科学子一生的方向。在和君咨询，要完成这一套业务选择，需要三方面的模型及分析：外部产业机会+内部资源与能力+资本市场估值。

（1）外部产业机会扫描：产业规模、产业结构、盈利能力（五力模型）。

（2）企业资源与能力评估：显性竞争优势（包括企业供研产销品牌等最外层竞争优势）和潜在竞争优势（包括企业家团队、资本平台、商业模式、其他核心资源与能力等深层次竞争优势），在结构变迁时代，潜在竞争优势要远远比显性竞争优势重要。

（3）资本市场的估值水平。

当时和君咨询小组提出了以互联网教育和信息安全作为两大战略主业的业务调整方案。解决思路是：业务结构优化处理，明确两大战略性主业，剥离和收割瘦狗业务，维持现金牛业务，主攻发展明星业务，资源集中配置到明星业务的发展上，围绕明星业务的需要来调配资源、调整组织和管理。

配套的解决思路是：发力市值管理，启动新一轮产融循环。

资本经营的正见与正道：产融互动、产业与资本的良性循环。这需要大家去了解学习产融互动战略。

这种战略的妙处在于：互动与循环，预期自实现。资本市场是一种企业成长机制。

在业务战略明确后，和君项目组将战略目标描述为三年内成为百亿市值公司，用市值目标来拉动管理变革、融资、并购、资源整合、人才凝聚、士气提振，驱动公司战略重心转向教育和信息安全两大主业。当时市值只有十亿出头，项目组会上提出三年百亿市值战略目标时，与会的很多管理人员都报以不屑的一笑，不相信这个目标靠谱。

半年后，当项目组再遇到A公司管理人员，谁都认为这个目标指日可待，有望提前实现，持股惜售！咨询组在2012年进场时股票是每股5元多，咨询结束，两年股票涨了15倍。

那么，项目组究竟给了哪些建议呢？部分战略行动：并购和投资，突进两大主业，整合资源，发育能力。

教育业务：2013 年初公告变更募集资金投向，以几千万元价格收购 X 公司（教育信息化）；2014 年 4 月收购 Y 公司（互联网教育）时并购的典型情景：X 公司当时仍处于亏损，面临诸多挑战，经营团队压力很大，希望获得上市公司平台支撑其未来发展。从未来看，如果坚定看好教育信息化的未来，那么这家公司积淀的技术储备和客户资源，将帮助 A 公司迅速切入这一领域，奠定产业发展的基石。整个并购谈判过程是艰苦的，X 股东在是否出售上不断摇摆，到谈判最后阶段，要价又提升了 20%。当时 A 公司董事长致电和君：是否能接受这个报价。和君回说：对于 A 来说，这一并购是一次战略行动，而不是财务投资，如果认为既定战略是我们的共识，多出来的这几百万元与公司未来的市值增长相比，不值一提。做这个决定有风险，但值得一搏。

2013 年教育信息化业务突飞猛进，实现利润超千万元，拿下了一些重要地区（京苏川）的标志性教育信息化项目，尤其是在北京确立领先地位，教育信息化事业部士气旺盛，被并购团队整合效果很好，行业位势和行业资源集聚效应开始显现，行业内诸多公司开始表达合作和被并购意向，一年时间 A 公司成为教育信息化行业最具竞争力的企业之一。

信息安全业务：投资、并购、整合、研发。

其他业务：按照上述 BCG 矩阵分析的意见对待，明确责任目标，内部强化管理、降低费用，维持了良性运作状态，大家知道为什么做、怎么做、内部抱怨大幅减少。

并购策略："换股+现金"支付；通过对赌锁定业界承诺，传递短期和中期业绩保障，业绩拐点确认战略走向及其效果。旗帜鲜明地提出利用上市公司进行产业并购，高举高打，实现产融互动，是实现战略的核心手段。至此公司并购有了明确的方向，同行业内有意愿出售的公司纷纷来私下接触，A公司从原有的机会性并购实现了战略性并购的转型。有心人可以去查2013年年报和2014年季报。

战略行动：组织结构调整和管理改进。

（1）调整组织结构：破除一直以来的直线职能制，建立四大战略业务单元，与业务单元相关的技术、产品、市场、销售服务、人员等资源全部统一到战略业务单元里，由战略业务单元总经理统一调度，明确责权利，效率大幅提高。所有关键负责人需要制定自己单元的三年发展战略、目标、策略、路径、里程碑事件等等，并经反复讨论确认、严格考核执行。

（2）改进中高管绩效考核与约束机制：用三年战略目标代替一年目标，核心中高管的薪酬由净利润规模、净利润目标增长率、业绩完成率共同确定，增加公司层奖金池，以激励公司领导班子共同为完成业绩目标协调工作。

（3）实施股权激励：在股价最低时设计股权激励，锁定一批中高管，解决中长期激励、留人和协同作战问题，股票期权行权价格为7.2元，限制性股票的授予价格为4.1元（2015年股价曾到达85元高价，整个公司情绪空前旺盛）。

战略实施效果。

发展：迷茫到此为止，公司重新开始，战略主业明确、业务结构优化。

组织：组织结构改造见到实效，责权利明确，激励给力，信心大涨，士气大旺，各责任主体业绩承诺全部超预期实现。

业绩：2013年净利润超6000万元，相比2012年大幅增长一倍；2014年利润增长55%，达1亿元；2015年，利润1.3亿元；2016年，利润2.8

亿元，跨入飞速发展。

股价：股价从最低点上涨了15倍多，市值一度达到370亿元（战略转型和成长）。

路径清晰；主业和主题突出，被视为教育信息化的龙头股；业绩拐点确认了发展趋势，成长预期明确；正逢市场热点（棱镜门事件引发的信息安全概念和在线教育大潮）。

小结：A公司

（1）战略计划：对每一项业务进行评估和给出处理意见，从产业机会、资源能力和资本市场估值三个方面选择业务方向，明确两大战略主业，彻底改变业务杂乱无章的局面，根据两大主业的要求重新配置资源、调整组织和管理。

（2）战略实施：发力市值，拉动产融循环；并购行动；组织和管理改进；资本市场沟通和市值管理。

（3）战略效果：效率、业绩、股价和市值。

上述过程历时一年半（2012年9月—2014年3月），A公司实现了脱胎换骨的变化，企业的ECIRM各维度都取得了很大进步，企业家完成了一次系统思考和学习，产业方面优化了业务结构、选对了两大主业，管理方面改造了组织、考核和激励、效率提升、士气大旺，适应新战略要求的资源持续在整合、能力逐步在增长，资本方面业绩增长、股价和市值大涨。

第四篇

执行黄海战略
——长胜之道

战略家的绝大多数时间不应花在制定战略上，而应该花费在实施既定战略上。

——亨利·明茨伯格

应当使企业员工像经营自己的企业一样经营公司的业务。

——威廉·宫尔默

计划结果不如计划过程。

——戴尔·麦肯锡（Dale McConkey）

我们当中的大多数人害怕变革，纵然心里明白变革是正常的，却依然会因变革而颤抖。但对今天的战略家和经理人员来说，除了变革别无选择。

——小罗伯特·沃特曼（Robert Waterman，Jr.）

即便你方向对了，如果只是坐在车里，那么你也会错失良机。

——威尔·罗杰斯（Will Rogers）

如果实施状况不佳，再好的战略也会流产。

——伯纳德·芮曼（Bernard Reimann）

没有“完美”的战略决策。人们总是要付出代价的，总是需要平衡相互矛盾的目标、相互矛盾的观点及相互矛盾的工作侧重点。最佳的战略决策也只能是大致如此，且带有风险。

——彼得·德鲁克（Peter Drucker）

复杂的控制不能发挥作用，只能添乱。因为它将人们的注意力从控制的内容错误地导向了控制的机制和方法。

——西摩·蒂里斯（Seymour Tilles）

战略评价必须努力使管理者以最简洁的方式修正计划，并在变化面前迅速达成共识。

——戴尔·麦肯锡（Dale McConkey）

规划者不应规划，而应作为协调者、促进者、调查者、教育者和综合者以引导规划过程的有效进行。

——哈克斯和马吉卢夫

战略执行需要企业系统的凝聚力、组织力、执行力。

——王贵国

组织的背后是制度、机制与文化，制度解决组织的边界，机制解决企业的活力，文化解决组织的寿命。

———王贵国

企业制定了具有不平等竞争优势的黄海战略以后，就必须执行这个战略。当然，对任何战略来说，都存在执行上的挑战。无论是在传统的红海战略、蓝海战略，还是黄海战略，企业就如同一个人一样，将想法转变为行动都很艰难。

然而，与传统战略相比，黄海战略代表着对现状的重新组合与重大革新，它要改变竞争的基础和条件，它要改变传统的成本结构，它要改变以前与人雷同的价值曲线而另辟蹊径，这就增加了执行的难度。但是，我们已经确立了终极目标，再难我们也要去面对种种挑战。

根据我们多年来服务大量公司执行战略转型的经验，必须要从下面三个要素入手：动力、能力、方法论。这三个要素是相辅相成，缺一不可的。在此基础之上，实施企业家转型、管理体系转型、企业文化转型。转型是为了建立系统的凝聚力、组织力、执行力。当然，如果这个黄海战略本身是企业家自己创造的，那就不涉及企业家转型，剩下的只是企业文化转型和管理体系转型。

在这些模型中，有几个关键的障碍：第一是认知上的障碍。如何唤醒员工，让他们意识到战略变革的必要性。过去的战略不是走向未来获利增长的正途，虽然过去的战略让我们感到熟悉自然，虽然我们在过去的战略中可能过得还不错，但我们必须要壮士断腕，改变过去成功的经验，去创造未来。

第二是动力上的障碍，你如何鼓动关键人士快速并执着地行动，以实现与现状的决裂。

第三是资源与能力上的障碍。任何企业资源与能力都是有限的，特别是资源，你如何发现与创造新的资源与能力。

第四是组织政治上的障碍。任何组织团体都在历史的发展过程中沉淀了既得利益群体，改革一定会有阻力的，就正如一位经理所说的那样：“在我们公司中，你还没站起来就已经被人撂倒了。”

以上四个障碍是一般企业改革常会遇到的障碍。如果我们设置了如何战胜它们的方法，就会降低我们执行黄海战略的风险。

这一部分设置三个章节，第十章克服关键组织障碍。第十一章，构建企业战略组织执行体系。第十二章战略执行力的背后：组织制度、机制与文化。

第十章　克服关键组织障碍

先讲一个“羽化成蝶”的管理小故事。

蝴蝶在翩翩起舞的时候，很美丽，惹人怜爱。可人们只看到了蝴蝶的绚丽多姿，却很少想到一只毛毛虫在羽化成蝶的时候，要经历一段丑陋而痛苦的过程。

毛毛虫在成蛹之后的一段时间内，身体不断地蜕变，体形发生巨大的变化，直到长出足和翅膀才能完成羽化的过程。蛹是丑陋的，看上去甚至会令人恶心。蜕变是痛苦而漫长的，但是，对毛毛虫来说，这是羽化成蝶的必然经历，只有如此，它才能用另一种更加精彩的姿态生活在世界上。

故事心得：这个故事说明什么呢？

战略转型是痛苦的，但是对一部分企业来说，则是必须的。如果过不了战略转型这一关，企业就无法获得进一步的发展。这对一个企业家来说，更需要果断的决心和持久的忍耐。

第一节　企业家是战略执行的源动力

如果你公司的黄海战略是借助第三方资源策划的，那么，执行力的第一步必定在企业家自己观念的转型重塑。

它来自企业家对未来市场的感知。来自企业家对国家和国际经济形势走向的前瞻性预判，来自企业家对竞争环境的演变和技术发展趋势的理性分析，来自企业家对个人事业和组织追求的境界眼光。

然而，企业家的转型是需要条件的。首先，好的企业家一定要熟悉黄海战略的理念系统，熟悉黄海战略的效率、效果、效益和效能系统观念，在互联网时代，他要以“利他”的理念去经营企业。对外琢磨客户和第三方生态伙伴，对内琢磨员工，把经营人心当作头等大事来抓，从而给所有的利益相关者带来独到的价值。

其次，一个好的企业家必须能告诉员工未来将会变成什么样，跟着他走将会到达哪里，到了那里大家能得到什么，让员工心甘情愿地追随。

最后，一个好的企业家一定是居安思危的实干家，他有能力推动企业的战略转型以适应环境的变化，始终走在潮头，引领行业的创新和发展。

为了要推动战略执行力，企业家需要将自己从创业家改变为思想家、预言家、漫画家、宣讲家。

所谓思想家，就是把很多问题想清楚，想透彻，形成自己独到的见解和理论体系。能结合宏观经济形势，行业发展特征，梳理出企业发展的逻辑，可以自圆其说，让人信服；不但要让企业内的人信服，还要让很多第三方信服，因为黄海战略必将关联很多第三方企业。

所谓预言家，就是从终极目标往回看，做出前瞻性的预判，能看到别人看不到的趋势和未来，能在普通人还没有感知到的时候引领大家往前走，成为企业的引路人。

所谓漫画家，就是善于把复杂的问题简单化，把零散的问题系统化，并用通俗易懂的视觉语言和容易接受的漫画形式表达出来，使之一目了然，提高沟通的效率和效果。

所谓宣讲家，就是通过各种宣讲和沟通方式，让企业里的各级管理人员和基层员工都理解未来是什么样子，知道具体原因或依据，明白实现的战略或途径，这样，大家才会心甘情愿地追随你，努力去执行并完成。

第二节　跨越认知障碍

在很多企业实施新的战略、实施企业变革的过程中，最艰巨的战役莫过于让人们意识到战略变革的必要性，并认同其原则、目标。多数企业家在力陈变革的必要性时，讲不深讲不透，这时可能就要引进第三方帮助陈述商业环境的变化，特别是那些在表面上还过得很好的企业。他们也许还没有明显地预感到环境正在发生的变化，等到每个人都发现时，企业可能就没有能力挽回了。

首先，人口结构、收入增长带来了消费理念和消费行为的变化，企业需要重新定位市场和客户，更准确地定义市场需求，定位客户价值。

其次，交通、通信、技术、资源能力（研发、制造、物流、营销、服务）等企业基础条件正在发生巨大变化，特别是互联网等信息技术的革命性变化，从根本上改变了产业链价值分布、企业的边界、运营条件及传统商业模式的有效性。企业需要有效利用新技术和存量资源能力，重构商业模式。

最后，金融系统正在发生巨变，金融工具日益丰富，金融市场类型多样。一方面提供了评价企业的新标准，要求企业关注投资价值实现的效率、能力和风险；另一方面，金融原理、技术工具和交易机制为企业提供了创造价值、分享价值及管理风险的新工具。企业可以利用金融原理、金融工具和交易机制，扩大市场规模，缓解当前现金流压力，解除利益相关者的疑虑或与企业自身的分歧，聚合关键资源能力，为利益相关者提供更好的服务。

通常企业奉行的战略包括技术领先、差异化和低成本。但在现实竞争中，技术持续领先不易。低成本是企业保持持续竞争优势的核心，但人工成本、社会责任和规范成本、环境成本、服务成本、原材料价格等呈上涨态势。越来越多的企业家感受到，面对新的商业环境，仅仅从战略、营销、技术创新、组织行为等方面调整改善，越来越难以奏效，并不能使企业消除成长瓶颈，摆脱成长困境，必须重构商业模式，才能摆脱规模收益和效率递减，风险和管理难度、经营成本等递增的困扰，继续生存和发展，实现规模收益递增、规模风险递减、保持竞争优势。

正如传统的砖木结构不足以支持高层建筑一样，必须从根本上改变建筑结构模式；普通的发动机不足以支持高速行驶，必须进行革命性变革。技高一筹的企业往往善于及时重构商业模式，通过商业模式差异来实现技术领先、低成本和差异化，保持竞争优势地位，或脱颖而出，或后来居上。

在新的商业环境中，企业家应成为商业模式总架构师，洞悉企业本质——利益相关者的交易结构安排，不断根据商业环境变化，优化或重构商业模式，再造高效成长机制，包括：重新定位满足顾客需求的方式，发现新的巨大成长机会；重新确定企业的业务活动边界，界定利益相关者及其合约内容；重新设计收益来源和盈利方式，转变成本形态，调整成本结构，培育新的持续盈利能力。

中国经济总量规模不断扩大，已成为全球第二大经济体。中国正在转变经济发展模式，商业环境正在发生翻天覆地的变化，为中国企业带来空前的挑战和难得的机遇。一方面，商业环境明显改善，增长机会增多，市场空间巨大；另一方面，不少企业面临增长瓶颈，进入规模收益递减阶段，必须重构商业模式。

“春江水暖鸭先知”，国内一些引领行业发展潮流几十年的优秀企业，如海尔集团、美的集团、华为等，早就察觉到商业环境的巨大变化和重构商业模式的迫切性，并已着手启动商业模式重构。一些中小企业也通过重构商业模式，在细分市场获得佳绩。实际上，商业模式重构不分企业大小、不分行业。

第三节　跨越动力障碍

要想达到组织的引爆点，执行黄海战略，必须让员工清醒地认识到战略转变的必要性，并指明如何用有限的资源去实现这一转变。

而要让新战略变成一场运动，人们不仅要认识到需要做什么，还必须以持久、有效的方式将这种认识付诸行动。

如何以低成本迅速调动广大员工的积极性？当很多企业领导人想要打破现状改变他们的组织时，他们颁布宏大的战略设想，采取由上而下的大规模动员行动。

然而，在大多数大型企业中，不同部门的动力需求各不相同，纷繁复杂，因此，这种做法常常是一个笨拙、昂贵、耗费时间的过程。这些重大战略设想常常助长空谈而不是诚恳的行动，就算让航空母舰在浴池里掉头都比这容易。

因此，经过我在企业近 30 年的经历和对全球企业无数案例的研究，在黄海战略里，我们提出系统性地打造企业执行力，将执行力建设成企业战略的一部分，将企业执行力也作为一个企业战略变革来对待，这样自然就能跨越动力的障碍。

具体的措施就是建设一个军事化的执行系统。

第四节　跨越资源障碍

当一个组织中的成员接受了战略转变的理念，并多多少少认同新战略的方向以后，很多领导面临的是资源有限的残酷事实。他们是否有钱去实现所需的变革？这时候，很多改革派企业领导人会做这两件事：

他们要么开始退缩，使员工队伍的士气重现低谷。

要么向银行、股东们争取更多的资财，而这个过程耗费时间，又将人们的精力从本质问题上分散开来。

争取更多的资源是一件漫长的充满政治角力的事。

如何才能让你的组织以更少的资源实施战略转变？黄海战略思维体系的领袖所做的不是去获取更多的资源，而是创造性地让他们原来所拥有的资源在原价值上翻倍的溢价。

黄海战略的过程本身就是一个无中生有的过程，就是从无中生有的过程中创造出不平等竞争力的策略因素。

创造黄海战略的基本商业模式有：交换模式、溢价模式、众筹模式、免费模式、产融互动模式等。

第五节　跨越能力障碍

企业战略转型有两种能力的障碍：一是经营能力，即创造商业模式的能力，二是战略执行阶段的管理模式建设能力。

看过赛车或滑雪比赛的人都知道，每一个弯道都是选手赶超前面对手的好机会，比赛成败，往往只取决于一个个小小的弯道。

同样，在企业，每一次新技术的出现，每一次商业环境的变化，都是一次行业洗牌的机会。

传统企业青山埋骨，新兴企业星火燎原，“各领风骚三五年”，商界的改朝换代也许就发生在须臾之间。

为什么每次弯道，往往是新兴企业赶超，而不是传统企业维持统治，答案很简单：能力的障碍。

每个成功企业都有其赖以成功的因素，由于行之有效，久而久之就成为企业发展的规则，内化成企业价值观和企业文化。

当市场出现大的变动时，企业总会依赖着以往的成功经验去解决新的问题。然而，时代变了，还用冷兵器时代那套兵法原封不动地对付核武器时代的敌人，早已过时了。

新试点，新市场，新环境，需要新的资源与能力，这又往往是传统企业不具备的。

旧资源能力不适应新市场，又不具备新资源能力，前怕狼，后怕虎，这就是传统企业的尴尬处境。

柯达和富士在数码时代来临时的不同反应正生动地证明了这一点。

柯达曾是世界最大的影像器材企业。1976 年柯达就研制出了世界第一台数码相机，这本该是柯达发力数码、继续引领时代的最好契机。但柯达沉迷于自己在传统胶片领域的统治地位，对数码相机的高端技术秘而不宣，迟迟不在数码领域发力，企图以此延长畅通胶片的生命。它做不到腾讯公司那样，在 QQ 最火爆时，推出微信，自己革自己的命。相比之下，曾经是影像时代小弟的富士，拥抱数码的态度则更为激进。富士研制出数码相机时，整整比柯达晚了十年，但富士看到了发展的趋势，很快就形成了新的三大生态业务：数码影像、信息事业和文件处理三个事业。

柯达到 2003 年才开始宣布战略转型，全面进入数码业务。到这时已经太晚了，它已深陷能力的障碍而不能自拔。

所以，面对战略转型，要及时全力重塑新的能力。若无法重塑新的能力，就必须购买或收购新的能力。

腾讯被誉为“经常模仿人，从未被超越”的互联网公司。2009 年年底，市值已经进入全球互联网公司的前三甲，但就这么大的公司，还一直选择“跟随战略”。“跟随战略”是跨越能力障碍的一种方式，松下是这样，连 IBM 在 20 世纪 80 年代的重塑重生都是靠“跟随”。

互联网业务何其多也，腾讯如何决定要不要进入某个新业务呢？马化腾有三问：一问，这个新的领域你是不是擅长？二问，如果你不做，用户会损失什么吗？三问，如果做了，在这个新的项目中自己能保持多大的竞争优势？有这三问，腾讯貌似激进其实稳健地进入了门户、博客、输入法、邮箱、网络游戏、社区网站等新领域，令旗挥处，腾讯撒豆成兵，往往后来居上，风头无两。

互联网发展到今天，早过了靠技术取胜的年代。如今，在互联网上，用户才是王道，谁能抓住用户，谁就拥有一切。在中国，腾讯的 QQ 几乎是任何一个上互联网的人都会申请的应用。

互联网的一切应用都是最容易模仿和学习的。腾讯看到一个新的应用，首先是内部研发，研发赶不上进度就直接挖团队，再不行就直接收购团队（SNS 开心农场的研发团队五分钟就在此列），坐拥互联网市值三强，没有搞不定的应用来源。腾讯的侵略性如此之强，以至于风投在看互联网项目的时候经常要问创始人一句话：假如腾讯进入这个领域，你有什么办法抵挡？

对马化腾来说，腾讯就好像一个集贸市场，只要能够搞定货源，卖灯泡和卖电视机并没有什么区别，用户还会因为多了一样选择而更加喜欢这个集贸市场。所谓的开拓新疆域对腾讯并非是新的，客户一样，平台一样，看起来还是熟悉的领域。

和开拓新业务比起来，开拓新市场的招数就更多了，最常用的就是授权。授权又有不同的业态。

在动漫行业，做内容的企业很喜欢把动漫形象授权出去。比如，迪士尼就把它的米老鼠、唐老鸭等授权给玩具制造商，再和渠道商签订授权协议，把授权生产的玩具放到授权的渠道里去卖。我们平时在屈臣氏、沃尔玛看到的迪士尼玩具，既不是迪士尼生产的，也不是迪士尼的渠道在销售，而是迪士尼借助合作伙伴的资源在扩张。迪士尼的动漫形象业已形成市场的品牌力量，因而可以专注于熟悉领域——动漫作品，而把开拓新领域的任务交给授权的合作伙伴，用最小的投入和最低的风险获得最大的收益。

连锁加盟是另外一种常见的授权方式。连锁企业拥有品牌、管理流程和后台支撑资源，加盟商则拥有资金和当地的运作资源。连锁企业和当地加盟商合作，前者开拓了新疆域，提升了企业价值，后者则获得了一部分的投资收益，各取所需。

同一个企业，可以同时采取多种不同的开拓新疆域方式。以星巴克为例，它异地扩张的方式就有四种：第一种是离美国近的地区，百分百自营；第二种是合营，像在日本采取合营各占 50% 的股份；第三种是参股，大概是百分之几参股形式；最后是完全的特许加盟。而在其发展早期，由于成长性很好，股票估值很高，星巴克经常把经营好的特许加盟店装进上市公司，让加盟商也拥有部分上市公司股份。

对连锁企业来说，连锁的品牌运营、管理流程是熟悉的领域，当地的资源分布是比较陌生的领域，通过授权就可以很好地达到用熟悉领域资源去开拓新领域的目的。

当然，置之死地而后生也是方式之一。

每一次重构都是一个颠覆，对周围环境的颠覆，对行业惯例的颠覆，对企业积累的资源能力的颠覆。每一次颠覆，都是一次大浪淘沙，一次吹尽黄沙，有可能产生更伟大的企业，有可能给人们带来更多福祉，有可能把历史再往前狠狠地推进一步。

既然是颠覆，就要自废武功，把原来杯子中的污水倒掉，才能装进更多的纯净水。IBM 的重构史诗，向我们展现了一个古老企业如何一次次自废武功、重构商业模式、一次次站得更高，向我们展现了一个百年企业是怎样历久弥新、鹤发童颜的。PC 业务的成长历程，就为我们解读这段重构史诗提供了一个窥一斑而知全豹的窗口。

在 IBM 推出个人计算机之前，苹果已经研发出了第二代个人计算机 AppleII，并获得了巨大的商业成功。在技术研发上，一步领先，步步领先。在 PC 业务上毫无根基的 IBM 落后苹果又何止一两步？当时挂帅研发 IBM PC 的唐·埃斯特利奇要想在短期内赶超苹果，不但要独辟蹊径，走与苹果不同的道路，还要打破 IBM 在大型机时代的成功经验，走跟 IBM 以往不同的研发道路。可谓是自废武功！

然而，唐·埃斯特利奇的确做到了。和苹果的封闭架构不同，以唐·埃斯特利奇为核心的“十三太保”研发团队一开始就决定走“开发”和“兼容”的道路。事实上，唐·埃斯特利奇有一条直通董事长的路，这给他自废武功提供了内部环境的支持。

IBM 的 PC 大胆采取了英特尔的微处理器和微软的 MS-DOS 操作系统，而其他的外围设备、软驱等，都采用供应商最便宜的元件，IBM 唯一做的事就是整体研发和组装。这在 IBM 之前的历史上是绝无仅有的。IBM 的不经意，形成了 PC 历史上统治时间最长久的 Wintel 联盟。IBM 的 PC 销售也打破了以往由内部业务代表做销售的大型机时代惯例，而是交给了经销商。

IBM 的第一代 PC 性能并不如同期的苹果机，但更为开放的颠覆性商业模式无疑更吸引合作伙伴和客户。1981 年，刚创立一年的 PC 部门就为 IBM 贡献了近 10 亿美元的收入，并在 1983 年占有了企业 PC 市场的 75%。

1984 年，PC 部门要是独立出来可以名列美国第三大计算机公司，仅次于 IBM 自己和 DEC。

IBM 的 PC 走下坡路是在唐·埃斯特利奇出事之后，其诱因恰恰是原有商业模式的复辟：从开放重新走向封闭。

1987 年，IBM 推出了所谓“微通道结构”（MCA）的总线新技术，大力推行自己的芯片和操作系统，通过向其他兼容厂商收取技术专利费获利。自废武功不彻底导致旧模式复辟的那时起，就几乎注定了 IBM 的 PC 业务将走向灭亡并最终拖累整个 IBM。于是，在 20 世纪 90 年代初，IBM 几乎遭受了灭顶之灾。在郭士纳起死回生 IBM 之后，2004 年年末，IBM 的 PC 业务卖给了联想集团，导演了 IT 业历史上中国人最有民族自豪感的一幕。然而，如今，无病一身轻的 IBM 靠着知识集成风生水起，而联想却深陷泥潭，却不知下一个自废武功的又该是谁？

有谁背负的历史比 IBM 更长久？有谁曾经的辉煌比 IBM 更璀璨？有谁经历的成功比 IBM 更伟大？历史悠久、璀璨辉煌、成功伟大如 IBM 者，尚能否定历史，否定自己，自废武功，从而重塑企业灵魂，站得更高，千千万万根子浅、底子薄的企业却还敝帚自珍，守着过去一点残缺不堪的历史不愿意改变，能不汗颜吗？

打破常规，打破惯例，打破经验，甚至自废武功，这是企业家重构商业模式必须具备的心智和魄力。

第六节　跨越组织政治障碍

传统战略的组织是建立在传统工业之上的，传统工业的组织是一种建立在分工与目标的基础上的组织形态。它最为重要的特点就是管理，说得再直白一点就是控制，利用人性当中的弱点，或者人生存时必要的条件，对组织内的人进行控制。

而黄海战略是基于互联网时代的战略，强调的是领导而不是管理，是带领创造，而不是控制，这必然和原组织政治、原有格局发生冲撞。

在一般组织中，改革者的青春和才智在初始阶段总被城府和狡诈干掉，即使那些最聪明的人也常常被政治手段和阴谋诡计所吞噬。

组织政治是企业和公共生活中不可回避的事实。即使一个组织已经达到了执行战略的引爆点，仍然会有强大的既得利益团体跳出来反对亟待进行的变革。变革越有可能发生，这些来自组织内部和外部的具有负面影响力的人就越会强烈、大声地反对，以保护他们的现有地位。而且，这种反抗可能严重破坏甚至颠覆战略的执行进程。要降伏这些政治势力，改革领袖要做三件事：一是改革组织流程，在组织流程上使改革者能压住反对者。二是改革业务流程，将反对者不再置于关键业务流程。三是改革执行流程，让执行流程落实到每天每时。

第七节　如何跨越资源障碍
——某电力酒店案例解析[①]

某地区电力局投资建设的一个三星酒店，开业多年来一直亏损或微利。如何改善管理以实现扭亏增盈？

作为一个职业咨询师，面对这家企业的老总，该如何分析和判断问题？假设公司能力欠缺，酒店方面的资源也很少，如何才能跨越这些资源稀缺的障碍？

一般的战略分析方法肯定先是在经营层面，经营层面的盈利公司是：利润=收入-支出，扭亏为盈的路径有两条：增加收入，减少支出。在增加收入方面，可以挤占竞争对手，打价格战、广告战等扩大市场份额；可以改变业务组合，增加营业品种；可以提价；可以搞服务差异化等等。减少支出就是成本费用方面了，可以引进采购招标，减少折旧，裁员减薪，减少管理费用，甚至改变大堂用途等等。当你在经营方面想了很多招，你会发现，他们酒店管理团队也都想过了，好像你并不比他们高明多少，只是你站在专业的角度，能理出更清晰的思路。

这时，你会想到市场调查，数据采集，标杆研究，竞争分析等等，最后你给他们出一个分析报告，给出两三个解决方案，一个方案，是经营层面

① 某电力酒店案例选自和君王明夫《企业战略规划》讲座，经改写。

的，这个方案一般没有多大用，因为一个单一的三星酒店，在一个地区一旦陷入亏损，靠自己改善经营是很难的。第二个方案站在产业层面，你会想到品牌整合、收购、兼并、合作等，这就从企业运营改进变成了企业的结构改良，当企业从运营改进转变为在结构改良上发展，一般需要企业拥有更多的资源，因为企业结构改良一般就会关联收购、兼并等业务，这些新思路新理念的出现将导致传统的管理咨询做不下去，因为新理念导致你的工作内容、方法、工具、方案、步骤将全然不同，你的管理咨询将关联投资银行业务。

这单真实的业务最后采用了什么方案呢？最后采用了同当地最盈利的酒店合并换股的方案。

那么，问题来了，别人最赚钱的酒店凭什么要同你亏本酒店合并换股呢，这就是我这个案例要讲的主题。一个企业如何跨越自己的资源障碍。

表面看，一个经营电力的企业经营酒店，门外汉，没什么资源。但是，如果我们启动商业模式的思维，任何一个企业，其实都会有很多资源是别人没有的，如果你这种资源刚好是别人所稀缺的，你就可以拿出来同别人交换。这是商业模式中交换模式的基本思维。

电力公司在酒店领域是没什么资源，但电力公司是垄断行业，电老虎，电力业务是很多企业梦寐以求的。所以，这个地方电力局就用电力股与那家标杆的酒店大哥进行了合作，结果，这家电力酒店立刻转亏为盈，彻底解决了酒店的问题，那家赚钱的酒店也获得了一个进入电力行业的机会，皆大欢喜。

这个案例给我们什么启发呢？它告诉我们一个企业在经营层面没有能力改变的时候，首先就要在战略上从能否整合竞争对手、改变区域行业结构上下手，从产业结构上来改善自己的竞争地位和经营能力。其次要改变行业结构关联银行投资业务，我们要懂商业模式，要发现、利用自己的资源去换取自己所需要的资源，跨越自己的资源障碍。

第十一章　构建企业战略执行体系

先讲一个“扁鹊医术”的小故事：

魏文王问名医扁鹊说：“你们家兄弟三人，都精于医术，到底哪一位医术最好呢？”

扁鹊回答说：“大哥最好，二哥次之，我最差。”

文王再问：“那么为什么你最出名呢？”

扁鹊答说：“我大哥治病，是治病于病情发作之前。由于一般人不知道他事先能铲除病因，所以他的名气无法传出去，只有我们家里的人才知道。我二哥治病，是治病于病情刚刚发作之时。一般人以为他只能治轻微的小病，所以他只在我们的村子里才小有名气。而我扁鹊治病，是治病于病情严重之时。一般人看见的都是我在经脉上穿针管来放血、在皮肤上敷药等大手术，所以他们以为我的医术最高明，因此名气响遍全国。”

文王连连点头称道：“你说得好极了。”

故事心得：一般人认为，足以摆平或解决企业经营过程中的各种棘手问题的人，就是优秀的管理者，其实，从战略管理角度来讲，这是有问题的，战略管理与一般管理的差别在于战略是管理未来的学问。“预防重于治疗”是战略管理思想，能防患于未然之前，更胜于治乱于已成之后。所以，企业问题的预防者，其实是优于企业问题的解决者的。一个是战略性人才，一个是执行性人才，很多企业搞不清楚这两类人才的差别。①

防病胜于治病，建立系统执行力就是防病系统。

处在当今“互联网+”时代，无论是传统企业还是互联网企业都面临经营环境的快速变化，面对快速变化的环境如何有效地将战略执行到位对所有企业都提出了比以往更大的挑战，建立一套行之有效的战略执行管理机制也成了很多企业的制胜法宝，正如哈佛商学院罗伯特·卡普兰教授面向全球企业的调查表明，缺乏良好战略执行机制的企业，其失败概率是建立起良好战略执行机制企业的 7 倍，“战略执行”被列为管理者关注度最高的问题。

如全球著名的管理学者拉姆·查兰所言：“战略以失败告终最常见的原因是没有执行好！”为什么很多企业难以将战略执行好？因为这些企业往往暴露出以下问题：

（1）缺乏统一沟通战略的语言，组织上下对于战略重点缺乏一致的理解和认识；

（2）企业高、中、基层目标缺乏一致性，导致战略在执行过程中不断衰减；

（3）企业短、中、长期目标缺乏一致性，导致在执行过程中过于关注短期目标；

（4）绩效激励方向与战略目标缺乏一致性，导致绩效管理往往成为战略落地的绊脚石；

---

① 该故事选自《68 个经典管理小故事》，博维咨询编著。

（5）战略执行过程缺乏透明化管理机制，导致执行难以被有效地监测和管理；

（6）缺乏动态的战略调整机制，导致战略难以适应快速变化的经营环境；

（7）战略执行缺乏详细的规划和细节管理控制，使战略落地得不到保障。

为了保障战略目标的执行落地，中国企业迫切需要建立起一套针对战略执行过程的系统化管理体系！因此《黄海战略》一书在战略执行的这一篇章中，用了较多的文字来详细表达。以较多的管理工具来帮助企业建立“战略解码与有效分解目标、编制执行计划与日常经营计划对接、构建绩效考核系统、实施战略宣导与过程督导、实施绩效考核与执行管控、战略执行评估”共六个步骤的完整 PDCA 战略管理过程，形成系统化的长效战略执行管理体系。这个体系简化如图 11-1。

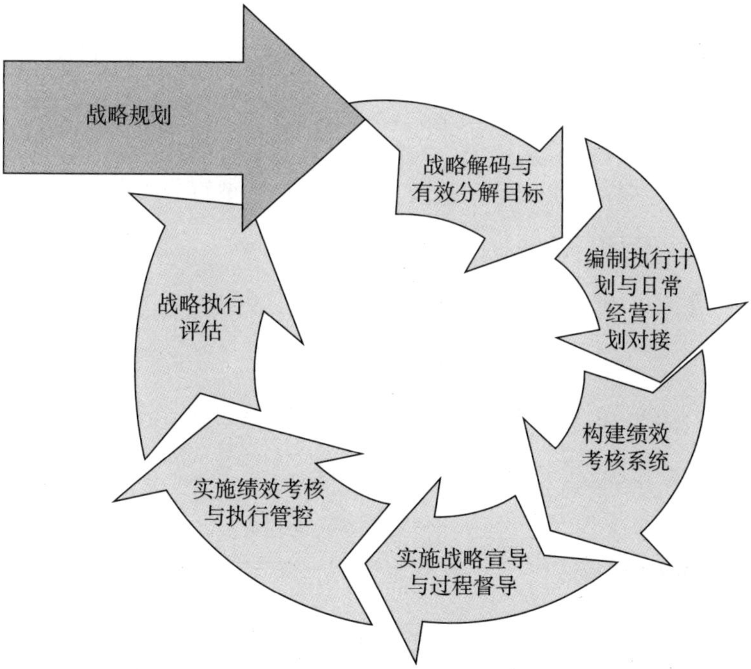

图 11-1　PDCA 战略管理过程

第一节　战略解码与分解目标

企业在战略规划过程中确定了发展方向和战略目标，执行体系的任务就是确保这一目标的实现。

企业管理层的一项重要任务就是将战略目标解码转化为可以执行的目标，即执行目标。在战略执行过程中，为什么那么多目标无法实现呢？我们在多年的战略执行辅导中，发现一般存在如下问题：

（1）战略本身描述不清。

（2）战略目标缺乏依据，吹破牛皮。

（3）年度指标含混不清，让人无所适从。

（4）执行目标过于繁杂，失去执行重点，分散资源与精力。

（5）为了保密，战略目标只有少数人员了解，执行者如无头苍蝇。

（6）下层目标制定失去控制，与公司战略目标不相配合。

（7）基层执行目标依管理者意志制定，随意性强，与战略目标脱节。

（8）执行目标具体明确，但是缺乏执行的连续性。

针对这些情况，我们制定了如下确定执行目标的流程要点：

一、解码目标

（1）做好战略描述：运用战略地图等管理工具将公司战略，无论是存在于老板脑海中，还是平时的只言片语中，抑或长篇大论的规划文件中的战略思考与商业模式，转化为一张目标明确、逻辑清晰、简单明了的战略地图。通过这张图可以帮助公司各个层面快速达成战略共识，并引领企业在今后的执行过程中始终聚焦于公司的战略目标；

（2）选择战略模型与工具；

（3）确定战略轻重次序；

（4）有效分解目标。

二、执行目标的分类

（1）按时间分类：目标依执行时间可以分为战略性的长期目标（一般为 10 年以上）、中期目标（3—5 年）和短期目标（1 年或更短期的）。

（2）按级别分类：目标依级别分为公司级目标（包括集团级）、本部级或分公司级目标、部门或事业部级目标、班组目标、个人目标等。

（3）按性质分类：目标依性质分为定性目标和定量目标。

三、高效执行目标的基本要素

一个富有效能的执行目标应该具有图 11-2 中的五个基本要素。

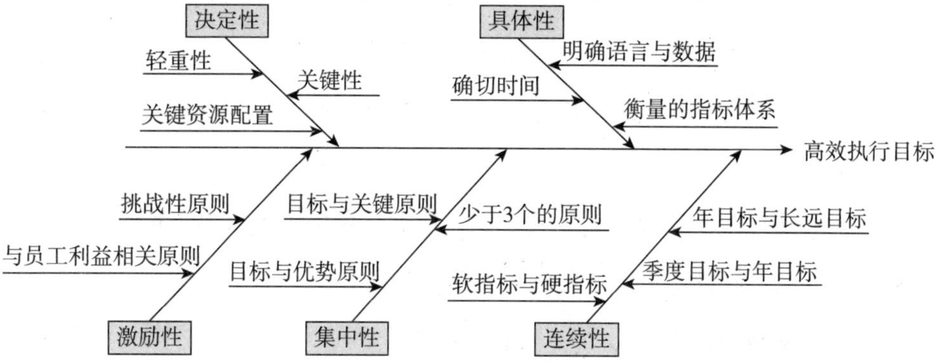

图 11-2　富有效能的执行目标的五个基本要素

四、执行目标设定的基本流程

制定执行目标，实际上是一个完整的决策过程，它不是单指拍板定案的瞬间，而是指制定目标前后所进行的大量工作。

企业执行目标的制定一般按照下列流程进行：目标预测分析报告与草案；执行目标草案；目标评估与沟通形成定稿；目标审批确定后，董事会审批形成目标文件；目标实施规划文案。

五、根据总目标要求进行目标分解

所谓目标分解，就是对总目标的拆分和细化，以便员工执行。

（1）总目标

总目标是企业在一定时期内的整体目标，是一种战略性目标。总目标可以是抽象的，有的企业体现为愿景，例如迪士尼的总目标就是“所带给你的将全部是快乐的回忆，无论什么时候”，这也是迪士尼公司的宗旨。总目标也可以是具体的，例如“在三年内实现同类产品市场占有率第一”。

（2）分目标

分目标就是对总目标进行横向剖析之后得出的各个目标，这些分目标之间不是纵向的从属关系，而是横向的并列关系。

如何选择分目标呢？也就是说，根据什么标准分拆总目标，形成分目标呢？

目前通行的方法是运用平衡计分卡模式。按照平衡计分卡的原则，企业的目标可以按照四个层面或类别进行分解。

①财务目标：销售收入；利润率；资产回报率；预算费用控制比例；销售回款；成本；其他财务指标。这一目标体系主要体现为对投资者以及

其他利益相关者的直接回报。

②客户目标：客户满意率；客户重复消费率；重点客户贡献率；客户服务指标等。这一目标体系主要体现为公司对于目标客户的把握以及检测市场营销活动的有效性。

③内部目标：生产现场管理指标；质量指标；安全指标；研发指标；技术指标；客户关系管理指标；职能部门工作指标。这一目标体系主要体现为公司内部管理的效率以及对于运营效率的判断。

④成长目标：员工技能培训次数与合格率；管理者培训次数；技术创新指标；企业文化指标；员工满意度。这一目标体系主要体现为组织对于未来的重视，尤其是对人力资源的投入产出。

组织按照以上原则可以把总目标分解为上述四个层面，也可以分解为其中的两三个层面，这要根据具体情况而定，并不是教条式的要求。

（3）总目标分解过程中需要解决的四个问题

①确定分目标的层面。

分目标层面通常适用木桶理论和拳头理论。

木桶理论：木桶理论是说一只水桶能盛多少水，并不取决于最长的那块木板，而是取决于最短的那块木板，也称短板效应。在确定分目标时，要考虑当前在企业四个层面的工作中，究竟哪个层面是制约企业总目标实现的“短板”。

拳头理论：拳头理论是说一个企业要保持其竞争力，不但要做到四个层面均衡发展，还要做到具有独特的竞争优势，这一竞争优势就是企业的“拳头”。

企业在确定分目标时，要综合考虑企业的“短板”和“拳头”，改变“短板”的落后态势，增加“拳头”的竞争优势。

②确定分目标的数量。

分目标的数量对于企业成功与否至关重要，目标的过度细分会造成企业管理者精力分散，也会使下级无所适从，导致总目标不能实现。

在通常情况下，企业在每个确定的层面下应该只选择一个到两个目标。这既有利于保证目标体系的完整性，又有利于保证目标系统的可行性和统一性。

③确定分目标的权重。

企业的能力和资源是有限的，即使企业已经严格地控制了分目标的数量，也应该按照重要程度对确定的分目标进行排序，并且对每个分目标赋予一定的权重。只有这样，才能够保证企业集中人、财、物等资源完成首要目标。

④确定分目标的量化标准。

没有量化的目标很容易成为不切实际的“浮标”，只有量化才可测定，可测定才可能积累！目标也只有量化才能对成功有益，能否量化是目标与空想的分水岭。

六、根据部门职责进行目标分解

在确定了总目标和目标分解原则后，组织将按照部门的分工和职责进行目标分解，就是把企业的整体目标按照各个部门的职责进行分解，形成每一个部门的分目标。

同样，部门内部的各个小组、各个员工也应该按照相同的程序对部门的分目标进行分解，形成本小组或员工个人的工作目标。

按职责进行目标的精确分解可以使企业内部的每个员工都有一个明确的行动指南，保持企业内部员工和部门行动的一致性。

七、目标分解的七个步骤

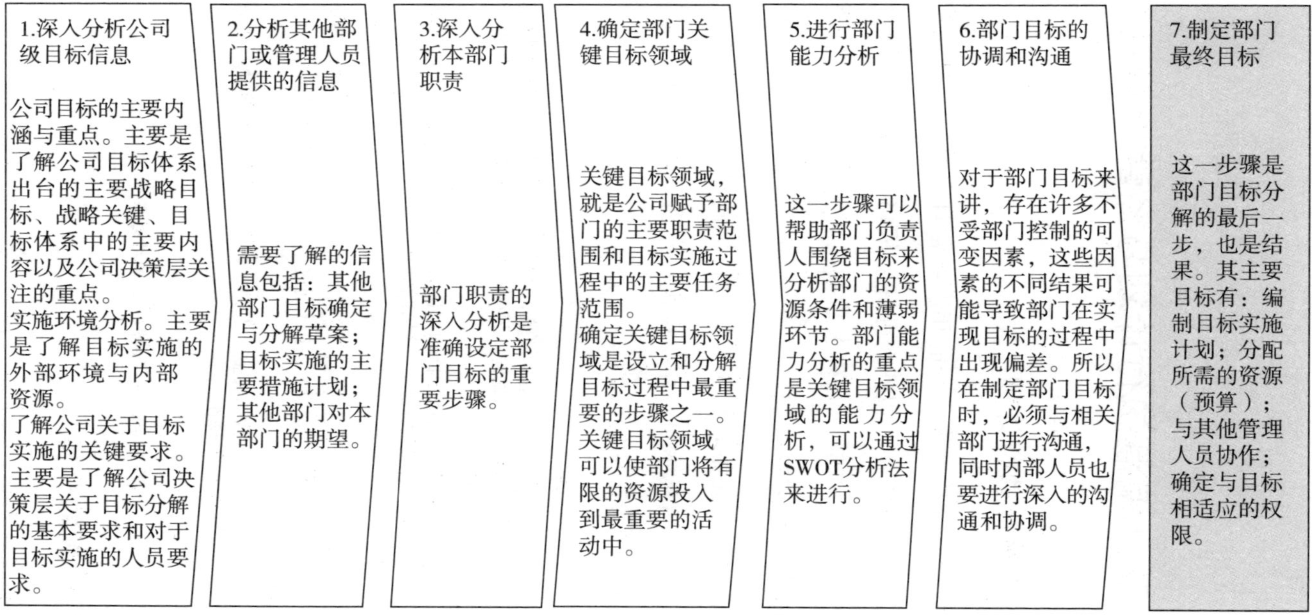

图 11-3　目标分解的七个步骤

第二节　编制执行计划与经营计划对接

一、为什么编制执行计划

是为了企业建立以战略为中心的年度经营计划模式，确保年度经营计划与公司战略的前后连贯性；也使企业建立战略与预算的对接，通过行动计划方案与经营预算的关联，确保各层级战略举措的资源保障；做好之后，就要详细编制执行经营计划。

制订目标执行计划是推行和分解部门目标的关键部分。在过去的实践中，管理者往往关注目标本身，而忽视执行计划，造成目标无法达成。

编制执行计划的重要性如图 11-4 所示。

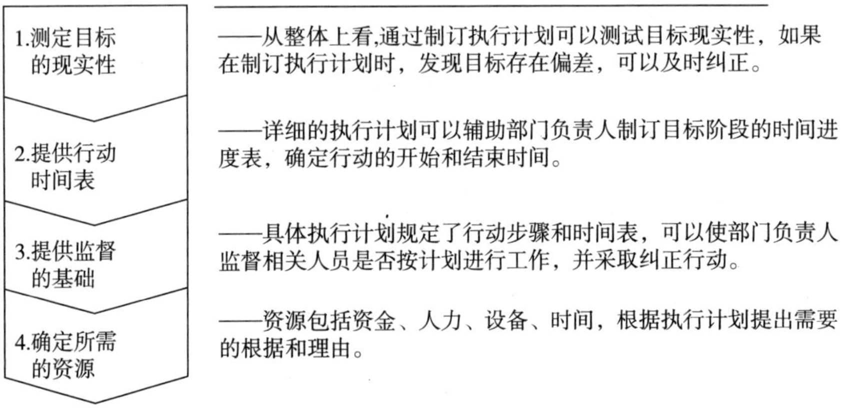

图 11-4　编制执行计划的重要性

二、执行计划的分类

我们通常用到的执行计划有以下四类，详见图 11-5。

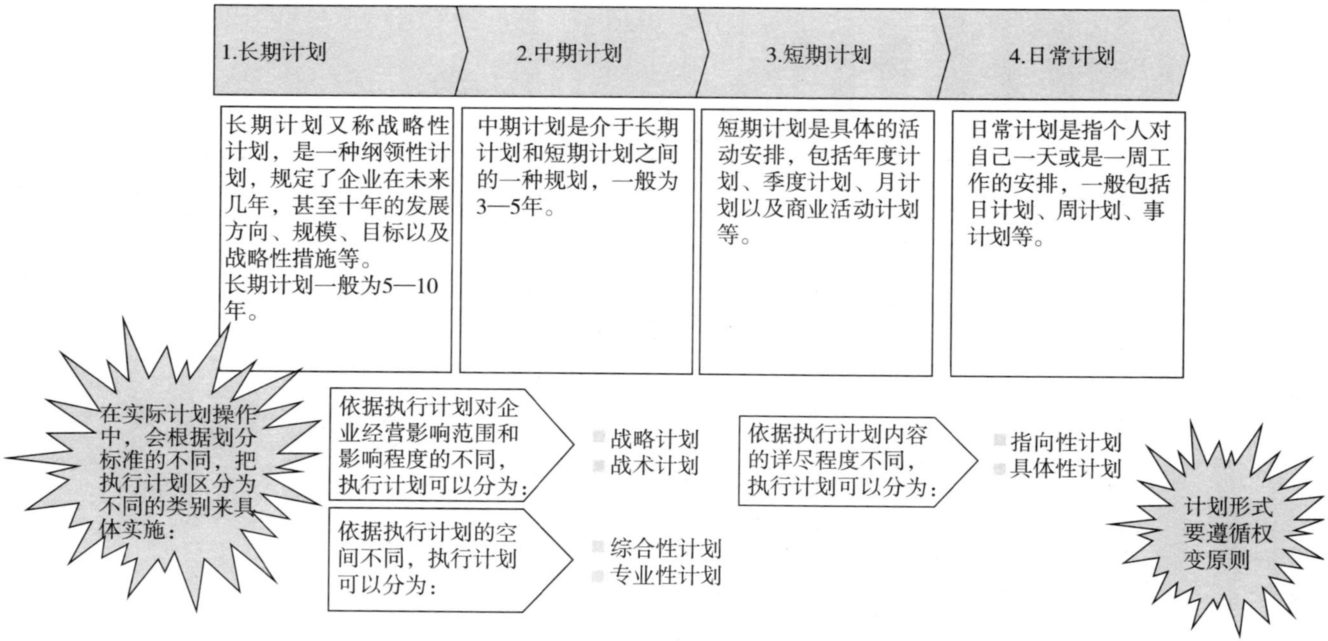

图 11-5 执行计划的分类

三、执行计划的构成要点

一般而言，执行计划，特别是年度以内的执行计划包括以下要点：

1.具体目标	–计划要实现的具体目标包括年度目标、季度目标和月度目标等。
2.阶段性成果	–如果是月度计划，就应该包括每周的成果；如果是年度计划，就应该有月度成果，至少要有季度成果。
3.时间表	–时间表既包括总体时间表，也包括阶段性的时间表，表述方式多用甘特图。
4.责任人与配合人	–详细的计划中应包括执行的责任人和配合人，以明确执行责任，便于考核与责任落到实位。
5.预算费用	–预算是计划中的必备要素，特别是在长期计划和重大计划中，更是计划的核心内容。
6.计划中的具体项目	–它是指计划中包括哪些具体的行为和具体项目。
7.支持资源	–它是指计划实施过程中需要什么样的资源支持（包括人员、资金、管理、物资、设备等）。

图 11–6　执行计划的构成要点

What	■ 执行计划的总目标和分解目标是什么？
Why	■ 为什么要达到该目标？
When	■ 计划执行的时间约束是什么？
Who	■ 由谁来执行计划？
Where	■ 该计划的执行地点是哪里？
How	■ 如何才能实现目标？每个执行人的具体任务是什么？
How much	■ 该计划的资金预算是多少？

图 11–7　执行计划的构成检查要点（5W2H）

很多时候，计划是完美的、合理的、全面的，但是仍然达不到预期的目的，一个重要的原因是对于执行计划的理解不透和不能有效把握计划的执行进程，很多人养成了不尊重计划的行为习惯。

计划不是教条，在计划执行的过程之中，企业内部环境会变，外部环境也会变，完全按照计划一步一步地走下去并不一定会取得最终的成功，计划也必须根据环境的变化进行调整。但是计划不能随意进行调整，随意调整的计划就不能称之为计划了，必将成为一纸空文，必须要有一个计划调整的程序。只有当认识到现有的计划确实无法指导企业的目标时，才能对计划进行调整。

四、编制执行计划的过程与要求

执行计划编制不是一个闭门造车的过程，更不是一个仅仅由上级职能部门（计划部、企划部、企业管理部或战略规划部等）自己完成的事情，它是一个上下互动的过程。

如果说，目标是由上到下层层分解的，那么执行计划就是由下到上层层累积的。

目标分解与计划制订的对流程序和具体的执行计划才构成编制计划的整个过程。如图 11-8、图 11-9。

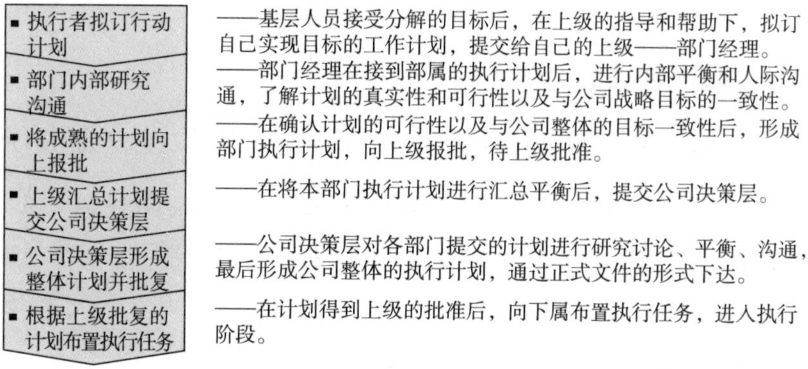

图 11-8　编制计划的过程

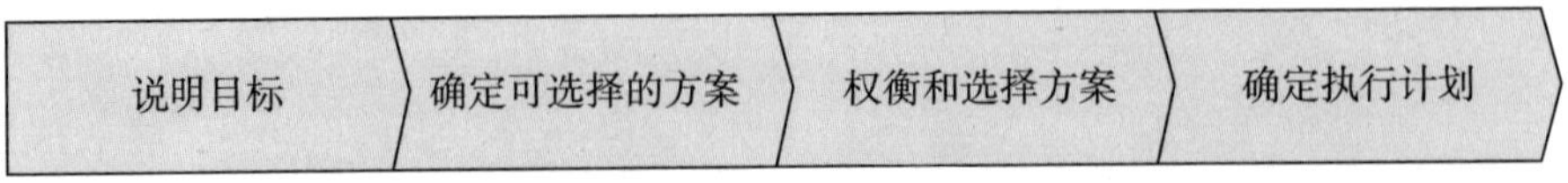

——制定目标、实施计划的第一步需要对目标加以明确的时间和数字表述，以提高最终衡量结果的准确程度。

——一般来讲，达到目标可有数种手段，制订执行计划时应罗列所有可能的实施方案。在这一过程中尤其需要下级的参与，集思广益，提出各种思路和方法。

——实施所有可供选择的方案是不可能也是不必要的。因此，要对各种方案进行评价，作出最终选择。此时主要需考虑以下因素：所需的资金和人员、对其他部门的影响、获得利益的持续时间以及其他可能影响方案价值的因素。

——经过权衡和论证，确定可以执行的计划。

图 11-9　各有关部门编制执行计划的基本要求

第三节　构建战略导向的绩效考核系统

以战略执行成果为基础，基于对战略的贡献度建立绩效考核与战略的关联，确保绩效考核与战略目标落地执行的协调一致。

一、确定合理的绩效考核目标

制定合理的绩效考核目标，是考核系统成败的基础。它以战略目标的绩效计划为基础，分解确定考核的重点，设定考核目标。怎样制定绩效考核目标对于企业来说，是其建设绩效考核体系的必要前提，是必需要解决的一大问题。

如何审核绩效指标及目标值的合理性？

在绩效考核过程中，如何设定绩效目标？

在绩效考核过程中，存在两个难题：一个是考核指标的确定，另一个是考核目标的确定。后者的科学性也决定了前者的合理性。在现实实践过程中，很多企业实行的是目标谈判制，每年都要与各部门或各子公司进行艰难的任务目标谈判，大家的谈判技艺对最终任务量的确定有一定的影响。这样的绩效目标制定过程本身，就注定其对绩效没有太多的激励作用。目标任务完成了，员工会感觉自己的目标定得不算高，完不成他会归结为目标定得太高，可见这种目标确定方式本身没有起到它应有的作用。

那么，在量化指标的过程中，如何设定一个科学的绩效目标就显得特别重要了。在现实的企业实践中，有两种经常被大家所使用的绩效目标设定方法：一种是“个性化”的，还有一种就是“分级制”的。我们在设定绩效目标的时候，是采用个性化的评价目标（即每个指标都是“个性化”“具体的”，也经常表现为“线性的”——即绩效得分和绩效表现为一种比例关系），还是用设定分级目标（比如说设定三级目标，每达成一个绩效目标，得多少绩效评分）的方式呢？为了说明两者的区别，现举例如下：

个性化的评价目标：“新产品销售额”的权重为 15 分，目标值为销售额 4000 万元，则评分标准：每减少 300 万元，减 3 分，每增加 300 万元，加 3 分。

三级评价目标：“新产品销售额”的权重为 15 分，基本目标目标值为 3000 万元，实现了得分为 1 分；期望目标值为 4000 万元，实现了得分为 2 分；挑战目标值为 4800 万元，实现了得分为 3 分。（限于篇幅，1、2、3 分的具体意义这里不做详细解释，其和某一考核系数相关联。）

如何来评价以上两种方法的优劣呢?

回答这个问题就要回到我们做绩效管理的根本目的。绩效管理的根本目的有两个：一是提高组织和员工的绩效和能力；二是为价值分配提供依据。从这两个目的来说，绩效考核强调分层分类，强调相对区别，只要能在组织里面把那些表现优秀、良好、合格和较差的员工区别开来就可以了。因此强调方法简单易行，区分度要明显，可以给主管一个很明确的目标。我们很难也没有必要在四个不同层级里面的员工，再区分出一个三六九等来。在韦尔奇的畅销书《赢》中，他谈到 GE 的主要成功要素——“活力曲线”时就说到。GE 会依据绩效结果，按照 20∶70∶10 的比例将员工分成三类。对表现最好的 20%员工采取加薪、培训、升职等手段进行激励；对表现中等的 70%员工，依据其需要，对其能力进行开发，帮助其提高能力和绩效；对表现较差的 10%员工，依据其对公司价值观的认同等几方面要素，进行区分，对认同公司价值观的员工，会给予再培训、转岗等能力改进的机会，对那些不认同公司价值观的员工，则坚决地予以辞退。在他理解，这是一种“残忍的仁慈”。在韦尔奇看来，绩效目标只要能做到相对区分就可以了，不要搞得太复杂了。因此，从以上这些因素来看，在设定绩效目标时，三级评价目标是一种比较好操作并且能反映绩效管理真正目的的一种绩效目标设定的方法。

生活中也有类似的例子。比如，在 2006 年的足球世界杯上，德国作为东道主，德国队的主教练克林斯曼就在绩效目标设定这个事情上给我们上了生动的一课。因为德国队是东道主，被认为是那届世界杯夺冠大热门。全国上下都这样认为，好像德国队得了亚军都是一种失败。在整个德国队，全队上下都感觉到了很大的压力。作为主教练，克林斯曼深知这一点：如果不适时将这种压力进行化解，球队将不堪重负，更别说夺冠。在世界杯开赛前的媒体见面会上，克林斯曼说："基本目标是小组出线（16强），理想目标是8强，挑战目标是4强。"这个目标当时普遍被记者认为较为保守，但是克林斯曼知道，如果从球员自身激励效果和实现目标所带来的幸福感的角度考虑，这是最好的。

现在我们想一想，就会发现，克林斯曼提出这种说法，风险最小，也最具激励效果。比如小组出了线（进入16强），德国民众会认为教练心中有数；进入了8强，教练会被认为是训练有方；若进入了4强，教练不仅被认为十分高明，还被认为是稳健而不说大话。事实上，克林斯曼正是用了这种目标三级分类的技能，保住了队员和自己的自尊心。最后当德国队夺得了第三名的时候，克林斯曼得到了德国民众和媒体的疯狂追捧，大家认为他是一个充满激情又十分低调的教练，德国队取得的成就，他厥功至伟。

这个故事对我们进行绩效目标的设定具有很大的启发作用。我们从上述事例中就能发现，如果从员工自身激励效果和实现目标所带来的幸福感的角度考虑，采取三级目标设计是比较合适的。

那么，如何设计战略绩效目标呢？

二、明确绩效定义，形成战略地图

"绩效，从管理学的角度看，是组织期望的结果，是组织为实现其目标而展现在不同层面上的有效输出，它包括个人绩效和组织绩效两个方面。组织绩效实现应在个人绩效实现的基础上，但是个人绩效的实现并不一定保证组织是有绩效的。如果组织的绩效按一定的逻辑关系被层层分解到每一个工作岗位以及每一个人的时候，只要每一个人达成了组织的要求，组织的绩效就实现了。

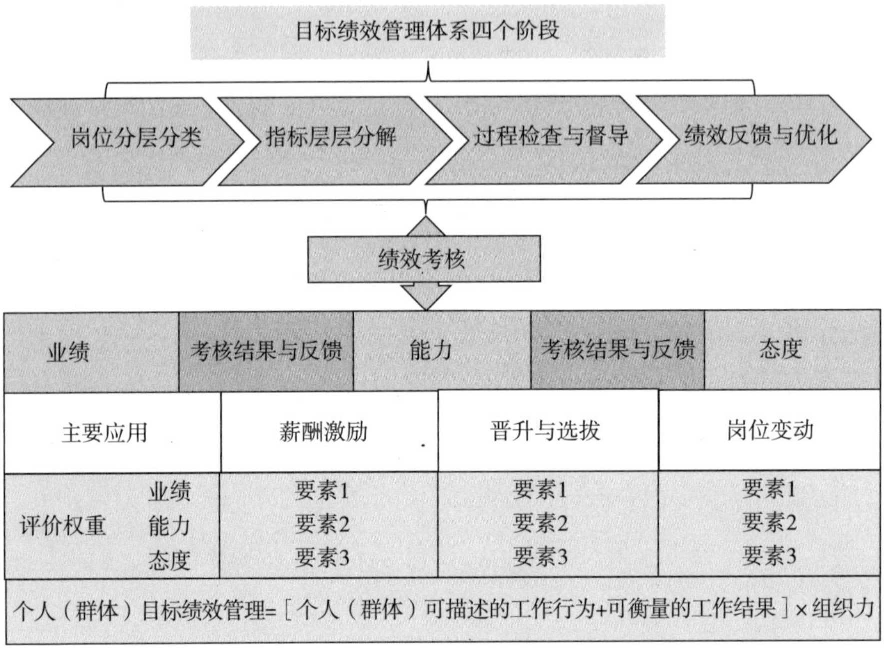

图 11-10　目标绩效管理体系的四个阶段

绩效是组织中个人（群体）特定时间内的可描述的工作行为和可衡量的工作结果，以及组织结合个人（群体）在过去工作中的素质和能力，指导其改进完善，从而预计该人（群体）在未来特定时间内所能取得的工作成效的总和。

绩效是指组织、团队或个人，在一定的资源、条件和环境下，完成任务的出色程度，是对目标实现程度及达成效率的衡量与反馈。

绩效，从管理学的角度看，包括个人绩效和组织绩效两个方面。

从字面意思分析，绩效是绩与效的组合。

绩就是业绩，体现企业的利润目标，又包括两部分：目标管理

（MBO）和职责要求。企业要有企业的目标，个人要有个人的目标要求，目标管理能保证企业向着希望的方向前进，实现目标或者超额完成目标可以给予奖励，比如奖金、提成、效益工资等；职责要求就是对员工日常工作的要求，比如业务员除了完成销售目标外，还要做新客户开发、市场分析报告等工作，对这些职责工作也有要求，这个要求的体现形式就是工资。

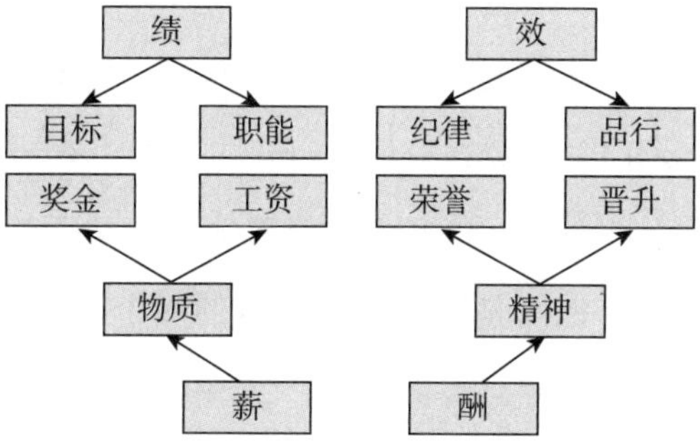

图 11-11　绩效和薪酬的对应关系

效就是效率、效果、态度、品行、行为、方法、方式。效是一种行为，体现的是企业的管理成熟度目标。效又包括纪律和品行两方面，纪律包括企业的规章制度、规范等，纪律严明的员工可以得到荣誉和肯定，比如表彰、发奖状/奖杯等；品行指个人的行为，‘小用看业绩，大用看品行’，只有业绩突出且品行优秀的人员才能够得到晋升和重用。”①

而每个企业明确的绩效定义、绩效思想应用每个企业的战略地图来表达。

战略地图（Strategy Map）由罗伯特·卡普兰（Robert S. Kaplan）和戴维·诺顿（David P. Norton）提出。他们是平衡计分卡的创始人，在对实

① 百度百科：https://baike.baidu.com/item/%E7%BB%A9%E6%95%88/2219888。

行平衡计分卡的企业进行长期的指导和研究的过程中，两位大师发现，企业由于无法全面地描述战略，管理者之间及管理者与员工之间无法沟通，对战略无法达成共识。“平衡计分卡”只建立了一个战略框架，而缺乏对战略进行具体而系统、全面的描述。2004 年 1 月，两位创始人的第三部著作《战略地图——化无形资产为有形成果》出版。

企业的战略地图绘制、战略规划及实施首先是一个“自上而下”的过程，这也就要求高级管理层具备相关的能力及素养。

战略地图是在平衡计分卡的基础上发展来的，与平衡计分卡相比，它增加了两个层次的东西，一是颗粒层，每一个层面下都可以分解为很多要素；二是增加了动态的层面，也就是说战略地图是动态的，可以结合战略规划过程来绘制。战略地图是以平衡计分卡的四个层面目标（财务层面、客户层面、内部层面、学习与增长层面）为核心，通过分析这四个层面目标的相互关系而绘制的企业战略因果关系图。

战略地图的核心内容包括：企业通过运用人力资本、信息资本和组织资本等无形资产（学习与成长），才能创新和建立战略优势和效率（内部流程），进而使公司把特定价值带给市场（客户），从而实现股东价值（财务）。

通过这些年的实践，以这套工具来构建战略绩效考核体系，能让企业形成对科学的绩效定义的最全面发展。

三、确定绩效考核的科学方法

通过前文的绩效战略地图我们看到了，对员工的绩效考核其实就包括了两大部分：一是业绩考核，二是行为考核。很多企业都出现一种情况，即过分强调了业绩，而忽略了对行为的培养。这就出现一个问题：业绩做得越好的员工，越不遵守纪律，越不尊重游戏规则，这种员工在企业大力发展的过程中，将成为企业的阻碍。一旦被提拔成经理或领导，影响就更大了。①

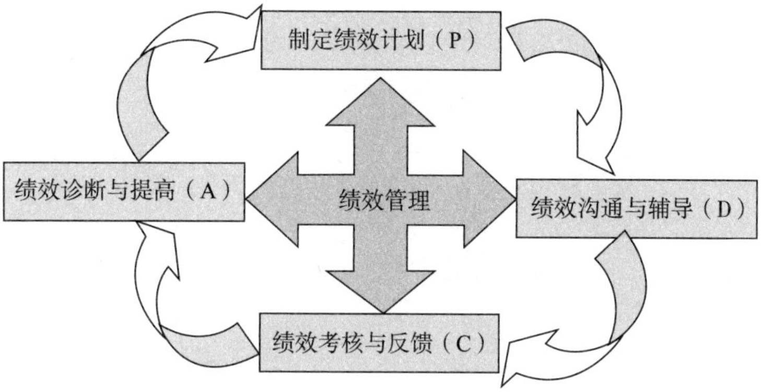

图 11-12　绩效管理

“事实上，企业与企业之间竞争的本质是什么？人才。人才与人才竞争的根本是什么？人品。一家企业最根本的竞争力就是品格力，是品行。

所以，不仅要考核员工的业绩，更要考核员工的行为，要培养人的行为，要天天告诫我们的员工，培养员工的良好品质。”②

“绩效考核是指考核主体对照工作目标和绩效标准，采用科学的考核方式，评定员工的工作任务完成情况、员工的工作职责履行程度和员工的发展情况，并且将评定结果反馈给员工的过程。

它是企业绩效管理中的一个环节，常见绩效考核方法包括 BSC、KPI 及 360 度考核等，主流商业管理课程如 EMBA、MBA 等均将绩效考核方法的设计与实施作为针对经理人的一项重要人力资源管理能力要求包含在

---

① 百度百科：https://baike.baidu.com/item/%E7%BB%A9%E6%95%88/2219888。

② 百度百科：https://baike.baidu.com/item/%E7%BB%A9%E6%95%88%E8%80%83%E6%A0%B8%E7%AE%A1%E7%90%86/8218250?fr=aladdin。

内，主要是人力资源部门的核心工作之一。”①

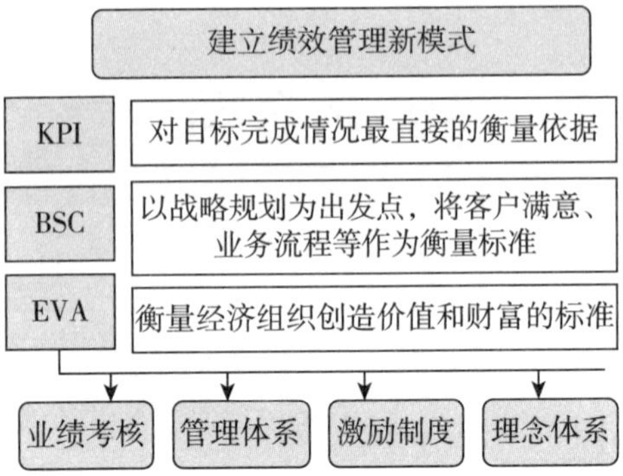

图 11-13　绩效考核体系

但，在《黄海战略》确定战略绩效考核的方法时，我们强调对员工品格的管理，因此，我在设计模型时，特别将企业价值理念体系作为纵坐标的一项，设计了进去，利用管理工具和方法，将战略置于绩效管理模式中，就可以构建出科学的绩效考核体系。

四、构建系统的绩效考评制度

“绩效考评制度是指靠凭着对照工作目标或绩效标准，采用一定的考评方法，评定员工的工作任务完成情况、员工的工作职责履行程度和员工的发展情况，并将上述评定结果反馈给员工的一种制度。”②

企业的战略执行力实际是组织执行力，组织的背后是制度、机制与文化。一个企业的绩效考核系统能否顺利运行，关键在于这个企业的管理制

① 百度百科：https://baike.baidu.com/item/%E7%BB%A9%E6%95%88%E8%80%83%E6%A0%B8%E6%96%B9%E6%B3%95/427816?fr=aladdin。

② 百度百科：https://baike.baidu.com/item/%E7%BB%A9%E6%95%88%E8%80%83%E8%AF%84%E5%88%B6%E5%BA%A6/3997859?fr=aladdin。

度，管理文化中有没有这个基因，所以，构建考核系统的关键就在构建系统的绩效考评制度。

"绩效考评的最终目的是改善员工的工作表现，以达到企业的经营目标，并提高员工的满意程度和未来的成就感。考评的结果主要用于工作反馈、报酬管理、职务调整和工作改进。其原则为一致性、客观性、公平性、公开性。

其意义之一在于从企业经营目标出发进行评价，并使评价和评价之后的人事待遇管理有助于企业经营目标的实现。之二，作为人事管理系统的组成部分，运用一套系统的制度性规范、程序和方法进行评价。之三，对组织成员在日常工作中体现出来的工作能力、工作态度和工作成绩，进行以事实为依据的评价。"①

总之："绩效考核管理制度是为了实现生产经营目的，运用特定的标准和指标及制度，采取科学的方法，对工作实绩做出价值判断的过程。"② 制度系统是绩效考评体系执行的保障。

第四节　运用战略宣导与实施过程督导

一、战略启动动员

企业战略目标的制定是一个庞大的系统工程，它并不是企业老板一人

① 百度百科：https://baike.baidu.com/item/%E7%BB%A9%E6%95%88%E8%80%83%E8%AF%84%E5%88%B6%E5%BA%A6/3997859?fr=aladdin。

② 百度百科：https://baike.baidu.com/item/%E7%BB%A9%E6%95%88%E8%80%83%E6%A0%B8%E7%AE%A1%E7%90%86/8218250?fr=aladdin。

拍脑袋或是殚精竭虑地思考良久就可以得到的。即使以这样的方式得出了企业战略，在企业内部也得不到较高的认同度，使管理层干部和基层员工都觉得虚无缥缈，不知如何着手执行。抑或是高层制订了执行计划后，计划执行者抱怨连连、充满抵触情绪，最终难免以失败告终。

能够充分地发挥和调动企业或组织内部成员的团队智慧，才是企业获取持续发展的动力源泉。而战略制定后，召开战略启动动员大会，实施行动学习恰好能解决这个问题，它是通过企业内部员工思维的碰撞，智慧的分享，最终得到大家共识的企业战略，同时输出具体可行的实施办法和行动计划。

因此，运用行动学习召开企业战略启动会议的意义有如下几点：(1) 可以实现战略共识，中高层在企业战略方向的把握上消除理解上的偏差，初步达成统一；(2) 可以使战略落地的行动计划更务实、更具体，同时更具可操作性，提高战略落地的成功率；(3) 可以充分发挥企业下属公司成员的主观能动性，各尽其责，自动自发地去完成任务，执行计划；(4) 将员工的能力培养与解决企业实际问题相结合，解决了员工能力培养与企业实际脱节的问题。

二、远景共识沟通

远景，由组织内部的成员所制订，借由团队讨论，获得组织一致的共识，形成大家愿意全力以赴的未来方向。但远景需要管理，需要反复沟通，需要结合个人价值观与组织目的，透过开发远景、瞄准远景、落实远景的三部曲，建立团队，迈向组织成功，促使组织力量极大化发挥。

远景形成后，组织负责人应对内部成员做简单、扼要且明确的陈述，以激发内部士气，并应落实为组织目标和行动方案，具体推动。一般而言，企业远景大都具有前瞻性的计划或开创性的目标，作为企业发展的指引方针。在西方的管理论著中，许多杰出的企业大多具有一个特点，就是强调企业远景的重要性，因为唯有借重远景，才能有效地培育与鼓舞组织内部所有人，激发个人潜能，激励员工竭尽所能，增加组织生产力，达到顾客满意度的目标。

企业的远景不只专属于企业负责人所有，企业内部每位成员都应参与构思制订远景与沟通共识，通过制订远景的过程，可使得远景更有价值，企业更有竞争力。

三、塑造纲领标准

一个企业要借新的战略行动过程来塑造纲领标准，激发组织的创造力。1995 年，华为借战略咨询，塑造了新的华为《基本法》，为华为注入了规范化的基因。

四、战略宣导组织

战略执行是一个长期的管理过程，要将战略真正执行到位，一定要有组织保障，当年毛泽东怎么实现了党领导军队的战略转变，靠的是将党组织建到连上，每个排、每个班级单位要有党小组的成员，这样才奠定了中国共产党走向胜利的基础。因此，一个好的战略执行组织一定要赋予战略宣导的过程管理。

五、建立执行督导制度和责任体系，避免管控无力

在战略执行过程中，我们常常发现，企业里面，有了计划，也有考核，但缺少过程控制，有人在管，关键是下面有没有人在理。我们企业有管理，怎么就没有了控制，我们忘记了管理的本质是什么？

我们还要回归到管理的五项基本职能：计划、组织、指挥、协调、控制。这些都是过程的控制。

企业管理的三大核心目标：效率、效益、效能。

在企业管理运营当中，当你把管理体系、管理模型建构好之后，其实万法归一，最终管理的就是人，而人的最大价值是其在公司里面的行为，就是他的劳动量，他的劳动值。人的行为的最大规范，是在组织流程与纪律当中被约束出来的。人的组织流程与纪律的落脚点，是各级各类人员、定岗、定值、定位与执行。

我在想企业管理里面，到最后所有人都是在流程当中的，就像生产工人，一线生产工人，他也是在流水线当中的，各级管理人员，也是在流程当中的。

企业管理的三大流程线：

第一，管理流程线（行政管理流程线）；

第二，业务流程线；

第三，检查流程线（纪律流程线）。

在计划经济体制下，行政管理运用的是垂直指挥系统，当计划经济转向市场经济的时候，就需要用上了第二条流程线，即业务流程线。业务流程线是横向的业务流程线，要做到合成与协作。它对应的是提升企业的组织效益。

当然，还有一个检查流程线，就是纪律流程线，它要的是督导网状的检查系统，它做的是管控跟守纪，它对应的是企业管理的最后一个目标，把控效能。

那我们就发现了，垂直指挥系统注重效率，如果有令不行，有禁不止，就没有应有的效率。横向协作系统，注重的是效益，如果山头主义、条块分割，就没有应有的效益。而检查反馈系统是在把控效能，如果这些岗位上出现好人主义、岗位麻木，就不能有效地把控效能，就会出现管理风险。企业的利润来源于客户，企业的效益其实来自于业务流程线，所以我们的管理思维和管理习惯当中，要从原来的垂直指挥系统的习惯，转向围绕着业务流程线。所以，我们的垂直指挥，管理流程线，要服务于横向协作的业务流程线。当一个公司发展到成长跟成熟时期的时候，尤其是高竞争的风险行业的时候，管理流程线，跟业务流程线，在纪律流程面前都不能有任何借口，也不能有任何的例外，否则风险就在一日之间。

所以，我们要建立过程督导制度与责任体系，来做到管控有力。

有些企业一下子死掉，而且怎么死的都不知道。这时就得问了，你有纪律检查流程线吗？谁在做？为什么有些企业发展到一定程度，条件比以前好了，规模比以前大了，创新能力也比以前好了，效益还没有以前好？

那一定是企业的三大流程线出了问题。

有些企业产生了官僚主义作风，导致行政流程线不是服务于业务流程线；什么是官僚主义作风，就是行政管理大于业务管理，已经眼睛向内部了，不是服务于市场，什么是客户至上，当一个公司行政管理服务于业务流程的时候，就是客户至上。

能人时代已经过去，系统时代已经来临，在组织时代，要从个人执行力转型组织执行力。我们要的不是群魔乱舞，要的是大雁群飞。未来的企业比拼的是组织与组织，系统与系统，团队与团队。这里面的关键就是建立组织效率。

在组织管理学上，将垂直指挥线称为层级，将因为分工而形成的业务横线称为流程，流程与层级形成的“状态”，我们称为组织的形态。组织管理的命题就是要解决流程与层级协调，分工与合作的效率。

要建组织，就是建流程、建形态、建制度。以组织流程、形态、制度来提升效率，这过程的背后，实质是建立人与人、人与事之间的关系。

横向业务分工，是为了专业化，提高点效率。纵向分工，高层、中层、基层，是为提高决策效率。

横向分工体系：亚当·斯密在《国富论》中提出了分工的概念，分工带来专业化，每个人重复做简单有限的分工，于是单个人的工作效率大幅增加了。以如何制作一根针为例。分工，顾名思义是指一个组织的完整工作分解成一项项专门化的活动，有分解，就必然要有连接和整合；有“分工”就必然有“合工”。

把被分解的专业化工作连接和整合起来的，就是组织流程问题。组织流程产生运行效率，即横向分工对应运营效率。

纵向分工体系：也就是企业的层级体系，高层——中层——基层，上级和下级。每一层级既是其下一层级的目的，又是上一层级的手段，构建起目的——手段链、指挥——执行链，每一层级的决策与活动的合理性只能在上一层级决策的基础上进行评价。

基本要求是：高层做正确的事，中层正确地做事，基层把事做正确。

让纵向分工的各层级、各部门、各单位耦合起来的，是组织结构问题。组织结构产生决策效率，即纵向分工对应着决策效率。

组织流程与组织结构相互依存和制约，共同组成组织形态。

因此，组织效率的完整版图，是这样构成的：

组织形态：组织流程+组织结构。

因此，组织效率的完整版图，大致可以勾画成这样的一个构成：

（1）横向分工——组织流程——运行效率；

（2）纵向分工——组织结构——决策效率；

（3）纵横结合——组织形态——总体效率。

沿着这三个方向，我们来做进一步的细分，就演绎出了组织流程效率、组织结构效率和组织形态效率的具体内容。

我们战略执行的督导制度和督导责任体系就是要在这个理论的框架下来制定与实施。

六、完善督导流程，避免执行无序

从 2003 年开始，中国关于企业执行力的课程特别畅销。所有的企业家都惊叹于军队的执行力。军队的执行力为什么是最强的？它是怎么来的？当我明白了企业里面的三大流程的时候，才明白企业真正需要的执行力不仅仅是个人执行力，而且是组织执行力。

因此，如果组织流程不明白，手下的人执行力越强，执行方向错了，越强就会错得越离谱；如果执行路径错了，就会陷入盲目、盲从、盲打和胡干、蛮干、乱干。我们常发现有些企业有了管理流程后也会出现问题，出现在哪里呢？我们有岗位职责，有了任职的人在这，就有职位在，但为什么有职位在，职责却不一定在呢？这叫岗位缺位。

然后有职责划分了，也因此就有界限在了，我们会发现在中层干部之间，争权抢权却盛行，这叫职位抢位。于是就有了协作流程，当有了协作流程就有了执行路径。有了路径在，为什么超车抢车违规却盛行，这叫串位错位。当每个人都往前冲发疯似的去执行，但是不知道自己的岗位职责，不知道自己的职责划分，也不知道自己的协作流程，这叫群魔乱舞。但在一个组织里面，要从个人执行力转向组织执行力，要的不是群魔乱舞，我们要的是大雁齐飞，这就叫执行要有序。在流程中有序，在组织中有序，组织执行力。

我们来看军队的组织执行力是怎么来的。它形成了 12 项大三角形闭合的组织有序的执行流程和八字工作作风。

凡有事项必有目标，凡有目标必有计划，计划是什么，是参谋长干的、策划团队干的。

凡有计划必有执行，执行是谁下命令的，垂直指挥线上的司令员。

凡有执行必有指挥，指挥走的是什么，行政管理流程线。

凡有指挥必有服从。

凡有服从必有协调；凡有协调必有绩效；绩效来自于哪里，来自于业务流程。凡有绩效必有考核；凡有考核必有检查；凡有检查必有结果；凡有结果必有奖惩，凡有奖惩必有兑现。

这12项闭合的组织执行体系跟流程看起来是平面的，其实在实际运作当中形成了闭合的大三角形，然后形成了立体的三角形，3D版的、立体的三角形。就是什么时候走垂直指挥线，什么时候走业务流程线，什么时候跟进纪律检查反馈线，就形成了中国人民解放军的八字工作作风。

毛主席在抗日军政大学的题词里面就三句话：第一，坚定正确的政治方向；第二，灵活机动的战略战术；第三，艰苦朴素的工作作风。

然后提出了校训：团结、紧张、严肃、活泼。有人觉得很奇怪，团结、紧张、严肃、活泼，这不是完全矛盾的吗？

那当然，毛主席是军事辩证法大家，所有的观点都是辩证的，他所有的辩证都是实事求是的，你要明白，什么时候团结，业务协作流程的时候，就要团结；什么时候紧张，在垂直指挥线上时紧张；什么时候严肃，检查反馈的时候严肃；什么时候活泼，工作之外都活泼。团结、紧张、严肃、活泼，在组织的三大流程当中，界定了这个组织的工作作风。

通过上面的整个过程，我们可以看到，要做到执行有序，完善督导流程是基础。

第五节 实施绩效考核与执行管控

绩效考核是所有人力资源管理和企业管理中最难做好的一项工作，它在实际操作过程中很容易出问题。绩效考核的对象是人，人和机器最大的区别是，人有思想、有情绪，会产生业绩的波动。

正因为绩效考核的对象特征，在2006年世界经济学会的评估中，绩效管理被列为最难的管理难题，而绩效考核又是这个难题中的难题。

绩效考核的目标，是驱动员工挑战业绩的极限。

一切的管理在于要求，绩效考核就是一种关于要求的行为，而且要对要求的工作实绩做出价值判断的过程，是在行为中做出互动和反应，是一个过程的管理。

“绩效考核也称成绩或成果测评，绩效考核是企业为了实现生产经营目的，运用特定的标准和指标，采取科学的方法，对承担生产经营过程及结果的各级管理人员完成指定任务的工作实绩和由此带来的诸多效果做出价值判断的过程。”①

而管控则是让企业运用战略仪表盘等工具建立直观的战略执行过程监控与预警机制，使各级部门的战略执行过程能得到有效的监控、分析和管理；让企业构建战略管理组织，搭建起企业战略的长效管理机制，使战略

① 百度文库：https://wenku.baidu.com/view/76186b3c0912a2161479297b.html。

执行能力成为企业的一种核心能力。

工作体系如图 11-14。

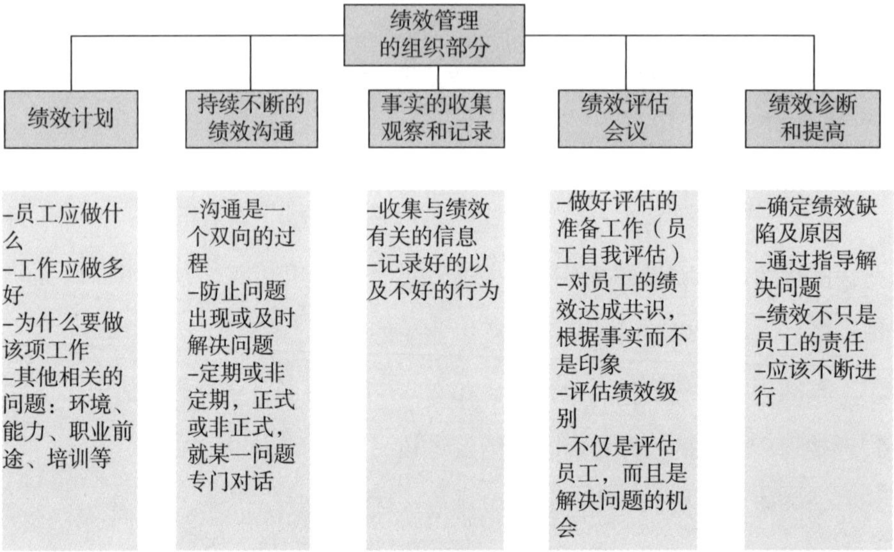

图 11-14　绩效管理的组织部分

资料来源：华恒智信——案例研究中心，百度百科，https://baike.baidu.com/item/%E7%BB%A9%E6%95%88%E8%80%83%E6%A0%B8%E7%AE%A1%E7%90%86/8218250?fr=aladdin。

要做好绩效考核，主要从下面几个方面入手：

一、绩效考核的程序

首先制订考核方案，审批通过后要先组织培训，使员工认可并理解，再组织试运行，期间进行完善，然后正式组织实施，结果汇总人力资源部，人力资源部根据考核结果制作当月绩效工资，最后根据工资是否符合要求和员工面谈等环节对考核方案进行评价，提出改进措施。这是绩效考核的基本步骤，是一个不断完善的过程：

（1）确定绩效考核指标和方案；

（2）人力资源部对各部门的绩效辅导；

（3）各部门主管对员工的绩效辅导；

（4）绩效考评（评分+评级）；

（5）绩效面谈；

（6）绩效申诉；

（7）绩效考评结果的应用（绩效奖金、升值、调薪等）。

二、绩效考核的准备工作

“（1）取得高层管理人员的支持。绩效管理是企业管理的一个重要改革措施，仅凭人力资源部门不足以推动整个企业的绩效管理的实施，因此取得高层管理人员的认同和支持显得特别重要。

（2）制订完善的实施计划。在取得高层管理人员的认同和支持之后，人力资源管理部门认真制订企业的绩效管理实施方案，包括绩效管理的政策方针，实施流程，角色分配，管理责任等。

（3）广泛的宣传。任何一种新的管理手段的实施都离不开广泛的宣传贯彻，可以通过公司的内刊、宣传栏、局域网等媒介手段对绩效管理的理论、方法、意义和作用等进行宣传，制造声势。培养经理、员工对绩效管理的感性认识，树立企业的绩效观。”①

这种宣传主要集中在对员工心理层面的问题，可以主要从以下三方面考虑。

---

① 豆丁网：《管理的范畴》，http://www.docin.com/p-1352944450.html。

“①利益保障在绩效考核的前期宣传中，重点给予这样的心理暗示：绩效考核将会使得员工利益分配更公平合理，更能够保障员工的个人收入。

②职位升迁绩效考核有利于发现员工的优点，为员工的职业发展获取充分的‘证据’，进而对表现优异的员工或者具备特殊才能的员工进行奖赏、提拔。

③及时纠偏绩效考核有利于领导及时发现员工的不足，通过采取相应的培训措施，将有利于提高员工的业务能力，增加企业的效益。

另一方面，绩效考核过程中也应该跟部门经理做好沟通，将有利于制度的更好执行。”①

“(4) 培训直线经理。好的管理手段要由高素质的管理人员来组织实施，因此对管理人员的培训必不可少。要让管理人员深刻掌握绩效管理的理念，改变旧有的管理观念，掌握绩效管理的流程、方法和技巧，使得每个管理人员都喜欢绩效管理，都掌握绩效管理，都会运用绩效管理，都愿意使用绩效管理的手段管理自己的部门和下属。

(5) 出台企业绩效政策。绩效管理的推行必须由政策保证，因此，在上述工作的基础上，出台必要的政策措施非常必要。”② 在政策里，可以规定高层管理人员、人力资源经理、直线经理和员工各自的绩效责任，规定绩效管理的方法和流程，规定绩效评估的方法，规定绩效管理结果的运用等。

“(6) 做好职务分析。在开始推行企业的绩效管理之前还有一个必不可少的工作就是职务分析，制定职务说明书。许多的企业里，这项工作是

---

① 百度知道：https://zhidao.baidu.com/question/1834919152417904860.html。

② 豆丁网：《管理的范畴》，http://www.docin.com/p-1352944450.html。

一个空白，至多只有一个泛泛的岗位描述。”①

三、绩效考核实施的结构模板

这部分借用一个规范的模板来表达：

“3.1　总则

3.1.1　本制度与公司其他制度同时适用。

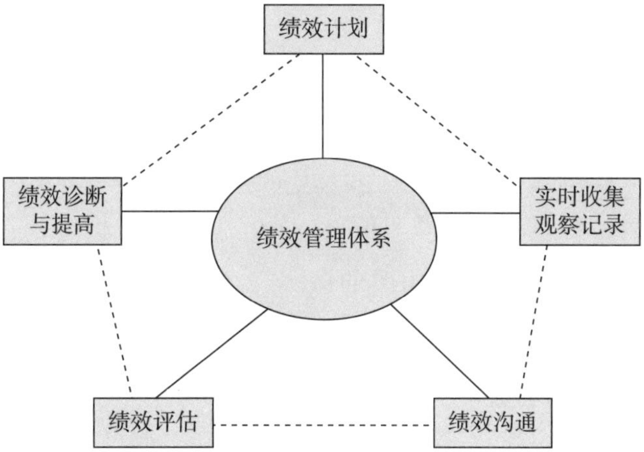

图 11-15　绩效考核管理

资料来源：华恒智信——案例研究中心，百度百科，https://baike.baidu.com/item/%E7%BB%A9%E6%95%88%E8%80%83%E6%A0%B8%E7%AE%A1%E7%90%86/8218250?fr=aladdin。

3.1.2　公司绩效考核采用两级考核方法，由人事行政部组织考核各部门绩效，各部门组织考核本部门员工绩效。

3.1.3　员工绩效考核采用 KPI 考核方式。

① 豆丁网：《管理的范畴》，http://www.docin.com/p-1352944450.html。

3.1.4　部门经理以下人员绩效考核每季度进行一次，部门经理绩效考核每年一次。

3.1.5　绩效管理工作由人事行政部负责，各部门协助执行。

3.1.6　绩效考核结果存入个人档案。

3.1.7　公司绩效考核年度为当年元月一日至十二月三十一日。

3.2　考核范围

3.2.1　公司绩效考核制度适用于公司部门经理（含）以下人员，包括试用期的员工。

3.2.2　在绩效考核期内，有下列行为之一的，取消其绩效考核资格：

a. 有旷工行为的；

b. 事假累计超过（含）5日的；

c. 病假累计超过（含）10日的；

d. 参加公司培训后，经考核，成绩低于70分的；

e. 在工作中出现重大过失的；

f. 提出离职的。

3.2.3　部门经理绩效考核由人事行政部负责组织。

3.2.4　总监以上人员绩效考核由集团公司进行。

3.3　考核方式

3.3.1　各岗位采用KPI绩效考核方式。

3.3.2　KPI绩效考核。

3.3.2.1　关键绩效指标的五个方面及评分权重：

a. 个人素质10%；

b. 工作态度10%；

c. 专业知识10%；

d. 工作能力 20%；

e. 工作业绩 50%。

3.3.2.2　KPI 考核由被考核人部门经理考核、直接主管考核与自我考核组成。各考核人占总分权重如下：部门经理考核 20%；直接主管考核 65%；自我考核 15%。

3.4　考核程序

3.4.1　绩效考核准备：人事行政部准备好各岗位绩效考核表格。

3.4.2　绩效考核开始：各考核人根据表格内容要求给予被考核人相应的评分。

3.4.3　考核评分结束后，人事行政部收集考核表，统计考核分数。

3.4.4　最终考核结果由人事行政部批准后有效。

3.4.5　绩效考核结果生效后，任何人不得改动。

3.5　绩效考核结果划分

员工绩效考核成绩以部门为单位（制造部以班为单位）按 1∶2∶6∶1 的比例分为 A、B、C、D 四个等级。

3.6　绩效考核结果应用

3.6.1　考核结果作为员工绩效奖金发放、培训发展、工作调配、薪酬调整的主要依据。

3.6.2　对绩效考核各等级按以下标准给予绩效奖金奖惩。

A 等：发给被考核人绩效奖金基数的 120%—130%；

B 等：发给被考核人绩效奖金基数的 100%—110%；

C 等：发给被考核人绩效奖金基数的 100%；

D 等：被考核人该考核期内无绩效奖金。

3.6.3　绩效考核员工绩效奖金按如下规定执行：

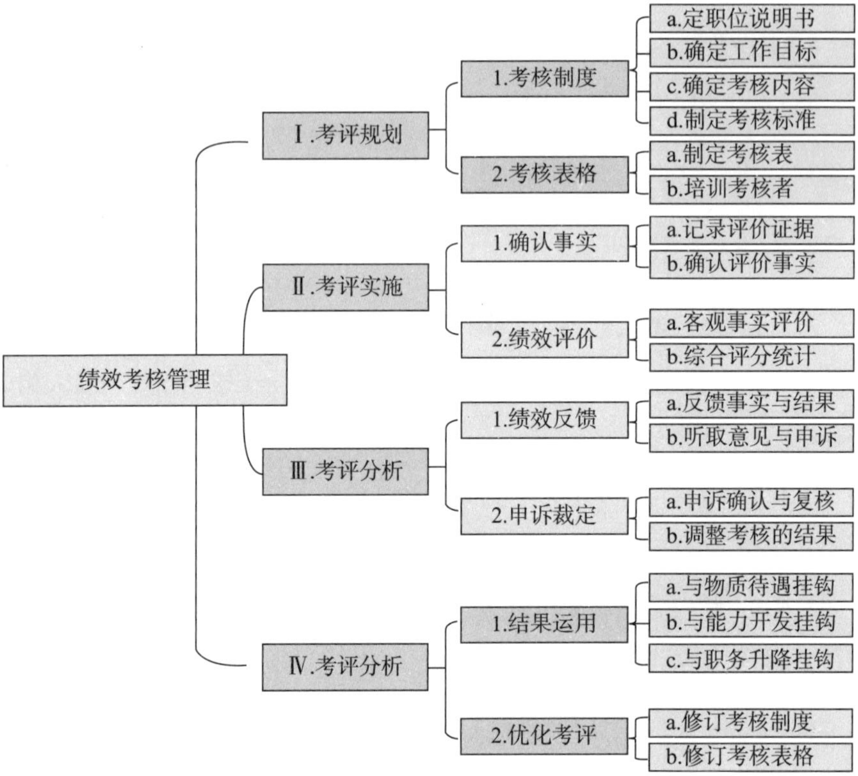

图 11-16 绩效考核管理

资料来源：蔡劲松，百度百科，https://baike.baidu.com/item/%E7%BB%A9%E6%95%88%E8%80%83%E6%A0%B8%E7%AE%A1%E7%90%86/8218250?fr=aladdin。

制造部季度绩效奖金依据季度生产量决定，其他各部门绩效奖金由发货量决定。

3.6.4 培训发展：考核成绩突出者享有公司重点培训学习机会。

3.6.5 工作调配：考核成绩突出者享有公司提供的岗位发展机会。

3.6.6 晋升：考核成绩作为员工晋升的参考依据。

3.6.7 调薪：在一个考核年度内，绩效考核成绩连续三次为 A 等的，岗位工资提高一级。

3.6.8　在一个考核年度内，有两次绩效考核成绩为 D 等的，下岗培训或调岗；有三次考核成绩为 D 等的，公司将予以辞退。

3.7　绩效考核时间

3.7.1　部门经理以下人员绩效考核在下季度首月进行，十五个工作日内结束。

3.7.2　部门经理人员绩效考核在次年首月进行，二十个工作日内结束。

3.8　绩效反馈

3.8.1　绩效反馈不仅是对被考核人公布考核结果，更重要的是给被考核人指出其优点和缺点，并帮助其分析原因，制订绩效改进方案，从而促进员工绩效的提高。

3.8.2　绩效反馈在绩效考核结束后一星期内进行，由被考核人的直接上级安排一对一的面谈，被考核人的个人考核资料对其本人公开。

3.9　绩效考核仲裁

3.9.1　被考核人对绩效考核结果有异议时，可在绩效面谈结束之后的一星期内向人事行政部提出仲裁申请，逾期不予受理。

3.9.2　人事行政部接到被考核人的仲裁申请后，在五个工作日内组织绩效考核仲裁委员会进行仲裁。

3.9.3　绩效考核仲裁委员会是临时机构，由 5 名委员组成，构成如下：

a. 人事行政部经理；

b. 被考核人所在部门经理；

c. 被考核人本部门工作协作人员；

d. 其他部门与被考核人有工作关系的协作人员；

e. 被考核人直接下级或同级别的员工。

3.9.4　绩效考核仲裁委员会在听取双方当事人的陈述、查阅有关记录资料后做出裁决。裁决应在全体委员和当事人在场的情况下宣布。该裁决具有最终效力。

其他

4.1　本制度所规定事项，若需修订时，由公司人事行政部将修订方案报总经理批准。

4.2　本制度解释权属公司人事行政部。

文件实施

自生效之日起开始实施。”①

第六节　战略执行评估与战略检讨

“战略制定，战略实施，战略评估共同构成战略管理的全过程。企业所在的内外部环境的变动性，决定了要保证战略管理过程的顺利实现，必须通过战略评估体系对制定并实施的战略效果进行评价，以便采取相应的完善措施。可见战略评估决定着战略管理的成败。

战略评估概括为战略分析评估、战略选择评估和战略绩效评估三个环

① 百度百科：https://baike.baidu.com/item/%E7%BB%A9%E6%95%88%E8%80%83%E6%A0%B8%E7%AE%A1%E7%90%86/8218250?fr=aladdin。

节。例如，前面讲到的平衡计分卡就是实行战略绩效评估的一种有效手段，它被认为是一种新的战略评估和管理系统。”①

战略执行评估主要是指战略绩效评估。

“战略绩效评估是在战略执行的过程中对战略实施的结果从财务指标、非财务指标进行全面的衡量。它本质上是一种战略控制手段，即通过战略实施成果与战略目标的对比分析，找出偏差并采取措施纠正。”②

“企业战略推进，需要策划系统的方法评价战略制定和执行。及时有效的评估，可使企业长远发展总可保持正确的方向，为企业营运提供经营指引。战略执行评估可发现企业的执行状态，并确保执行成效管理的各项目得到推进。战略执行评估应同时关注内部变化和外部变化，这是企业适应外部环境变化的有效工具。”③ 同时也是提高企业能力的一个系统方案。它是战略执行体系的航向保持。企业通过建立定期的战略执行回顾检讨机制，通过持续的战略检讨，一方面不断动态优化调整战略的适应性和前瞻性，另一方面不断优化战略执行战术及快速解决执行问题，持续推动组织战略执行能力的提升。

一、战略执行评估的一般要点

“战略执行评估包含十个管理细节及要点，分别是：

（1）评估标准：对战略评估的各个项目，设定明确的标准条件，使评估的参照标准客观可信。评估标准应包括量化指标和定性的特征描述两种。评估应涵盖战略管理的每个领域，如资源、环境、执行、战略本

---

① 百度百科：https://baike.baidu.com/item/%E6%88%98%E7%95%A5%E8%AF%84%E4%BC%B0/1489132?fr=aladdin。

② 同上。

③ 个人图书馆：http://www.360doc.com/content/13/0504/01/202378_282810255.shtml

身等。

（2）评估资源投入：执行战略评估需要一定的资源，如人员抽调、资金安排、场所等，必要时，还需外聘专业机构参与评估。对用于战略评估的资源投入，设定必要的使用规则，如外聘机构应考虑相关的成效考核。

（3）评估条件：考虑到战略规划的长周期特点，企业还应为临时的战略评估设定评估条件。临时战略评估是企业战略适应内部、外部环境变化的途径。内部如产品结构变化、人才队伍建设、经营方式变化等，外部如遭遇自然灾害、行业性营运危机、政策法律环境巨变、产业链其他因素发生突变等，执行状态也可作为条件。

（4）评估流程：战略评估无论何种情况下实施，都应按规定的流程完成，包括现象评判、信息收集、分析评价、决策、修正或调整、再执行等。评估流程应经过审批确认方可执行，包括工具、方法、要求等。

（5）决策权限：企业战略管理涉及高层面的决策活动，但各层级在执行和反馈方面应拥有更大自主权。所以，为有效管理应对决策权限进行分级设置，使各层级人员有效履行责任。决策范围包括资源调度、事项判断等。

（6）评估节点：战略执行评估应分不同层级进行，涉及整个战略规划的评估，各职能部门执行状态的评估等。为此应设定必要的评估节点，如时间、条件、阶段或特定事件等。节点的设定应明确具体，相关人员都了解。

（7）信息管理：为有效执行战略评估，应对各类信息妥善管理。涉及战略推进的信息和数据，应做出收集、处理和统计分析规定。信息管理应包括内部运营信息，和外部各类宏观、微观信息。信息管理应明确责任。

（8）评估输入：每项规定的战略评估行动，都应规定该评估需要的信息输入。输入信息和具体项目的确定，可在日常进行收集和汇总管理。具体评估行动开始时，应对输入信息进行审核确认，确保数据/信息的可靠性。

（9）评估后决策：战略评估后，需要对当前状态、后续措施进行评价和决策，包括修正战略、调整措施和资源、修订指标、停止或重订战略、战略执行评价等。决策后应提出后续执行要求，并按展开流程重新推动。

（10）评估后反馈：战略评估后的另外一项行动是给出反馈。对当前执行状态的评价，应在企业相关部门和岗位进行沟通。并要求各部门和岗位，对评估后新措施的执行提供反馈信息，以判断评估决策的正确性。”①

二、战略执行评估的关键点：人员胜任能力评估

经过多年的实践，我们感觉到在整个战略执行过程中，人是最关键的因素，在评估要素中，对人员的胜任能力评估也是执行评估中的重点，所以在这一节单独列出。关于胜任能力评估，有很多学者进行了深入的研究，我在这里借用华恒智信的一个胜任力模型，大家可以利用这个模型，结合绩效考核的结果，输出一个适用于自己企业的胜任力评估模式。参见图 11-17。

三、战略执行评估的目的：纠偏改进系统

战略执行评估的目的就是时时考量企业战略以及整个执行系统，是否还在原轨道运行，通过差距分析，找到问题的根源，形成新的解决方案与行动计划。推进战略复盘、经营分析会的执行的迭代。

这里面需要重点分析的项目有：绩效评估；组织能力评估；人员能力评估；组织制度评估；组织文化评估；组织流程评估。从而改进整个组织系统和执行系统。

---

① 个人图书馆：http://www.360doc.com/content/13/0504/01/202378_ 282810255.shtml。

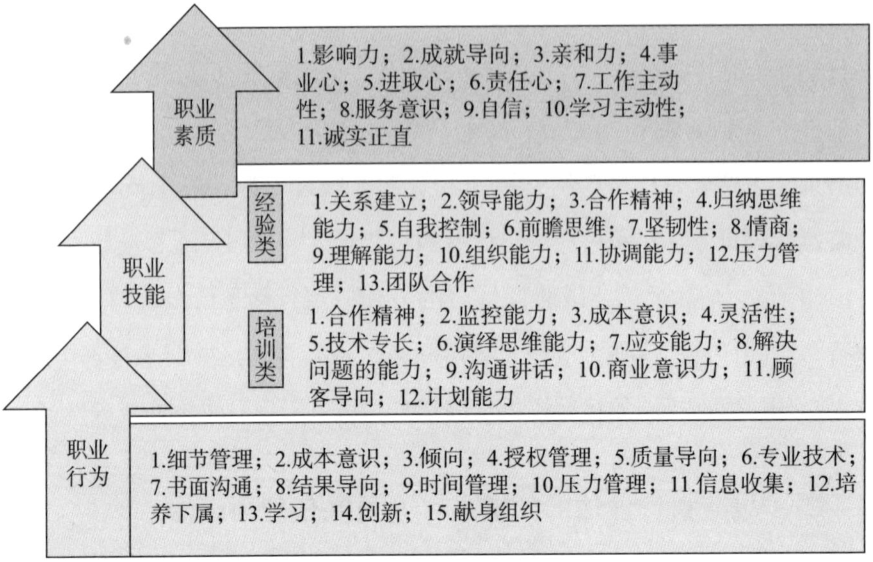

图 11-17 人员胜任能力评估

资料来源：华恒智信——案例研究中心。

四、战略执行力的强化：激励与奖惩

为确保从战略到执行的有效性，激励奖惩系统一直是贯穿始终的。基于人性与分享的理念，从匹配的薪酬设计、到过程的绩效奖金、到中长期的股权激励等都要进行良好的设计，确保战略执行落地。

因此，要强化战略执行力，我们不但要坚决执行既定的激励与奖惩方案，还要评估完善原有的方案。

小结：

战略执行落地的关键环节：

完美的战略设计、完美的执行六大系统，却不能100%保证战略执行落地的效果。问题的关键偏差在哪里？

在执行的过程中目标会变化、人员有惰性、企业的资源有限！如何及时纠偏、在漫长的战略执行周期内确保不跑偏？有三个关键词始终要牢记：“目标”、“路径”、“资源”。

目标是确保战略不跑偏的指南针。无论过程如何复杂艰难，都不能忘记初衷！我们的目标是什么？我们要去哪里？

如何更加有效地达成目标？即实现目标的路径依赖问题。就像去北京，乘飞机、坐火车甚至走路都可以去，最有效的达成目标的路径选择是乘飞机。我们一定要在目标的达成过程中，通过“时间的玫瑰”，寻找达成目标的最佳执行路径，反复论证，单点突破，全面推广执行。

企业的资源不管是人还是财物都是有限的，如何在有限的预算范围内达成组织的目标？要进行资源的设计、如组织的效率问题，推进组织重构设计，人员的问题推动人员活力盘点，激励的问题推动合伙人机制等，在有限的资源下有效达成战略目标。

“目标、路径、资源”，是战略执行落地的法宝。理解、实践，你会找到属于你自己的“沙漠之花”。

五、战略执行：要结果更要过程

每次与企业家交流，听到的最多的话是“我只要结果”。可是，没有优秀的过程执行，哪里来的完美的结果？要结果更要过程。战略执行落地，为效果买单。

通过战略执行复盘，推动差距分析、形成关闭差距的行动计划，推动战略目标达成的迭代，如图 11-18。

通过经营分析会，推动战略执行落地、形成达成目标的关键举措行动计划，推动战略目标达成的迭代，如图 11-19。

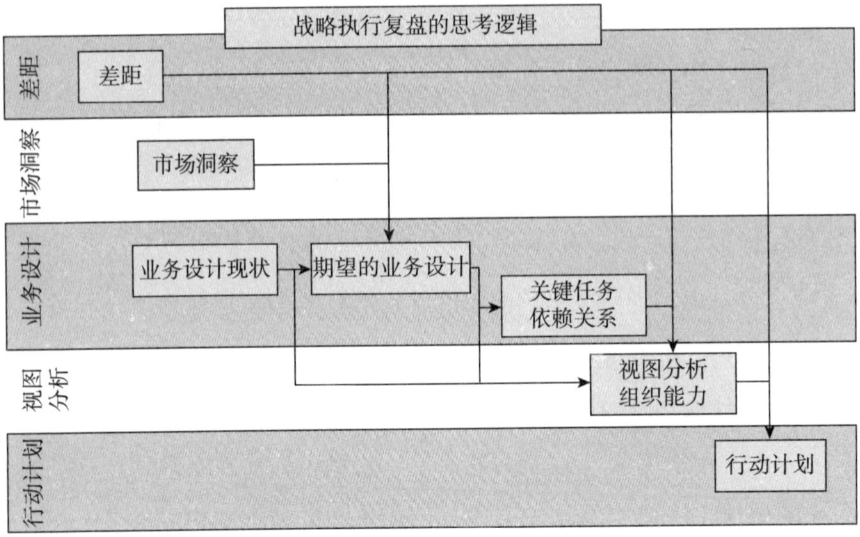

图 11-18　战略执行复盘的思考逻辑

会议目的：

· 检核和校准季度绩效目标及关键任务达成情况，结果和过程管理并重，找到关闭目标差距的措施，持续落实到人

主持：管理中心 参加人员：总裁、管理层、管理中心、财务、人力	时间：4月10日，7月10日，10月10日，1月10日 地点：指定会议室

会前准备：　　　　　　　　　　　　　　　提前时间（工作日）

· 提前沟通会议目标，确定重点，审定会议内容　　　　　3天

· 参加人：集团总裁、事业部总裁、事业部管理层、管理中心、财务、人力

· 注：会议准备资料提交时间为当月的8日中午12：00前

会中议程：

议题：

1.目标预算完成报告（财务、人力、管理中心准备）

· 财务：业绩预算目标完成差异分析

· 人力：从经营人的角度进行差异分析

· 管理中心：从关键任务聚焦差异分析

2.关闭差距的行动计划（事业部总裁）

· 业务单元/事业部从自身角度提出关闭差距的行动方案及所需协同的资源

3.集团领导意见：改进建议、资源调配决议、风险防范建议

会后：

· 本次会议达成的决议汇总、备案（管理中心）

· 决议跟踪

图 11-19　经营分析会

通过组织绩效的提升改进项目，推动项目执行落地与绩效改进，以项目管理机制驱动战略目标的达成迭代。

通过以上系列举措，推动战略执行落地的过程迭代、达成结果。要结果更要过程，战略执行落地，为效果买单。

战略执行是一个系统工程，是一个闭环体系。企业只有系统性地构建战略执行落地闭环系统，配套战略执行的组织与人员，才能有效地推进战略目标达成，成就生生不息的常青企业！

第十二章　战略执行力的背后：组织制度、机制与文化

先讲一个“鹦鹉”的小故事：

一个人去买鹦鹉，看到一只鹦鹉前标着：此鹦鹉会说两门语言，售价二百元。另一只鹦鹉前则标着：此鹦鹉会说四门语言，售价四百元。

该买哪只呢？两只都毛色光鲜，非常灵活可爱。这人转呀转，拿不定主意。结果忽然发现一只老掉了牙的鹦鹉，它的毛色暗淡散乱，标价却是八百元。

这人赶紧将老板叫来：“这只鹦鹉是不是会说八门语言？”

店主说：“不。”

这人就奇怪了：“那为什么这只鹦鹉又老又丑，又没有能力，会值这个价呢？”

店主回答：“因为另外两只鹦鹉管这只鹦鹉叫老板。”

故事心得：老板或领导者并不是需要在各方面都具有超凡能力的人，他的价值在于把握方向和人员选用，在于造“钟”，在于塑造组织的制度、机制与文化。就像刘邦一样，决胜千里，他不如子房；两军作战，他不如

韩信；管理后勤，他不如萧何。可是他知道怎么用这三个人。

一个企业的执行力是由企业的执行力文化决定的，而一个企业的文化，是由这个组织的制度文化、机制文化及整个组织价值体系决定的。所以，要真正解决一个企业的执行力，一定要看到执行力背后的因素，那就是组织的制度、机制与文化。这三个因素支撑了企业的凝聚力、组织力、执行力。所以，这一章将深入探讨执行力背后的玄机。

第一节　执行力之源——组织凝聚力

我们先讲凝聚力。组织是领导力之源，领导力是执行力之源，凝聚力是领导力之源，所以凝聚力也就是执行力之源了。

再讲凝聚力，一个领导者凭什么让人跟你走，让人跟你走的首要能力是要解决凝聚力问题。任何团队、企业、组织、政党、民族、国家，都是如此，首要的是凝聚力。

特别在中国。因为中国最难办的事就是团队做事。一个中国人是条龙，三个中国人在一起就是一条虫。这是近代中国的国民性。中国长期以来一盘散沙，所以，中国近代多灾多难，多灾多难的问题出在哪里，出在散，一盘散沙，所以，别人欺负你。有的人说中国的问题出在穷，我看不是。中国的问题出在散。

鸦片战争前中国是很富有的，1820 年，中国的 GDP 占世界的三分之一，是全球最富有的国家之一。当时美国的 GDP 才约占全世界的 1%。

1894年，甲午海战时，中国的GDP还是日本的4倍，还是世界最富的国家之一。但在甲午海战中日本打败了中国，中国赔给日本两亿三千万两白银。伊藤博文就靠这笔钱，创建了日本的工业系统。日本从此崛起。所以，中国的问题根本不是穷，是散。

中国一直没完全解决“散”这个事，那日本是怎样的呢？日本战败了，蒋介石派人去南京受降，郑洞国将军在南京看到的情况是日本人在维持秩序，“站好了，站好了，排好队，我们来投降了。”这就是日本人，战败了，要投降了，还有责任感。美国将日本东京炸成了一片废区，但东京秩序井然，风平浪静，老百姓该干吗干吗。

所以，当时国民党去东京的官员，面对此情此景，就说，这个民族过不了二三十年又会崛起。果不其然，20年后，日本再次崛起。迅速成为世界第二大经济体。

毛主席一辈子抓的是这个组织的凝聚力。这个组织的战略牵引力。这个组织的意义。

在全面抗战中，主席没有指挥过任何一场战斗。在延安窑洞里写文章，包括治党的，治军的，甚至上升到哲学层面，共产党的未来，愿景，矛盾论、实践论。

他所做的这些工作是什么，是在为组织赋予意义。说书面一点，就是组织的使命、组织的愿景。这才是领袖该做的事，这才是领袖风范。整天穿着军装，背着枪，到处跑，最多是个业务经理，是个大将军，不是领袖、领导。

所以，接下来，我讲组织凝聚力的灵魂——为你的组织赋予意义。

第二节　组织的灵魂——为你的组织赋予意义

前文讲了凝聚力的重要性。那么怎么才能修炼出组织的凝聚力呢？接下来就讲，怎么为你的组织赋予意义，这是组织凝聚力的灵魂。

领导力就是让人跟你走的能力。

秋收起义后，到达三湾时，毛主席身边剩下区区不到800人。在这样的情况下，毛泽东还能让这800人跟着他走，这就是领导凝聚力。

中国历史上有过很多农民起义，他们失败后都散掉了。只有毛泽东领导的这支部队愈挫愈勇，直到最后打败强大的国民党军队，建立中华人民共和国。

是组织的凝聚力，无论在什么时候，他都能将一帮人凝聚在一起。为什么能凝聚到一起，因为他能告诉人们到哪里去。

管理大师德鲁克说："如果要用一句话给领导力下定义的话，那领导力就是能够引领众人去他们从未去过的地方的能力。"这是什么能力，这是战略引领力。

中国革命曾学苏联在中心城市暴动起义，但行不通，毛主席就清晰地告诉大家，到农村去，以农村包围城市，在第五次反围剿失败后，毛主席清晰地告诉大家，要去陕北建立根据地。这就是战略的能力，因为只有战略才能指引方向。

但是，这还不够，你还得告诉人们，去那里有没有意义。当领导的一定要有一种本事，为你的组织灌输一种宏大感。你得让你的下属干活干得很有意义，不能让他觉得渺小，赋予工作一种意义，这是领导很重要的责任。

我哥哥有个小孩，高考填报志愿，他要选特殊教育这个专业，就是聋哑教育，他爸妈都不同意，要我给做做工作，我问侄子怎么回事，他说小叔，您不知道，残疾人是为了我们的痛苦才忍受痛苦的，人类的残疾人是有比例的，他们得了这个病，我们才不得的，所以我要去帮助他们。我问，这道理是谁告诉你的，他说是他们校长，这话把他给感动了，所以，他才选了这个专业，还认定了要干这件事。听这事的时候，我在想另外一件事，就是这个校长能成为一个杰出的领导者。领导者就是要有一种本事，为你的组织赋予一种意义，为你的组织灌输一种宏大感。

我到一个保险公司讲课，这个保险公司将保险业包装成什么，他说保险是天下三大最伟大的事业之一。哪三大，当医生、当老师，还有呢？卖保险。

他解释卖保险的意义是什么呢，他说是卖给人一种未来。人没有未来多可怕。是不是，人不都是为未来而活吗？

我在琢磨宗教为什么源远流长，宗教能给人一种意义。为什么社会底层更容易信宗教，越是社会底层，越易信宗教。

为什么？如果我们跟蚂蚁似的，跟草一样，就白来人间一趟了。加入宗教后就找到了意义，没有白来。佛教有精致的体系，解释我来这个世上干什么。这两年，宗教在国内扩展很快，特别在农村，发展更快。为什么，因为人总在寻找意义，人总在询问我活着干什么。

在西方，社会专门有个组织，在解决人为什么活着的问题。那就是宗教，人们周末都去教堂了。

中国靠什么？中国怎么解决这个问题？中国人的精神家园在哪里？

中国历朝历代的政府都重视什么？重视意识形态！

意识形态是什么？是人们行为的解释系统。解释什么有意义，什么没有意义。什么叫有价值，什么叫没有价值。这是意识形态的功能。中国历朝历代政府都重视这个。

那么，企业的价值解释系统得由谁来做？得我们的领导自己来建立。

企业价值的解释系统谁来提供，什么部门来提供，文化部门？主要是领导自己，中国企业文化主要是企业领导者的文化，是你一步一个脚印走出来的，你得提供这个解释系统，这就是你的企业文化。

当前的中国企业为什么会出现“文化无用”的现象，因为你根本就不知道什么叫企业文化，企业文化就是企业价值、员工价值的解释系统。人得活得有价值，有意义。

现在，中国的民营企业都面临交班，第二代人开始接班，第二代人的优势是懂得塑造企业价值解释系统。

前段时间，我看了一篇文章，是浙江方太厨具的第二代掌门人茅忠群写的，写他怎么站在父辈的肩膀上，把企业推向前进。

他说，上一代人做企业，是为了脱贫做企业，他父辈那辈为了脱贫做企业，他们的价值解释系统主要在脱贫，这一代人做企业如果还是那样的价值解释系统，肯定会有问题。

脱贫了，做企业干什么，为什么还要做企业，他要解决这个问题。所以跑到美国去读EMBA，考察了很多美国的著名企业，他说人家都有一种超经济的价值观、超经济的诉求。

企业是个经济组织，但你要有超经济的诉求吗？这听起来，悖论，就是矛盾，但企业真正长胜的秘诀就在这里。

纯经济组织是很难长久活下来的，纯经济组织命都很短，要有一种超经济的诉求，它就活得长。这讲得很深刻。

茅忠群讲，他父辈们为了脱贫做企业，挣钱就能提供强大动力，我们这一代，必须要有超经济的价值诉求，这企业才能做得好。

其实，中国古人都对企业有过深远的解释：一个叫作买卖，一个叫作生意，生意生意，什么叫生意，叫寻找生活的意义。

所以，我经常给企业家讲，要做生意人，不要做买卖人，做买卖做不长，做生意做得长。超越挣钱，寻找挣钱背后的意义才能做长。

改革开放多年，找到生活意义的企业活下来了。找不到意义的企业，早就死了。纯粹为了做多大，挣多少钱的企业，早就死了。

十年前，我写了一本书，叫《境界：企业经营的至高之道》，书中研究了上百家百年老店，百年老店，它们都有超经济的诉求。

同仁堂把什么放在第一位？救死扶伤，尊重生命。福特追求为社会立“功”。强生公司以“减轻病痛”为目标。

做企业不能不挣钱，不挣钱，一天都活不了，但挣钱不是目的，挣钱是为了做有意义的事情。

这可不能颠倒，一颠倒，准完蛋。

三鹿奶粉，颠倒了，马上完蛋。做奶粉的目的，是为了人类的健康，一旦变为只为挣钱，立马完蛋。刘汉、袁宝璟、周正毅等都曾是中国的富豪，一旦只为钱，就会有危险。

只为经济，做不出好东西。上次在北京，几个朋友聊天，说北京的十大经典建筑，全是毛泽东时代创造的，人民大会堂、历史博物馆、农业展览馆、钓鱼台国宾馆、民族文化宫、北京工人体育场、北京站、中国军事博物馆……按理说，改革开放多年，国家的钱比以前多多了，但为什么就造不出经典建筑呢？你看北京的西客站，设计差，质量差，功能更差。前些年，我送一个朋友去西客站，深深体会了它的设计之差，我把车停在南面广场，从广场到候车室要走半个小时。走错了，更不得了。清华大学一帮教授讲，西客站是我们这一代人的耻辱。

所以，用心去做，做出来的东西不一样，只为经济，做不出好东西。

人家讲，做企业的，做事业的，要有宗教家的情感，要有一种超经济的情感。

管理学有个经典的例子，讲三个人在砌墙，三个人干的活一模一样，问 A 在干什么，他说我在砌墙。问 B 在干什么，他说我在建教堂。问 C 在干什么，他说我在跟上帝沟通。这三个人干的活一模一样，但他们的工作积极性，工作质量一定不一样。

A 工作积极性最难长久，B 稍微好点，尽管活干得没劲，但东西盖起来，挺好。C 工作积极性最持久，更不计报酬，我每砌一块砖，就跟上帝聊会儿天。那多享受、多悠闲。我不是在砌墙，我是在跟上帝聊天。

不同领导，你手下人干活的意义就不一样，优秀的企业和平庸的企业区别就在这里。优秀的企业，他们干的每一件事都充满了意义。

平庸的企业所干的每一件事都很无聊，因为，他没有为事情赋予意义。事情本身没有意义，都是人赋予的。在当今的中国社会，要当好领导，你必须学会赋予事情以意义。

在西方当领导，只要教会手下怎么做事就行了。在中国当领导，还要教会手下怎么做人。柳传志讲，他一半是师傅，教手下做事，一半是牧师，教手下做人。所以，中国第一代成功的企业家都有牧师特征。因此，在中国选企业领导，也一定要选有牧师特征的人。因为他们除了管事，还要管理组织的价值观。

在中国学管理，要向军队学管理。在中国 500 强的这些老板中间，有近 300 位老板是军人出身，任正非、柳传志、张瑞敏、王石等等，他们都是军人出身。这些人有很高的学历吗？有很专业的知识背景或行业经验吗？也没有。那么请问这些人是如何成功的呢？

我们不要忘了他们身上那种军人的个性，军人的气质，军人的做事风格，军人做事的习惯。他们在军队几年，所学到的那一套军队管理的思维模式和行为模式，他们在军队养成的那种神圣的使命感、责任感，将会带着他们走向一切。

所以，我呼吁企业家们重建企业意义系统。为你的组织赋予意义，是组织凝聚力的第一个条件。这是组织凝聚力的灵魂。

第三节　组织活力——机制——如何捆绑团队

前文我们讲了组织的精神层面，下面我们看物质层面毛泽东是如何做的。

中国人民解放军在建立之初，就经历了极大的挫折。南昌起义后，朱德率领部队于 1928 年到达井冈山与毛泽东会师的时候，两万多人的起义部队，仅剩下约 800 人。

1934 年，在第五次反围剿失败后，红军被迫长征。1935 年到达陕北时，8.6 万人的红军，剩下不到 6000 人，但是，这支队伍没有散掉，是什么力量使得这个组织重创不死，危而不散呢？

如此强大的力量，是来自于条件好吗？

条件好指社会资源和资金。当时它有社会资源吗？它有资金吗？那它还是来自于装备好吗？还是人才多？它的人90%以上是农民。

这个组织除了发展空间大之外，其他的没有任何条件。正因为这个组织没有任何条件，所以，它支出的成本近乎于零。管理成本几乎为零，而管理效率极高，管理效益极大。

我想，我们企业同人一定看过，现代企业管理第一位大师彼得·德鲁克，他写的第一本书，叫作《卓有成效的管理者》。这里面有一个核心的观点，就是企业只做两件事情，一件事情是对内管理，一件事情是对外运营。它的核心观点是，企业的管理只能对内。企业的所有管理，几乎都是自我管理，而运营只能对外。

《黄海战略》共四部分，前三部分，共9章，都讲的是对外，最后三章，讲执行力，是对内。

如果我们把企业的对外运营剔除出去，那么你就发现，企业管理的最核心要义或者本质，其实就是成本。所以，什么样的管理，能把成本降低，甚至成本为零，就是最好的管理。这个组织如何做到管理成本几乎是零？

当管理成本几乎是零，而从来都不缺人，从来都不缺前赴后继的追随者，从来都致人而不致于人，从来都有坚定的目标，通过22年，达成了自己伟大的目标，那它的管理的智慧经验要义是哪些？

我想伟大的中国人民解放军前后4000多万人，很多人名我们可以记不住，但有三个人，没有人敢忘记。那就是这个组织的缔造者毛泽东、周恩来和朱德。而这三位领导人，先做的是整个组织的顶层设计。

这个顶层设计有两个最核心的点：一是意义塑造系统；二是经营系统。意义塑造系统的核心点前文我们已经讲了个大概。经营系统是靠土改。

孙中山闹革命，经济上靠什么，靠秘密会党，靠华侨捐款，他本身是资产阶级革命。

蒋介石靠什么，靠税收。到蒋介石掌权时，他已经是执政党了。

毛泽东靠什么，他什么也没有，他是为贫苦人革命，只有土改。

所以，是毛泽东找到了一种机制，把大家弄成了利益的共同体。我们是替自己打仗，不是替别人打仗。怎么弄成利益共同体呢？那就是分田地。毛泽东怎么会想到分田地呢？

毛泽东在井冈山的时候，主要精力就在调研土地问题。共产党的土地计划，土地政策就是在井冈山时制定的。为什么要分田地，分了田地，我们才有长远打算；分了田地，他不会过一天算一天；分了田地，农民就会说军队是我们自己的军队；分了田地，我们就要军队来保护我们。分田地就有点像企业里面的股份制改造。分了田地，我们的利益就绑在一起了。

所以，共产党对分田地情有独钟。到延安时，重要工作就是分田地，到西柏坡时，就策划全国分田地。

蒋介石跑到台湾后，痛定思痛，后悔在大陆时没重视土地问题。他到台湾第一件事就是学共产党分田地。

为什么蒋介石不动土地，就被撵走呢？当时，中国的现实是，大部分农民失去土地，失去土地，农民跟政权就没有关系，巴不得政权垮台。所以，国民党自己制造了与老百姓的疏离感。跟组织疏远是离心离德。

红军没工资，为什么还能招到兵？国民党有酒有肉有工资，为什么还招不到兵，还要靠抓壮丁？因为人们感到和国民党没关系。而共产党通过土地改革，创造了一体感，打倒了国民党。

解放战争初期，一个美国记者问毛泽东，你能打得过国民党吗？当时两边军事力量相差太大了。毛泽东没有直接回答他，而是说，关键看土改能否搞好，我们要把土改搞好了，我们一定能打败国民党。这很深刻。这用在企业，就是机制，就是政策。

蒙哥马利将军曾问过杜聿明，说，淮海战役你怎么打的，80 万人打不过共产党 60 万人。杜聿明说，你不了解当时的情况，共军打的是人民战争，长期民工 200 万，短期民工超过 500 万。国民党军的 80 万，有一半要来搞后勤，怎么打，实际上当时双方实力是相反的，是八比一。

如果了解党史就会知道，解放军是长期不用专门的后勤的。所以，共产党打仗一定要借助一个根据地。就是离开了，也是短暂的，要跟老百姓在一起。他们没有后勤，老百姓就是他们的后勤。解放军的后勤系统是抗美援朝时期才建立起来的。

所以，怎么创造一体感，这是企业最核心的问题。企业本质上是利益性的组织。企业组织中的人是为利益走到一起的。怎么处理利益关系是最核心的问题。

所以，古人讲得好，财聚则人散，财散则人聚。你把利益拿出来，人心就聚起来了。你把利益都拿走了，人心就散了。做人如此，做事如此。抠抠搜搜没有朋友，仗义疏财有朋友。你看，柳传志、任正非、马云、王石，这些一流的企业领导在这方面，都处理得很好，

任正非创造了华为，他的股份只占两个百分点，柳传志创造了联想，他的股份才 3.4%，马云在阿里巴巴的股份也不足 7%，王石在万科的股份 1%都不到。他们自己的股份都很少，所以他们能把企业做大，这就是财聚人散，财散人聚。我们去研究很多做了几十年的中小企业，很多老板都是百分之七八十以上的股份，100%占股的也是大有人在，这样的企业，根本就是不懂组织的企业，更不用说组织活力建设了。

所以，我认为做企业就是组织和人，规则和文化，利益和思想的问题，明白这些，就是明道，明了道，取势、优术就不是难题了。

第四节　将战略执行建成企业战略的核心竞争力

前面三节讲的是执行力背后是组织的文化、组织的机制，组织文化和机制一般解决了企业的动力结构。即我们为什么要这么拼命干。但还没解决如何干，怎么干，这就是一个企业的能力系统。在第十一章，我们主要介绍了战略执行整个系统的方法。但是，没有从理论上解释为什么要这么做，这一节我们就讲为什么要这么做，这么做是为了将战略执行建成企业战略的核心竞争力。

《黄海战略》的基本命题是创造不平等竞争力的策略，这个命题将从动力、能力、方法论三个要素来建立，执行力系统也一样，是由这三个要素建立的。这三个要素是相辅相成、缺一不可的。在此基础之上，实施企业家转型、管理体系转型、企业文化转型。将战略执行建成企业核心竞争力的一部分。

对企业执行力管理这部分，我曾经研究了很长时间，还在十多年前我写作管理哲学《境界：企业经营的至高之道》时，就已经研究得很深入了。当时我对两个现象进行了重点研究。一是美国西点军校和哈佛商学院的对比研究，二是中国军人企业家和其他企业家的对比研究，从这两方面，得出的结论是执行力要学军队执行力管理。其核心就是军队的制度文化。

西点军校是美国一所专业培养军人的军校，只有本科生，完全不符合国际上“研究型精英大学”的标准，也没有深奥的学术课程，没有明星教授，所以在以前的美国大学评比评选活动中，一百多年来，一直没有西点军校的名字。

直到21世纪初，几次研究报告震惊了全球的教育界，据统计，近百年来，西点军校培养出了全世界最多的管理人才，培养最多的商界政界的精英和总裁，在21世纪的美国高端及管理精英中，西点军校毕业的学生往往比哈佛、耶鲁、芝加哥、哥伦比亚这些一流大学毕业的学生更具有良好的管理能力。建校100多年来，共培养了两位美国总统，3700多位将军。在世界500强企业中，1000多位董事长、2000多位副董事长，5000多位总经理毕业于西点军校。当然，军事人才我们不用比了，但它培养出的商业人才，即董事长、副董事长、总裁这一级的人才，是哈佛商学院的1.7倍。

在中国目前的500强的老板中，有近300位是军人出身的。联想、华为、万科、海尔、杉杉、宅急送、华润、华远、凤凰卫视等等中国最优秀的企业皆由退伍军人创建；柳传志、任正非、王石、张瑞敏、郑永刚、陈平、宁高宁、任志强、刘长乐等等，这些最优秀的企业家都曾是普通一兵。

企业的发展亦如此：制定适合企业发展的战略固然重要，但缺少有效的管理和执行，这一切将变成纸上谈兵。据国家工商部门发布的数据，目前我国有1030万家中小企业。业内人士表示，5年内中小企业的死亡率高达90%以上。无数企业的实践证明，高效就是企业的生命，没有强有力的执行力，企业就没有竞争力。

所以这一章，我就将我的企业执行力系统思想整体介绍给大家。

为什么我们的战略无法执行？为什么那么多的执行障碍无法逾越？为什么你做管理像保姆、救火队长？为什么有那么多琐事要等着你亲自去做？为什么你总是为同样的问题一再出现而烦恼？为什么企业制度千条万条却无法真正执行？为什么我们每天都在研究制度的好与坏，却从没想过执行制度背后隐藏的危机？为什么能人、功臣、元老总是你心头的刺？到底如何“处置”他们、激发他们？为什么你阅人无数、“火眼金睛”却永远选不准执行人？为什么一个能人的离开会导致整个部门的彻底瘫痪？为什么你也在企业里设置了奖罚机制却始终看不到激励效果？为什么你的员工没有诚信、谎话借口满天飞、不愿服从？为什么每每都是你将任务层层分解却永远得不到员工发自内心承诺达成既定目标？员工为什么“事不关己、高高挂起”甚至出现问题互相推诿？员工为什么不懂责任的承担和自我能力的提升以及利益的获得成正比？员工为什么有天天上班盼下班、做一天和尚撞一天钟的心态？员工为什么不懂有成果就有报酬、无成果是耻辱？你是否发现，公司有 N 批订单就是在员工的不负责任、敷衍了事、不经意间流失？

军队执行力是一套最实用、最有效、最有突破性的管理模式，一套被联想、海尔、华为、万科、万达等企业实践证明高效的管理系统，今天，我们在学习黄海战略执行力时顺便介绍给大家，希望对你的企业在管理模式上产生巨大的、积极的转变。只要你按照步骤逐步落实，无论是年度战略规划的实施，还是小小项目的推进，都能够达到你所期望的结果！

如果能达到这种结果，那么，我们的黄海战略就不仅仅在战略思维上为大家提供了创造竞争力的优势。我们在执行力思维方面也为大家创造了优势——即将执行力建成企业的核心竞争力的一部分。

第五节　将战略执行建成系统执行力

西点军校成功的秘诀就在于其独特的管理模式和强有力的执行力训练。因此，学习执行力，我们当然得向军队学习，特别是向中国人民解放军学习执行力。经过多年的管理研究，我将解放军卓有成效的执行力管理整理成两大系统。第一个系统是执行力管理系统，如图 12-1。

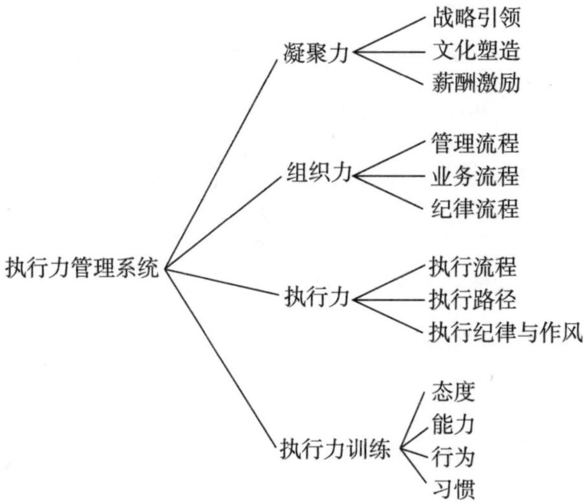

图 12-1　执行力管理系统

有了图 12-1 的管理框架，我们就能将一个普通的企业打造成优秀的企业。但要将一个优秀的企业打造成一个卓越的企业，还要依靠另外一个系统，即高效能执行力习惯训练系统。我们只有将军队执行力工作方式变为企业每一个员工的习惯，这个企业才是真正高效的、卓越的。如图12-2。

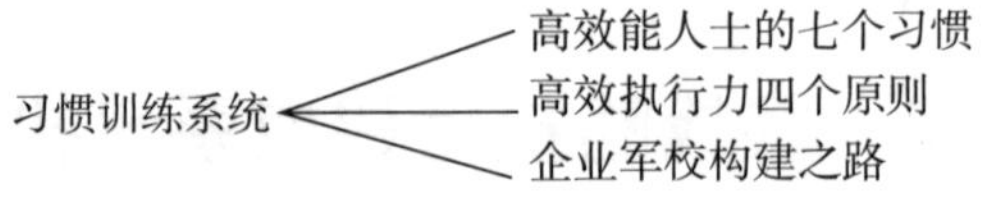

图 12-2　习惯训练系统

当然，在这本《黄海战略》里，我们不可能全面、系统、详细地讲解执行力，但我们必须明白，管理的很多问题必须要置于系统中才能解决，任何抽离一部分来谈管理之道，都不可能找到解决问题的根本之道。

春秋战国时期有个名医扁鹊的故事很能说明这个道理。企业也一样，企业是一个生命体，就像一个人，所以我从来不做头痛医头、脚痛医脚的课程。既然讲执行力，我就将整个企业与执行力相关的系统呈现给大家，你们如果能很好地消化和运用这个系统，你们一定能打造出卓越的企业。

仍然从毛主席打造组织凝聚力延伸开讲。毛主席还确立了组织的文化，用组织的文化塑造人、约束人、规范人、引领人。还有这个组织的薪酬绩效。那时的薪酬绩效是什么？打土豪，分田地，期权。所以，毛主席一辈子抓的是这个组织的凝聚力。

毛主席干的第二件事情就是办学校，办了抗日军政大学。这所学校培养的人，实际比黄埔军校培养的人多得多。黄埔军校总共培养了 36 万人，而抗日军政大学培养了 45 万人。而这 45 万对 36 万，最后的结果，各位都知道，谁胜谁败。

毛泽东自己亲自兼任教育委员会主席，经常跑到抗日军政大学去上课。他是去培养人才，但当抗日战争结束之后，国共开始内战的时候，他从窑洞里走出来时，发现这万人已经变成了接近 400 万人，因为正规军

128 万，民兵 232 万，总共接近 400 万人。曾经的一个小连长，带着一个团过来，曾经的一个小团长，可以带一个师过来，甚至可以带一个军。但他打仗了吗？没有。那他干什么？抓整个组织建设，抓整个组织的凝聚力、灵魂、方向、认识论、哲学，抓整个人才队伍的建设。

所以，归结起来，中国人民解放军不败的灵魂、精髓，是它的顶层设计，而这顶层设计的要义是凝聚力、组织力、执行力三个命题。这三个能力的修炼也应该是企业家及团队修炼的核心。

用军魂凝聚团队，用组织管控团队，用机制成就团队，用作风全面执行。现在的企业可以借鉴这样的顶层设计，打造卓越的管理团队。

结束语：最后的感悟

书写到这里，基本写完，我们再回到黄海战略地图，整个黄海战略就是修炼 EBIRM 模型图。

将图 3-2 按战略管理的顺序与路径展开，就成了下图。

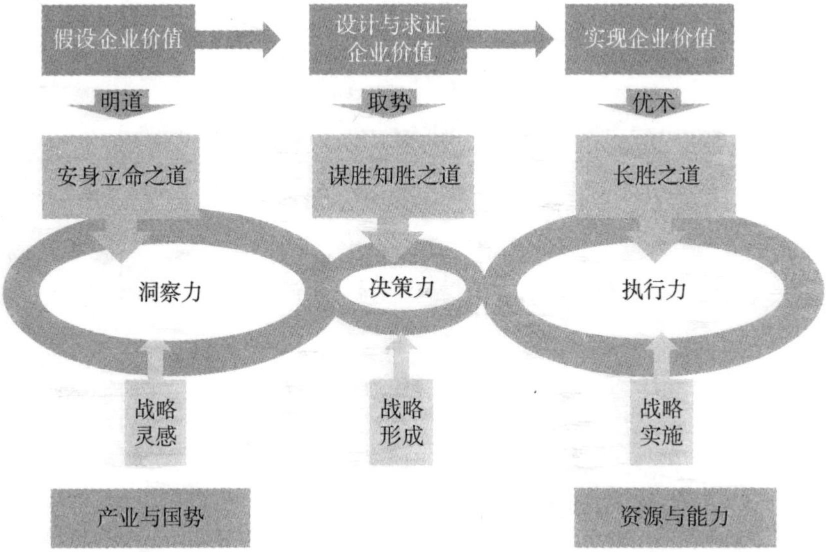

黄海四道战略系统模型图

不管你是企业家、职业经理人或是咨询顾问，当我们谈到一个企业战略的时候，你的大脑中能清晰地呈现出这么两幅图么？

人生是一种修炼，企业也是一种修炼，所不同的是人生修炼的方式多种多样，可以像道家那样，找个奇山异水、远离尘嚣的地方，日出而作，日息而归，阴阳寒暑，春花秋月，与四时合序，与日月共辉，与天地同寿；也可以像佛教那样，时而出世，时而入世，出世则度脱自己，入世则度脱他人。而企业修炼只有华山一条路，那就是只能在红尘中修行。格物致知，正心诚意，养深蓄厚，成人达己，内圣外王，修身，齐家，治国，平天下。所以，企业文化只能在儒家法家文化中找立足点、支撑点。

儒者，人的需要也。企业文化就是研究一群人的需要，一个社会人的需要，这就是做企业的使命，这就是安身立命之道，从这里去看产业与国势，从这里去寻找战略的灵感，从这里去训练你的洞察力，用这种价值观去形成你的决策力，那么，你的谋胜知胜之道才有取之不竭的源泉，老子修《道德》，上篇为“道”，乃天道，下篇为“德”，即是人之道。“人道”与“天道”相合，即是企业的长胜之道。所以，组织之道，管理之道，企业之道，还是归结为“人道”与“天道”。归为阴和阳，最后归一。“一”就是道，就是“佛”，就是“色不异空，空不异色，色即是空，空即是色”，所以，才有《西游记》的开篇之词：

混沌未分天地乱，茫茫渺渺无人见。
自从盘古破鸿蒙，开辟从兹清浊辨。
覆载群生仰至仁，发明万物皆成善。
欲知造化会元功，须看西游释厄传。

从混沌鸿蒙、开天辟地，到今天，到未来，到永远，“仁善”二字就是天“道”，在佛家，叫“慈悲”“觉悟”。这就是“西游记”的慈悲精神。比较中国的其他三部名著《红楼梦》《三国演义》《水浒传》，我更推崇《西游记》。因为《西游记》简单，三岁小孩都看得懂，然而，“三岁小孩都知道，八旬老翁做不到”，从开始到结束，中间经历的九九八十一难，那无数的误会和委屈、挫折和历练，都是为取得真经做准备的。觉悟，从来不是容易的事。要做好一件事，也是不容易的，但，人的一生，总是为一件事而来。这就是使命。

比起其他三部名著，《西游记》的珍贵更在于：承受磨难的意志、战胜挫折的勇气、矢志不渝的坚韧，都来自慈悲之心、觉悟之求，有远景、有使命，而不是因为欲望和执念。《红楼梦》《三国演义》《水浒传》就不同，个人欲念太重，所以，结局都是苍凉的。四大名著，写的是人生社会，我看到的却是大战略，佛教看似悲凉，走向的却是永恒；儒家看似励志，走向的却是沧桑悲凉。这就是战略的境界，没到一定高度，你看不透，这就是不忘初心。不忘初心，方得始终。这正是战略管理的精髓。

在中国近代史中，也有一个“西游”的实践版本，那就是中国共产党领导下的中国工农红军的长征，毛泽东带领一队人马，克服千难万险，转战十几个省区，长驱二万五千余里，粉碎了国民党几十万军队的围追堵截，最终到达陕北仅剩六千人。能支撑他们走向成功的，不是一己之欲念，而是“不忘初心”，那就是我们战略的安身立命之道——使命。

所以，由使命形成价值观，在价值观体系里寻找和凝聚团结的力量，这就是战略组织的精髓。所以，一个好的战略，一个美好的愿景，需要一个好的组织，一个好的管理才能实现。

所以，一个企业的长胜之道，其落脚点在组织管理。而一个长青的组织是修炼出来的，组织是一个生命体，它同人的成长一样。

正如和君的《三度修炼》:“人生如莲，成功是浅浅地浮在水面上的那朵看得见的花，这花能否开放得美丽灿烂，取决于水面下看不见的那些根系和养分，我们太在乎成功，往往全部心思都专注于水面上看得见的花朵，却疏于关心决定这个花朵盛开还是枯萎的水面下那些看不见的根和本。

“一个人的态度、气度和底蕴的厚度，就像睡莲中的根本和养分，虽然看不见摸不着，却决定着我们的人生能否最终开放出成功的花朵。所以，当我们思考人生如何走向成功的时候，必须潜到人生的水面下去，从关心根和本着手。首先必须端正态度，然后致力于升华气度和夯实厚度。态度错偏，气度促狭，厚度浅薄的人，上帝也无法帮他成功。”①

一个组织的成长，一个企业的成长，同人的修炼成长一样。一个企业在思考战略的时候，我们首先要看战略的根本，战略的根本还是在产业本身，诺基亚、索尼、柯达为什么一夜之间被别人颠覆，因为产业形态发生了改变，商业形态发生了改变，它们自己还不做出改变，你生存的土壤都变了，你原来的根系将再也没有养分，你还能存活吗？所以，企业战略当以产业为本。抓住了根本，战略还需看国际国内产业、政策、经济之大势，社会经济之变迁，天下大势，浩浩荡荡，顺之则昌，逆之则亡，这就是为什么我们反复强调，明道、取势、优术战略三步曲。“时来天地皆同力，运去英雄不自由”，英雄当乘势而飞。这个势，就是战略。

中国改革开放后，社会发展波澜壮阔，可是，为什么那么多的英雄并没能那么幸运地乘势而飞？因为商业模式老化。所以，企业战略要想胜

① 王明夫主编:《三度修炼》，机械工业出版社 2008 年版。

出，当以创新商业模式为入口，有了商业模式，还需要资源资本工具来实现，所以，就引出资本市场管理。也就是资源管理（Resource），产融互动策略。这就是《黄海战略》的谋胜知胜之道。

最后一篇讲战略执行，讲长胜之道，讲组织、流程、绩效，讲组织制度、组织文化、组织机制、组织使命、组织愿景，组织价值观，这些都是管理的内容（Management），为什么这部分是长胜之道，因为组织文化基因决定企业组织的寿命，企业要基业长青，落脚点在组织管理。在组织管理中，培育出优秀卓越的企业文化。

但是，上面这所有的一切，最终都是围绕企业家来讲的，在中国给企业做战略，与在美国（西方）不一样，美国有成熟的法律、机制、结构、职业经理人，战略是理性的，中国企业的战略感性成分较多，必须深刻洞察企业家本人，不能深刻触动企业家灵魂的战略是无用的。所以，黄海战略的核心实际是围绕企业家的修炼而构思的。不知道大家看了 EBRIM 模型图后想到了这一点没有。

在中国，有多少企业家对自己企业的问题有清晰的系统认识，对企业的无明，对未来的迷茫，是当前民企老板的普遍现象，所以，《黄海战略》写来写去，写成今天这个状态，是因为，我在写的过程中，一直在想，如何将企业战略面向中国的企业家群体讲清楚，让他们觉悟。顾城说，“黑夜给了我黑色的眼睛，我却用它来寻找光明”，我在想，黑夜给了我黑色的眼睛，我却用它来寻找战略。如何洞察商业的本质，如何关注企业价值的创造，闻香识女人，慧眼识战略，慧眼是如何练成的？有一种境界叫“卓有识度，圆融汇通”，我是在想，管理是一门实践的学问，书上看来方觉浅，那就带着黄海战略和你的问题到实践中去验证吧，那又是另一个江湖。如想悟识企业战略这个门道，历练是硬道理，纸上得来终觉浅，绝知此事要躬行。黄海战略可以是经营企业很好的理念、方法与工具。但它既不是企业成功的充分条件，也不是成功的必要条件，在真实的产业竞争中征战杀伐，建功立业，决定胜负的肯定不是商学的理论与知识，而是见识、胆魄、决断、意志、心性、身体与为人处世。“世事亨通皆学问，人情练达即文章。”百炼方可成钢，识时务者为俊杰。

真正要经营好一个企业，并不那么简单，需要很多知识，需要下很多功夫，巴尔扎克说：“如果想要达到一座巅峰的最高处，你只有两条路，要么成为天才的鹰，要么做爬行动物。”但是，不管哪条路，企业经营都必须从产品经营到资本经营，以创新的商业模式构建出不平等的商业竞争策略，而战略经营的正道与正见是产融互动，产业与资本的良性循环。怎样的知识结构和思维方式，才能支撑起你的经营升级之路呢？就是我的黄海战略地图。所以，不要只将《黄海战略》当一本书来看，它应是陪伴你一生的修炼。

参考文献

王明夫主编:《三度修炼》，机械工业出版社 2008 年版。

王明夫主编:《气质——三度修炼第二部》，中信出版社 2013 年版。

王明夫主编:《心有理想，春暖花开》，广东经济出版社 2013 年版。

王明夫主编:《高手身影》，机械工业出版社 2008 年版。

王明夫著:《蓝筹》，中国人民大学出版社 2004 年版。

王明夫著:《资本经营论》，中国人民大学出版社 2004 年版。

赵大伟主编:《互联网思维——独孤九剑》，机械工业出版社 2015 年版。

亨利·明茨伯格等:《战略历程：纵览战略管理学派》，机械工业出版社 2002 年版。

邹统钎、周三多:《战略管理思想史》，南开大学出版社 2011 年版。

汤普森等:《战略管理》，机械工业出版社 2011 年版。

弗雷德·R. 戴维著:《战略管理》，清华大学出版社 2013 年版。

迈克尔·波特:《国家竞争优势》，中信出版社 2012 年版。

W·钱·金、勒妮·莫博涅:《蓝海战略》，商务印书馆 2012 年版。

马丁·里维斯:《战略的本质》，中信出版社 2016 年版。

克劳塞维茨:《战争论》，解放军出版社 2005 年版。

鬼谷子:《鬼谷子》，中华书局 2013 年版。

金景芳、吕绍刚:《周易全解》，吉林大学出版社 2013 年版。

克里斯·安德森:《长尾理论》，中信出版社 2015 年版。

亚德里安·斯莱沃斯基等:《利润模式》，中信出版社 2007 年版。

魏炜、朱武祥:《重构商业模式》，机械工业出版社 2010 年版。

德鲁克:《卓有成效的管理者》，机械工业出版社 2009 年版。

张建华:《向解放军学习：最有效率组织的管理之道》，北京出版社 2014 年版。

吉姆·柯林斯、杰里·波勒斯:《基业长青》，中信出版社 2009 年版。

吉姆·柯林斯:《从优秀到卓越》，中信出版社 2009 年版。

稻盛和夫:《经营为什么需要哲学》，中信出版社 2011 年版。

稻盛和夫:《领导者的本质》，机械工业出版社 2016 年版。

里斯、特劳特:《定位》，机械工业出版社 2013 年版。

S. 戴维·扬、斯蒂芬·F. 奥伯恩:《EVA 与价值管理》，社会科学文献出版社 2002 年版。

杨华:《上市公司并购重组和价值创造》，中国金融出版社 2009 年版。

王建国:《1P 理论》，北京大学出版社 2016 年版。

汉迪:《组织的概念》，中国人民大学出版社 2010 年版。

郎咸平等:《蓝海大溃败》，东方出版社 2008 年版。

潘宣诚:《爆品战略》，人民邮电出版社 2016 年版。

高建华:《赢在顶层设计》，北京大学出版社 2013 年版。

王明夫主讲:《战略规划与实施》视频。

王明夫主讲:《组织理论与设计》视频。

王明夫主讲:《知行合一,内圣外王,王阳明思想与企业家修身》视频。

王丰主讲:《企业家应确立的 N 个产业思维》视频。

丛龙峰主讲:《人力资源管理理论与实践》视频。

解浩然主讲:《企业文化与基业长青》视频。

张哲主讲:《PE 投资理念与实操》视频。

何劲松主讲:《公众公司融资攻略》视频。

宋思勤主讲:《金融市场生态与企业价值成长》视频。

王益民主讲:《产业生态战略分析》视频。

易阳春主讲:《VC、PE 投资理念与实操》视频。

余世维主讲:《执行力》视频。

莫少昆主讲:《战略管理》视频。

曾仕强主讲:《易经智慧》视频。

徐晓平主讲:《领导力》视频。

兰彦玲主讲:《鬼谷子纵横智慧》视频。

王贵国:《境界——企业经营的至高之道》,东方出版社,2006 年版。

附录：《3A 领导力》训练课程

主讲老师：王贵国

课程内容介绍：

领导力是判断一家企业未来发展的头号指标。领导力不仅仅涉及 CEO 和高管成员，而且是组织完整的领导梯队体系，包含中层和基层领导。

20 世纪是管理学的世纪，管理在 20 世纪将体力劳动工作者的生产效率提高了将近 50 倍，而知识工作者的效率却一直没有得到改善，21 世纪管理学的挑战是如何提高知识工作者的效率。这是德鲁克去世前的最后一本书《21 世纪的管理挑战》论述的核心。

21 世纪一定是领导学的世纪，在德鲁克去世的那一年，王贵国老师出版了《境界》一书，详细论述了 21 世纪是领导学的世纪，只有领导学才能解决知识工作者效率的问题，21 世纪，懂得领导学的企业将异军突起。

但在领导力体系建设和领导梯队建设过程中，目前很多企业还缺乏国际视野、先进理念、领导投入、战略规划、系统实施和高效工具，缺乏合适的学习标杆和案例，每年的培训项目和开发方案彼此孤立、缺乏有效的衔接，难以充分发挥领导力开发体系的潜能。

基于这样的情况，王贵国老师 10 年前便着手于国内外领导力理论研究和最佳案例实践相结合，为企业总结出一整套领导力开发的路径和学习标杆，这个体系就是王贵国老师的《3A 领导力》。

王贵国老师通过近 30 年的企业管理实践，总结了中外几百个企业领导的案例和上百位领导者，得出结论：要解决企业生死攸关的问题，主要依靠企业家或领导者三个方面的能力，这三个方面就是凝聚力、组织力、执行力。只要解决好了这三个问题，就是一个了不起的、卓越的领导了。这三个领导能力，简称“3A 领导力”。

3A 领导力开发的核心特色：

第一：《3A 领导力》开发体系的设计关联了企业的独特战略。领导力开发的目的是达成战略目标，培养各级领导者的动态胜任能力，充分发挥全体员工的聪明才智，实现组织的最大产出。《3A 领导力》结合《黄海战略》思想体系，构建了一个完整的领导力开发体系：包含顶层模式、设计流程、心智模式、修炼流程体系及商业考量等，并整理出了创建和公司价值观及目标完全一致的领导力开发战略的具体步骤。关注中国企业当前面临的普遍问题：凝聚力、组织力、执行力问题。

第二：《3A 领导力》课程是个轻咨询课程，课程覆盖了领导力咨询的流程和内容，包括：（1）公司诊断；（2）领导力测评；（3）项目设计；（4）项目执行；（5）在岗支持；（6）评价等。教授过程注重测评、培训、教练或辅导、行为学习、习惯培养、内部领导者作为教练、轮岗培养等。为企业营造一个领导力开发的“熔炉”。

第三：《3A 领导力》目前已与外资机构共同研发出沙盘模拟课程，使得以前需要数年工作才能体验到的经验，现在可以浓缩到几天的课程时间里快速学习；并在每一阶段操作中，充分融合理论、工具与手法。在无风险的情况下，充分演练不同情况下的领导风格和管理模式，活化主管领导与团队建设的能力。

第四：《3A 领导力》是一个企业全方位领导力训练的课程，包含高层、中层、基层领导力，关注企业每一个员工的成长和发展，是立志将企业从管理型企业转型升级为领导型企业的最好选择。

图书在版编目（CIP）数据

黄海战略 / 王贵国，张雷 著. —北京：东方出版社，2018. 5
ISBN 978-7-5207-0315-4

Ⅰ.①黄…　Ⅱ.①王…②张…　Ⅲ.①企业战略—战略管理　Ⅳ.①F272.1

中国版本图书馆 CIP 数据核字（2018）第 062888 号

黄海战略
（HUANGHAI ZHANLÜE）

作　　者：王贵国　张　雷
责任编辑：陈丽娜　许正阳
出　　版：东方出版社
发　　行：人民东方出版传媒有限公司
地　　址：北京市东城区东四十条 113 号
邮　　编：100007
印　　刷：北京文昌阁彩色印刷有限责任公司
版　　次：2018 年 5 月第 1 版
印　　次：2018 年 5 月第 1 次印刷
开　　本：710 毫米×1000 毫米　1/16
印　　张：29. 75
字　　数：343 千字
书　　号：ISBN 978-7-5207-0315-4
定　　价：59. 80 元
发行电话：（010）85924663　85924644　85924641